本书获 2014 年贵州省出版发展专项资金资助

"共和国民族之魂丛书" 编委会

主　任：金星华

副主任：彭晓勇　宋　健　吴建民　张超美

策　划：张超美　孟志钢

编　委：（按姓氏笔画）

乔继堂　吴建民　张超美　宋　健

金星华　孟志钢（执行）　彭晓勇

共和国
少数民族科学家传

Gongheguo shaoshuminzu kexuejiazhuan

金星华 ◎ 主编
乔继堂　乔盖乔 ◎ 编著

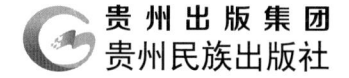

贵州出版集团
贵州民族出版社

图书在版编目（CIP）数据

共和国少数民族科学家传 / 金星华主编；乔继堂，乔盖乔编著 .--贵阳：贵州民族出版社，2015.6（2020.7重印）
（共和国民族之魂丛书）
ISBN 978－7－5412－2216－0

Ⅰ.①共… Ⅱ.①金…②乔…③乔… Ⅲ.①少数民族—科学家—生平事迹—中国 Ⅳ.①K826.1

中国版本图书馆 CIP 数据核字（2015）第 097626 号

共和国民族之魂丛书
共和国少数民族科学家传

主　　编：金星华
编　　著：乔继堂　乔盖乔
出版发行：贵州民族出版社
社址邮编：贵阳市观山湖区会展东路贵州出版集团大楼　　550081
电　　话：0851－86826871
传　　真：0851－86826871
印　　刷：山东龙岳文化传媒有限公司
版　　次：2015 年 6 月第 1 版
印　　次：2020 年 7 月第 3 次印刷
开　　本：787mm×1092mm　1/16
印　　张：25.75
字　　数：450 千
定　　价：68.00 元

目　录

前言 …………………………………………………………………（1）
钦绕罗布——"为众生谋利的人之杰" …………………………（1）
秉志——中国近代动物学的先驱 …………………………………（7）
李四光——科学报国的一面红旗 …………………………………（16）
杨石先——"学者楷模，人之师表" ………………………………（27）
田奇㻪——"没有留过洋的专家" …………………………………（35）
赵炳南——用"心"治病的医之大者 ……………………………（43）
童寯——设计、理论、教育均臻化境 ……………………………（50）
金显宅——"德高医粹"的肿瘤医学家 …………………………（58）
李文采——创造中国钢铁冶金的几个"最早" …………………（65）
童村——"义之所在，当仁不让" ………………………………（71）
赫崇本——斩获"海洋成就奖"的海洋人 ………………………（76）
吴英恺——中国胸外科的创建者 …………………………………（84）
龙咸灵——武汉大学空间物理学科的带头人 ……………………（93）
关君蔚——快乐的"水保郎" ……………………………………（97）
彭司勋——"为祖国忠诚服务一辈子" …………………………（106）
肖纪美——"终生为士不为仕" …………………………………（114）
王希季——中国空间返回技术带头人 ……………………………（121）
杨凤——造福人民的动物营养学家 ………………………………（132）
张广学——造福农民百姓的昆虫学家 ……………………………（139）
张丽珠——"神州试管婴儿之母" ………………………………（145）
李林——物理界的"巾帼英雄" …………………………………（153）
杨庸——大凉山走出的"两弹"专家 ……………………………（158）
吴咸中——中西医结合的"擎旗手" ……………………………（161）
蒋锡夔——追求科学的真、善、美 ………………………………（168）
刘广均——"产学研"结合走出人生新路 ………………………（176）

赵仲修——开创宁夏小麦育种先河 …………………………（182）
宋文骢——从"飞天神王"到"歼10"专家 ………………（188）
赵尔宓——大半生与蛇"缠绵" ……………………………（198）
赵鹏大——攀登数学地质的高峰 …………………………（204）
窦国仁——把工作当成人生最大乐趣 ……………………（211）
容汉诠——大西北的森林保护神 …………………………（216）
王士雯——"只有事业能让生命灿烂" ……………………（222）
雷霁霖——"中国多宝鱼之父" ……………………………（228）
吴天一——不惜"粉身碎骨"的"马背院士" ……………（236）
姜景山——中国三大航天工程的参与者 …………………（243）
向应海——"植物王国"的植物学家 ………………………（250）
张福泽——飞机的护航者 …………………………………（255）
潘大金——喜欢物理的核电子专家 ………………………（260）
巴德年——中国的"巴甫洛夫" ……………………………（264）
官春云——"让油菜花飘香千万里" ………………………（270）
哈米提·哈凯莫夫——"孺子牛"与"巴什拜羊" ………（276）
康朗香——傣家人民的好"摩雅" …………………………（282）
荣远明——以"三慢"驰名的健康守望者 …………………（286）
栾恩杰——让"嫦娥奔月"成为现实 ………………………（290）
韦钰——从科学家到教育家 ………………………………（296）
旭日干——世界"试管羊之父" ……………………………（302）
叶尔道来提·斯拉别克——巴音布鲁克的"草原雄鹰" …（310）
郑志鹏——物理世家走出的高能物理学家 ………………（315）
李相荣——甘当默默无闻的"毛驴" ………………………（321）
刘嘉麒——与火山极地"结缘"的地质学家 ………………（328）
吾守尔·斯拉木——让民族登上信息化快车 ……………（335）
万选蓉——"漂亮妈妈"的大爱人生 ………………………（341）
叶尔夏提·马力克——帮牧民在绒山羊身上找到黄金 …（347）
卢克焕——"世界试管双犊之父" …………………………（353）
多吉——发现秘密的动力创造找矿奇迹 …………………（360）
白春礼——中国纳米技术的开拓者 ………………………（365）
陈保善——"广西最有技术含量的农民" …………………（372）
哈木拉提·吾甫尔——维吾尔医药学领域的带头人 ……（378）

尼玛扎西——藏文信息研究技术的奠基人 …………………………（385）
姬秋梅——"高原之舟"的守护者 ……………………………………（390）

参考文献 ……………………………………………………………………（397）

后记 …………………………………………………………………………（402）

前　言

回顾我国科学技术的发展历史，不能否认曾经的灿烂辉煌。然而，在世界近现代科学技术蓬勃发展的浪潮中，由于种种原因，我们落伍了。也因为落伍，才有奋起直追——在整整一个世纪，无数中华儿女为科技强国奋力拼搏，作出了可歌可泣的无私奉献。站在 21 世纪的今天，我们可以满怀信心地说，我国的科学技术正在迎头赶上甚或在某些领域实现超越，而祖国科学大厦的建设，离不开各民族科学家的奉献。

一

"科学家"并不是一个含糊的概念，但似乎也不那么十分容易把握。之所以不那么容易"把握"，其中不乏主观认识的阈限，而这正是有必要说上几句的。

从我国的科研机构设置、科教主管机构区划，尤其是高等教育的学科分类来看，"科学家"指的是自然科学领域卓然成家的学者，是与人文社会科学相对的部分。比如，我国有"中国科学院"，还有"中国社会科学院"。这与许多别的国家只有科学院不同，说明"科学家"是区别于"社会科学家"的。而就科学家本身而言，也包含着不同的学科类别，所谓理、工、农、医，就算是一个分野。那么，在这个范围内，其中的卓然成家者，也便是科学家了。

概念的问题不难解决，认识上的深浅亲疏就不那么容易了。所谓认识的深浅亲疏，也就是对同为自然科学的理、工、农、医地位、价值的认识的不同以及由此导致的重视程度的不同。在社会公众，尤其是职掌科技政策制定和实施的官员的眼里，孰轻孰重，可谓一目了然。农、林、牧等学科，在许多人看来，既旧又土，自然不受待见。或者我们要将其原因溯诸历史——这无疑是最容易做到、也最容易使我们"解脱"的策略，但却并不总能奏效。我国的科技史上，有过《农政全书》《天工开物》《本草纲目》，这些著作的分量，足以压碎某些一隅之见的壁垒。因此，对待不同学科的此轻彼重的态度，不是过去式，而是现在时；不是"他者"加之于我们，而是我们"内生"的。

　　之所以郑重其事地指出上述认识阈限，缘于我国现有科技生态状况，更缘于我国少数民族科学家的一个特点：绝大多数少数民族科学家生长、工作在边疆，那里科技基础薄弱，基础研究、工业应用相对落后，而农、林、牧、医（尤其是民族传统医学）有着悠久的历史，有着广泛的认知，有着丰富的实践，同时又是现代科研的天然试验基地，从而也最能造就这些领域的科技人才，最能形成这些领域的科技成果，许多少数民族科学家就是在这样的环境下成长起来、在这些领域摘取研究成果的。对于他们，我们应该献上由衷的礼敬，而不应该有一丝的轻忽。

二

　　相对于少数民族文化学者来说，书写共和国的少数民族科学家有着同样的意义，而且这两个群体的成长壮大和学术风格也有着相似的特点。

　　共和国最早一批自然科学领域的少数民族学者，大体上是与人文社会科学领域的学者一起成长的。他们中的一部分人，大都有留学的经历（有的虽在国内教会学校接受教育，但也获得了国外大学的学位）。他们回国以后，成为新中国成立之初以及相当一段时期科学技术领域的中坚力量，其中许多人是某些学科和专业的奠基者。也正因为作为学科、专业开拓者和奠基人的缘故，他们大多同时具有科学家和教育家的双重身份。他们在科学史上留下了一个个闪光的名字：李四光、杨石先、秉志、杨凤……

　　应该指出，第一代少数民族科学家主要是成长在内地尤其是东部相对较发达地区，民族成分也相对集中。这无疑是历史原因造成的。现代科学技术是在冲破中世纪牢笼的基础上发展起来的，学校教育尤其是大学教育是其奠基石和助推器。我国现代意义上的学校教育起步较晚，边疆少数民族地区更是如此。这自然要影响到我国少数民族科学技术人才的成长，从而造成第一代少数民族科学家的分布特点。

　　进入 20 世纪以来，我国边疆地区的学校教育渐次发展，少数民族成员接受教育的机会逐渐增多。特别是新中国成立后，少数民族地区的教育得到了长足发展，一大批少数民族学者脱颖而出。而新中国成长起来的少数民族科学家，多在国内接受高等教育，尽管不乏在研究阶段公派留学的，但大多是在本土成长成才。较之于第一代科学家，他们的学科涉及面更为广阔，与少数民族生活生产的联系更为密切，也更具有独特的群体特点。

　　新一代少数民族科学家学科涉及面较前远为拓展，自然首先是源于科学技术本身的发展和少数民族科技群体的增大，但与民族渊源、成长环境也大有关系。比如，有的民族历史上以牧业为主要生计形态，因而这些民族的科学家就可能钟情于与牧业有关的草原生态、动物养殖方面的科学研究；有的民族聚居区矿产资源丰富，而这些民族的科学家就可能侧重于地质矿产领域的科学研究；有的民族不仅有自己的母语，还有自己历史悠久的文字，这些民族的科学家就可能致力于使自己民族的文字登上信息化的快车……

三

共和国少数民族科学家，既有我国科学家整体的共同特质，也有一些他们自身的特点。对此，这里并不准备进行全面的梳理，只想就平日里和写作中的见闻、体认，做一些感发性的叙说。

新中国成立之初的一些景象，诸如各族各界人士共商国是、旅居海外的同胞纷纷回国，至今想来，仍旧令人怦然心动、心向往之。其中，颇具传奇色彩的华彩乐章正是海外科学家的回国，而这当中就有少数民族科学家的身影。请看白族科学家王希季笔下的一个镜头：

"记得是1950年3月一个阳光明媚、海风拂面的上午，甲板上我和几十名中国留学生围在华罗庚教授一家人的身旁，有的站着，有的坐着，有的仰望着蓝天，有的凝视着碧海，但大家的心都一齐向着祖国飞去，所有的话题都是回国之后如何建设一个强大富饶的中国。当谈到新中国应该有自己强大的工业和国防时，我抑制不住兴奋的心情，放声唱了起来：'在黄河之滨，集合着一群中华儿女优秀的子孙……'，紧接着，华罗庚教授和所有的中国留学生都和我一起高声歌唱。"

无须辞费，他们的行为可以一语释之："爱国"。尽管回国科学家几乎无一例外地在那场史无前例的"大革命"中受到了不公正的待遇甚至非人的折磨，但许多人晚年都无悔于自己的回国之举。谁都不能否认他们的真诚，把祖国的利益看得高于一切，这正是他们的高尚之处。而在现在以及未来，"爱国"仍然应该是一面高扬的旗帜——见诸行动，而非高喊口号。

接着要说的可以一语释之的行为，是"奉献"。诚如前文所述，少数民族科学家大多生长、工作在边疆地区，他们中许多人从事农林牧以及地矿领域的科学研究，其中的艰辛劳苦远非一般书斋学者所能比，而这也正为诠释他们的奉献精神提供了依据。

叶尔道来提·斯拉别克是新疆巴音布鲁克草原生态试验站的哈萨克族

科学家，他在20世纪70年代初从自治区首府来到那里，帮助牧民进行草种改良研究。在几间干打垒土房里，他开始了漫长的草原科学研究，一干就是30多个年头，有时甚至是连续几个冬天生活在人烟稀少的雪封大山里。直到为媒体注意的时候，他仍然像一个十足的牧民，而正是这一形象，真真切切地诠释了一个科学家的使命和奉献精神。

少数民族科学家普遍有一个特点，就是无论走到哪里，都非常系念自己民族和故乡的发展；面临某些选择的时候，他们的天平也往往倾向于自己的民族和故乡。这样的例子不胜枚举，因此也无须枚举。但我们必须指出的是，他们的这种"倾斜"，正是为了国家各地区、各民族整体的平衡与和谐，而对各地区、各民族的均衡发展、共同繁荣，不仅是他们的责任，也是你我的共同使命。

爱国、奉献，这是荦荦大端，但少数民族科学家给我们的昭示和启迪，并非仅此而已。他们人生旅途中的一些"琐屑"，也足以使我们受到启发，甚至惭愧汗颜。

那是1931年日本侵略者发动"九一八"事变后，驻地沈阳的东北大学全部解散，师生南下逃亡。有一位建筑系的教授，他举家前往北平时，不顾家庭负担，带上了建筑系的一套珍贵但沉重的玻璃幻灯片。这之后，他又辗转到了上海等地，而这套幻灯片就一直跟随着他，直到新中国成立后全数归还东北大学。战乱年代，对于分量不轻的"公家"物品一直不离不弃，这份执着与坚守，真不知道会让过去、现在的多少人惭愧汗颜。这位教授叫童寯，是与梁思成等齐名的建筑学家。

有一位北京林业大学的老师，因为长期从事水土保持，与同行被谑称"水保郎"。水土保持科考的艰辛甚至有过于地矿勘探，因为大雨倾盆、有泥石流暴发危险的时刻，正是科考观察的最佳时机；至于一身土、满脸泥，那更是不在话下了。而正是这样"远看像要饭的，近看像烧炭的"的"有女不嫁"的"水保郎"，却把生命比做一条"快乐的小溪"。这样的乐观精神，以及他对史无前例大运动中的遭遇的旷达，对于我们应该不无启迪。这位老师叫关君蔚，林学家、工程院院士。

也许挂一漏万的列举算不上充分，但从以上这些，足见共和国少数民族科学家的精神风貌和人格特点了。基于此，我们要说：少数民族科学家不仅是共和国科学大厦的建设者，也是共和国科学家之魂的铸就者。

四

科学研究是一项寂寞的事业，这一点，即便是在科学技术受到前所未有重视的今天，仍旧如此，尤其是在基础研究领域。从新闻报道等社会关注度方面来看，除科学家整体输于影星歌星之外，还有一些现象存在，诸如："行政化"以及"赢家通吃"——行政级别高或者拥有其他地位者更受"青睐"，登顶的成功者获得所有鲜花和掌声而"大本营"仍旧默默无闻；"喜新厌旧""嫌贫爱富"——即时收效的高新技术受到更多"关照"，基础研究少人关注，农、林、牧乏人问津。

新时期以来，我国科学家集体的传记书写，有过出色的成绩。比如，科学出版社在20世纪90年代初陆续出版了由卢嘉锡主编的《中国现代科学家传记》，6集共收录约600人，而且传文非常扎实。自然少数民族科学家也在收录之列，但由于时限和容量等问题，收入其中的少数民族科学家毕竟有限。遗憾的是，90年代中叶以后，这样的著述便少了。这固然有学者专家教授越来越名不副实的原因，也与社会对科学家群体（尤其是其中那些默默奉献者）的不够重视不无关系。

这本《共和国少数民族科学家传》，意在专门记述我国的少数民族科学家，而且时限基于新中国成立。这其中，自然包括生在新中国、长在红旗下的新一代科学家，同时也包括出生在20世纪初甚至是19世纪末而为新中国科学事业作出贡献的老一代科学家。学科的范围，包括所有自然科学和工程技术领域，而且由于书写宗旨和传主的群体特点，更侧重于那些与少数民族发展和边疆建设关系紧密的学科或专业；另外，也适当注意了学科分散问题，有的过度集中的学科（比如医学）就不得不做了较多取舍。

相对于人文社会科学领域来说，少数民族科学家队伍显示出更为突出的民族集中度。也就是说，一些民族的知名科学家相对更多。从两院院士来看，有的少数民族有十几位，有的仅有一位，而绝大多数则没有。这显然难以反映少数民族科学家的全貌。因此，两院院士固然是书中的主角，但也不得不进行割舍，把篇幅留给其他民族的在各自领域做出一定贡献的科学家，尤其是那些专注于本民族特有科学技术（比如民族医药）的科学家。或许有人会说其中的一些科学家分量不那么够，但从历史的角度考察，应该也就不难理解了。

自然科学和工程技术领域科学家的学术成果和造诣，是更难于把握和概括的，但却并非可有可无。鉴于丛书的特点，本书在着力介绍科学家的生平和学术经历的同时，虽也涉及一些专业评价，但大多以征引专家观点为主。因此这里还想说的是，学术传记的书写，有其特殊的规律，而这方面，前辈学者已经做出过出色的示范，诸如门弟子撰写的"学述""学记"等等，切不能因为所谓"国际接轨"而抛弃这份优良的学术总结和传承的传统。

随着综合国力的提高、基础教育的普及和高等教育规模的扩大，我国少数民族科学家的队伍正在壮大且必将进一步扩大，必将取得更为卓越的科学成就，这是毋庸置疑的。相应地，对他们生平业绩的记录，也应该有一个飞跃与提高，以便更为全面和精彩地展现这一群体的动人风采。

钦绕罗布
——"为众生谋利的人之杰"

曲巴·钦绕罗布（1883～1962），藏医历算学家、藏医药教育家。西藏泽当县人，藏族。曾任西藏藏医历算学院和药王山医学利众院院长，曾当选全国政协委员。一生从事藏医药历算的教育、研究和实践工作，培养了大批藏医药人才，为藏医学事业作出了杰出贡献。著述宏富，有《四部医典形象论集》等。

一、刻苦学习，学有所成

1883年，钦绕罗布出生于西藏泽当县甲萨寺附近的一个历算世家。他的父亲章国列（又名孜巴阿吾棋），长于藏历历算；母亲叫央吉。钦绕罗布出生后，父亲通过观察星象得到吉兆，表明新生之子不是普通人，因而倍加爱护。

钦绕罗布还在七八岁的时候，父亲就送他剃度出家，到山南地区的一个经院阿曲（一作俄曲）扎仓学习。学习期间，他不仅表现出色，还具有高尚的品德。不久，十三世达赖明令各地精选有培养前途的青年僧人，到拉萨的药王山医学利众院学习医学。钦绕罗布因德才兼备而被选中。

钦绕罗布

药王山医学利众院是西藏最高等的医学学府。钦绕罗布在名师阿旺曲丹的指导下，学习佛经、医书。为了追求学问，钦绕罗布不分昼夜奋发努力，不讲究衣食，过着清贫生活。那时，他只有一件打结连起来的破旧衣服，因此药王山的人给他取绰号叫"百结者"。由于学习刻苦勤奋，他在很短的时间内就顺利通过了医书背诵、念经、法行等课程的考试。

1897年，十三世达赖任命强巴土旺和达木曲班觉为其保健医生，并命令他们带徒传授，培养接班人。钦绕罗布再度被选中，成为三名学徒之一。这使他有机会得到多位名师指教，除了精读《四部医典》及其标准注释本《蓝琉璃》外，同时还跟随多吉坚参等师父和活佛学习了佛学的"五明学"，也即五种学术，包括声明（语言文字）、工巧明（技术历算）、医方明（医药学）、因明（逻辑学）、内明（佛教）。就这样，在不太长的时间里，钦绕罗布学问大长，博通广达。因为品学兼优，精通声明学，他被授予"央金洁白朗措"即"妙音欢乐青年"的吉祥称号。

1912年（藏历铁狗年），29岁的钦绕罗布就担任了西藏地区最大的寺庙之一哲蚌寺的医生。第二年，钦绕罗布作为西藏地方政权代表团的随团医生，参加了一次国际会议，其医术受到与会的国内外代表的赞许。

1916年，十三世达赖创办集藏医教学、诊治疾病、配制药物、推算藏历兼学文化于一体的藏医历算学院，并任命33岁的钦绕罗布兼任该院及药王山医学利众院的院长。

1959年西藏平息叛乱后，钦绕罗布以77岁高龄迎来了西藏的新生。他拥护中国共产党的领导，拥护社会主义制度，继续担任藏医历算学院院长，并当选为全国政协委员。

二、倾心投入藏医教育

钦绕罗布长期担任藏医历算学院和药王山医学利众院的院长，为藏医教育倾注了自己的心血，在将近半个世纪的教育生涯中，为发展藏医事业培养了大量人才。

为了培养人才，钦绕罗布从藏区各地、各个寺院、兵营招收学徒，还从青海、四川阿坝等地，甚至不丹、锡金、克什米尔以及库奴（今印度喜玛偕尔邦北部）等国家和地区，

20世纪50年代的药王山

招收了不少学员，先后培养出藏医人才千余名。其中不乏出色的藏医人才，包括各地名寺中的医生，其中不乏出色的藏医人才，包括各地名寺中的医生，如宿卡显密宗寺院的罗桑特克，哲蚌寺的洛旦白丹以及阿旺曲扎

（十三世达赖的保健医生）、贡噶平措、强巴赤烈（均为自治区藏医院院长）等，他们在藏医药发展史上都作出过重要贡献。

钦绕罗布是藏医药发展史上最早的教育家，在藏医药历算教学中，他创造了一整套有效的教学方法。对于经典著作如《四部医典》和《蓝琉璃》，钦绕罗布要求熟读甚至背诵。他亲自为学员编写教学用书，如《广释详解论的明月宝镜》《阐明医学原本总纲要义之钥》《配方甘露宝瓶》《南药及甲骨金石药材形状如意宝瓶》等，充实教学内容。此外，他还要求学生学习一些历算以及文法、声韵、佛学知识，从而培养知识广博的人才。

钦绕罗布十分注重形象教学，其中采用挂图进行教学在当时是独树一帜的。在17世纪末，摄政王桑吉嘉措主持编绘了一套系列挂图，共计79幅。这种挂图形象生动，内容丰富，携带方便。这在当时世界医学史上是绝无仅有的。钦绕罗布十分重视这种形象挂图，可当时这套挂图大部分已经遗失，只剩下31幅，而且规格也不统一。为此，他将全套挂图补制齐全，并选择其中一些比较重要的，如经脉详图、火灸放血的穴位、人体解剖、体脏构造等几幅，放大复制在藏医历算学院大讲经堂的墙壁上。这样，学员们听课时即可观察，时间久了自然熟悉。对于几幅图中有关解剖、内脏位置的错误，他根据实际观察进行了重绘。为鼓励学员记住藏医发展的历史，他还增加了一幅藏医的历代名医图，使全套挂图由79幅增至80幅。此外，他还复制了几套完整的挂图，广为传播，对普及藏医学起到了一定的作用。

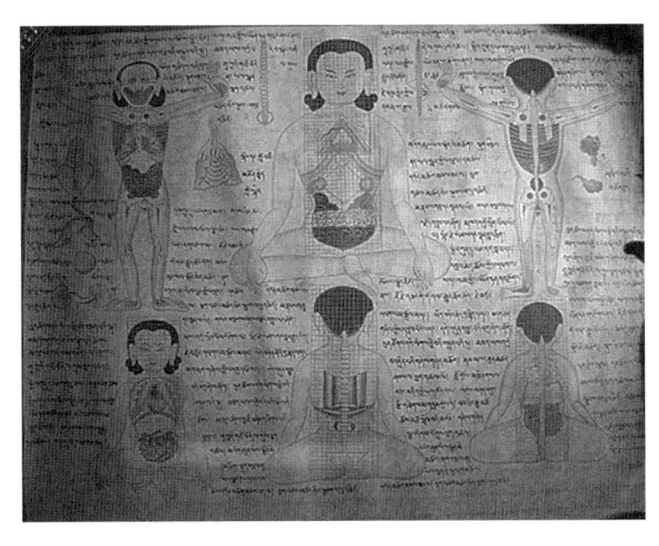

《四部医典》80幅挂图之一

钦绕罗布特别注重学以致用，规定学员要定期到盛产藏草药的郊外及山区去辨认和采集药物。每年夏季，他用半个月的时间（藏历七月初一至十五日），亲自带领全院师生到拉萨附近的多弟、森蛮拉、略那差嘎和耶巴拉日等山区采集各种藏药标本，然后就地在帐篷里把标本摆好，让学员们辨认每种药材的特征，包括产地、性味及功效。能辨认并熟知200种药材以上者，才能评为优等生；辨认180种药材以上者，可获二等奖励。

为了检验学习效果，钦绕罗布制定了一套十分严格的考核制度。每年进行一次考试，并邀请老师强巴土旺监考。学员的学习期限一般为六年。对于优等成绩者，给予金币奖赏，并授予"文殊菩萨传承者"的称号，颁发证书。颁奖仪式充满宗教色彩，十分隆重。

正是钦绕罗布贯彻了严格的教育制度和有效的教学方法，西藏出现了一批著名藏医，他们分布在国内外、区内外，在医疗卫生工作中发挥了极大的作用。

三、医理深湛，医术超群

钦绕罗布是藏医历算领域的著名学者，学术成就也十分突出。

早在担任哲蚌寺医生时，钦绕罗布就开始研究医学著作，著书立说。在《医说人体绕条月亮宝镜》这部医学著作的末尾，钦绕罗布写道："本人年方二十九岁，开始担任哲蚌寺医生，其间本人以两个月时间在泽当康参马南侧的第二门仲家里，认真研究实践了《医学四论注释蓝琉璃》等医学著作，并进行著述。"

钦绕罗布在医学方面的著述，涉及基础医学、临床医学以及药学。钦绕罗布对《四部医典》做了大量注解，并有所发挥，著有广释"根本医典"的《医学海洋之精华》《显明四部医典程序母虎锐气》《广释论说医典明月宝镜》《阐明医学原本总纲要义之钥》。这些著作汇集为《四部医典形象论集》（藏文版），1987年由民族出版社出版。临床医学著作，如《婴儿接生法利众明月宝鉴》《治疗老年病的经验》等；药学著作，如《配方甘露宝瓶》《南药及甲骨金石药材形状如意宝瓶》《药味配制图表》等。

在临床治疗方面，钦绕罗布技艺全面，内科、外科、儿科、妇科都很擅长。在用药上，他根据自己对藏医药理论的深刻理解和丰富实践经验，新创了不少藏药配方。如《配方甘露宝瓶》中新拟的方子"十八味诃子""三十五味沉香""十三味马钱子""九味石榴子"等，都有明显的疗效。

又如对慢性寒凉性腹泻，"九味石榴子"方加减应用，疗效显著，治愈率达90%以上。他的"斑蝥七味"，对于妇女不孕症也很有效。对于中风、半身不遂等脑血管意外症，他不仅用内科方法，还配合针刺"头顶穴"等外治方法，内外结合，疗效甚佳。他的"清泻反压法"，更是具有藏医特色的治疗方法。虽然用的是一些峻烈的药物，但运用得法，配合外治，能治疗不少疑难病症，如静脉炎及妇科病等。再如用藏医"圣药"诃子和藏菖蒲等配成熏药，用于急性传染病的防治，也都能获得较为满意的效果。

在历算方面，钦绕罗布著有《历算类别要义》《汉地历算简论》，使藏族历算学有了进一步发展和提高。此外，他还绘制了日月星辰环绕运行图，以及诗镜中难作修饰法尽善圆圈等图绘，以求知识的形象传授。

四、克己勤学，利济众生

钦绕罗布自幼勤勉好学，孜孜不倦。他曾以"图安乐就会荒废学业，求学问就要抛弃安逸。在安乐中岂能得到学问？要求得学问怎能贪图安逸"（见《原理论典慧学宝树》）的座右铭时刻自勉。

青年时代求学时，钦绕罗布因为家境贫困，衣服破旧，人们戏称他为"百结者"，他却不以为然，一心求学。他常常清晨到几位老师那里求学，中午就在布达拉宫下面的石碑前稍作休息，以自带的烧饼充饥，边吃边温习所学功课。每逢所学科目不熟，或回答问题稍有差错，就自愿禁食，绝不宽贷自己。只有在考好一门主要科目后，才去市内饭馆饱餐一顿，算是犒赏和庆祝。

在担任两所医校的院长之后，尽管社会地位已经很高，钦绕罗布仍旧精勤不辍，向比他高明的人学习，还拜果洛活佛、哲蚌寺活佛等多位贤人为师，真正做到了活到老、学到老。他知识渊博，医术高明，与他一生勤勉好学是分不开的。

钦绕罗布深受佛学济世活人、普度众生思想的影响，他把治病救人奉为自己的使命，同时教育医生和弟子们要对医学精益求精，努力成为使病人脱离苦海的良医。在70岁高龄时写成的以菩提树为喻的《枝广释医学》一书的"备考"里，他告诫说："不懂人体状况者恰似房东不了解房客，不懂人体性能者恰似不懂机器之奥秘；不懂发病缘故就不会分辨病症；不懂寒热之药性就等于利害混杂不分；特别是不懂药效等于亲友变仇敌；不懂疗法技艺等于黑暗里的拳头无目标。故此，能灭除各种疾病，精通各种疗法，并能按照佛说经教实施的良医，应当受到恭敬。"

钦绕罗布指导学生

钦绕罗布时刻记着藏族宝典《如意宝树》和《智慧树》中的警句:"月亮使人除炎热,太阳使大地明亮;火之热,风之速;圣人仁爱之心,都给他人利益,均是俱生的本性。""时常乐意为众生谋利者是人之杰,恰似宝灯不论油多少、灯芯粗细,把一丝光无私地照尽为止。"他说,自己就像佛尊面前的一盏灯,要燃烧到芯尽油干为止。他的一生的确像油灯一样,把全部心血贡献给了藏医药事业。

1962年10月28日,钦绕罗布去世,享年80岁。

秉 志
——中国近代动物学的先驱

秉志（1886～1965），动物学家、教育家。原名翟秉志，曾用名秉农山。满族，其祖上为驻防河南省旗人，翟佳氏。毕业于京师大学堂及美国康奈尔大学，获理学学士和哲学博士学位。历任南京高师、东南大学、厦门大学、中央大学、复旦大学等校教授，1955年当选中国科学院首届学部委员。曾参与创办我国第一个群众性科学团体"中国科学社"及中国最早的综合性学术刊物《科学》杂志，也是我国第一个生物学系和第一个生物学研究机构的创办人，中国动物学会的创始人。长期从事中国生物学的教学、研究和组织工作，是我国近代动物学的主要奠基人。著有《鲤鱼解剖》《鲤鱼组织》等。

一、早年立志"科学救国"

1886年4月9日，秉志出生在河南省开封市的一个满族家庭。他的祖父和父亲均以教书为生，自然而然地在秉志早年的启蒙教育中为他打下了扎实的基础。

秉志自幼随父读四书五经、诗古文辞，所以他后来善诗能文，留下诗作200首。这一点，与其他的老一代科学家一样，既站在现代科学的前沿，又有着深厚的旧学功底。

父亲在思想品德方面对秉志的要求也很严格。少年时代父亲的教导，对他一生的为人处世影响很深。

秉 志

1900年，秉志14岁的时候，父亲去世。

1902年，秉志考入河南大学堂（后改称河南高等学堂），学习英文、数学、历史、地理等，同时仍努力攻读古文。入学前，他已经是秀才。1904年，由河南省政府选送，进入京师大学堂（今北京大学）预科学习，

4年后以优异成绩毕业。

在北京读书期间，秉志追求进步潮流，同时立志"科学救国"。他博览新书，对《进化论》等著作尤为关注。他认为达尔文的学说打破宗教迷信，有利于富国强民。基于这样的认识，他决定赴美攻读生物学。

1909年，秉志考取第一届官费留学生，赴美国留学。

到美国后，秉志进入康奈尔大学农学院，在著名昆虫学家J. G. 倪达姆（Needham）指导下学习和研究昆虫学。1913年获理学学士学位，1918年获哲学博士学位，是第一位获得美国博士学位的中国学者，并成为美国Sigma xi科学工作者荣誉学会会员。

毕业之后，秉志到费城，进入韦斯特解剖学和生物学研究所，跟随著名神经学家H. H. 唐纳森（Donaldson）从事脊椎动物神经学研究，从1918年到1920年，时间约两年半。

当时，中国十分落后，根本没有专门的科学机构。为了发展祖国的科学事业，1914年，秉志在美国与留美同学共同发起组织成立了中国科学社，这是我国最早的民间自然科学学术团体。1915年10月25日，科学社在美国正式成立，秉志被推选为五董事之一（另外四人是赵元任、周仁、任鸿隽、胡明复）。科学会集资出版了我国最早的学术刊物《科学》杂志。

二、开拓我国生物科学教育与研究

1920年，秉志回到祖国，积极从事生物科学的教学、科研和组织领导工作。

1921年，秉志在南京高等师范学校（次年改为东南大学，后改为中央大学）创建了我国第一个生物系。当时南京高师只有农业专修科，秉志教授普通动物学。他的教学别开生面，富有启发性和吸引力，使许多学生对动物学产生了浓厚兴趣，以至后来由学农转学动物学的有半数之多。他当年的学生、鱼类学家伍献文回忆说："这不仅是教授法的问题，更重要的是秉老具有科学家的风度和感化力。"生物系创办之初，举步维艰。秉志首先根据我国情况，编写了生物学教材。当时学校经费不足，没有钱购置仪器设备。他发动师生动手制作，并用自己的薪金添置必要的实验设备。他还利用暑假，带领学生前往浙江、山东沿海采集标本，供教学和研究之用。4年之后，生物系师生达到了80多人。

在从事教学工作的同时，秉志积极进行中国科学社生物研究所的筹建工作。在他操持下，1922年8月18日，我国第一个生物研究机构——中国科学社生物研究所在南京成立，秉志被推举担任所长。

初创的研究所条件十分简陋，由中国科学社（当时已由美国迁至南京）拨出两间旧房作为场地。社里每年拨240元办公费，只够支付一个事务员的薪水，研究人员均由邻近大学的教师兼职。他们与秉志一样不取报酬，利用假期和课余时间义务工作。秉志多次用自己的薪金为研究所添置必需的仪器。他处处以身作则，忘我工作。在他的感召下，大家都勤奋努力，并取得了令人瞩目的成绩。从1922年到1937年，生物研究所主要开展形态学和生理学的研究，还对中国动植物资源进行了大量调查研究，收集了大批标本，积累了宝贵的资料；根据研究成果写出的论文多达数百篇，主要发表在研究所的专刊上。研究所的专刊，起初每年出版50期为1卷，后来动、植物分开，单动物部分就每年出10期为1卷。此外研究所还对中国动植物资源进行了大量调查研究，收集了大批标本，积累了宝贵的资料。

秉志在工作

研究所的学术成绩引起了国内外学术界的重视。世界各国学术机构前来交换的刊物达600多种。国内的社会团体和名人也热情予以资助，其中最突出的是中华教育文化基金会（该会使用的是美国退还的庚子赔款）给生物研究所的拨款增加了两三倍，生物研究所由此得以添置仪器及图书，并增聘了专职研究人员。

1927年，秉志又与植物学家胡先骕等一同创建了北平静生生物调查所，主要研究动植物分类。该所由尚志学会主持并捐助经费，后又得到中华教育文化基金会的资助，图书设备较好，研究人员也较多，因此研究成果比生物研究所更多。

1920～1937年，秉志历任南京高等师范学校、东南大学、厦门大学、中央大学生物系主任、教授，同时担任中国科学社生物研究所和静生生物调查所所长兼研究员。这期间，他往返于宁、平、沪等地，肩挑教学与科研两副担子。在秉志的领导下，经过10余年的努力，南京高师生物系和南北两个生物研究所从无到有，直到具有一定的规模，不仅科研成果丰硕，而且培养出一批生物学的骨干人才，成为教育界和科技界的一支重要力量。他倡导和培养了勤俭刻苦、努力好学的优良学风，在当时学术界有口皆碑。

与此同时，秉志在脊椎动物形态学、神经生理学、动物分类学、古生物学等不同领域中进行了大量开拓性的研究，发表近40篇学术论文，在国内外有重要影响。

秉志以高度的责任感和艰苦奋斗的精神，为开创和发展中国生物科学研究作出了历史性贡献，被公认为中国近代生物学的开拓者和主要奠基人。

三、知识分子的高尚节操

1937年，日本侵略者发动全面侵华战争，国家和人民陷入水深火热之中，不仅学术研究遇到了前所未有的困境，就是人们的基本生存也受到了巨大威胁。然而，不屈的中华民族依然坚持着自己的奋斗和斗争。

1937年12月南京沦陷后，日本侵略者似乎特别"照顾"秉志领导的生物研究所，把所里的图书、标本、仪器设备抢掠一空，并把房屋烧为灰烬。原来，这是日寇的蓄意报复——1931年"九一八"事变前夕，有一批日本动物学者突然要到我国四川等地调查动物资源。秉志意识到来者不善，很快组织力量赶在日本人前面深入四川调查采集。在经费有限、人员不足的情况下，大家发奋努力，又得到当地爱国人士的协助，很快完成任务，随即整理发表。而日本人到了四川，人地生疏，困难重重，甚至有的死在了那里。此事让日本人对秉志和生物研究所怀恨在心，所以才有对研究所的格外摧残。

当时，南京中央大学迁往重庆，秉志由于妻子病重，只得回到上海家中。由于在中国学术界颇有名望，敌伪千方百计寻找秉志，企图拉他出来工作。为避开敌伪的耳目，秉志改名翟际潜，蓄起胡须，从中国科学社躲到震旦大学，最后躲到友人经营的中药厂里，但仍孜孜不倦地坚持做学问，完成论著多种。

秉志虽然"隐居"了起来，但他时刻不忘"天下兴亡，匹夫

秉志与妻子的结婚照

有责"。他用"骥千"（取"老骥伏枥，志在千里"之意）的笔名，每周写一篇文章，投寄《大公报》发表，以激励人民抗战。几个月后，被汉奸追查，报馆也受到日寇警告，才被迫停写。后来，他又用"伏枥"的笔名，在《学林》和《科学画报》等刊物上发表文章，评论时事，揭露敌人的滔天罪行，并召唤人民精诚团结，共同抵御外侮。

在那个年月，秉志没有任何收入，全家生活十分艰苦。多亏有爱国人士、世界红十字会以及苏北新四军设法接济，全家才未断炊。在如此困苦的情况下，秉志坚定不移，坚持研究和斗争，充分体现了一个中国知识分子的节操。

抗战胜利后，秉志在南京中央大学和上海复旦大学任教，同时在上海中国科学社做研究工作。他曾任中央研究院评议员，1948年当选为中央研究院院士。

秉志为人刚直不阿，疾恶如仇。有一次，蒋介石托人请他出任中央研究院职务，秉志对来客读了一段《北山移文》，表明自己不事权贵、甘为平民的心迹。1934年夏，中国动物学会在庐山借中国科学社开年会之便，举行成立大会。蒋介石为笼络人心，举行游园会，招待中国科学社的科学家。有人希望秉志趁机与蒋介石晤谈，秉志坚决拒绝，故意称病不去。他说："生物研究所与我都穷，但要穷得有志气。"1948年，中央研究院在南京召开院士及评议员的选举会议，将近结束时，蒋介石准备设宴，发来请柬要求签注能否出席，秉志断然写下"辞谢"二字。

新中国成立后，秉志继续担任复旦大学教授至1952年。筹建中国科学院时，周恩来总理曾多次找秉志谈话，希望他出任副院长。秉志再三谦让，周总理终于接受了他的诚意。中国科学院成立后，他先后在水生生物研究所和动物研究所任室主任和研究员，1955年被聘为中国科学院首届学部委员（即后来的院士）。

秉志是中国动物学会的发起人和组织者，1934年成立时，当选为会长（后改为理事长）。他还曾任中国科联常委、中国科协委员，并担任中国解剖学会、中国水产学会、中国海洋湖沼学会、中国生理学会、中国地质学会、中国古生物学会等多种学术团体的委员和会员。

抗美援朝时期，秉志将自己在南京购置的四处房产全部捐献给国家，用于购买飞机大炮。

秉志曾担任全国政协第一次会议特邀代表，河南省政协代表及人民政府委员，华东军政委员会文教委员，河南省人民代表大会代表，第一、二、三届全国人民代表大会代表。

四、科学研究注重实测

作为中国近代动物学的开拓者和主要奠基人，秉志学识极为广博。在求学时期，他从昆虫学一直学到人体解剖学。从事学术研究工作期间，他又触类旁通，学习范围更广。有关专家指出，秉志在动物形态学、生理学、分类学、昆虫学、古生物学等领域均有重要成就。他生前发表学术论文 65 篇，在脊椎动物形态学和生理学方面 28 篇，其中神经解剖及神经生理学约占半数，昆虫学及昆虫生理学 7 篇，腹足类软体动物分类学 11 篇，动物区系 6 篇，古生物学 11 篇，考古学 1 篇。

1913～1918 年，秉志在美国康奈尔大学攻读博士学位时，从事昆虫学研究，发表论文 3 篇，开中国近代昆虫学研究的先河。他在 1915 年发表的第一篇论文《加拿大金杆草上虫瘿内的几种昆虫》，是中国人在国外发表的最早的昆虫学论文。他的博士学位论文《咸水蝇 Ephydra subopaca Loew 的生物学》是水生昆虫学的出色研究成果，作为专著发表于康奈尔大学农业实验站专刊。

1918～1920 年，秉志在美国韦斯特研究所从事脊椎动物神经学研究时，对白鼠及野生黑鼠上颈交感神经节大型神经细胞的生长进行了详细研究，主要包括大型神经细胞的来源、生长方式、生长过程、形态变化等，特别着重于大型神经细胞生长与年龄（性成熟）和性别的关系，是很有创见性的研究。

在化石的研究方面，秉志对昆虫、软体动物、鱼类、龟类的化石进行了大量研究，鉴定了许多新科、新属和新种。1928 年发表的《中国白垩纪之昆虫化石》一文，报道了 12 个新属、13 个新种。在此之前，中国境内的昆虫化石发现极少，仅个别外国学者进行过零星记述。秉志对中国白垩纪昆虫分类与分布的研究，证明中国具有极为丰富的中生代昆虫区系，并分析了与亚洲其他个别地区昆虫化石之间的关系，大大地充实了比较空白的中生代昆虫的研究。

秉志于 20 世纪二三十年代在各个领域进行的大量开创性研究，除了充实其本身在学术上的成就之外，还为以后进一步的工作奠定了基础，作出了开拓性贡献。

新中国成立后，秉志开始对鲤鱼进行系统深入的研究。20 世纪 50 年代，秉志为自己制订了长期的研究计划，拟对鲤鱼的形态学、胚胎学、生理生化、实验生物学等一一进行研究。可惜在他有生之年仅完成了形态学的研究。他在《动物学报》等刊物上发表论文近10篇，1960年出版了专著《鲤鱼解剖》（科学出版社），并完成了《鲤鱼组织》专著的手稿。《鲤鱼解剖》对鲤鱼的外部形态及内部各系统各器官的构造，进行了全面系统和详细精确的描述，而这些都是基于直接的观察。《鲤鱼组织》是秉志的遗著，他生前已完成全部手稿及大部分插图和注释，逝世后由科学院动物研究所实验形态学研究室全体同事进行整理，增加了不少照片与图解，补充了一些图片与注释，1983年由科学出版社出版。这些论著充实了鱼类生物学的理论基础，是科研和教学的重要参考文献。

秉志著作《鲤鱼组织》书影

秉志的研究对象，大到老虎，小到昆虫。从现有的活动物到古代的化石，他都钻研过。从工作性质来看，他不仅做了大量描述性的形态学和分类学研究，而且在生理学方面也进行过不少实验工作。在进行鲤鱼研究时，他将自己的工作称为"实验形态学"，把形态结构与生理功能通过各种实验有机联系起来，颇具特色。

除了实验室工作以外，自1920年回国后，秉志一直坚持业余研究达尔文进化学说，探讨达尔文、赫胥黎、巴甫洛夫、米丘林诸家的论著。40多年来颇有心得与创见，撰写发表了关于进化论的专著多种，如《竞存论略》《海绵的系统发育及进化》《原生动物的天演》等。

像同时代的许多大科学家一样，秉志也非常注重科学普及。他著有科普书籍《科学呼声》《生物学与民族复兴》等；发表科普文章40余篇，如《昆虫浅说》（1915）、《细胞分裂论》（1916）、《天演现象的窥测》（1924）、《生物学与民生问题》（1937）、《达尔文〈物种由来〉的一世纪》（1959）等，大多发表在《科学》《科学画报》杂志上。

秉志关心国事，经常以诗文表达自己对国内外大事的关注、见解与感受，留下诗作近200首（内部刊行），还在报刊上发表了政论性文章10余篇（不包括新中国成立前的）。

五、育人有道，为人尽责

在几十年的教学与科研里，秉志为中国生物学界培育了大批人才，其中成长为专家的达数十人，直接或间接受过训练的学生逾千，真正算得上是"桃李满天下"。中国动物学界许多著名的老专家，都是秉志的学生。由于秉志学识渊博，研究范围广泛，所以培养出许多专业不同的学生。以他们从事研究的对象来分，有脊椎动物中的兽类、鸟类、爬行类、两栖类、鱼类，无脊椎动物中的昆虫、甲壳动物、环形动物、线虫、扁虫、原生动物等；以学科而论，有分类学、形态学、生理学、生物化学、生态学等。

无论教学还是研究，秉志都十分重视动手实践。他经常说："教自然科学的人，必须亲自动手做自然科学研究工作。"因此，秉志练就了精湛的解剖技术。20世纪20年代对江豚、虎等脊椎动物进行解剖学和组织学研究，其中江豚内脏的解剖、虎大脑和虎骨骼的研究尤为深入细致。江豚分布于中国沿海及长江，其内部形态尚未有研究，秉志对江豚的大部分内脏器官进行了解剖和详细的描述。

秉志对学生要求很严。特别是对年长的、造诣较深的早期学生，更是严格要求。他常对他们说："我这么大年纪还在做呢，你们更要努力啊！"他的许多早期学生，直到古稀之年，仍然不忘当初自己是如何在老师的热情鼓励和具体指导下，迈进科学之门，一步步成长起来的；如何在老师以身作则和严格要求下，立志艰苦奋斗，攀登科学高峰的。由于秉志的言传身教，他的许多学生都秉承了勤奋刻苦、持之以恒的学风，成长为动物学界的著名专家，成为中国教育界和科技界的一支重要骨干力量。

秉志铜像揭幕

秉志晚年主持的实验形态研究室里大多数是青年人。秉志总是满腔热情、不遗余力地培养他们。他经常教导青年对待工作必须具备"五心"：决心、信心、恒心、耐心、细心。必须要有不怕困难、不怕麻烦、不怕失败的"三不怕"精神。这些教导一直铭记在他的学生们的心中。

秉志长期随身带着一张卡片，右侧写着"工作六律"："身体强健，心境干净，实验谨慎，观察深入，参考广博，手术精练。"下首为"努力努力，勿懈勿懈。"左侧写着"日省六则"："心术忠厚，度量宽宏，思想纯正，眼光远大，性情平和，品格清高。"下首为"切记切记，勿违勿违。"这些座右铭正是他一生治学和为人的真实写照。

秉志治学态度十分严谨，一丝不苟，对待工作严肃认真，极端负责。直到晚年，在实验过程中仍亲自动手，尤其是关键性问题，更是反复试验。他曾说："我一天不到实验室做研究工作，就好像缺了什么似的。"直到逝世的前一天，他一直坚持工作。

1965年2月21日，秉志在北京去世。

2008年，中国科学院动物研究所举行动物科学前沿系列学术报告会"秉志论坛"，以纪念秉志在中国动物学研究领域作出的杰出贡献。

李四光
——科学报国的一面红旗

李四光（1889～1971），地质学家、古生物学家和地质教育家，地质力学的创造者。蒙古族，湖北黄冈人。曾任中国科学院副院长、中科院古生物研究所所长、中国科协主席、地质部部长等职。他以独到的学术见解创立地质力学，不仅圆满地解决了各种地质构造的形成机制，而且成功地指导了找矿找油工作，是新中国地质事业的奠基人和主要领导人，为祖国建设作出了卓越贡献。1955年当选中科院首届学部委员。主要著作有《中国地质学》《中国震旦纪冰川》《中国地质及大陆运动》《地震地质》《地质力学概论》等。

一、童年疑问开启一生事业

李四光的祖上居住在内蒙古，清朝光绪年间，祖父一辈举家南下，到湖北黄冈的回龙山一带，并在那里定居下来。

1889年10月26日，李四光在黄冈回龙镇一个叫下张家湾的小村庄里诞生了。因为是家里的老二，父亲给他取名李仲揆。"李四光"这个名字，是后来去上学的时候将错就错造成的——上学要填写报名单，他误将姓名栏当成年龄栏，随手写了个"十四"，也就是他当时的真实年龄；发觉填错了栏目，他就在"十"字上加了几笔改成"李"字，又觉得"李四"不好听，抬头看见堂中上方挂的大匾上写着"光被四表"，于是在"李四"后面加上一个"光"字。从此，李仲揆就有了一个响亮的名字"李四光"。

李四光

李四光的祖父虽然出身农家，但识文断字，在乡村里办过私塾。李四光父亲李卓侯，曾经参加过科举考试，未能考中，只好继承父业，在离家较远的一个破庙里设馆，以开办私塾为业。

李四光的父亲为人耿直，思想进步，还曾经因与黄冈的革命党人有来往而被迫逃离家乡，去南京躲避。父亲还常给他讲甲午战争，中国惨败，清政府腐朽无能、丧权辱国的故事。这些，对童年的李四光影响都很大。

李四光童年的时候，家庭生活艰辛。一家数口，大多靠父亲教私塾收的一点"束脩"勉强维持，母亲则经常纺线织布来换些零用钱花。李四光从小就养成了勤劳的习惯，常常帮着家里干些打柴、舂米、放羊、割草的活计。

5岁的时候，李四光跟一位叫陈二爹的老先生开始发蒙，6岁转到父亲的私塾里，随父亲念书。李四光学习勤奋，刻苦认真。他从不贪玩，而且不管老师在不在，都能独自学习。小小年纪，他就表现出了不同于别的孩子的自觉和专注。

童年的李四光有着强烈的好奇心和求知欲，爱动脑筋，勤于思考，遇到不能理解的事物，总要彻底想明白。有一次，他和同村的几个孩子一起捉迷藏，孩子们有的躲在草垛后，有的躲在大树旁，李四光则藏在了村边的一块大石头后面。游戏结束，李四光却对这块大石头产生了兴趣：平地上怎么会有这样一块大石头？为什么孤零零只此一块？它究竟从何而来？这个问题一直长久地留在他的脑海里。30年后，已经成为地质学家并曾考察过欧洲阿尔卑斯山和我国太行山冰川的李四光，又对家乡的这块巨石进行了一番考察。1933年，他在《扬子江流域之第四纪冰期》一文中，为这个童年时代的疑问画上了一个句号：这块巨石是远古时期冰川运动从远方挟带过来的，它的"故乡"很可能是秦岭。

毫无疑问，童年时代探索大自然的浓厚兴趣，成为李四光探索大自然奥秘、专心钻研科学知识的动力。长大以后，他以科学研究为使命，奋斗终生。可以说，正是童年的疑问，开启了李四光地质学事业的一生。

童年的李四光还表现出了别的品质。他喜欢自己动手制作小玩具，小船、小汽车、各种色彩的灯笼……比如有人送他两个大香橼，他就细心地用小刀将它剖成两半，剥下皮来，扣在碗上风干，再用小刀在皮上刻出花纹，然后合在一起，做成一个既漂亮又芳香的小坛子，送给妹妹装纳小零碎。他随便从竹园里砍来两根毛竹，剖成细篾，七弯八绕，就扎成一盏小花灯——孙悟空打秋千。夜里点上蜡烛，里外透明，孙猴子则在秋千来回翻滚。李四光心灵手巧，颇得同龄孩子们的钦佩。

二、努力向学，蔚为国用

1902年，两湖总督张之洞在武昌开办了官费小学堂，有志少年都去求学。消息传来，李四光也提出要去考学。父母都很支持他，父亲从乡亲那里借来盘缠，母亲用自己的嫁衣给他改制了一件棉袍子。收拾好行李，李四光告别父母，第一次远离家乡，前往省城求学。

这年冬天，李四光到了省城武昌，考入武昌第二高等小学堂。也就是这次报名的时候，他把自己的名字填成了"李四光"。由于学校是寄宿制的，全部食宿均由学堂供给，这才使李四光得以安心求学。

李四光不仅入学考试的时候是第一名，而且学习期间每次考试成绩都名列前茅，因此学习未满两年，还没有毕业就被选派官费留日深造。不过，李四光出国留学的过程也颇费周折。本来名列前茅的学生，都有资格保送出国，但因为李四光出身贫寒，没人帮助疏通关系，以至于多次未能如愿。后来在他的争取和一位老师的竭力推荐下，他才得偿所愿。但由于同样

辛亥革命中的李四光

的原因，考了第一名的李四光未能赴美，而是到了日本（当时一般是第一名送美国，第二名送英国，第三名送日本）。

李四光回家向父母辞行之后，随即乘船前往日本。官费有限，为节约开销，他买了统舱票。经过漫长的旅行，轮船抵达日本横滨港，然后转乘汽车来到东京。由于临行前亲友饯行时多吃了些荤腥，在海上又着了凉，所以一到东京，李四光便腹泻不止。医院诊治为痢疾，并对他隔离治疗，只得借钱治病。就在那时，医生劝他平时多吃素少吃荤。李四光谨记在心，此后几乎一生饮食清淡，至多吃点鱼肉蛋类。所以，有朋友和他开玩笑，说他只是吃一些不会叫的东西。

1904年7月，李四光首先进入东京弘文学院，学习日语和初等数理化，为进一步深造打基础。1907年7月毕业之后，李四光又考入大阪高等工业学校舶用机关科，学习造船机械。据说，这个学校每年仅招收十来名中国留学生，而报考者竟达千余人，李四光能够考中，颇为不易。而学习造船，也正是李四光报效祖国的心愿——看到长江里游弋的客轮、货轮和兵舰没有一艘是中国造的，他就下定了为祖国造船的决心。

日本留学期间，李四光在艰苦环境下刻苦学习，十分勤奋。那时，他仅靠官费维生，每月官费用于必需的开支之后，已经所剩无几。为了省钱，他常常把生米放进暖水瓶里，加上开水，浸泡一夜，第二天就着咸菜

就算一顿饭。

与此同时，李四光也十分关心祖国命运。他经常去留学生会馆，聆听演讲报告，也结识了许多民主革命家。他剪掉自己的辫子，表示拥护革命。1905年7月，李四光在东京见到了他敬仰的民主革命先行者孙中山先生，并于8月参加了孙中山领导的"中国同盟会"的成立大会和宣誓仪式，是第一批会员中年龄最小的会员——当时，李四光年仅16岁。孙中山见其年轻有志，勉励他要"努力向学，蔚为国用"。

三、留学英伦，艰苦奋发

1910年7月，李四光毕业回国，任设在武昌县花林的湖北中等工业学堂教师兼工场场长。任教期间，他深感责任重大，对学生的要求非常严格。第二年夏秋之交，他参加了清廷举行的留学生回国第六次廷试，成绩优等，获得了"工科进士"的称号。

1911年10月10日晚，武昌起义爆发。当时，李四光刚参加完在北京的考试，听到消息后，他立即收拾行装南下。回到武昌不久，李四光便被任为湖北军政府理财部参议，后来又被选为湖北省实业部部长，1912年改为实业司司长。

然而，革命的发展并不是像人们想象的一样。不久，袁世凯上台，篡夺了革命果实，李四光发展实业、造福人民的设想已成幻想。怀着郁闷的心情，李四光辞去了实业司司长的职务。考虑到自己年龄还不太大，李四光产生了再去读书的想法，读书10年，积蓄一份科学救国的力量。

1913年7月，李四光获政府临时稽勋局通知，官费保送留英学习。当时，和李四光一起留学的有4个人，政府发放的路费全是金条。李四光告诉同伴："你们慢慢收拾行李，我去银行兑换钱币。"可当李四光来到银行，一身破旧衣服引起了银行职员的怀疑，非但没有换回钱币，还被怀疑偷别人的金条而被抓了起来，任他如何解释也没有结果，第二天才被同伴救出。原来，李四光是要将旅费省下一部分来，用以供弟妹们上学。

远涉重洋之后，李四光到了伦敦。在选择学习专业的时候，李四光仍旧不忘为祖国造船，不过，考虑到为祖国造船不能没有钢铁，要有钢铁就得先搞冶炼，因此选择了英国西部重镇伯明翰，进入在采矿方面较为著名的伯明翰大学。在伯明翰，李四光先学了一年采矿，又感到采矿离不开地质，于是又转到理科地质系，开始专攻地质学。

李四光曾经留学的英国伯明翰大学

对于学习，李四光从来都是一丝不苟和不知疲倦的。在英国学习期间，即使休息时间，他也不放松学习。偶尔在假日里走进公园，观赏名胜古迹，身边也总少不了报纸杂志，或是厚厚的书籍，不时坐下来抄抄写写，或是凝神思考。

然而，平静的学习生活没有持续多久。1914年8月4日，第一次世界大战爆发，英国也卷入了战争之中，生活物资日益短缺，物价开始上涨，生活极度困难。许多留学生无法忍受生活的困苦，纷纷离开英国。但李四光却凭着坚定的意志和顽强的精神，节衣缩食，克服了种种困难，把学习坚持了下来。他还经常利用假期到矿山做工，赚钱维持生活，延续学业。在如此艰难的情况下，他乐观旷达，劳逸结合，利用业余时间学会了拉小提琴，并成了终生爱好。

在导师 W. S. 包尔顿（Boulton）教授的指导下，李四光一边博览群书，一边实地调查，不仅学术造诣日渐深厚，语言上提高也很快，英、德、法等国文字均可运用。1918年5月，李四光用英文写成长达387页的论文——《中国之地质》；6月，论文答辩获得通过，被授予自然科学硕士学位。

获得学位之后不久，李四光就接到了北京大学校长蔡元培发来的聘书，请他回国担任北京大学地质系教授。李四光婉言谢绝了国外的高薪聘请，接受了北京大学的聘请，在1919年考察欧陆地质后，于1920年5月回到北京。这一年，李四光31岁。

四、讲学治学，精益求精

在北大地质系，李四光主要讲授岩石学和高等岩石学两门课程。他自己备课认真，一丝不苟；对学生严格要求，尤其注重基础知识和基本功的训练。从岩石的肉眼识别，到显微镜下的鉴定以及进行全面的化学分析，他都要求学生能够掌握。他考试的方法也与众不同，除了进行笔试以外，还发给学生岩石标本，要求他们写出标本的名称、矿物成分、生成条件、与矿产的关系等。他还极为重视书本以外的知识，经常带学生赴野外考察，边看边讲，边讲边看，要求同学们大量采集标本，并归类整理，陈列在实验室里供教学研究之用。此外，李四光还参与了一些重要的校务活动。由于其精益求精的治学精神和创造性的教学方法，李四光声誉日隆，很快成为当时北京大学的知名教授之一。

1927年冬，应蔡元培邀请，李四光南下上海，参加中央研究院地质研究所的筹建工作。1928年1月，中央研究院地质研究所成立，李四光出任所长，一直到新中国成立时为止。抗日战争爆发前，他仍兼任北京大学地质系主任和教授。

父亲的教诲、童年的经历以及长期的国外留学生活，使李四光亲身感受到了中国人所受的歧

李四光在讲学

视，从而产生了强烈的民族自尊心。他曾经说："我们不能不承认人家的文化程度比我们高，艺术比我们精。人家的地方已经开辟到十分田地，我们的一块沃土，还在那里荒着。请他们来做好了，再拱手奉还给我们，世界上恐怕没有那么一回事。所以，我们一线的生机，还是在我们的民族，大家打起精神，举起锄头向前挖去。"李四光上课的时候，除了科学上的一些专业术语，始终坚持用中文讲解。有一次上课的时候，有个学生叫他"Mr. 李"，叫了几声，他就问那个学生叫谁？学生答说"叫你"。李四光说："你可以称我老李、小李或阿猫、阿狗什么的，但是我不准你叫我'Mr. 李'。"又有一次，李四光带七八个学生到宜昌做野外考察，在街上看见一个美国人坐人力车不给车钱，还要拿起手杖打拉车人。李四光十分气愤，就跑到美国人面前制止打人，并一定要他付钱。那个美国人开始愣了一下，后来见是一个穿破西服的中国人，竟准备一走了之。李四光和学生操起地质锤上前拦住，美国人一看事情不妙，只得乖乖地给了车钱。

1934～1936年，根据中英两国交换教授讲学的协议，李四光应邀赴

英，在伦敦、剑桥、牛津、都柏林、伯明翰等 8 所大学，举办"中国地质学"讲座。讲稿整理后，在伦敦以《中国地质学》为名正式出版，并获得了学术界很高的评价，李四光也由此被李约瑟称为"最卓越的地质学家之一"。

1936 年回国时，李四光途经美国，在学生朱森的协助下，对美国地质作了一次由东到西的实地考察。回国后，在庐山做第四纪冰川的研究。

五、战乱中创立地质力学

1937 年 7 月，日本军国主义发动全面侵华战争，华北等地相继失守。南京沦陷后，国民政府迁往重庆，中央研究院也奉命随政府内迁。李四光率地质研究所南迁桂林，在那里度过了将近七个春秋。

1938 年至 1944 年夏，地质研究所以桂林良丰为基地，依靠广西地方当局的支持，开展了广西地质的调查研究，编制了广西地质图。李四光与同事多次长途跋涉，考察南岭东段地质，考察川东、鄂西、湘西、桂北和贵州高原等地的第四纪冰川遗迹。其间，李四光撰写了大量的学术论文。此外还创办了桂林科学实验馆，亲任馆长，为战时研制必要的科研实验器材和仪器。

1944 年春，日军为配合其在太平洋战场上的作战，以重兵在华由北向南推进，桂林告急，中央研究院地质研究所再度搬迁重庆。李四光和地质所同事一起，携带轻便物品，于 6 月 27 日仓促离开桂林，经过 20 多天旅行，到达贵阳。到了 10 月，日寇进犯更加凶猛，贵阳危急。于是李四光和同事们只好再次奔波，出贵阳，奔遵义，入四川，于 11 月抵达重庆，研究所也在郊外的沙坪坝安顿下来，李四光也就在一间简陋的小木屋里开始了新的工作和生活。

李四光在野外勘察

这一年，李四光已经 55 岁。由于长途奔波，李四光到沙坪坝后病倒了；再加生活条件恶劣，李四光的健康受到严重影响。一次外出演讲回来,他竟然昏倒在路旁。李四光的夫人许淑彬,到重庆后不久患上了高血压,只得卧床休养。此时李四光的生活负担,可想而知。

尽管如此,李四光也没有耽误工作和治学。到重庆后,几乎每天都有人来拜访,或邀请他去做学术演讲。李四光从不推辞,有问必答,有求必应。待客人走后,他就抓紧时间,撰文读书。正是在这动荡的时局和困苦的生活中,他构思并创立了地质力学。这是李四光在地质学理论方面的卓越贡献。他用力学的观点研究地壳运动,探索地壳运动与矿产分布的规律,把各种构造形迹看作地应力活动的结果,建立了"构造体系"这一地质力学的基本概念。他认为,新华夏构造体系的三个沉降带,具有广阔的寻找石油的远景。

李四光在创立地质力学之前,进行了长期的准备工作,在地层学、古生物学、岩石学以及构造地质学方面,做了广泛调查和深入研究,足迹遍及祖国山川,由他命名的地质构造运动的名称,当时有十几个,其中有些名称一直沿用到今天。

1945年4～5月间,应重庆大学、中央大学联合邀请,李四光向两校地质系师生作了《地质力学之基础与方法》的学术报告。这是他20多年来研究地质力学的第一次总结。此后,他一直在不断地充实和发展地质力学。在去世前,他还写下了结构严谨的《地质力学大纲》,希望后人能够继续进行他开创的科学研究事业。

1947年6月,中国地质学会理事会在南京决定,让李四光代表中国参加1948年8月在英国伦敦召开的第18届国际地质学会。这年秋天,李四光离开重庆东下直抵上海养病,未去南京。1948年2月,借出席伦敦召开的第18届国际地质学会的机会,他与夫人乘货轮经过两个月的艰难航程,先到法国马赛,又到挪威接受了奥斯陆大学授予的哲学博士学位,然后渡海到达伦敦。

六、为祖国摘掉"贫油"帽子

1949年9月21日,中国人民政治协商会议在北平开幕。在公布的各民主党派、区域代表、军队代表、团体代表和特邀人士等名单中,李四光作为中华全国第一次自然科学工作者代表大会筹备委员会的代表之一而列选。接到消息之后,李四光为了摆脱国民党驻英大使馆的阻挠,独自化名先行,从普利茅斯渡过英伦海峡来到法国,经巴黎至巴塞尔,等候夫人一道至意大利乘船回国,经过海上数月的漂泊,于1950年3月初回到香港,

5月6日到达北京。

1950年8月17日，中华全国自然科学工作者代表大会在北京召开，在会上，李四光被选举为中华自然科学专门学会联合会主席。周总理鼓励李四光协助时任科学院院长郭沫若做好自然科学方面的工作，同时发挥专业特长与优势，把组织全国地质工作者为国家建设服务的主要责任担负起来。李四光不负总理重托，夜以继日，努力工作。

新中国成立以后百业待兴，原油匮乏，严重地束缚着工农业的发展。从20世纪初期开始，国内外许多地质学家都认为，中国大陆在远古时期不具备形成石油的条件，是一块贫瘠的大陆。1915～1917年，美孚石油公司的一个钻井队在陕西北部一带打了7口探井，但没有收获。1922年，美国斯坦福大学教授布莱克·威尔德来中国调查地质，回国后写文章断定中国是贫油国家。从此，"中国贫油论"流传开来。而李四光根据自己对中国地质的深入钻研，认为"中国贫油论"是没有事实根据的。在1928年的时候，李四光就曾写文章指出：美孚的失败，并不能证明中国没有油田可开。中国西北方出油的希望虽然最大，还有许多地方并非没有希望。

1953年，李四光在《从大地构造看我国石油资源远景》一文中，详细分析论证了中国大陆的"新华夏系构造带"以及石油生成和储存条件，明确指出，在中国大陆的新华夏系构造带中，三个沉降带内完全具有成油条件：一是东北平原至渤海湾；二是华北平原向南，至江汉平原和两湖平原；三是西北塔里木盆地、准噶尔盆地。

李四光的报告极大地鼓舞了石油战线的广大工作者。1954年初，地质部成立了全国石油、天然气普查委员会。1955年1月，地质部召开第一次全国石油普查工作会议，决定组成新疆、柴达木、鄂尔多斯、四川、华北5个石油普查大队。经过艰苦工作，终于发现了很多可能储油的构造。

1956年，李四光亲自主持了石油勘探工作，93个地质队、430多名地质人员奔赴12个地区进行普查和细测。经过3年的石油普查，大庆、胜利、华北、江汉等油田先后被发现，李四光提出的科学理论，在实践中得到具体验证。

共和国的人们都记得，大庆油田是我国建成的第一个油田。那是1958年2月，石油工业部和地质部共同发出"三年攻下松辽"的号召。地质部从四川、青海、陕甘宁调集队伍，加强松辽找油工作，终于在吉林省扶余县的一个钻井中，首次遇见厚达70厘米和50厘米的油砂岩层。同年秋天，发现了大同镇"长垣"构造，出油后改为大庆长垣。大庆油田的发现，是我国东部找油的一个重要突破，而这一突破，为我们的祖国摘掉了戴了数十年的"贫油"的帽子。

七、鞠躬尽瘁，享誉中外

从英国回国后，李四光先后担任中国科学院副院长、中科院古生物研究所所长、中科院地学部委员、地质部部长、中国科技协会主席以及中国人民政治协商会议副主席、全国人大代表、中共中央委员等职务。他抓紧一切时间，努力进行科研和领导工作。在地质部，他经常在一个小房间里做模型实验，专心思考并解决问题。他担任地质部部长将近20年，为新中国的地质勘探尤其是石油事业作出了卓越贡献。

1965年，李四光生病，检查时发现是动脉瘤。从此，李四光的身体日渐衰弱。他知道自己所剩时间不多了，对于尚未完成的事业，开始进行初步总结。当时，《地质力学》刚写完第一部，地震预报的探索刚刚起步，地热资源的开发与利用还没有得到广泛重视。李四光决心在有限的时间内，全力以赴，力争完成；实在做不完的，也要为后人指明一个正确方向。

1969年，李四光主动申请担任全国地震领导小组组长，抓紧进行地震研究工作。他分析查阅大量的观察资料，深入山区调查地震地质现象。已经80高龄的李四光，每次外出实地考察时，全身心投入，全然不顾动脉瘤有随时破裂的危险。在他去世的前一天，他还说："只要再给我半年时间，地震预报的探索工作就会有结果的。"

1971年4月24日，李四光因感冒发烧，住进了北京医院。入院后，虽然很快便退了高烧，但血压一直波动得很厉害。4月29日，因动脉瘤破裂，抢救无效，李四光这位为祖国鞠躬尽瘁的科学家逝世。在追悼大会上，周恩来总理满怀敬意地说："李四光同志是一面红旗。"赞颂了他满腔的爱国热忱和对真理的执着追求。

李四光与周恩来

李四光因为其对祖国建设和人类科学事业的贡献，获得了人民的爱戴和国际科学界的尊重。20世纪50年代中叶，李四光曾担任世界科学工作者协会世界委员会副主席。1958年当选为苏联科学院外籍院士。1959年5月29日，经苏联科学院主席团评选，授予李四光"卡尔宾斯基金质奖章"。1982年，李四光同时获得中国国家自然科学奖一等奖（集体）和二等奖。2009年10月，李四光入选蒙古族十大杰出科学家。2009年10月4日，经国际天文学联合会小天体提名委员会批准，中国科学院和国家天文台把一颗小行星命名为"李四光星"，这是继明安图后第二次用蒙古族科学家的名字命名小行星。

杨石先
——"学者楷模，人之师表"

杨石先（1897～1985），著名化学家、教育家。原名绍曾，字石先。原籍安徽怀宁，生于浙江杭州，蒙古族。1957～1969年、1979～1983年两度担任南开大学校长，还曾担任中国科协副主席、中国化学会理事长等。1955年当选中国科学院学部委员。他是我国农药化学和元素有机化学的奠基人与开拓者，在应用化学尤其是农药研究领域以及南开大学的建设方面成就卓越。著有《有机化学》《无机化学》等。

一、从私塾到学堂

杨石先祖籍安徽怀宁，远祖为蒙古族人，本姓浣颜不花。元代时，其先祖在苏皖浙一代定居。他的曾祖父曾经做过清朝的翰林院学士、国子监学官、四川道台，祖父也曾在浙江做官多年。1897年1月8日，杨石先就出生在这样一个官僚家庭，出生地是祖父的任职地杭州。

出生后，祖父为孙子取名"绍曾"，希望他继承曾祖父的精神，将来成就一番事业。后来在南开大学任教时，发现有同名者，他便以字为名，从而有了扬名华夏的"杨石先"。

尽管家道不如从前，但杨家还是有自己的家塾。5岁的时候，杨石先进家塾发蒙。先是识字，背《千字文》，继而背《四书》。不过，家塾规矩多，还有惩罚，所以杨石先倒是更愿意跟着能文善诗、性情温和的祖母学习，收获也不小。

6岁的时候，杨石先一家离开杭州，到了济南。11岁时，他又随家迁津，考入天津民立第二小学高小二年级。在这里，他第一次接触化学。每次化学实验，都引起他很大的兴趣；后来又接触到各种物理实验，使他进

杨石先

一步开拓了眼界。

小学毕业后,1910年,杨石先先报考天津南开学校,随后又报考了刚刚成立的北京清华留美预备学校(清华学堂)。就在从北京回到天津后,杨石先接到了南开学校的录取通知。数月之后,清华学堂也录取了他。

清华留美预备学校是美国利用"庚款"的一部分兴建的,不收学费,又免缴膳宿费,而且将来还可以出国深造。这样的学校,自然很受青年学子的青睐,竞争也就非常激烈,杨石先能够考取着实不易。就这样,杨石先接着在清华度过了七个年头,完成了中学与大学本科的学业,从而打下了未来从事科学研究的基础。

清华学堂设中等、高等两科,课程都是为学生将来留学美国而特别设计的。学校的教学方法是提倡学生自学,但管理和考绩却是严格而全面的。在这里,杨石先一如既往刻苦学习,有两件事情很值得一提。

当时清华的课程都用英语讲授,杨石先开始对此很不适应。为了学好英语,他和几个要好的同学订了"君子协定",约定日常会话全用英语,违者罚一铜板。每到星期日,他们常常带着罚得的十几个铜板,跑到校外去买炒花生米吃。经过一年多的努力,杨石先基本上克服了语言上的障碍。随着英文水平的不断提高,杨石先常常几天就读完一本书。七年里,学校图书馆不少英文文艺书籍的借书卡上,都留下了他的名字。

杨石先原本不好动,常常逃避当时学校有关学生体育锻炼的约束。一次,时任校长周诒春到操场巡视,发现他躲在僻静处看书,严厉质问为何违反校规后,又问他将来想干什么。杨石先回答说想当科学家,用科学技术救国。校长微笑着说:"你的志向虽然很好,但恐怕难以实现。""为什么?""因为你不爱运动,身体得不到锻炼。像你这体格,将来如何耐得劳瘁?学成也无法任事,谈何救国!"校长的告诫给了杨石先很大震动,从此便强制自己参加体育锻炼,同时养成了一种良好的习惯。

二、三度赴美,学成回国

1918年,杨石先以优异成绩从清华高等科毕业,并于当年夏天远涉重洋赴美,进入康奈尔大学学习。

康奈尔大学是美国名校,杨石先选择该校最负盛名的农科。学校很重视大学部的教学,一些初等课程往往也是由著名教授讲授。但后来学校有名的农学教授大都被派往欧洲,帮助恢复那里遭到第一次世界大战破坏的农业。于是,杨石先决意另选专业。他看到,化学在人类生活中的作用越来越突出，而农业的进步又与应用化学的成就密不可分。就这样，第二年，他决定改修化学。在那里，杨石先学习越发刻苦，经常是带着简单的午餐走进课堂、图书馆或实验室，将近午夜才离去。他的各门功课总排在班里的前三名。

20世纪50年代杨石先（左五）随中国科学家代表团访问苏联

1921年，取得应用化学学士学位后，杨石先进了研究院。1923年，当他只差一年读完博士学位时，忽然接到家书，得知父亲失业，在北京安徽会馆靠卖字度日，全家生计无着。他只好接受导师的建议，用完成的部分论文通过了硕士学位考试，启程回国。

回国途中，杨石先在船上与清华同学李济相遇。李在哈佛大学取得博士学位后已经受聘于南开大学，后来成为著名的人类学及殷墟考古学专家。李问："有没有接洽什么机构？""已有人推荐去浙江大学。"李介绍说："南开大学张伯苓校长办学出色，他那里正缺化学教授。"当时的南开大学经费支绌，教员缺乏，首届毕业生仅有12人。但经过一番考虑，杨石先还是选择了这所待遇微薄而受政府势力影响较小的私立大学，作为他潜心追求"教育救国"道路的起步之地。

在南开任教的6年中，杨石先编写了《无机化学》和《有机化学》讲义，其中《有机化学》是当时清华大学、北京大学和南开大学最早使用的教材。由于教学认真负责，杨石先在南开深得校方信任和学生的爱戴。

1929年，得到学校资助，杨石先再次赴美深造。张伯苓校长对他说："你是南开享受教师学术休假制的第一个人，出国期间的工资照发。"

这一次，杨石先在耶鲁大学任研究员，进行杂环化合物合成的研究工作。因成绩出色，他被推选为美国科学研究工作者荣誉学会（Sigma Xi）会员。1931年，在获得化学博士学位后，杨石先取道欧洲，访问了许多著名学府。在德国，他谢绝了诺贝尔化学奖获得者威朗教授的挽留，于"九一八"事变前两天，经西伯利亚回国，继续在南开大学执教，并与邱岳宗共同筹建南开理学院化学系。

1945年抗日战争胜利前夕，杨石先第三次赴美国，在印第安纳州立大学任访问教授兼研究员，从事药物化学的研究。在那里，他写出了《中国抗疟植物鉴定》的论文。由于研究工作出色，他被美国化学学会推选为荣誉会员。1947年，当他准备回国之际，该校化学系主任兼研究院院长挽留他说："你们国家正在打仗，华北就要成为战场。您可以把家眷接来，在这里从事研究工作。我们非常需要像您这样有才干的人。"杨石先毫不迟疑地说："我们国家更需要人，我要把我的知识奉献给祖国。"他毅然放弃了优越的研究条件和生活待遇，踏上了归途。

三、两掌南开，鞠躬尽瘁

杨石先首次到南开大学任教时，与另一位老师负责全校的化学教学。从耶鲁回国后，继续在南开任教，讲授药物化学、植物激素、农药化学等课程。三度赴美于1948年回国后，还是在南开任教。在南开，杨石先工作长达60年，先后担任过教务长、研究所所长、代理校长，并且两度担任校长，是继张伯苓之后任职时间最长、威望最高的一位校长。

应该说，杨石先在南开工作的那些日子，有相当长的一段时间，我们的国家处于多事之秋。尽管条件艰苦，有时候更是环境恶劣，但杨石先除了认真教学之外，对于学科建设，对于人才培养，乃至于学校的总体发展和国家化学工业进步，他都倾注了自己的心血。

1937年卢沟桥事变发生后，战火很快蔓延天津。当时日寇经常到学校窜扰，情势十分危急。张伯苓校长正在庐山开会，杨石先和黄钰生秘书长便组织师生作撤退准备，把大部分图书和少量贵重仪器装箱运往英租界。7月29和30两日，日寇飞机、大炮对南开大学进行野蛮轰炸。他们不顾个人安危，冒着硝烟炮火，指挥师生乘小木船往学校附近的苇塘、稻地里疏散。

1937年8月，北大、清华、南开在长沙成立临时大学。后长沙遭到日寇轰炸，三校迁往昆明，更名为西南联合大学。在创建西南联大的选址工作中，他先期入滇勘察，作出了很大贡献。西南联大时期，杨石先被推选为理学院化学系和师范学院理化系主任,1943年任教务长。当时,因为张伯苓校长常驻重庆,专心致力于南开中学的建设,所以杨石先和黄钰生便共同代理南开大学在西南联大的事务。在联大,杨石先不仅教学、科研成绩突出,还因其为人正直、大公无私而受到师生的爱戴。当时联大理学院在昆明城北门外,工学院在西南达西会馆,两院间没有交通工具,许多教授不愿去工学院上课。杨石先以身作则,带头去上课,大家见系主任带了头,谁也不再推诿了。

1948年初,杨石先返回南开大学,先后担任教务长和代理校长。

20世纪30年代的南开大学已经粗具规模,因此杨石先开始考虑南开化学系的系科建设。杨石先认为:如果各学科平行发展,显然无法和著名大学相比,因而南开化学系应该搞出自己的特点来。经过分析比较,他提出以有机化学为重点发展方向,并得到系主任邱宗岳的支持。其后,他们陆续从国内外聘请了多位有机化学教授任教,为南开化学系后来形成自己的优势和特色奠定了最初的基础。与此同时,杨石先不仅重视基础理论的教学,而且很早就注意到对学生实验操作能力的培养。由于他的努力倡导和躬亲示范,重视学生的基本科学训练已成为南开几十年来师承的传统,并在国内化学教育领域中有着很大影响。

新中国成立后,杨石先继续在南开大学任教,并先后任南开大学校务委员会主席、副校长。1954年,杨石先第一次担任南开大学校长,直到1959年被无端撤职。1979年,他第二次担任南开大学校长,1983年主动辞职,被聘为名誉校长。为了办好南开大学,他全神贯注于自己的工作,每天从不午休,连续工作十几个小时。他重视教师队伍建设,调动老教师培养新教师,遴选优秀毕业生留校任教,派遣师生出国训练,同时从国外引进人才,积极探索和寻求与国外著名大学建立学术交流。

1958年毛泽东视察南开与杨石先交谈

杨石先去世后,为了纪念这位著名的科学家和教育家,并鼓励年轻的大学生、研究生在化学方面做出成绩,南开大学设立了"杨石先教授奖学金"。南开大学敬业广场上,矗立着杨石先的汉白玉雕像。

四、农药领域造福国家

从早年在康奈尔大学学习农业和化学的选择，似乎可以说明杨石先研究农药的必然性，况且这又是祖国的需要。

早在20世纪40年代，杨石先就对植物生长调节剂（植物激素）进行了大量的文献普查，并写出了《植物生长激素》的书稿，为50年代开展植物生长调节剂的研究奠定了基础。

杨石先通过长期观察，发现国际上农业研究有从无机农药、植物性农药向有机农药过渡的趋势，于是在50年代初期，第一个在国内倡导有机农药化学研究，并始合成一系列新植物激素，从而成为我国农药化学的奠基人，推动了我国的农药研究工作。

1956年2月，杨石先以国务院科学规划委员会委员、化学专家综合小组组长的身份，参加了由周恩来总理主持的中国十二年科学技术远景规划的编制工作。在会上，杨石先向国家领导人作了《化学科学与国民经济的关系》的报告，论述了化学科学

杨石先与钱学森交谈

及其领域在国民经济中的作用，为中国在化学方面制订科技远景规划提供了依据。为适应我国农业发展的需要，受周总理的委托，杨石先毅然放弃了从事几十年的药物化学研究，接受了农药研制的任务，大规模地展开了农药化学的研究。

1958年，杨石先和南开大学化学系的师生办起了"敌百虫""马拉硫磷"两个农药车间，进行农药试制。

20世纪60年代，杨石先主持的南开大学元素有机化学研究所，进行了数以百计的实验，在吸收外国经验的基础上，开辟了中国自己发展农药的道路。1966年，杨石先他们研制的三种有机磷农药获得国家一等奖。

在十年动乱中，70年代初，我国水稻产区发生白叶枯病，每年因此减产约10%，个别地区减产高达四五成。当时，有个资本主义国家研制成功一种防治水稻白叶枯病的农药，但对我国严密封锁技术。为了攻克白叶枯病，杨石先指导助手们在受到冲击的实验室里不屈不挠地进行研究。为了查阅文献资料，不管风雨寒暑，他是资料室里仅有几人中来得最早、走得最迟的。经过一年多的奋战，终于研制出了防治水稻白叶枯病的新农药——叶枯净。

杨石先和他的同事们先后研制出杀虫剂（久效磷、螟蛉畏）、除草剂（除草剂一号、燕麦敌、除草剂十六号、胺草磷）、杀菌剂（灭锈一号、叶枯净、克菌壮）、植物生长调节剂（7104、矮健素）等多种新农药。他们研制的8种除草剂、杀菌剂、杀虫剂在各地农药厂正式生产，服务了我国农业，造福国家，造福人民。

南开大学元素有机化学研究所，一直是杨石先担任所长，直到他逝世。他为这个所的科研工作倾注了很大心血。粉碎"四人帮"后，他还在南开大学组建了毒理、激素、剂型三个研究室，进一步健全了农药科研体系。

1978年，在全国科学大会上，杨石先主持下的元素有机化学研究所的10项研究成果受到大会的表彰。杨石先荣获全国科学大会"在科学技术工作中做出重大贡献的先进工作者"称号。就在这一年，他主持召开了全国化学年会，恢复了化学家之间的交往。

1988年，元素所有机磷的基础理论研究获得国家自然科学一等奖。杨石先从事农药研究几十年如一日，摘录农药资料卡片10余万张，发表学术论文97篇，负责主编、撰写了一系列有关有机磷化学、有机农药化学方面的著作，还主持编辑了《世界农药进展》等期刊。

五、学者楷模，人之师表

杨石先也曾遭遇磨难，但他信心坚定，坚持科学研究，赢得了党和国家给予的崇高荣誉。

1949年9月，杨石先作为教育界的代表，出席了第一届全国人民政治协商会议。10月1日，他又参加了开国大典。在天安门城楼上，周总理亲自把他介绍给毛主席："这是天津南开大学的负责人、老科学家杨石先同志。"毛主席紧紧握住他的手，并说："你在教育工作岗位上付出了多年的辛勤劳动。"

1953年，杨石先加入中国民主促进会。1955年受聘为中国科学院数学物理化学部学部委员和化学组组长。1960年，杨石先加入中国共产党。

"文化大革命"期间，杨石先受到了严重冲击。"文革"初期，根据周总理的指示，校长办公室问杨石先有什么东西要保管，他说："请把我长期积累的几万张科研卡片保存好。"到1968年冬，"国民党残渣余孽""南大特务集团总头子""资产阶级反动学术权威"等诬陷之词铺天盖地般地向杨石先飞来，他的校长职务也撤掉了。由于周总理的保护，杨石先才幸免于难。

杨石先性格内向，喜怒很少形于色，但遇到关系国家的大事，他却从不容忍。在农村接受"改造"时，他默默地听命调遣。但当听到农药中试车间要被砍掉，车间楼板被砸、反应釜遭到破坏的时候，他拍案而起，写大字报指责毁掉中试车间是对人民的犯罪。受极"左"思潮影响的一些领导人干预元素研究所工作时，他严词

南开大学校园里的杨石先雕像

斥责："国家花了那么多钱，广大农民急着要农药，可你们却千方百计要拆元素所。你们对得起谁？"

粉碎"四人帮"后，1977年8月初，邓小平召集30多位全国著名科学家、教育家座谈，研究如何把科研、教育搞上去。杨石先在座谈会上提出了四点建议：一、恢复国家科委，以统一规划、指导、协调全国科技工作；二、在我国驻美国联络处（当时中美尚未正式建交）设一位科学教育秘书，以适应即将开始的两国科技教育交流的需要；三、通过一定方式选拔优秀科技人才，保证科技队伍后继有人；四、采取措施，使中年教师从烦琐事务中解放出来，充分发挥他们的骨干作用。邓小平肯定和赞扬了他的建议，并指示有关部门采纳实施。

杨石先除担任南开大学校长一职外，还是中国科协副主席、天津市科协主席，中国化学会第十七届、十八届、十九届、二十届理事会理事长、常务理事。此外，他还是全国人大第一至五届的代表、全国政协常委。

1985年2月19日，杨石先在天津去世。聂荣臻元帅题词称赞："杨石先堪为学者楷模、人之师表。"

田奇㻫
——"没有留过洋的专家"

田奇㻫（1899～1975），地质学家、古生物学家。字秀瑜，湖南大庸人，土家族。1923年毕业于北京大学地质系。历任湖南地质调查所所长、湖南大学矿冶系教授、中南地区和全国地质矿产系统领导兼总工程师等职。1955年当选为中国科学院首届学部委员。长期从事区域地质、矿产地质调查研究工作，是中国泥盆纪研究的开创者和奠基人，中国矿产储量管理事业创始人之一。著有《湖南泥盆纪腕足类》《中国之泥盆纪》《中国石炭纪海百合化石》等。

一、从私塾到大学堂都是优秀生

1899年2月13日，田奇㻫出生在湖南大庸县（今属张家界市）一个知识分子家庭。他的父亲田运洋，是清末秀才；他的母亲也出身于书香门第。

田奇㻫兄弟5人，他排行第四。7岁的时候，他进入私塾读书，表现出刻苦的精神和超人的领悟力，启蒙业师称赞他"笃信好学，钩玄提要"。

10岁时，田奇㻫进入大庸县城松梁书院上小学。13岁时到省会长沙上中学，1916年毕业于省立第一中学。翌年到北京，以优异成绩考入北京大学理科预科。

田奇㻫

1919年，五四爱国运动爆发，田奇㻫参加了天安门前的示威游行，又与同学们一起火烧赵家楼曹汝霖公馆，痛打章宗祥。5月5日，他参加街头宣传，被捕入狱10余天，后在各方面爱国进步力量声援下，胜利返回学校。

1919年秋，田奇㻫升入北大地质系本科。北大地质系本来名师云集，有王烈、何杰等名教授，1920年李四光、A. W. 葛利普（Grdbau）又来这个系任教，田奇㻪在他们的教导下，学习更加勤奋，曾连续3年以优异成绩获得故乡湖南省教育厅颁发的奖学金。

1922年冬，田奇㻪与同班同学一起到京北昌平县南口进行毕业实习。他们用3个星期，测量绘制了地形图和地层剖面，采集了化石和岩石标本，最后完成了毕业论文。田奇㻪的毕业论文是《南口震旦系之地层层序和古生物》，这篇论文在前人研究的基础上，指出了该区震旦系地层不整合覆盖在"五台系"古老片麻岩与片岩之上。这是他的第一篇论文，对于中国北方震旦系标准剖面之一——南口剖面的研究有一定的创见。他毕业时，该文即在《中国地质学会志》上发表。

二、领导故乡地质调查走在全国前列

1923年秋，田奇㻪从北大地质系毕业，随即考入农商部地质调查所任实习员，次年升任调查员。在调查所工作的三年多时间里，他先于1923年冬与赵亚曾、王竹泉调查了河北临城煤田，对该区石炭二叠纪煤系地层作了详细研究。1924年春，他又同赵亚曾调查了河北磁县与河南彰德县六河沟一带煤田地质，详测了上石炭太原统地层剖面，并采了腕足类、海百合类等化石。这两次考察都有详细报告发表。在该所工作期间，他还与翁文灏、赵亚曾、钱声骏共同校订了重要的工具书——我国第一部《地质矿物学大辞典》（杜其堡编纂，1930年由上海商务印书馆出版）。

1927年3月，湖南省地质调查所成立，经著名地质学家翁文灏推荐，田奇㻪回到家乡参加该所的开创工作。此后，他在调查所一直工作到新中国成立，历任调查主任、技正、主任技正、代所长、所长。其间，他在1933～1940年兼任实业部（后为经济部）中央地质调查所技正，1941～1949年兼任该所特约研究员；1928～1940年及1947～1949年兼任中央研究院地质研究所研究员；1937年和1947～1950年兼任湖南大学矿冶系教授。

在湖南地质调查所工作的23年间，田奇㻪领导该所进行湖南地质调查，在极度困难的环境里，使调查工作蓬勃开展，硕果累累。

初到湖南地质调查所时，作为普通调查员，田奇㻪先后与刘季辰、欧阳超远调查了常宁县水口山铅锌矿，与王晓青调查了湘潭县上五都锰矿，与王晓青和郭绍仪调查了益阳县板溪的锑矿、湘乡县梓门桥等地煤矿及新化县地质矿产，都取得很大成绩。

20世纪30年代初,田奇㻪担任调查所领导,参与并主持了若干更大规模的综合研究课题。他参与了湘中六县的区域地质调查与填图工作,最后主编出版了《湖南长沙、湘潭、衡山、衡阳、邵阳、湘乡六县地质志》,并附1:25万地质图,是我国早期测制的精度较高的区域地质图件之一。在此书中,他初步建立了湘中泥盆系的地层系统,其所创地层名称"佘田桥系""锡矿山系"等沿用至今。他又倡议和主持了湖南全省铁、锰、钨、锑、铅、锌等重要矿种的矿产志之编纂。为此,他亲赴各有关矿山、矿区进行实地调查,考察开采沿革、现状、矿床地质特征、规模等,进行了全面系统的总结,先后主编出版了《湖南铁矿志》(第一册)、《湖南锰矿志》《湖南钨矿志》(第一册)。他还筹划并参与了粤汉铁路株洲至宜章附近全长400公里的区域地质调查(1:50万)和矿产调查工作,其成果出版了《粤汉铁路线长坪段地质矿产报告》一书,对粤汉铁路沿线的工业布局起了重要作用。

田奇㻪著作书影

抗日战争全面爆发后,田奇㻪积极领导调查所调查湖南矿产资源,为抗战开发资源。1938年秋,他受湖南省政府沅陵行署委托,率湘西矿产探查队工作了一年多,对该区30多处矿产地的地层、构造、矿床地质特征进行了详细研究,最后将完成的16篇报告(其中田奇㻪单独撰写2篇,与他人合著的有5篇)汇编成《沅陵行署矿产探查队报告书》。

田奇㻪还经常应省内和相邻省区有关矿山、煤窑、砂金开采地的邀请,为勘查矿产资源以及矿山建设提供咨询意见。其中比较主要的有江华锡矿,沅陵、桃源金矿,锡矿山锑矿等等。他通过上述调查,取得了大量实际资料,发表了《论湘西黔东汞矿之生成与产状》《湖南金矿之展望》《湖南之煤矿》《湖南之矿产》等论著。这些著作不仅对湖南及我国南方工业建设起到"先行官"的作用,而且大大丰富了我国经济地质学宝库。

田奇㻪曾任教于湖南省立克强学院、湖南大学矿冶系,共历时五年,为国家培养了大批地质矿冶方面的人才。他调离长沙时,将家藏图书(多为自己著作)全捐赠给了湖南大学。

由于田奇㻪和同事们的努力工作,湖南地质调查所取得了巨大的成绩,成为新中国成立前省级地质调查所中的佼佼者。鉴于田奇㻪对湖南区域地质、矿产地质所做的众多开创性工作,李四光曾称赞他是对湖南地质有特殊贡献的地质学者。

投身科学研究的田奇㻪,仍旧保持着五四时期的爱国热情。他对腐朽的旧社会深恶痛绝,盼望着国家的新生。1948年冬,他与中共地下党联系,表示要保护全所财产,迎接解放。

三、在领导岗位上坚持科学态度

1949年8月5日,长沙和平解放后,田奇㻪与长沙各界人士联合通电全国,拥护中国共产党的领导和人民政权,并接受委派继任湖南省地质调查所所长。10月1日,他应邀参加了开国大典的观礼。

1950年,由于工作需要,田奇㻪调往武汉,任中南军政委员会重工业部资源勘测处处长、中南地质调查所所长。当年5月,他在中南军政委员会重工业部召开的第一次资源勘测会议上作了3个报告:《中南区地质概述》《中南区矿产概况》《湖南省矿产资源概要》,深受与会代表及领导重视,被誉为结合理论与实际的报告。在武汉工作的5年中,田奇㻪对中南地区地质矿产勘查工作的规划、部署与实施进行了全面指导,有效地领导了中南地质调查所及其所属开封、武昌、长沙、南昌、广州5个分所科研工作的开展。他曾多次去大冶铁矿,研究、规划该矿及其外围的地质勘查工作,并积极努力为"武钢"解决铁、锰及其他有关矿产资源问题。在这期间,1950年,他还被任命为中国科学院地质组专门委员、中国地质工作计划指导委员会委员;1952年地质部成立,田奇㻪任地质部中南地质局副局长兼总工程师。

1955年,田奇㻪调往北京,历任地质部地质矿产司副司长兼总工程师,地质部全国矿产储量委员会副主任兼总工程师,全国地层委员会委员,致力于全国地质科学技术

《湖南泥盆纪之腕足类》书页

的组织、管理和领导工作，先后主持修订了多种地质矿产勘探规范，审查、审批了一大批各部门提交的各类矿产储量报告，主持了铬、镍、汞、金等重要矿产的全国性地质工作会议，参与了许多重大地质勘探长远规划和年度计划的制定，以及许多重大地质技术问题的研讨（如不同时期地质工作的方针、任务、工作重点，国家急缺矿产资源勘探的突破，重大技术项目的引进等）。他还并经常深入重点勘探基地和重要矿区、矿产地视察，检查与指导工作。

田奇㻪对地质工作的科学态度和质量问题极为重视。他认为，必须以科学的态度保证各个工作环节的质量，才能取得可靠的地质资料和数据，探明更多更好可供工业利用的矿产储量。他曾对某些勘探队由于储量任务压力过大而违反勘探程序、造成浪费等问题，提出严厉批评和具体改进意见。20世纪50年代后期，有人提出要对新中国成立以来采用的苏联矿产储量分类规范进行大破大立，甚至提出要降低高级储量比例和放宽勘探网度。田奇㻪认为，在某些方面结合我国具体情况加以修订是必要的，但必须充分考虑地质依据，慎重从事，尤其重要的是要保证勘探质量。他还十分重视矿产资源综合利用与合理开发。有的冶炼厂不注意矿石中伴生有益组分的回收，群众乱采滥挖往往破坏矿产资源，他对这些现象深为忧虑，并提出了意见。

1956年，田奇㻪作为特邀代表出席了地质部全国先进工作者代表大会，受到毛泽东主席亲切接见。周恩来总理称赞他是"没有留过洋的专家"。

田奇㻪还积极参加了地质外事活动。他于1954年、1960年两次访问匈牙利。1956年，他应邀赴苏联伯力参加远东地质会议，作了《中国震旦系》的报告，为苏联地质界所重视。1957年，他奉派赴越南主持铬矿勘探工作，受到胡志明主席接见，并获越南政府颁赠的友谊徽章。

田奇㻪热心社会活动。1922年中国地质学会成立，田奇㻪成为会友，1923年其大学毕业后即成为会员，历任该学会《地质论评》编辑、《中国地质学会志》（英文版）编辑、《地质学报》编委，以及学会理事、学会编辑委员会委员。他是中国古生物学会的发起人之一。他于1957年参加中国民主同盟，是第三届全国政协委员和第三届全国人大代表。

四、学术研究具有奠基意义

田奇㻪在大学时代就显示出卓越的科研能力，虽然后来更多致力的是地质矿产调查及其领导工作，但早年奠定基础的学术研究并未中断，同时又结合实际工作进行了相关的学术研究。

从大学时代起，田奇㻪就致力于古生物地层学研究。参加工作以后，虽然经常从事区域地质与矿产地质调查，但从未放松基础地质的工作，尤其是深入研究了晚古生代的地层古生物，取得了一定成果。

朱效成、潘云唐等学者在为《中国现代科学家传记》撰写的"田奇㻪"小传中总结指出：

1923～1924年，田奇㻪在河北临城、磁县等地调查时，采集了大批化石，其中有几件保存完整的海百合化石个体，这在我国乃至于亚洲均属首次发现。他在葛利普指导下，研究并写成《中国北部太原系海百合化石》一书，于1926年出版。他在书中描述建立了新属"中国海百合"（$Sinocrinus$）及若干新种。这是中国学者所写的第一部有关海百合化石的专著，对中国以至整个亚洲海百合化石的研究均有奠基性意义。

20世纪30年代初，田奇㻪研究了丁文江等采自贵州、湖北的早三叠世头足类化石，写成了专著《中国南部下三叠纪之头足类化石》，于1933年出版，该书共描述菊石目8属，鹦鹉螺目3属，共23种及1亚种，其中8新种。这是我国学者所写的第一部中生代头足类化石专著。

20世纪30年代中期，田奇㻪将他自己和王曰伦、王晓青、许原道、刘祖彝、计荣森、程裕淇等在湖南地质矿产调查中所采数以千计的泥盆纪腕足类化石作了系统深入的研究，完成了专著《湖南泥盆纪之腕足类》，1938年出版。此书共描述腕足动物化石2目4超科10科3亚科15属4亚属88种（含亚种及变种），其中31新种，27新亚种及新变种；建立了上泥盆统"锡矿山系""佘田桥系"，中泥盆统"棋子桥系""跳马涧系"的腕足动物共5个群、20个带；研究了腕足类化石的内部构造，绘制了石燕贝化石的壳表装饰图，并以坐标图表示其数量关系。这部专著篇幅宏大，内容丰富，研究精细深入，是田奇㻪的重要代表作之一。

田奇㻪在地层学方面建树颇多。他于1929年发表《湖南中部上古生代地层之研究》一文，对湘中石炭—二叠系地层作了详细划分，并同华中、华南、华北、西北等地区石炭—二叠纪地层作了对比。20世纪30年代，他对早石炭世丰宁系地层古生物作了详细研究和系统总结。

田奇㻪对地层学的最大贡献在于泥盆系的研究。1938年，他发表了重要论文《中国之泥盆系》，对中国泥盆纪地层的分布、分类及泥盆纪古地理作了系统总结。他在修订丁文江、葛利普1931年做出的中国泥盆纪地层划分基础上，提出了新的划分方案。

这篇论文再加上专著《湖南泥盆纪之腕足类》，一起奠定了我国南方泥盆纪生物地层学的基础。半个多世纪以来，随着研究工作不断深入，田奇㻪这一划分方案及化石群、化石带虽然有不少的修改和补充，但其基本框架和大部分内容经受了实践的检验，是站得住脚的。

1934年，田奇㻪因其学术贡献，获得了第3届"纪念赵亚曾先生研究补助金"；1940年，他又获得了首届"丁文江先生纪念奖金"。

田奇㻪有关地质矿产的调查报告，也都有着鲜明的特点和开拓性意义。20世纪30年代他主编的《湖南铁矿志》，著名矿床地质学家谢家荣就曾予以称赞："综观全书，调查精密，叙述详明，插图照片亦清晰可观，对于学术问题之探讨，经济资料之搜集，俱属扼要详尽，确属中国经济地质学上一重要贡献也。"

五、为国贡献"三不怕"

田奇㻪自奉简朴，对人却十分慷慨。上大学的时候，他经常为出版社翻译一些科学文献，挣钱贴补生活和学习费用。工作以后，虽然工资不断增加，但他一直十分节俭。他曾资助两位年轻的地质工作者出国留学，帮助三位家境贫寒的晚辈完成大学学业。抗日战争期间，他曾将家里的数十两黄金全部捐给国家。他多次被派出国，总是尽可能节省国家宝贵的外汇。

对于工作，田奇㻪总是兢兢业业。抗日战争后期，日寇曾窜到距离他家数十里的地方，家人打电报催他速归并带领他们逃难，但他却回电要求全家自行向老家大庸转移，自己仍旧按计划坚持工作。在野外调查中，他曾两次遭土匪打劫，但却从未因畏惧而退缩。

在日常工作中，田奇㻪总是热情指导年轻同事，工作的各个环节都与大家和衷共济，发扬学术民主，促进共同进步。在他身边工作的年轻人都成长得很快，不少人成为专家学者。他更注意在实际工作中对青年进行传帮带，以利于他们更快地成长。他首先以自己对地质事业的热爱与奉献精神去感染、教育年轻人。比如湖南地质调查所期间，他对刚到他身边工作的人员说："来所里做事，既不能升官，又不能发财。你如果想升官发财，请不要来！地质调查所不是旅馆，不能想来就来，想走就走。你愿意来，一定得干完三年。……三年以后你如果还能干下去，我劝你这一辈子就干下去，不要改行了……"

繁重的管理工作使田奇㻪没有时间撰写更多新的著作，但他却关心新生力量的成长，在审稿等把关工作中严肃认真，一丝不苟。

"文化大革命"期间，田奇㻪的身心受到了严重摧残，但他念念不忘国家的地质事业，在极为困难的条件下写出了《关于我国今后开展地质工作的意见》《我国地质矿产资源今后勘查方向》《对首都钢铁资源勘探建议》等论文，请求呈送党中央和北京市委。就是在1973年养病期间，他仍写成《关于我国地质工作对几种重要矿产资源今后如何作法的初步建议》一文，强调海相成油和寻找隐伏矿体的重要性。

1975年9月15日，田奇㻪在北京逝世。

2004年，张家界举行田奇㻪诞辰105周年座谈会，百余科技界人士和田奇㻪的家属参加会议，缅怀了田奇㻪对湖南地质勘查和国家地质矿产事业作出的非凡贡献，表示要继承他献身地质事业的"三不怕精神"（一不怕死，二不怕苦，三不怕饿），为祖国科学技术事业奉献自己的力量。

赵炳南
——用"心"治病的医之大者

赵炳南（1899～1984），中医皮外科专家。原名赵德明，祖籍山东德州，回族。从医60余年，在长期临床实践中形成了皮外科诊疗的独特风格，是我国现代中医皮外学科奠基人和开拓者，为中医皮肤科事业的发展作出了杰出贡献。著有《赵炳南临床经验集》《简明中医皮肤病学》（合著）等。

一、艰难生活种下为民从医的种子

1899年5月27日，赵炳南出生于河北省宛平县（今属北京市），后举家迁居北京西郊三里河村。父亲是个雇工，一家人的生计，全靠父亲打短工来维持。

赵炳南小时候体弱多病，出过天花，患过痢疾，发过疟疾。尤其是6岁那年出天花，高烧不退，无钱就医，只好请来不识文墨但粗晓医理的邻居王大妈用土办法治疗，虽然逐渐痊愈，但脸上落下了许多小疤痕。后来7岁得痢疾、8岁得疟疾，都是王大妈用偏方治好的。这些颇有成效的土法医疗，使赵炳南对中医产生了浓厚的兴趣。在后来读私塾期间，只要有空，赵炳南就到王大妈那里帮她熬药、配方子，有时还帮着上山采药，由此耳濡目染，也就学会了不少方子。

赵炳南

由于连续3年生病，赵炳南错过了适龄入学时间，所以8岁时才入学读书。接下来的6年中，赵炳南先后就读过三里河清真寺办的"经学堂"、南房营私塾、皇塔寺小学堂、九天庙小学堂等，不停地辍学、转学，艰难地完成了他一生的"正规"教育。

赵炳南后来回忆说："我的童年生活饱尝了人间的痛苦与疾病的折磨，

是今天的少年儿童难以想象的。"特殊的人生经历使他深深懂得生命的珍贵，劳苦大众的饥寒交迫、垂死挣扎使他心灵受到震撼，于是幼年心灵中播下的做医生的种子开始发芽，立志做医生为民众解除病痛。

1912年，14岁的时候，赵炳南经人介绍进了大栅栏的"伯贤药房"当学徒，后来又到"德善医室"跟从老中医丁德恩学习中医皮肤疮疡外科。在学徒的那些年里，赵炳南白天跟从师傅诊视病人，还要伺候师傅、照顾师兄，每天要干十几个小时，夜深人静时则挑灯夜读，困了就用冰片蘸水点点眼角，醒醒神接着攻读。几年下来，他研读了《医宗金鉴》《本草纲目》《外科准绳》《疡医大全》《外科启玄》等数十部医著，有的还能倒背如流；对皮外科的一些基本功，比如熬膏药、摊膏药、搓药捻、上药面、打药丹、针刺等多种方法和操作技巧逐渐娴熟。赵炳南刻苦上进的精神打动了师傅，故尽得其传。这些，都使赵炳南在后来的行医中受用无穷。

二、悬壶济世，造福人群

1920年，赵炳南参加北洋政府举行的中医学考试，考中了"医士"，获得行医执照。但当局不允许他进城执业，只准他在郊区行医。1923年，赵炳南再一次考中中医医生资格，才借款赊药，在北京西交民巷自设诊所，开始行医。1926年，诊所改为医馆，不仅独自应诊，还带了徒弟。

在新中国成立前，赵炳南行医近30年，救治过无数的病人和垂危患者，不仅表现出高超的医术，还体现了高尚的医德，尽可能地帮助那些穷苦百姓，而对权豪势要们则不卑不亢，对侵略者则绝不屈服。

在自己的行医生涯中，赵炳南把最大的同情和精湛的医术，献给了那些像他曾经那样贫穷困苦的百姓。在旧社会，皮外科患者多为勤劳辛苦的穷人，一旦得病，不但失去养家糊口的劳动能力，还要花费一笔钱治病。赵炳南秉承"穷汉子吃药，富汉子还钱"的师训，对来自底层的劳动人民，无力就医者，总是免费看病给药，分文不取。因此，当时有"北京有个赵炳南，看病不花钱"的顺口溜。

有一次，一个人力车夫来看病，听说这位车夫因生活困难还没有吃饭，赵炳南当即拿钱让他先到饭馆吃了一顿，然后给他做手术。做完手术，赵炳南分文不收，还给了车夫一些钱，叮嘱他如何注意保护身体。其实，除了对穷苦人的免挂号费、免诊费、免药费的"三免"之外，免费招待便餐也并非仅此一例：对于一早还没有吃过早点的穷苦病人，赵炳南总是给他们一些零钱，让他们先去对门的庆丰包子铺吃点东西，然后再候诊。

又有一次，一个小腿刚刚开过刀的病人，术后赵炳南让他到休息室歇歇再走，并在床头留下一个小红包，让他待会儿雇辆人力车回家。可病人在屋里躺了一会儿，拿起红包，慢慢走出了大门。出门后，他并没有雇车，而是一瘸一拐地向西交民巷西口走去。说来也巧，这时赵炳南正好送一位朋友出大门，无意中看见，马上从衣袋里掏出些钱顺手交给一个在门口等活的车夫，并叮嘱他赶快追上那个病人，送他回家。

由于赵炳南医术高超、医德高尚，深受广大百姓和同行的称赞。因此，当时北京的名医汪逢春等人牵头，给赵炳南送了一块大匾，上书"造福人群"四个大字。而在赵炳南的行医生涯中，患者送来的木匾、玻璃匾、铜匾、银盾、银瓶不计其数。

20世纪30年代初，早已退位的溥仪居住在天津静园，曾经派人请赵炳南医病。当时溥仪患的是鼻疔"白刃疔"，鼻子周围发炎红肿。这位末代皇帝还是架子十足，令人望而生厌。赵炳南用中药提疔的办法治疗，外用药捻加盖黑化毒膏，内服清热解毒托里透脓的中草药，三天后栓出脓尽，一周后基本痊愈，没留疤痕。后来，赵炳南又应邀给溥仪的"皇后"看过病。溥仪见赵炳南医术高明，提出让他做自己的御医，赵炳南敬谢不敏。给此类达官贵人、富商巨贾治病，自然收入不菲，赵炳南除了用这些钱维持医馆业务，更多地服务于社会公众事业，比如当时的北平中医公会缺少经费，他解囊相助；建立妇产医院，他尽力资助。

1937年，日寇侵占北平，对我们的民族文化极尽摧残之能事。赵炳南虽然生活在敌占区，但决不同流合污，表现出了坚定的民族气节。那时，日本人规定，沦陷区的中国人要按日本的时间定时，即把钟表拨快一个小时。对此，赵炳南十分气愤，坚决予以拒绝。后来被狗腿子发现，进医馆不由分说把挂钟给砸了。但狗腿子一走，赵炳南又买了新挂钟挂上，仍然是中国时间。后来接二连三，挂钟不断被砸碎，但新挂钟仍然是中国时间。

值得强调的是，赵炳南十

北京市回民医院

分关心本民族的医疗卫生事业,据董凤鼎所撰写的《赵炳南——医德医书,闻名遐迩》一文介绍,"为了让本民族的后代健康成长,他于1947年在北京广安门南大街创办了'普慈施诊所',专为回族子弟做割礼手术。诊所的医疗器械、中医药品及一切费用,均由赵炳南承担,很受回族群众欢迎。1948年,北平政府批准诊所改为'普慈施诊医院',赵炳南担任外科主任,还请来中医医师陈审之任内科主任医师,整个手术的程序更规范化了。这样,有效地防止了感染,减轻了孩子们的痛苦,受到回族群众的欢迎"。

三、治病用药,还要用"心"

新中国成立后,人民当家做主,赵炳南获得了政府颁发的中医证书。他十分珍惜新时代和平安宁的环境,以发展中医事业为己任,更加勤奋努力,不断从中医学宝库里汲取营养,治病救人,服务国家和人民。

1951年起,赵炳南参加北京联合诊所行医。抗美援朝时,北京各界人民响应号召,纷纷订出拥军优属的公约或计划。赵炳南主动提出免费为烈军属诊疗疾病,受到北京市人民政府表彰。1953年,赵炳南被聘为北京医院、中国医学科学院、北京和平医院等单位的中医顾问。

1956年,北京市第一所中医医院——北京中医医院诞生。赵炳南响应国家的召唤,毅然离开苦心经营多年的医馆,参加了医院工作,是第一批参加医院工作的老中医。他把自己的药品、医疗器械、制药用具、办公家具以及准备扩建医馆的木料,全部无偿地捐献给了国家,受到人民政府的赞扬和鼓励。

赵炳南一贯重视医患关系。他认为医患关系融洽,对病人的治疗起着重要作用。在他接触的各类病人中,无论男女长幼、贫富贵贱,问病言医均以"您"相称,而不用"你"。有人曾问,对二十几岁的年轻人何必以"您"相称,赵炳南笑着说:"一个陌生人坐在我们这些穿着白大衣的医生面前时,他就成了一名有求于你,渴望我们为他解除病痛的病人。我们之间的关系也就不再是陌生人的关系了,而是变成了医患之间的关系。'您'字与'你'字的区别,就在于多了一个'心'字,就是这个'心'字缩短了医患之间的距离,融洽了医患之间的关系,密切了医患之间的感情。"赵炳南认为,病人求医是对医生最大的信任,因此医者就应当尊重患者,有了融洽的医患关系,治起病来就更能得心应手。这一点,对于处理今天的医患关系来说,十分值得借鉴。

据赵炳南的儿子赵恩道先生回忆：1975年夏季的一个上午，赵老例行去鼓楼中医院出门诊，开诊后不久，一个满面怒气的中年男子闯了进来，坐在凳子上对赵老说："我吃了你上礼拜开的7剂中药，怎么病情越吃越厉害呀？疹子越吃越红，越吃

赵炳南在专心诊病

越痒，你算是什么名医？"在座的徒弟、学生们听了这些话，既惊讶又愤慨，人们不约而同地看着赵老。赵老却心平气和地对他讲："您不要着急，任何疾病的发生、发展、变化、治愈总是要有一个过程。这个过程有时短一些，有时长一点，是受多种因素影响的。上方您吃得效果不好，今天咱们再看看，调调方再试试，千万别着急。急躁情绪只会加重病情，对疾病是非常不利的。"说到这儿，赵老话锋一转，接着说，"不过，话又说回来了，像您这么重的病，得在谁身上都会十分痛苦，也会着急。若是我本人得了您这种病，可能比您还急躁呢。"赵老这一番话感动了在场所有人，更深深打动了这个病人，只见他突然站起来向赵老深深地鞠了一个大躬，并抱歉地说："刚才我说错了话，请赵老原谅我！我不是故意的，实在是因为太痛苦了。"看完这个病人的病后，赵老还特意起身送他到诊室门口，并嘱咐他按时吃药。赵老回到座位后，大家都用敬佩的目光望着这个老人。赵老只说了一句话："他是病人，他的急躁正说明他是多么需要咱们的理解与关怀啊！"后来，这位病人痊愈后还特意来医院看望赵老。因为当时赵老不在医院，赵恩道先生接待了他。当他得知赵老没在医院时显得十分失望，张着嘴半天也没讲出话来，就像有千言万语要对赵老诉说，可到最后也只剩下两句话："他老人家不仅治好了我的病，而且还教会了我如何待人、如何做人啊！"

民国期间，赵炳南曾任北平市中医公会外科委员、华北国医学院外科教授等职。新中国成立后，他先后担任北京中医医院皮外科主任、副院长、名誉院长，北京市中医研究所所长，北京第二医学院中医系教授，中华医学会及其外科学会及皮科学会委员，中华全国中医学会副理事长，北京中医学会理事长。他还被推选为北京市人民政府委员，第二、三、四、五、七届北京市人大代表，北京市第七届人大常委会委员，第四、五、六届全国人大代表，以及北京市伊斯兰教协会副会长、中国伊斯兰教协会理

事。他多次受到毛泽东主席、周恩来总理、朱德委员长的接见。

四、汇集经验，裨益后学

赵炳南一生从事皮外科专业60余年，积累了丰富的中医学理论和实践经验。尤其是晚年，他专门致力于皮肤病的治疗与研究，取得了可喜的成果。

纵观赵炳南对皮肤病的治疗，不难发现，中医整体观这一指导思想贯穿其治疗的全过程。他生前经常讲："作为一名皮肤科医生，一定要牢记皮肤病多是形于外而发于内的。"因此，他非常重视对脏腑状况的了解。在诸多皮肤病的致病因素中，对湿邪与热邪尤为重视。他认为，治湿是治疗多种皮肤病的根本，治热则是治疗皮肤病的关键。

赵炳南精通中医药理论，善治痈疽恶疮、皮肤疮疡、痰核瘰疬、术后瘘管以及全身性感染等急慢性病症。赵炳南以勤求古训、博采众家之长、勇于创新而取得了中医皮肤外科事业上的成功。他提取传统疗法的精华，融合自己的经验，形成了独特的治疗方法，先后研制、改良了黑布药膏、拔膏、搓药、熏药等多种制剂，研究成功数十个确有疗效的方剂。比如他将红斑狼疮分为五型治疗，进行临床观察127例，病情均有不同程度好转或减轻，有一部分病人已经恢复了工作，死亡率明显降低，总死亡率为1.5%，远比国外报告的数据低。

《赵炳南临床经验集》书影

在多年的医疗工作中，赵炳南还和西医同道相互合作，取长补短。他常说："为了解除病人的痛苦，一切为病人着想，我对医术无门户之见，对中西医两种医学，我一向主张取长补短。""医术是治病的工具和手段，不应有门户之见，应择其善者而从之。"他在早年设馆行医时，就结识了很多知名的西医朋友，所以在治疗一些危重病人时，他并不反对配合一些西药和西医检测手段。1955年在给朱老总治病时，周总理就叮嘱他要"中西医结合"，他非常拥护这一方针，他曾说："我有很多中医徒弟，也有很多西医徒弟，你们要团结起来，共同进步，走中西医结合的道路，为振兴中医事业贡献力量。"

赵炳南的医疗实践经验，1975年由其徒弟和助手整理成《赵炳南临床经验集》一书，由人民卫生出版社出版。全书共30万字，系统介绍了赵炳南的临床经验和学术思想，共收入病种51个，病例137例，还介绍了3种特殊疗法，以及行之有效的验方、常用方共115个。其中的验方是赵炳南60多年行医生涯中探索总结出来的，药材易得，价钱低廉，疗效可靠。这本书出版后，成了皮外科领域的必读书，1978年还获得了全国科学大会奖。此外，赵炳南还与张志礼合著有《简明中医皮肤病学》（中国展望出版社，1983），并先后参加编审《中西医结合外科临床手册》《实用皮肤外科学》《中医外科学》等。赵炳南还撰写了许多专题论文，刊登在《中医杂志》等刊物上，其中有关黑布药膏治疗瘢痕疙瘩的论文，曾在波兰第15届世界皮肤科学会上宣读。

1982年，为表彰赵炳南对中医的杰出贡献，北京市卫生局举办了"庆祝著名回族老中医赵炳南教授行医65周年座谈会"，赵炳南在会上表示，"知识不停留，经验不带走"。之后，他整理出自己行医生涯、学术思想、治疗经验、饮食疗法等方面的经验文章17篇，临床经验磁带23盘，10种皮肤科常见病的中医诊疗程序文字资料约3万字。

1984年7月6日，赵炳南在北京逝世。

2009年10月21日，北京市中医管理局和首都医科大学附属北京中医医院在北京人民大会堂共同举办了赵炳南诞辰110周年纪念活动，缅怀赵炳南精湛的医术和高尚的医德。

童 寯
——设计、理论、教育均臻化境

童寯（1900～1983），建筑学家、建筑教育家、画家。字伯潜。奉天盛京（今辽宁沈阳）人，满族。1925年毕业于清华学校，1928年获美国宾夕法尼亚大学建筑学硕士学位。曾任东北大学教授、建筑系主任，中央大学教授；新中国成立后历任南京大学教授，南京工学院教授、建筑研究所副所长。长期从事建筑设计、中外建筑史、建筑理论、中国古代建筑的教学和研究。著有《江南园林志》《造园史纲》《新建筑与流派》《近百年西方建筑史》《日本近代建筑》等，有《童寯文选》《童寯文集》（四卷本）行世。

一、立志"建设富强中国"

1900年10月2日，童寯出生在奉天盛京（今辽宁沈阳）东郊东台子村一个满族家庭。他家原姓钮钴禄氏，隶属正蓝旗，世居东北。祖上多务农劳作，到童寯的父亲一辈，家里才出现了第一代读书人。

童寯的父亲恩格，清宣统二年（1910）后任"劝学所"所长、女子师范校长和省教育厅厅长。恩格原配金氏，生有一女。续娶杨氏（汉族），生有寯、荫、村、言四子，童寯是四兄弟中的老大，三弟童村，也收入本书中。

童 寯

1917年，童寯小学毕业，考入奉天省立第一中学。当时军阀混战，日本帝国主义侵略东北，国难当头，童寯与大多数有志青年一样，决心读书救国。他经常参加基督教青年会举办的讲座，广泛接受人文、社会和科技知识。

那时，第一次世界大战接近尾声，战后建立了国际联盟。"国联"的主要成员是英、美，渴望和平、渴望"读书救国"的童寯，决定学习英

语。1920年中学毕业后不久，童寯离家赴天津新学书院进修英文。在这之前，由父亲做主，童寯与女子师范学校毕业生关蔚然（满族）结婚。他们育有三子：童诗白、童林夙、童林弼。

1921年夏，童寯先后参加了唐山交通大学和北京清华学校（清华大学前身）高等科的入学考试，均以优异成绩通过。童寯选择了清华。在清华就读期间，他刻苦学习，各门功课都成绩优异，英文和美术尤其出色。课余时间，除了去图书馆，他还常到校园西边不远的圆明园遗址，练习写生。他还被选为《清华年刊》的文艺编辑和学校美术社的秘书，并在老师安排下办过个人画展。

1924年秋，童寯升入大学科，获得了留美资格。他决定攻读建筑专业。这个选择，源于他少年时代的"建设富强中国"的信念，也与他对建筑的爱好和绘画素养有关。从此，童寯走上了建筑学家之路。

建筑科学系和建筑事业，后来给童寯带来了很大幸福，也给了他很大痛苦，但他从不后悔自己当初的选择，数十年后，他对南京工学院的同事说："死后若有来生，我仍要选这专业。""文革"时，他在一篇文章里写道："人生唯在校读书趣味最多，然最快乐最可纪念者，盖莫过于学建筑之生活。"

二、留学宾州大学的日子

清华学校是用美国退还的部分庚子赔款兴办的，优秀学生大多有留美的机会。获得留美资格后，为选择学校，童寯写信给正在宾夕法尼亚大学建筑系留学的高班同学杨廷宝。杨推荐自己所在学校，于是，童寯又一次成了杨廷宝的校友。

1925年8月，清华留美学生搭乘轮船赴美，9月抵达美国西海岸旧金山，随之，童寯进入宾夕法尼亚大学。

宾州大学建筑系，可谓我国近代建筑的摇篮。它培养了大批建筑学人才，诸如赵深、杨廷宝、陈植、梁思成、童寯、谭垣、李扬安、过元熙、卢树森、黄耀伟、吴景奇、哈雄文等。世称"建筑四杰"的，除刘敦桢之外，其余三位——杨廷宝、梁思成、童寯，均曾在此留学。这些人回国后，开办建筑教育机构，设立建筑师事务所，发起理论研究，投身古迹考察，作出了卓越的成就。

童寯到宾州大学时，建筑系学生150名，全部为男性。本科生学制五年，毕业获学士学位；研究生一年，毕业获硕士学位。实行学分制，修满学分者，可以提前毕业。

由于基础较好，童寯直接插班读二年级。童寯美术基础扎实，设计构思巧妙，下笔又极为精确，因而很受设计导师乔治·毕克利（George H. Beekley）赏识，同学们则称他具有"照相机眼睛"。除了建筑设计的优异成绩，在著名水彩画家陶森（Georgew. Dowson）的指点下，童寯的水彩画技法也日趋成熟，使他后来

童寯故居

除成为建筑学家之外，同时以画家身份闻名于世。

在宾州大学，同学都知道，童寯从来不涉娱乐场所。除了上课，他常去旧书店、博物馆和音乐厅。

还应该提及的是，童寯在宾州大学也收获了友谊，而这种友谊绝非今日所谓"关系"，而是诤友之谊，是学术"和而不同"之谊。童寯与清华高班校友杨廷宝，在建筑艺术观点和审美习尚方面分歧甚大，杨爱听京剧、爱看中国古代宫殿，童欣赏西乐、常去江南私家园林，但这并不妨碍他们保持友谊。童寯与梁思成是至交，清华时同为美术社成员，美国时同住一室。但他们性格迥异，童寯笃厚沉静、高澹孤远、不求闻达，梁思成热情灵活、豪爽浪漫、一世风云。数十年后，童寯在给友人的信中说："像他那既是伟大学者，又是糊涂政客的父亲一样，思成也是一个充满矛盾的人，不过我还是很喜欢他。"

在宾州大学留学期间，童寯曾于1927年获全美大学生建筑设计竞赛二等奖，1928年获同一竞赛一等奖，同年又获 Arthvr - Spayd Brooke 设计竞赛金奖，引起了美国报界的注意。

1928年夏，童寯以三年时间修满六年学分，获建筑学硕士学位，提前毕业。经导师毕克利推荐，进入费城本科尔建筑师事务所（R. B. Bencker）工作一年后，由陈植介绍，进入纽约伊莱·康建筑师事务所（Ely J. Kahn）。

1930年夏，童寯启程回国。其间，5～8月，他取道欧洲，在英国短暂逗留后，先后游历巴黎、科隆、柏林、维也纳、慕尼黑、米兰、华沙等地，经莫斯科、哈尔滨，最终回到了沈阳。游历欧洲，是当时国内许多文

人学者理解西方文化的传统方式，途中，童寯作了大量古建筑写生画，拍摄了许多新建筑照片。

三、为建筑的一生

童寯回到故乡沈阳后，随即应东北大学工学院院长孙国铎聘请，任该院建筑系教授。东北大学建筑系 1928 年秋由梁思成创建，略晚于我国最早的南京中央大学建筑系，以强调建筑艺术知名。建筑系的四名设计教师，全部毕业于宾夕法尼亚大学，先于童寯来的是梁思成、陈植、林徽因。1931 年 2 月，陈植赴北平养病。6 月，梁思成与林徽因到北平营造学社任职，推荐童寯担任建筑系主任。童寯独自坚持了半学期。

1931 年 9 月，日军发动"九一八"事变，侵入沈阳城。东北大学全部解散，师生南逃，童寯举家迁往北平。动身时，不顾家庭负担，童寯带上了建筑系一套珍贵但沉重的玻璃幻灯片，直到新中国成立后全数归还东北大学。11 月，应陈植的邀请，童寯到上海，加入不久前由赵深、陈植合组的建筑师事务所。

在这期间，东北大学建筑系三个年级的学生，除一年级部分转入中央大学建筑系、部分退学外，二、三年学生流落在外，无所着落。1932 年 3 月，在陈植的支持下，童寯召集两级 16 名学生，到沪继续学业。经陈植与大夏大学洽商，学生在该校借读，童寯、陈植利用业余时间教授建筑设计课。看到学生生活无着，童寯慷慨解囊，拿出东大照发的

童寯设计作品——南京首都饭店

薪金，全部交给了他们。1932 年 7 月，东大第一届 10 名学生毕业。1933 年 7 月，第二届 6 名学生毕业。

童寯在抗日战争时期坚持建筑教育的事情，在东北大学建筑系学生中广为传颂。他的这份操守，他的这份热忱，他的这份执着，感人至深。

童寯在上海参与的建筑师事务所，叫"华盖建筑师事务所"，前身是 1928 年由赵深成立的"赵深建筑师事务所"，1931 年童寯到沪后三人合

作，1933年元旦正式成立"华盖建筑师事务所"。在这个所里，童寯主持图房，而这段时间，也是他建筑设计成果最多的时期。

1937年8月，日军进攻上海。11月，上海、南京相继失守，长江中下游一切建设陷于停顿，建筑业务中断。此后，从1938年5月到1944年，童寯辗转在大后方的重庆、贵阳、桂林等地，设计规划了许多建筑。

1944年秋天，应中央大学建筑系主任刘敦桢邀请，童寯离开贵阳到重庆，在中央大学建筑系兼职。和童寯一起工作的，还有杨廷宝等。那时，中央大学建筑系借址于市郊沙坪坝的重庆大学，教师住在城里，需要搭车上班。当时由于公共汽车破旧不堪，途中经常抛锚，上班迟到是家常便饭。但令大家惊异的是，童寯从不迟到，仔细了解，才知道他总是提前搭车，留出足够的时间。童寯在中央大学一直工作到1951年。

1945年8月，日本投降，抗战结束。1946年，童寯随中央大学建筑系回归南京。在南京，他自建了一座小住宅，与家人一起居住。不久，华盖建筑师事务所在上海、南京一带恢复活动，设在南京的总图房仍由童寯主持工作。

1949年，人民解放军节节胜利，解放区迅速扩大。这年6月，梁思成致函童寯，邀他北上清华大学建筑系任教，童寯没有答允。

1950年，国家实行社会主义改造，华盖三建筑师与另外11名建筑师、工程师成立"联合建筑师工程师事务所"。

1952年，童寯设计了最后一项作品：上海杨树浦电力学校。同年，"华盖"随国内全部私营事务所解散。由于院系调整，童寯离开中央大学，转入南京工学院建筑系任教。1978年后，童寯改任南京工学院建筑研究所教授。

1983年3月28日，童寯在南京去世。

四、作品与著作

20世纪30～40年代，是童寯建筑设计和建筑教育事业最为辉煌的时代。在这十几年中，他不仅设计完成了大量建筑作品，为国家培育了许多建筑科学人才，还为世人留下了数部杰出的建筑、园林著作。

1933年"华盖建筑师事务所"成立后，童寯完成了大量建筑设计作品。1931～1951年，童寯支持和参与的建筑项目达100多项。

1932年，童寯参与设计的南京国民政府外交部大楼和官邸，以经济、实用、富有民族特色的设计方案中标。该建筑设计对传统民族风格进行简化和提炼,突破了当时复古派沿用的大屋顶宫殿式样式,建成后,建筑线条简洁,比例匀称,外形端庄,成为现代民族风格的创例,受到广泛好评。

此外,童寯还主持设计了南京中山文化教育馆、下关首都电厂、首都饭店、首都地质矿产陈列馆,上海大上海大戏院,重庆炼铜厂,贵阳花溪中学、大夏中学,等等。这些建筑设计新颖,富有特色,在现代建筑史上具有重要地位和深远影响。同时,它们也体现了童寯的建筑理念,诸如尊古而不泥古,重实用而不粉饰,不同建筑各有特色。

然而,童寯又是一个有着相当深厚的中国传统文化素养的学者,他钟情于画一般的诗、诗一般的画,迷醉于江南园林。他认为,"中国画包含哲理、文学与大自然的融合,并很早就有一套理论,这是西方所望尘莫及的"。每入江南园林,他总是"低回唏嘘,忘饥永日,不胜众芳芜秽、美人迟暮之感"。

童寯《江南园林志》书影

因为战争,童寯从北国来到江南,江南园林这立体的画卷,深深地吸引了他。从20世纪30年代开始,他就开始研究中国园林,在工作之余,他遍访苏、浙、沪的60多处园林,踏勘、测绘、摄影,收集文献资料,接着进行案头研究。1937年夏,他完成了数年精心结撰的书稿《江南园林志》(中国建筑工业出版社,1963、1984),交给了中国营造学社文献部主任刘敦桢。这部著作被学术界公认为近代园林研究领域最有影响的著作,有人称其为自明末计成《园冶》以来我国造园方面最伟大的一部著作。

在《江南园林志》之外,童寯还发表了关于园林建筑风格与形式、中西建筑比较及其影响等方面的论文,出版了《造园史纲》(中国建筑工业出版社,1983)、《日本近代建筑》(中国建筑工业出版社,1983)、《近百年西方建筑史》(南京工学院出版社,1986)、《新建筑与流派》(中国建筑工业出版社,1980)等多部著作。他不仅是我国传统园林研究的先驱,也是近代建筑理论研究的开拓者之一。

童寯去世后,有关单位还结集出版了童寯的文选、文集。1993年,童寯曾任教的东南大学(前身为南京工学院)出版社,出版了《童寯文选》。

2001~2006年，中国建筑工业出版社连续出版了四卷本《童寯文集》。

有学者指出："在我国近代建筑史上，没有人像童寯那样在建筑设计、建筑理论和建筑教育三方面同时取得出色成就。深刻的眼光、精深的素养，使他设计出许多富有想象力的作品；渊博的知识、敏锐的观点，使他写出许多切中时弊的论文；高度的责任感、娴熟的技能，使他获得学生们的敬佩。"（方拥：《建筑师童寯》）

五、画家的童寯

童寯是建筑学家，也是画家。他的建筑画，被当代建筑大师吴良镛誉为"作技法娴熟，意境高古，气势恢宏，无论在建筑领域还是在美术领域都达到了卓越的境地，具有极高的艺术价值和史料价值"。

早在上大学的时候，童寯就办过画展。20世纪80年代，童寯的画作相继出版，诸如《童寯画选》（中国建筑工业出版社，1980）、《童寯素描集》（中国建筑工业出版社，1981）、《童寯建筑画》（天津科学技术出版社，1995）。2012年，东南大学出版社整理出版了童寯两种有关画的著作，一是《童寯画录》，一是《童寯画纪》，是迄今最全面的一次整理工作。《画录》集中收录了童寯20世纪初留学美国回国途中取道欧洲考察时及后来所创作的252幅建筑绘画作品；《画纪》是对《画录》的解读和补充，包括童寯赴欧洲游历时的日记影印资料、中英文文字，当时的绘画作品与现代照片的对比，童寯年谱以及若干著名学者对于童寯学术思想的研究。

关于童寯画作的艺术风格和特点，我们不妨借吴良镛先生的论述来加以说明。

一、童老作品的特色：一曰题材广泛，画集中所藏除少量国内作品外，大多为西欧旅行写生，教堂、市场、街衢、城堡、喷泉、雕像等等，不仅古典建筑，以至"近代"建筑、工厂、机器，信手拈来皆可入画；二曰构图精美，或满纸铺盖，或小品一角，密不通风，疏可走马，远近空间变化，引人随之步入画境；三曰用笔奔放，或走笔疾书，仿佛铿锵有声，于细微处又若游丝延绵，水分干湿有方，或淋漓尽致，或枯涩有力，随题材与兴致潇洒自如；四曰色彩绚丽，在统一下有变化，于点滴中见精神；五曰画种丰富，童老喜在有色纸上作水粉或粉画，利用原纸色调寥加数笔，烘托绘画主题而意味无穷。凡此种种，赖有心人细加体会发现。

二、对童老的作品不能就画论画，欣赏者需要静心品味其丰富之内涵，具有无限的建筑意境之美。他读万卷书，行万里路，有精湛的建筑学与美学修养，因此画中境界深邃，非他人所能及；再者他素描基本功扎实，下笔肯定，线条有力，挥腕灵活，简繁有致，善能用减笔表达丰富内容；还有他对中国传统绘画的深厚功底，他常鉴赏宋元明末诸家与"扬州八怪"以及当代名家，若无此精湛的功力，不能表达出画稿所具备的中国美学的精神；此外更难得者，他有充沛的创作热情，豪放不羁，如高山流水，一泻千里，一挥而就，诚如陈植老所言"这是他的人格与素养在纸面上的渗透"。

三、童寯水彩作品还具有重要的历史与城市美学价值，这在于他的作品大多是在20世纪20年代末赴西欧考察时作，足迹遍及英、法、德、意、荷、奥、捷等，作者选择了不少历史名城的标志性建筑作为写生对象，作品忠实地反映了该时代的面貌。八九十年后，这些地区城市面貌有了很大的变化，如画中的巴黎圣母院前还保持着雨果时代尚存在的小巷风情，而今天沿巷房间已拆改为广场；又如威尼斯河上的风帆，今天已为汽船所取代，更何况童老画中的有些建筑难免或毁于二战炮火，或重加修葺。对此我们更加珍惜这些足以记录该时代的作品，借以研究城市美学变迁。

童寯画作

金显宅
——"德高医粹"的肿瘤医学家

金显宅（1904～1990），肿瘤外科医学家。出生于朝鲜，后加入中国籍，朝鲜族。1931年毕业于北京协和医学院，获美国纽约州立医科大学博士学位。历任天津市立人民医院肿瘤科主任，天津市肿瘤医院院长，天津市肿瘤研究所所长、名誉所长，中国抗癌协会名誉主席等。他是中国肿瘤医学的奠基人，中国肿瘤学会和中国抗癌协会创始人，为我国肿瘤医学的学科建设、人才培养、临床实践作出了杰出贡献，被誉为中国肿瘤医学之父。参编或撰著有《肿瘤学讲义》《实用肿瘤学》（合著）、《乳腺癌的研究》等。

一、学医娶妻，入籍中国

1904年3月7日，金显宅出生于朝鲜汉城（今首尔），是家里的第二个孩子。他的父亲金泰相精通汉学，曾经在釜山做过小官，后来开了一家小中药店。

金显宅出生的时候，朝鲜已经被日本占领。金显宅在汉城私立攻玉小学毕业后，接着进入汉城私立培才中学读初中。1919年3月，正在读初中三年级的金显宅参加了要求朝鲜独立的罢工、罢课、罢市的爱国运动。为了避免日军的残酷镇压，也为了不让孩子再受奴化教育，父亲将金显宅装在背篓中，花钱请人"背"着他，偷越鸭绿江桥，来到中国，投奔大哥金显国。那一年，金显宅15岁。

金显宅

金显国毕业于汉城医学专科学校，来到中国后，在张家口清河桥开了家名为"十全"的小医院。金显宅渡过鸭绿江，只身搭上火车，来到张家口的大哥家。在大哥的关怀下，他加紧学习汉语和英语。

1920年,金显宅又只身来到上海,考入沪江大学附中读书。1923年高中毕业,因学业成绩优秀,被保送沪江大学医学预科。在预科读书时,因成绩优异,金显宅经常获得学校颁发的奖学金。在大学三年级时,金显宅参加了朝鲜青年在中国谋求朝鲜独立的组织。

1926年9月,22岁的金显宅考入北京协和医学院。由于是沪江大学第一批考入协和的学生,为此,学校奖励了金显宅100元奖学金。

协和医学院由美国洛克菲勒基金会在华兴办,它参照美国医学教育典范——约翰-霍普金斯医学院的模式办学,以严谨、扎实知名。在协和读书期间,金显宅因学习成绩优异,获得每年100元的奖学金。1927年,金显宅获得上海沪江大学理学士学位。1931年,金显宅从协和医学院毕业,获美国纽约州立大学医学院医学博士学位。

就在协和医学院读书期间的1930年,金显宅加入了中国籍。

从协和医学院毕业后,金显宅成为协和医院的助理住院医师。助理住院医师一年一聘,24小时随叫随到,平均每天工作都在12小时以上。这种近乎严酷的育人模式,却让学生在理论基础之外,逐步获得了丰富的临床经验。

1933年,协和医院成立肿瘤科,由J. W. 斯皮斯(Spies)任科主任。1934年,做了三年助理住院医师的金显宅被聘为肿瘤科的主治医师。

也就在1933年,金显宅完成了自己的终身大事。新娘吴佩球是津沽纺织业巨头的长女,颇具个性。吴家反对这门亲事,吴佩球断然出走,断绝与父母来往。结婚那天,只有金显宅大哥一家和他们的朋友前来,在婚礼将近结束时,吴佩球的母亲才赶来出席。

二、数度赴美,不忘家国

1937年"七七"事变前夕,金显宅赴美留学。到美国后,先在纽约市曼哈顿区纪念医院跟病理专家尤文博士学习肿瘤病理一年,次年又到芝加哥肿瘤研究所进修肿瘤临床,重点进修肿瘤外科和放射治疗。1939年3~9月,访问了英国、法国、比利时、德国、丹麦、瑞典、瑞士和意大利,考察各国肿瘤医院、癌症中心的诊疗工作。1939年10月回到北平,任协和医学院外科副教授和协和医院肿瘤科主任。

太平洋战争爆发后,1942年,日本侵略者占领了北平协和医学院,医院被迫关闭。金显宅遂与卞万年等几位医师来到天津,合资开办"恩光医院",金显宅负责外科和肿瘤科工作。

1945年日本侵略者投降后，金显宅继续在天津行医。当时天津住着不少外国人，在津的外国人也都找金显宅看病，有时金显宅也出诊。给外国人和富人看病，收入很好，金显宅给外国人出诊一次，收费25美元，人称"金条大夫"。

金显宅在天津的故居

在恩光医院行医期间，1945年11月，金显宅应老师M.柯特乐的邀请，曾前往芝加哥大学比林氏附属医院进修肿瘤外科，并兼任芝加哥肿瘤研究所研究员。在美期间，芝加哥肿瘤研究所多次建议金显宅留美工作，都被他婉言谢绝，毅然回国。

1948年，国内局势急转直下，金显宅再次面临抉择。他一度准备南迁，最后听从朱宪彝的劝告，留在了天津。

1949年，金显宅除私人开业之外，还担任在天津的河北医学院（后迁往石家庄）的外科教授，天津市总医院（后更名为天津医学院第一附属医院）和天津市第四医院（后更名为天津市第二中心医院）的外科顾问医师。1949年11月，中纺医院（后更名为华北纺织管理局第一医院，最后改名为天津市第一中心医院）正式开业，金显宅被聘为外科顾问医师。

1951年夏，金显宅参加了抗美援朝志愿医疗队。

1952年，金显宅带着女儿去北戴河度假，走到天桥，过了检票口，突然侨警喊住他，说他是外国人，要登记资料的。其实，金显宅在1930年就办理了加入中国国籍的手续。

1956年，公私合营，恩光医院上交给了国家。

从1957年"反右"开始，金显宅的家庭遭受了不公正待遇。

1985年，81岁高龄的金显宅光荣地加入了中国共产党。

金显宅把他的一生奉献给了中国人民，同样也没有忘记故乡的亲人。1987年83岁时，金显宅回韩国探亲，与金家后辈团聚。一别故乡，到此时已经将近70年。

金显宅去世后，家人遵嘱把他的骨灰撒向了渤海，而这也正是他的遗愿："背靠大陆，漂向仁川。"

三、屡创第一，享誉中外

金显宅是中国肿瘤医学的奠基人，中国肿瘤学会和中国抗癌协会创始人，有"中国肿瘤医学之父"之誉，为中国的肿瘤医学事业作出了卓越贡献。

新中国成立之初，肿瘤医学事业几乎是一片空白，金显宅决心倾注毕业心血为其奋斗。在新中国的肿瘤医学事业上，金显宅创造了好几个第一。

1951年冬，英国教会在天津开办的马大夫纪念医院被中国政府接管，改名为天津市人民医院。1952年，该院成立肿瘤科，金显宅担任主任医师、科主任。这所医院的肿瘤科，是新中国的第一个肿瘤科。1956年，金显宅辞去第一中心医院外科主任之职，专任天津市人民医院肿瘤科主任。

1963年，金显宅创办中国第一份肿瘤学杂志《天津医药杂志肿瘤学附刊》（1984年更名为《中国肿瘤临床》），先后任主编（创刊起）、名誉主编（1987年）。此外，1979年，他还受聘担任过《中华肿瘤杂志》主编。

1972年，天津市建立了肿瘤研究室，金显宅任主任。1977年，研究室扩充为天津市肿瘤研究所，金显宅任副所长。1980年，他任天津市人民医院院长和天津市肿瘤研究所所长；1983年，改任名誉院长和名誉所长。

1981年，金显宅主持了在天津市召开的全国肿瘤医师进修班第一届学术交流会。

金显宅纪念专集书影

1984年4月，金显宅主持了在天津市召开的中国第一届国际乳腺癌学术会议。会议期间，他倡议建立"中国抗癌协会"。这一年，他还被美国肿瘤外科学会聘为荣誉会员。

1985年，中国抗癌协会正式成立，金显宅担任名誉主席。

1978年拨乱反正后，金显宅参加第一届全国科学大会，随后积极提出肿瘤防治计划，建议筹建肿瘤医院，并不辞辛苦，为这所医院的建设奔波操劳了近10个寒暑。1986年，天津市肿瘤医院（今天津医科大学肿瘤医院）建成。

1988年，美国临床肿瘤学会吸收金显宅为正式会员。

1989年10月，在天津召开的全国肿瘤医师进修班第二届学术交流会，人们把金显宅称为"中国肿瘤医学之父"。

金显宅还是天津市政协第六届副主席，全国政协第六、七届常委，九三学社第七届中央常委、九三学社中央参议委员会常委等。

四、学科拓荒，培育人才

金显宅知道，要改变中国肿瘤医学的面貌，培养人才是重中之重。因此，早在天津市人民医院肿瘤科成立之初，他就十分重视培养骨干，在这方面做了很多工作。

1952年人民医院肿瘤科成立时，仅有病床20张，门诊量也不大，医师也只有4人。因此，金显宅有计划地组织和安排了一期肿瘤专业骨干培训班。白天挤不出时间，就利用夜晚，每周讲课两次，每次两个小时。讲课内容为放射治疗学的物理基础和放射生物学基础，以及肿瘤学总论和各论。每次授课后，指定学员将授课内容整理成笔记。授课历时2年，整理好的笔记由人民医院印刷装订成5个分册，名为《肿瘤学讲义》。

1954年，受卫生部委托，金显宅在天津市人民医院开办全国高级肿瘤医师进修班，培训主治医师及其以上人员，为期一年（1954年12月～1955年11月）。1956年，又举办了第二期进修班（1956年3月～1957年2月）。到1966年"文革"时，这个进修班，已经举办9期。"文革"之后，进修班继续举办，

金显宅与学生

到1990年金显宅去世，已举办23期，培养学员300多人，许多学员成为各省、市、自治区肿瘤医疗机构的开创人、学术骨干。

在各期进修班中，金显宅都担任主任，安排进修学员的课程和生活。进修课程中要求学员能初步掌握肿瘤病理和肿瘤临床的全部知识，尤其要求能正确运用治疗的手段，包括手术治疗和放射治疗。许多学员后来成为肿瘤科骨干，有的人还参与创建了一些医院或部门的肿瘤科或肿瘤研究所。自20世纪60年代开始，进修班还增加了化学药物治疗的内容。

每期进修班的主要课程，都是由金显宅亲自授课。在各期进修班，金显宅都要为学员们安排一些典型根治术作为示范，并由指定学员担任记录，记录好的手术过程经他修改后放在病例中。

金显宅注重教材编写，而且极富创意地把授课笔记和教材结合起来。在进修班之前，本院培训中笔记集合而成的《肿瘤学讲义》，在第一期进修班上用作正式课本。第一届学员毕业后，讲义进行改写，1956年人民医院内部出版《肿瘤学讲义》第2版，作为第二期进修班学员的教材。以后，《肿瘤学讲义》陆续有所改写，1961年出第3版，1964年出第4版，1979年出第5版，1988年出第6版。

培训骨干、带徒弟，是金显宅一生中的重要工作之一。他培养骨干的方法是边讲边教，让大家心领神会，直到真正学到手为止。如讲授有关放射治疗学，由操纵X线治疗机开始传授，一步一步，都亲自示范。在日常业务工作中，他一贯坚持门诊教学会诊、定期病房查房、典型手术示范、疑难病例的集体会诊等。

金显宅手术技术高超，并且他极为重视病理探究。他常说：肿瘤医师不懂肿瘤病理，只能算是半个肿瘤医师。因此，他要求从事肿瘤诊治的每一位医师都要学习肿瘤病理，自己则亲自带领大家阅读病理切片。办前几期肿瘤医师进修班时，他要求学员自带一台显微镜来，本院医师也是人备一台显微镜，在每天的空闲时间里坐下来看病理切片，由他和他的高足指导。这样指导学习，学员们进步很快。

为提高弟子们的英语水平，金显宅早在20世纪50年代起就开了英语班。在查病房时，他也常用英语讨论病情。70年代中国兴起英语热，他的英语口语班办得更加红火。

五、擅长手术，勤于著述

金显宅在临床和科研方面，均有很高的造诣和成就。尤其是在临床方面，他手术技艺精湛，受到了广泛赞誉。在临床经验基础上，他总结撰写了大量的论文和著作。

金显宅在肿瘤学专业领域，颇多建树。1937年，他在世界上首先发现嗜伊红细胞增生性淋巴肉芽肿病。1941年，在国内首创"舌癌根治性联合切除术"，并在国内首先推广了乳腺癌及头颈部肿瘤的临床诊断、病理诊断与手术治疗。1959年，在国内首先报道了"腮腺下颌内侧部的肿瘤"。1962年，在莫斯科召开的第八届国际抗癌学术会议上宣读论文《乳腺癌根治术与扩大根治术的疗效比较》，得到国外学者的极大关注。

金显宅铜像揭幕

金显宅精通肿瘤外科、肿瘤病理、放射治疗和化学药物治疗，在国内率先开展了多种肿瘤根治手术和新的治疗方法。他手术形成了锐性剥离为特色、细腻娴熟的外科风格。所有看过他手术的中外专家，无不称赞他手术精致。1972年，91岁高龄的马寅初先生患直肠癌，周恩来总理亲点金显宅主持手术。手术大获成功，震惊医学界，马老直至100岁才辞世。

金显宅总是及时总结医疗实践中的发现和经验，将这些经验撰写成文。在近60年的医学生涯中，他先后在国内外医学杂志发表了100余篇论文，其中用英文发表的有25篇。他还主编了《肿瘤学讲义》（天津市人民医院，1964）、《实用肿瘤学》（合著，人民卫生出版社，1978、1979）、《肿瘤临床手册》（合著，人民卫生出版社，1974）、《乳腺癌的研究》（天津科学技术出版社，1987）等医学专著。

金显宅注重国际学术交流，多次参加国际性学术会议。1937年8月，参加在芝加哥举行的第4届国际放射学学术会议。1962年，参加在莫斯科举行的第8届国际抗癌学术会议，并宣读论文。1979年9月，参加在纽约举行的美国全国第3届乳腺癌学术会议并邀请美国学者来华讲学。1984年春，在天津主持召开中国第1届国际乳腺癌学术会议。1979年，他第3次赴美，为国内医师出国考察争取到了国外资助。

1990年9月4日，金显宅在天津去世，享年86岁。

1994年2月，天津市肿瘤医院为金显宅树立了铜像，李瑞环为铜像题词："德高医粹。"

李文采
——创造中国钢铁冶金的几个"最早"

李文采（1906～2000），冶金科学家。原名李文彩，别名竟，湖南永顺人，土家族。1931 年毕业于上海交通大学，1939 年获德国德累斯顿高等工业大学工学博士学位。曾任武汉大学冶金系教授，西南军政委员会工业部副部长，轻工业部重庆工业试验所、冶金部钢铁工业综合研究所所长，冶金部钢铁研究总院副院长。1955 年当选中科院首届学部委员，1998 年转为资深院士。长期从事钢铁冶金的研究和科研组织工作，作出了杰出贡献。论文有《我国中小钢铁厂技术改造》《我国钢铁生产工艺的改造》《用煤炼铁半工业试验》等。

一、出身名门，思想进步

1906 年 9 月 9 日，李文采出生于湖南永顺县毛坝乡一个知识分子家庭。

李文采的父亲李烛尘是现代爱国实业家。李文采自幼受到良好的家庭教育，并且逐步树立了"科学救国"的志向。

少年时代，李文采在家乡接受传统的私塾教育。他先后在当地宿儒彭哲臣和胡鸾胡的私塾念书，通读《四书》《左传》，研习古文章法。他总是将书里那些脍炙人口的格言警句当作自己的座右铭，身体力行。小小年纪，就经常受到邻里、乡亲赞誉。

李文采

13 岁的时候，父亲李烛尘从日本学成归国，次年回乡探亲，把李文采接到了天津，进入塘沽的新式学堂，读高小三年级。随后经过短期补习，跳班考入美国人在天津所办的成善中学（后改名"汇文中学"），并在 1926 年转入南开中学。李文采在南开中学的语文教师钟伯良是哲学家熊十力先生的高足。钟先生发现李文采的文化修养出色，便把熊先生的力作

《唯实论》介绍给他。

从南开高中毕业后，李文采考入上海交通大学电机系。选择交大而放弃北京大学和清华大学，是出于家庭经济状况的考虑，因为他听说交大毕业后就业有保障，薪金优厚。在交大学习期间，李文采阅读了许多进步书籍和科技新著，并参加由中共交大支部组织的读书会，积极要求进步。他还在交大季刊上发表论文《自然科学的转变》，通过对光是电波也是物质粒子的具体分析，宣传辩证唯物论。1930年底，李文采在交大加入了中国共产党。此外，他还在学校参加了张贴传单和报道苏区红军的斗争情况，以及宣传共产主义思想的活动。

二、投身革命，为党工作

1931年底，李文采从上海交通大学毕业，在父亲的支持下，李文采向党组织申请到斗争残酷的苏区去工作。组织同意了他的要求。1932年，他被分配到湘鄂西苏区，去那里协助建立电台。李文采来到洪湖边一个叫瞿家湾的地方，受到贺龙、夏曦和关向应等领导的接见。电台迅速建成，为恢复洪湖根据地与中央苏区和鄂豫皖苏区之间的通讯联系作出了贡献。

也就在这一年，洪湖根据地遭到国民党反动军队的疯狂围剿。到了年底，接连几次激战后，红军大部队转移，电台被敌人破坏。李文采从洪湖突围出来，与部队和党组织失去了联系。他昼伏夜行，到汉口、上海等地寻找党组织，未能如愿，只得回到天津家中隐蔽起来。谁知后来风声日紧，共产党员的身份暴露，李文采便由父亲资助，赴德国自费留学。

抗战时期在四川乐山的武汉大学

到德国后，李文采先在西门子公司实习，后进入德累斯顿高等工业大学读研究生，并以《在电炉内由高岭土制取硅铁及氧化铝》的论文，获得特许工程师学位。不久，他又得到洪堡基金的资助，攻读博士学位，博士论文课题为《火花式高频电炉的研究及改造》。在此期间，李文采始终在寻找党的组织，有幸与中共柏林支部书记王炳南相遇，并参加这个支部组织的活动。当时德国的钢铁冶金工业居于世界前列，而我国的钢铁工业设备陈旧，工艺落后，产品奇缺。这种反差促使李文采刻苦钻研冶金技术，力求为发展中国钢铁工业有所贡献。

1939年，李文采以优异成绩获得德累斯顿高等工业大学机械系电热专业的博士学位。随后，他辗转回到抗日的大后方重庆，与重庆八路军办事处建立了联系。此后，在中共南方局负责人的领导下，他以自己在知识界的影响以及与工业界上层人士的密切关系，积极发展进步群众团体——"青年科学技术人员协会"。在"青科协"，李文采一方面做团结青年科技人员的统战工作，宣传党的政治主张，另一方面，兴办矿山、企业，建立并掩护党的秘密交通机构。他奉命以巴山石墨公司的业务为基础，成立中国原料公司，出任总经理。其间，为建立秘密交通线，他曾多次以勘察石墨、石棉矿和铅锌矿等为由，到川北大巴山区、马边、越西等地考察并开展工作。

1944～1945年，李文采因病在家中休养，还曾到搬迁至四川乐山的武汉大学任教一年，教授"钢铁冶金学"。

数年的社会活动，使李文采在重庆科技界获得了较高的知名度。1945年9月，在重庆谈判期间，经中共南方局同志安排，毛主席在红岩村接见了"青科协"骨干李文采、罗沛霖和张兴富等人。

抗日战争胜利后，中国原料公司很快便在天津开设了业务机构，李文采任总经理。他先后在包头、台湾花莲、上海等地销售各种工业原料和商品，也从事一些工业成品的制造。这是国民党统治区里完全由共产党控制的企业，其工作和作用也是多方面的。

从1939年回国以后，整整10年里，李文采按照党的斗争需要，当过工程师、商人、教授、经理，参加了党的秘密工作和统战工作，经受了严峻的考验。

三、为新中国钢铁事业操劳

1949年4月，李文采在北平参加了南下干部团。他清楚记得毛主席在

1945年对他讲的那番话，于是向周恩来同志表示，希望党中央派科技干部参加接管城市工矿企业的工作，使之迅速恢复生产，以巩固革命胜利的大好局面。周恩来采纳了他的建议，派他与刘少文、刘晓同志一道南下，参加上海市工矿企业的接管工作。

1949年5月，李文采担任华东财经委员会重工业处副处长（处长为孙冶方），主持上海市各钢铁厂的接管，筹建京、沪、杭的电力并网工程，并开展沟通上海、沈阳之间工业产品交流等工作。

完成上海市工矿企业的接管任务后，李文采根据比较熟悉西南工业情况的自身条件，向组织要求到西南参加接管工作。他随军到达重庆，担任西南军政委员会工业部副部长，为接管、恢复和扩建重庆的钢铁、军工、煤矿、化工、造纸、造船等工业，做了大量的工作。

1950年，为加快发展西南经济的步伐，国家决定修建成渝铁路，李文采受命负责成渝铁路所需钢材的生产和供应。他知道重庆大渡口钢铁厂存有全国唯一一台蒸气动力大初轧机，能轧制钢轨，便迅速组织力量，从鞍钢将5万吨钢坯运到重庆。仅用3年时间，成渝铁路顺利通车。这是新中国成立后取得的第一项重大建设成就。在此期间，李文采还支持建成了当时全国最大的越西石棉矿。

李文采百年诞辰纪念文集书影

1952年，西南工业部撤销。当时，组织上安排李文采到行政部门担任领导职务，但李文采辞去了行政职务，要求到不足200人的轻工业部重庆工业试验所去工作，担任所长。这样的选择，专业出身固然是一个方面，而更重要的考虑在于国家当时缺乏高水平的科技人才，特别是专业型的科技领导骨干。从此，李文采又一次开始了他的冶金工业的科学研究。

1954年，李文采奉调到冶金部钢铁综合研究所担任所长，专门从事钢铁冶金研究工作。在全国钢铁工业发展的形势下，他有机会熟悉钢铁冶金流程，并学习推广苏联氧气转炉、钢水真空处理、连续铸锭等新工艺。同时，他在钢铁冶金领域的组织管理方面做了很多工作，为我国钢铁工业科研院所的创建作出了贡献。

1958年，冶金部钢铁研究总院成立，李文采担任副院长，主要负责学术活动。他经常查阅最新科技资料，及时掌握当代冶金技术发展的动向和信息，设计冶金新工艺，开展专题研究，并先后培养指导了4名博士生和3名硕士生。

2000年3月1日，李文采在北京逝世，享年94岁。

李文采在钢铁研究总院40年中，在那里度过了一段辉煌的岁月。2006年，在李文采一百周年诞辰之际，钢铁研究总院举办了纪念座谈会，并编辑出版了《求索一生——李文采诞辰一百周年纪念文集》，缅怀李文采为我国钢铁冶金工业作出的杰出贡献，学习其矢志不渝的爱国精神、艰苦奋斗的创业精神和求实创新的科学精神。

四、几个"最早"尽显辉煌成就

在长期科研生涯中，李文采主要致力于钢铁冶金新工艺流程的研制。1955年，当其他工业国刚刚起步时，李文采便在研究所建成了一座半吨顶吹氧气转炉。1956年，在他的主持下，进行了我国首次半吨级氧气顶吹转炉的炼钢试验，练成合格钢水100余炉。同时，他与鞍钢合作，开始平炉氧气炼钢的研究，推动了我国氧气炼钢的发展，为各钢厂的氧气顶吹转炉炼钢提供了技术参数和操作经验。此外，他还组织进行了真空下铸钢和连续铸锭试验；完成型焦实验和太原钢铁三厂等型焦半工业性试验；在首钢、包钢等厂进行熔融铁故用炭还原制取铁水的试验，都获得了预期的结果，有力地推动了中国钢铁工业的发展。

20世纪70年代以后，李文采把工作重点放到了超过世界先进水平和技术创新上面。国产化方面，为使中国钢材在国际市场具有竞争力，努力开发自己的钢铁冶金生产新工艺，提出"优化、连接化、自动化和防止公害"的"三化一防"标准，以改进现有工艺。80年代以后，他和博士研究生们提出了一系列改进炼铁、炼钢、精炼、连铸等工艺的意见，在综合利用中国矿产资源和钢铁工业技术更新改造方面，向政府和有关部门进言。

李文采主张，我国在新建、扩建钢铁企业之前，应尽快开发由各种新工艺组成的系列生产线，即A线：熔融还原炼铁、吹氧炼钢、精炼、连铸、连轧、后处理；B线：负责铁矿预还原、废钢准备、电炉炼钢、连铸、连轧、后处理。A线、B线都达到最优化的工艺，争取钢铁冶炼生产的更大效益，成为投资少、生产周期短、成本低、品种多、质量高和能够提供巨大经济效益的先进钢铁生产线，使中国钢铁生产能够赶上和超过世界先进水平，获得更好的发展。

李文采逝世后，权威媒体这样评价他对我国钢铁冶金科学研究和科研组织的成就："李文采院士是杰出的冶金专家，他是我国最早开展氧气顶吹转炉炼钢、连续铸钢、钢水真空处理和热压型焦试验研究的组织者和参加者之一；最早在我国开展用非焦煤和铁矿石直接冶炼铁水的试验研究，最早倡导和开展薄板坯连铸试验研究，提出和组织进行过多项对钢铁工业具有变革性意义的重大新工艺的探索和研究。"（《光明日报》2000年3月31日）这里的几个"最早"，应该说是对李文采一生贡献的最好概括。

李文采撰有《我国中小钢铁厂技术改造》《我国钢铁生产工艺的改造》《用煤炼铁半工业试验》等科研论文，对我国钢铁科研和生产具有重要指导作用。

由于其在科技界的巨大影响，以及对新中国建设和科学的贡献，1955年，由冶金部推荐、经中国科学院批准，李文采当选为中国科学院技术科学部第一届学部委员。1956年，他又被评为一级工程师。1998年，他被国务院授予"中国科学院资深院士"称号。

此外，李文采先后担任中国金属学会第一、二、三、四届理事；中国仪器仪表学会第一届常务理事，第二、三、四届理事；北京市金属学会第一届理事长和第二、三、四届理事。他还在北京等离子体学会、国家科学技术委员会冶金学科组担任过学术职务。

童 村
——"义之所在，当仁不让"

童村（1906～1994），医学家、微生物学家，抗生素专家。辽宁沈阳人，满族。1934年毕业于北京协和医学院并获博士学位；1942年获约翰-霍普金斯大学公共卫生学博士学位。早年从事医学临床、教学和微生物学研究工作，后来致力于抗生素研制。在20世纪50年代国家工业基础较薄弱的情况下，主持领导青霉素研制，在较短时间内实现工业化生产，奠定了抗生素事业的基础，成为我国抗生素事业的开拓者。著有《抗生素发酵染菌的防止》等。

一、成长为药物学家

1906年6月26日，童村出生在奉天盛京（今辽宁沈阳）的一个满族家庭。父亲恩格，字荫普，是清政府主管吉林、辽宁和黑龙江三省教育事业的官员，非常注重子女的教育，希望子女成为有用的人才。也正是在这种期许以及精心培养之下，童村兄弟三人在科学技术上均取得了杰出成就：长兄童寯是著名的建筑学家，二哥童荫是电机专家。

童村在沈阳接受启蒙教育，之后考入北京汇文中学，当时他就酷爱生物学。1926年，又考入燕京大学医学预科。1929年，修完必修课程，提前一年进入北平协和医学院，1934年毕业，获医学博士学位，并在协和医院和协和医学院从事医学临床和教学工作。

童 村

20世纪30年代，中国医药工业还不发达，常见病、多发病，尤其是细菌感染引起的疾病，如肺炎、心内膜炎、伤寒、副伤寒、白喉等，缺乏有效的药物治疗。因此，纵有高明医术，仍无法降低病死率。于是，童村将中学时喜爱的生物学作了延伸，萌发了研究药物的意愿。

1935年，童村开始研究次甲基蓝、藏红及其他不同染色剂对细菌光能作用的影响，研究持续大约5年，进而证实了细菌悬液内加入次甲基蓝等染色剂而成为低浓度染色液时，可使细菌对可见光产生高度敏感性，细菌可被可见光抑制或杀灭。对此，他先后发表了9篇论文。这些研究成果对人类、畜禽和农作物的传染病害的防治，以及食品、饮料、轻工业产品的保存都具有实际意义。

在20世纪30年代，白喉杆菌引起的传染病是危害较为严重的病害之一，病死率很高，当时只能应用抗毒素中和白喉杆菌的外毒素进行治疗。但抗毒素仅能中和游离的毒素，不能中和已结合的毒素，治疗后仍有一定数量的病人成为长期带菌者，治愈非常困难。于是童村又对白喉杆菌进行了较为深入的研究。1936～1945年，先后发表涉及白喉杆菌鉴别及其毒力、致病力、免疫等方面的论文13篇。在当时的条件下，童村研究成果对做好恢复期白喉患者及带菌者的白喉杆菌鉴别，以及时隔离传染源、防止白喉病传播与流行，都具有重要的实践意义。

1940年，童村被协和医学院选送到美国约翰－霍普金斯大学进修，1941年和1942年，他先后获得公共卫生学硕士和博士学位，并从1942年起在约翰－霍普金斯大学医学院任教。1944年，他又转任得克萨斯大学医学院教师。

1945年抗日战争胜利，童村报国心切，辞谢了得克萨斯大学医学院皮肤病学与梅毒学系的聘请，搭乘货轮，绕道大西洋，于当年秋末冬初回到北平。1946年，童村在卫生署中央防疫实验处任技正，研究试制青霉素。

二、矢志不渝研制青霉素

作为抗菌药物，青霉素在医药史上占有极其重要的地位，有的时候甚至关系到国计民生。而童村对祖国的科学贡献，正在于青霉素的研究试制。

早在约翰－霍普金斯大学期间，童村就注意到了当时关于青霉素研制和应用的进展。继1929年A.弗来明（Fleming）在培养金黄色葡萄球菌时发现偶然污染的青霉菌所分泌的青霉素能抑制和杀灭金黄色葡萄球菌之后，英国的H. W.弗洛里（Florey）与化学家E. B.钱恩（Chain）等合作，从青霉菌培养液里分离出青霉素，试用于治疗金黄色葡萄球菌感染引起的败血症等疾病，获得了显著疗效。这些科学成果引起了童村的兴趣，他决定实践自己几年前萌发的研究药物的夙愿。

1941年，童村开始研究青霉素粗品的贮存和稳定性，青霉素单独使用以及青霉素与磺胺合并应用对布氏杆菌的作用等。1943～1945年，他连续发表3篇论文，引人注目。

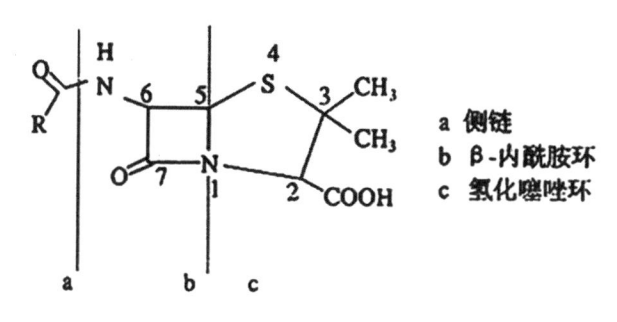

青霉素结构图

当时正值第二次世界大战期间，在美国，青霉素的研制是秘密进行的，涉足青霉素研究工作非常困难，要了解青霉素制备方法则更难。童村矢志不渝，通过不同方法和关系，获准去当时秘密进行青霉素研究工作的美国农业部北部地区研究所和正在筹划进行青霉素工业化生产中间试制的施贵宝公司、礼来公司，以及当时已在研制链霉素的默克公司参观访问，并获准得到青霉素产生菌。这些菌株是20世纪40年代末和50年代初我国研究试制青霉素的出发菌种。

1945年回国后，从次年开始，童村在卫生署中央防疫实验处开始研制青霉素。由于经费困难，工作进展缓慢。在非常简陋的条件下，经过艰苦努力，终于在实验室里获得了不耐热的青霉素粉末。1948年，童村调往上海善后事业保管委员会，担任青霉素实验组技正，继续青霉素研究试制。

1949年新中国成立不久，童村受命担任华东人民制药公司青霉素实验所所长，主持青霉素工业化生产研究。但是国家百废待兴，工业基础薄弱，工作十分艰难。童村带领我国第一代抗生素探索队伍，自力更生，艰苦创业，克服了厂房、设备、能源、原材料、技术资料、经验等重重困难，研究解决了青霉素发酵原料代用、发酵染菌、提高发酵产量、青霉素的分离、提纯、结晶等一系列问题。

1951年3月，青霉素钾盐结晶试制成功，获得华东军政委员会工业部的嘉奖。

三、将抗生素研制推向深入

1953年5月1日，在童村领导下，我国自行设计、建设的第一座生产抗生素的专业工厂——上海第三制药厂投入生产，他受命担任副厂长兼总工程师。

在青霉素工业化生产的同时，童村和同事又开展了青霉菌、链霉菌、金霉菌的育种和金霉素试制研究。这些工作为我国各种抗生素的研究和生产奠定了基础。

1958年，童村调入上海医药工业研究院，担任抗生素研究室主任，后来任副院长，领导抗生素生产工艺和新抗生素的研究。在他的领导下，金霉素、链霉素、四环素、土霉素、新霉素、卡那霉素、新生霉素、头孢菌素C、林可霉素等抗生素生产工艺相继在工厂推广生产。

早在20世纪60年代初，童村就预见到半合成抗生素的前景，组织和指导科研人员，在上海第三制药厂的协作下，应用大肠杆菌1113产生的酰胺酶裂解苄青霉素，成功地制备出6-氨基青霉烷酸，从而研究出一系列半合成青霉素。在新抗生素寻找研究中，找到了治疗白色念珠菌感染有效的克念菌素。在童村的建议下，将克念菌素用于治疗前列腺肥大，获得了较好效果，为扩大抗生素的应用范围做出了成功的探索。

童村的另一学术贡献，是将中国微生物深层培养技术应用到工业化生产中，从而改变了表面培养工业微生物的古旧面貌。他还将微生物深层培养技术推广至谷氨酸发酵、苏云金杆菌培养、鲁保1号（一种杀灭大豆菟丝子的农药）培养、甾体激素真菌氧化、应用混合细菌转化山梨糖生产维生素C，提高了我国的氨基酸、农药、甾体激素、维生素C等产品的生产技术。

童村著作书影

发酵液的pH值是显示发酵环境的重要参数之一。进口或国产的pH仪的复合电极一般只能耐受121℃蒸汽灭菌20～30次，有时蒸汽灭菌12次复合电极即告钝化，或因蒸汽灭菌而导致机械破损。童村和他的同事把过氧乙酸或戊二醛等化学药剂应用于复合pH电极灭菌，反复使用100次以上，复合pH电极完好如初，而且并未因应用这种灭菌方法导致发酵染菌，从而满足了一般发酵工艺要求，而且操作管理容易，费用低廉。

四、"自奉甚俭，乐于助人"

童村几十年向学不倦，思维活跃，因而能在涉及多学科的抗生素研究、试制、生产工作中游刃有余，不断作出贡献，成为我国抗生素事业的开拓者。同时，他为国家培养了大批抗生素专业技术人才，全国各地的抗生素工厂、研究院所、大专院校的许多抗生素专业人才，不少都受过他的教益。

童村是国务院学位委员会首届学科评议组成员，国家科委抗生素专业组成员，中国药学会抗生素分学科委员会名誉主任，上海市微生物学会副理事长、名誉理事长，上海医药工业研究院院长、名誉院长，他还是上海市第一、二、三届政协委员，第三届全国人大代表，上海第七、八届人大代表。

童村著有《抗生素发酵染菌的防止》（与鲍竞雄合著；化学工业出版社，1987）等。他是《中华人民共和国药典》（1953年版）编纂委员会委员。他还主编了全国第二、第三次抗生素学术会议论文集各4卷。

鲍竞雄在为《中国现代科学家传记》撰写的童村传记中指出："童村一生勤奋好学，治学严谨，注重理论联系实际。纵观他一生医学临床和科学研究活动，都把解决实际问题列为首位。"

"童村为人淳朴正直，淡泊名利。他克己奉公，义之所在当仁不让，利之所在纤介无私。自奉甚俭，乐于助人。"

"童村怀有爱国热情，他自己这样做，也这样要求他的学生。莘莘学子出国深造，在鼓励之余，他都谆谆告诫：学成要继续为社会主义祖国服务。"

1994年4月12日，童村在上海逝世，享年88岁。

赫崇本
——斩获"海洋成就奖"的海洋人

赫崇本（1908～1985），海洋物理学家、海洋教育家。又名赫培之，奉天凤凰（今辽宁凤城）人，满族。1932年毕业于清华大学物理系，1948年获美国加州理工学院哲学博士学位。历任山东大学教授、海洋学系主任，山东海洋学院副院长，国务院学位委员会第一届学科评议组成员。他是中国物理海洋学奠基人，为新中国的海洋科学教育和科考事业作出了重大贡献。主编有《中国近海水系》等。

一、教育世家走出的教育家

1908年9月30日，赫崇本出身于辽宁凤城县西杨木村一个满族教育世家，本姓赫舍里。他的父亲赫贵绵从事教育和教育管理工作，正是这样的家学渊源，赫崇本从小接受了良好的家庭启蒙教育，而且尊重教师，热爱教育。

赫崇本的中学时代是在北京度过的。在姑姑的资助下，他读完北京师范大学附属中学，考入清华大学物理系。1932年，赫崇本从清华大学毕业，一直未离开教学岗位。

新中国成立前，赫崇本先后在天津河北工学院（1932～1933）、烟台益文中学（1933～1935）、天津南开中学（1935）、清华大学物理系（1936～1937）、昆明西南联合大学物理系和清华大学金属研究所（1938～1943）任教。

赫崇本

新中国成立后，刚刚回国的赫崇本受命筹建山东大学海洋系，并担任系主任及物理海洋学和动力气象学两个专业的教授。1958年山东海洋学院成立后，他先后担任教务长、副院长，兼任海洋研究所所长。

由于时代的需要，赫崇本毕生从事海洋教育事业。有人曾问他：从事教育固然十分可贵,但是否会因失去过多时间、不能有所著述而后悔呢?他不假思索地说:"作为我个人,也许是一种损失。然而,中国是一个海洋大国。中国需要的不是一两个杰出的海洋学家,而是需要一批又一批、一代又一代优秀的海洋专家。只有这样,中国的海洋事业才能兴旺,才能与当今的世界海洋大国并驾齐驱,我对我所从事的海洋教育事业没有遗憾。"

二、放弃第二个博士学位回到祖国

在清华大学求学时,赫崇本就是著名物理学家吴有训的高足。在西南联合大学任教期间,经吴有训和其他同行的推荐,赫崇本于1943年11月赴美留学,进入加利福尼亚理工学院,专攻气象学。1947年7月,他以《利用统计方法分析北美洲大气形成》的毕业论文,获得加州理工学院哲学博士学位。

在加州大学从事研究期间,国内形势急剧变化。进入1948年,解放战争已接近全面胜利,美国加紧了对留美中国学者归国的控制,千方百计阻挠中国留学生回国。1949年初,赫崇本提交了物理海洋学的博士论文,申请博士学位。恰在这时,他得知新中国马上就要成立。此时,他面临着人生的一次重大选择:按照美国的规定,博士论文提交以后,要到第二年才能授予博士学位;而美国政府对新中国采取敌对政策,走晚了就可能回不来。为了尽早实现报效祖国的愿望,赫崇本毅然放弃了第二个博士学位以及在美国工作的机会,接受山东大学海洋研究所和曾呈奎的邀请,于1949年2月回国。回国时,赫崇本没有多余的行李,自己所有的钱都买了书,还向朋友们借了钱来买书。他带回来的几箱图书资料,后来成了发展我国海洋事业的一份"家底"。

留学时期的赫崇本

促使赫崇本后半生决心投身于海洋研究的另一个动机,则是他长久以来萦绕心头的一个想法:他是在祖国国难深重的时候出国的,中华民族正在与日本侵略者进行殊死搏斗,人民正处于水深火热之中。他由海路出国，目睹日本侵略者在海上的横行霸道，深知若中国不开展海洋科学研究，就没有海防可言，我们的民族就要受欺侮。正是这样的信念，使他成为海洋事业的开拓者。

三、为新中国海洋教育呕心沥血

回国初期，由于种种条件的限制，开展海洋研究十分困难。赫崇本没有任何抱怨，坚信中国必须开展海洋研究。他意识到，中国要开展海洋研究，必须培养一批具有较高素质的海洋科技人才，只有这样，中国的海洋事业才有希望。于是，赫崇本将从事海洋研究的巨大激情转化为培养、储备海洋科技人才的实际行动。

赫崇本半身石雕像

在山东大学（当时在青岛）海洋研究所里，赫崇本一边埋头海洋研究，一边积极筹建海洋物理专业和海洋系。1952年，高等教育院系调整，山东大学海洋研究所与厦门大学海洋系合并，成立了山东大学海洋系，赫崇本担任系主任。这是我国创办的第一个以开展海洋调查为目标的物理海洋专业，它为我国培养向海洋进军的科技人才奠定了基础。

建系之初，厦门大学北迁青岛的只有3位教师和18名学生，山东大学海洋研究所当时也只有赫崇本和景振华是真正搞海洋科研的，可谓百端待举，举步维艰。

面对图书匮乏、仪器缺损等诸多困难，赫崇本没有气馁。没有图书资料，他南下广州、上海亲自搜集、购买；他组织筹建了图书馆、实验室，并购置了仪器设备。由于海洋学是新兴学科，很多学生对此不是很了解，赫崇本总是以诚相"求"，晓之以理，动员更多的新生到海洋系这个空白学科来学习。

为了办好海洋系，赫崇本设法配备了多学科的较强师资。他认为，要真正学懂海洋，还必须要有海洋之外的许多学科来配合。于是，在1952年建成海洋物理专业之后，又在1957年创办海洋气象专业。为了使这两门专业都能办出特色,赫崇本以自己多专业融于一身的渊博知识兼任了跨专业的海洋物理学与动力气象学教授。在师资阵容上,他聘请了原厦门大学海洋系系主任唐世凤教授、中国科学院海洋研究所的毛汉礼研究员(兼)、商调哈尔滨军事工程学院的青年教授文圣常、青岛观象台台长王彬华教授和四川大学牛振义教授等,从而使教学质量大大提高。

1958年,山东大学奉命内迁济南。海洋系何去何从?赫崇本深知,海洋科学在未来经济社会发展中必将具有重大作用,发展海洋学科离不开海洋,因此海洋系应该留在青岛,利用青岛得天独厚的条件,这必将更加有利于我国海洋科技事业的发展。赫崇本以科学家的眼光,上书中央,建议以留青的海洋系为基础,加上海洋生物、海洋化学等专业,组建山东海洋学院。中央很快批准了这个建议,而且还把学校定为全国13所重点大学之一。从此,我国第一所以培养海洋科技人才为主的重点大学诞生了。

山东海洋学院(1988年更名为青岛海洋大学;2002年,青岛海洋大学更名为中国海洋大学)成立后,赫崇本先后担任教务长、副院长,兼任海洋研究所所长。经赫崇本的建议、支持和推动,山东海洋学院先后创办一批海洋科研机构,包括海洋研究所(后改为物理海洋研究所)、河口海岸带研究所、海洋环境保护中心、海洋光学信息中心、海洋激光研究室、海洋药物与海洋食品研究所、海岸工程研究室等。这些科研机构不仅取得了相当多具有中国特色的研究成果,加强了国际交往,而且极大地丰富了教学内容。

现在,中国海洋大学的物理海洋学科已被确定为国家重点学科,具有学士、硕士、博士学位授予权,设立了博士后流动站。应该说,这是赫崇本在海洋教育事业上的巨大贡献。

为了缅怀赫崇本在海洋教育领域的贡献,在校庆30周年之际,青岛海洋大学为赫崇本塑了一尊半身石雕像,屹立在校园内的海洋馆旁。

四、全身心推动国家海洋事业发展

赫崇本长期担任国家科委海洋组副组长,作为中国海洋科学事业的决策人之一,他多次参加海洋科学长远规划的制定,并实际领导了一些重大科学考察和科技攻关等活动。

赫崇本积极推动中国海洋调查事业的发展。1949年回国后,他参与了发展中国海洋科学事业的重要决策工作。20世纪50年代中期,他积极参与中国海洋科技工作的组织和领导。参与制定了1956~1967年的12年科学技术发展规划，1962年国家10年海洋科学研究规划以及1977年国家海洋科学规划。他组织领导并参加了1958～1961年的中国海洋综合调查，基本查清了我国近海的自然环境与资源状况，为开发海洋、保护海洋、发展海洋科学奠定了良好基础。

考虑到我国是一个具有漫长海岸线，又具有众多海洋部门的特点，同时也考虑到使我国有限的财力、人力、物力发挥最大的效益，必须设立一个统一的海洋管理机构。只有这样，才能使我国的海洋调查事业，既有计划又不致无效地重复，既迅速又协调地发展。1963年，赫崇本和曾呈奎等24名地学界专家向中央提出建议，从而促成负责全国海洋调查事业的国家海洋局的诞生。

海洋考察离不开船只，山东海洋学院成立不久。赫崇本就请求建造我们自己的海洋考察船。1959年8月，获国家科委同意将建造2500吨级海洋调查船列入基建计划；1960年，在国家经济十分困难的情况下，该计划得到国家计委批准。1965年，"东方红"号考察船建成下水，这是我国第一所高校拥有的专用海洋调查船。它在海上巡航30年，调查海域遍及渤、黄、东、南海，既完成了全校各专业的海上实习，也出访过日本及承担国际合作调查研究，直到赫崇本辞世10年后才退役。

赫崇本在伏案工作

对于海洋调查，赫崇本高瞻远瞩。早在20世纪50年代末，在进行全国海洋综合调查时，他从国外的研究经历中深刻地认识到，海洋调查的关键在于海洋研究手段。从长远考虑，他提出必须加速我国海洋研究手段的发展。为了使我国海洋调查技术与装备系列化、自动化、标准化、现代化，在赫崇本等人的倡议下，国家海洋局海洋仪器研究所（后改为海洋技术研究所）和山东省海洋仪器仪表研究所相继成立，天津气象海洋仪器厂得到扩展，其他研制与生产海洋仪器的研究机构也得到支持与加强，部分有关高等院校也相继建立起了海洋仪器研究机构。赫崇本通过国家海洋局，先后两次组织大规模的海洋仪器会战。第一次会战解决了常规海洋调查仪器和装备的国产化；第二次会战实现了海洋调查仪器与装备的现代化。

1984年，中国海洋研究出现大协作的面貌——"向阳红10"号调查船到南极洲和南大洋进行考察，使中国的海洋调查走向世界。当年，中国海洋综合调查遍布黄、渤、东、南诸海，收集了大量宝贵资料，发挥了重要作用。进入20世纪90年代以来，我国的科学考察远赴南极、北极，成为世界上少有的几个能够进行此类海洋考察的国家。

赫崇本始终关怀着中国科学院海洋研究所、国家海洋局和各部委海洋研究机构的发展。他曾在中国科学院海洋生物研究室兼任研究员和物理组组长，培养了一批研究人员。对在青岛市的几家海洋研究所，如黄海水产研究所、中国科学院水声研究所北海工作站、国家海洋局第一海洋研究所、山东省海洋仪器仪表研究所等，他都给予过指导。

从1949年回国到1985年病逝，赫崇本把自己的全部才智和心血奉献给了中国的海洋事业，谱写出献身中国海洋事业的辉煌篇章。

五、学术研究影响深远

赫崇本一生将主要精力倾注于国家海洋科学的发展，与此同时，他在学术也取得了突出的成果。其研究成果主要有两方面：一是开创并推进我国对海洋学基本问题之一——水团的研究，尤其是对黄海冷水团的研究；二是针对我国浅海水域的特点，系统进行海洋调查方法的研究。

赫崇本等在《黄海冷水团的形成及其性质的初步探讨》一文中，首次对黄海冷水团的形成、性质、范围及季节变化等问题，进行了系统而全面的分析，肯定黄海冷水团的形成是在冬季，而且是在黄海本地形成的；否定了日本学者的观点——黄海冷水来自日本海朝鲜东岸的里门寒流。他严谨地论证了大气圈与水圈的相互制约关系。这种大范围考虑的分析方法，不仅适用于黄海冷水团的研究，而且对整个浅海水团的研究具有指导意义。他与管秉贤对南海中部海水热、盐结构和海盆冷水来源的分析，开拓和推动了我国的深海水团的研究。赫崇本主编的《全国海洋综合调查报告》第四分册《中国近海水系》，对划分复杂的浅海水团提出一些创造性的原则，并首次全面地论述了渤海、黄海、东海和南海近海区的水团分布、形成机制和季节变化。

赫崇本组织并参与了1958年9月至1960年12月在我国近海海域进行的第一次大规模全国海洋综合调查。为确保这次海洋调查资料的可靠性与权威性，赫崇本建议和组织两船反向观测的对比试验及多船同步观测验证，并对浅海水文调查方法等有关问题进行了深入的研究，系统论证了逐日变化、周日变化和临时变化对浅海水文状况的影响及其产生的原因。在此基础上提出各种切实可行的订正方法。关于在浅海海洋调查中要充分考虑水文要素变异等的基本问题与海洋调查特点，赫崇本及其合作者发表了《浅海水文调查的一些问题》等一系列的论文，为结合我国广阔海域特点发展海洋调查方法奠定了基础。

赫崇本获得的荣誉证书

赫崇本的著述算不上丰富，却有两个突出特点。一是与实践密切结合，无论论文还是报告，都与国家海洋事业的发展紧密相连。二是多为合作成果。除《浅海海况调查中的一个基本问题》《关于浅海海洋调查与分析的几点意见》等，无论论文还是主编的著作，大多是多人合作成果。这反映了赫崇本的理论联系实际、相邻学科配合的治学精神。

赫崇本还担任众多社会性学术工作，他是《中国大百科全书·大气科学·海洋科学·水文科学卷》海洋科学副主编兼海洋物理学科主编，《海洋与湖沼》学报副主编，《中国科学》《中国海洋湖沼学报》（英文版）编委，《山东海洋学院学报》主编。

六、甘为人梯，淡泊名利

2008年，在赫崇本100周年诞辰的时候，中国海洋大学举行了相关纪念活动，学校领导和校友纷纷撰文缅怀赫崇本的事迹和品格。

赫崇本一向甘为人梯，始终淡泊名利。校友们回忆，为了使海洋科技人才尽快成长，赫崇本亲自指导年轻学者和教师的教学与科研，花费了大量精力。他往往是停下自己的研究工作，毫不吝惜自己宝贵的时间和精力，为他们修改论文或专著。有的作者觉得赫崇本对自己的论文有很大贡献，请求加署为作者，但他总是执意谢绝署名。赫崇本曾在国际会议上宣读过一篇由自己指导的学生完成、自己却未署名的论文，并说"我能代表我指导的学生在国际会议上宣读这篇论文，这是最高兴的事"。

在学术和科研道德上，赫崇本总是高标准、严要求，可在生活上，他却从来没有过分的要求。他是大科学家、老教授，在当时的条件下，工资待遇比一般人高出很多，但他的生活却十分节俭，掉到饭桌上的米粒一定会捡起来吃掉。在后辈亲属的记忆里，他一直是一个慈祥随和的老人。晚年他身体不好，曾因脑血栓留下了半身不遂的后遗症，行动不便，他每天都拄着一根拐棍坚持锻炼，坚持上班，指导学生制订科研计划，帮助他们修改论文。

赫崇本一生呕心沥血、辛勤耕耘，为我国的海洋科学事业作出了杰出贡献，赢得了党和人民的充分肯定和高度评价。在他逝世后，学校师生自动集资为他在海洋大学院内树立半身雕像。2009年7月18日，新中国成立60周年十大海洋人物评选结果在"全国海洋宣传日"开幕式上揭晓，赫崇本当选为"海洋成就奖"十大海洋人物。

吴英恺
——中国胸外科的创建者

吴英恺（1910～2003），现代医学家，胸部及心血管外科专家。辽宁新民人，满族。先后毕业于辽宁医学院和协和医学院。曾任协和医学院教授、系主任和首都医科大学教授，中国医学科学院心血管病研究所所长、北京市心肺血管医疗研究中心主任，国际外科学会副会长。1955年当选中国科学院生物学部委员。从事医学外科学60余年，在医疗、教学、科研方面均有卓越贡献，是我国胸外科先驱者之一。著述宏富，百余篇论文结集为《吴英恺学术论文集》，专著有《胸部外科》《临床外科手册》《野战外科学》（合著）等。

一、梦想指引他走进医学院

1910年5月8日，吴英恺出生于辽宁省新民县一个满族知识分子家庭。祖父是晚清秀才，以教私塾为业，中年早逝。父亲吴士荣受过高等师范教育，前半生在本县教中学、办教育，后来谋得银行职位，在县里享有一定声望。正因为非常重视教育，这个家庭兄妹五人都考上了大学，并且学有所成：吴执中、吴英恺、吴咸中、吴振中（女）都成了我国著名的医学专家，吴维中（行三）则是农学专家。

由于父亲是个清贫的教书先生，再加上人口多，所以家里的条件并不宽裕。吴英恺从小就帮着家里做家务，童年生活造就了他吃苦耐劳、勤奋简朴的品格。

由于祖母体弱多病，县里几位有名的老中医和教会医院的院长，都曾来家里为老人治病。这些医生给童年的吴英恺留下了深刻的印象，他觉得医生是一个被人尊重的职业，因而吴英恺很早就有了当医生的梦想。

1926年，吴英恺考入沈阳北陵的省立第三高中。由于对理工科缺乏兴趣，次年他还没等毕业就投考了沈阳小河沿医科大学（曾称盛京医科大学、奉天医科专门学校和辽宁医学院）。童年的梦想开始逐渐变得清晰起来，那一年他17岁。

这所学校是英国基督教会办的，始建于1912年。学校完全遵照英国式医学教育的规格，医风、学风非常严谨。在这里，吴英恺养成了学习循序渐进、工作认真负责的好习惯，同时，他的视野不断开阔，思想也发生了转变，开始决心要为国家做一番事业，要学好技术，为病人、为大众服务。他不仅很好地完成了学业，而且还秘密地参加了抗日工作。

在协和医院实习时的吴英恺

1933年，吴英恺从该校毕业，获内科、外科双学士学位。

二、老协和受到的锻炼使他折服美国同行

从医学院毕业后，吴英恺应聘成为北平协和医院外科实习医生。由于工作出色，1935年被选为外科研究生，从事临床及外科实验研究。一年的认真实践锻炼了他严谨的作风，并写出了两篇较高水平的论文，分别刊登在1936年英文版《中华医学杂志》及1937年《美国骨关节外科杂志》上。1936年，他开始担任助理医师，经两年的普外科、泌尿外科、肿瘤外科轮转，于1938年7月升为外科总住院医师，以后任北平协和医学院外科学系助教、讲师各一年。

在这期间，吴英恺博采众家之长，成为外科主治医师后就已经能够完成许多大手术。30岁那年，他完成了我国第一例食管癌切除及胸内食管胃吻合术，结束了中国医生不能做食管癌手术的历史。当时这个手术本来应该由外科主任、美籍专家娄克斯来做，因为娄生病而临时决定让他做。手术成功之后，吴英恺笑称自己是"新手交好运"。其实这"好运"都是通过他自己的艰苦努力创造出来的。

1941年，吴英恺被选派到美国华盛顿大学巴恩医院进修。他本来是去学习整形外科的，结果不到三个月，由于协和的人事变动，他转到了世界闻名的外科权威葛兰姆教授领导的胸外科。这一转变使他非常高兴，因为胸外科正是他的兴趣所在。在巴恩医院进修期间，吴英恺工作之外的绝大部分时间都泡在图书馆里。当时葛兰姆教授也在试做食管癌切除术，但一直没有存活的病人，而吴英恺做过的11例手术中竟有6例病人的生命得到

了长期延续，这使葛兰姆教授非常欣赏。

在美国期间，吴英恺曾经到郭霍医院工作。刚去的时候，院长卡特尔堪普对他很冷淡，也没有派车去接。上班不久，有个病人患急性腹痛，吴英恺认为是急性阑尾炎，必须做手术，院长却没有明确表态，让他看着办。吴英恺果断地进行了手术，结果证明果然是阑尾炎并且已经濒临穿孔，这下子院长才另眼相看。在那段时间里，他把从协和学到的手术技术和从巴恩医院学到的整形外科包扎方法应用于胸廓成形术中，改进了无菌操作，取得了 120 例次无化脓感染的成绩，在 20 世纪 40 年代，这是非常了不起的成绩，美国同行都对他刮目相看。不仅如此，他还和全院的医护人员以及患者建立了深厚友谊，他每天早晚两次巡视病人，开方换药都亲自动手，赢得了病人的爱戴。在他离开的时候，一百多名患者一起送给他一块手表，背面刻着一行小字："郭霍医院病人献给吴英恺医师"。

吴英恺（右一）参加抗美援朝医疗手术队

三、战争岁月中倾力服务国家人民

在美国的那些日子里，吴英恺时刻记挂着自己的祖国。当时国内全民抗日如火如荼，久居国外的吴英恺深感不安，热切盼望回国参加抗日事业。他对热情挽留他的导师葛兰姆教授说："我很感激您的好意，但是当自己的国家遭受别国侵略的时刻，国内迫切需要像我这样的人，我又怎么能久居国外？"

1943 年 8 月，吴英恺启程回国，并且带回了许多专家赠送给他的论文单行本，还有美国医药援华会资助 1500 美金购买的医疗设备及手术器械。

在当时那种艰辛的年月里，医生私人开业赚钱并不困难，但吴英恺回国后，宁可过着清苦的生活，决不自己开业行医。他倾尽全力，先是在重庆创建了中央医院。抗战结束后，吴英恺回到北方，于 1946 年在天津中央医院建立了胸外科，并在这里完成了我国首例慢性心包炎切除术。

1948 年，北平协和医学院复校，吴英恺重返协和，任外科教授。1951 年，人民政府接管协和医学院，改称中国协和医学院，吴英恺被任命为外科主任、教授，成为协和医学院第一位由中国人担任且最年轻的外科主任。

20世纪50年代初期，朝鲜战争爆发，战火烧到了鸭绿江边。为了保卫新中国，吴英恺参加了抗美援朝医疗手术队和战伤外科医疗研究组，抢救了数以千计的伤员，同时还培养了数十名军医，还总结编写了《野战外科学》（合著，人民军医出版社，1956）。吴英恺领导的这个组的工作受到了彭德怀、刘伯承、聂荣臻等的表扬，彭老总曾经说："这些人都是国家的宝贝，要好好支持他们的工作。"

四、和平时期献身医院管理

新中国成立后，吴英恺根据国家的需要，或者是接受组织安排，或者是主动请缨，更多地把精力投入到了医院建设和国家医疗卫生事业上。这样就有了一生创建三家医院，高龄开拓第二专业的传奇经历。

吴英恺一生创建过三家医院：解放军胸科医院、阜外医院和安贞医院。

1956年，根据吴英恺的建议，军委总后勤部卫生部决定成立全国第一个胸科专科医院——解放军胸科医院，吴英恺被任命为院长兼外科主任。1958年秋，胸科医院从部队系统转入由协和医学院改组成的中国医学科学院，与一所正在筹备中的医院合并成为阜成门外医院（简称阜外医院），他继续任院长兼外科主任。

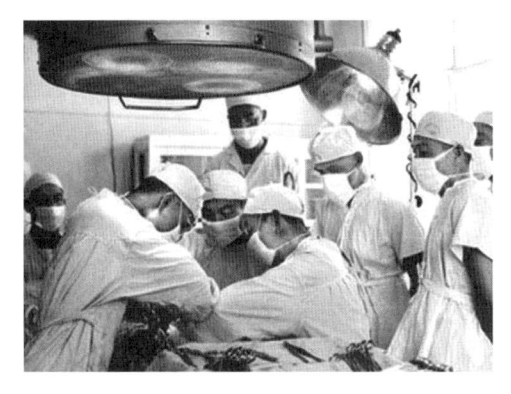

吴英恺在做肺部手术

当时担任吴英恺秘书的朱里曾回忆吴英恺担任阜外医院院长时的情形：那时吴英恺才40来岁，第一次开全院大会的时候，他说要把阜外医院办成全国第一、世界有名的医院。而吴英恺办医院总是把科研放在极为重要的位置。一开始，他就将这家新医院的业务方向定位在以心血管医疗研究和干部培养为主上面，并且在1962年挂上了中国医学科学院心脏血管研究所的牌子，并兼任所长一直到1980年秋季。在培养人才方面，他沿用老协和的住院医师负责制，把医院五楼整个改成住院医师的住所，大家24小时住在这里，病人发生变化，医生可以随叫随到。他还把年轻医生送出国外去进修。

然而，在20世纪80年代初，正当吴英恺决心弥补"文化大革命"中的损失的时候，却出现了令人费解的事情。1980年初，吴英恺还满怀信心地在全院大会上表示"不搞好'阜外'，死不瞑目"。但其后不久，上级派来了工作组，动员他离职退休回家，理由是"领导班子年轻化"。就这样，吴英恺和其他几位技术骨干一起调离阜外医院，到了首都医科大学（现协和医科大学），但都没有具体的工作。吴英恺笑称自己是"待业教授"。

吴英恺坚持要求工作，但联系了几个单位都回说"不好安排"。1981年，在北京市卫生局领导的邀请之下，吴英恺到朝阳医院，与翁心植教授合作组建了"北京市心肺血管医疗研究中心"。这是他给党和人民的最后奉献，是经过大拼搏而取得的。而这时的吴英恺，已进入古稀之年。

吴英恺以极大的毅力，带领着几名助手排除干扰，在中共北京市委、市政府的支持下，以"古稀迎新任，未敢一刻闲"的精神，经过5年的时间，克服重重困难，建成了临床与研究并举的北京心肺血管中心——北京安贞医院。这个中心有病床600张，1987年所做的心脏直视手术达到724例，居全国第二位，其中不少手术在国内是领先的。心血管病流行预防研究室开展的人群监测工作，1987年在世界卫生组织39个中心的考核评比中成绩列榜首。

五、学术研究享誉世界

医学科学是一门实践性非常强的学科，理论离不开实践，实践也需要理论指导。作为我国胸心血管外科和心血管病流行学的先驱和奠基人，吴英恺不仅以自己的实践在我国医学史上留下了众多的首创性业绩，而且带头开拓和发展这些专业学科。在60年的医务生涯中，他共发表有关外科、胸部外科、食管外科、心血管外科、心血管病流行学及人群防治、医学教育、医院管理等方面的论文200余篇，编撰专著10余种。

食管癌的防治是吴英恺学术贡献之一。早在协和时期，他就主刀成功进行了国内第一例食管癌手术，经过他和同行们的共同努力，食管外科已经在全国普及，早期食管癌手术切除后五年生存率可达90％，达到世界最先进水平。20世纪60年代中期，吴英恺和黄国俊总结食管癌研究25年的学术经验，组织各科专家编写了《食管癌与贲门癌》（上海科学技术出版社）；1985年修订出版第二版，其英文版由德国斯普林格公司出版，受到各国食管外科专家的重视。

胸心血管外科是吴英恺另一个作出杰出贡献的领域。在20世纪40年代，他成功完成了全国第一例未闭动脉导管结扎术（1944年）和第一例缩窄性心包炎的心包切除术（1948年）。1974年，他出版了专著《胸部外科》（人民卫生出版社）。1983年，由他与另一美国专家担任主编，组织包括英国、法国、德国、瑞士、美国等12个国家的157位心胸外科专家，以各自专长及独到经验共同编写了一部心胸外科专著。1985年，这部包括8篇、111章共1130页的巨著——《国际心胸外科实践》（中文版1988年由上海科学技术出版社出版，）完成。这是第一部以中国专家作为主编的国际性学术著作。

吴英恺著作书影

吴英恺的学术成就得到了国内外的普遍承认和好评，他也因此才为国内外许多学术机构的成员和学术期刊的编委，获得了众多的荣誉。

1955年，吴英恺当选为中国科学院首届学部委员。1956～1966年的10年间，担任国家科委医药卫生组成员和卫生部科学委员会委员。1982～1986年，任世界卫生组织心血管病人群监测北京监测区责任研究员。

自1951年以来，吴英恺先后当选为北京市人大代表，第一、二、三届全国人大代表，第五、六届全国政协委员。1956年加入中国共产党。

吴英恺积极参加国内外的医学学术活动。他1947年就成为中华医学会永久会员，先后担任该会常务理事、外科学会主任委员、心血管病学会主任委员。他还担任《中华医学杂志》（中文版及英文版）编委、《中华外科杂志》主编以及《世界外科学杂志》顾问编辑（1981～1986），创办并主编了《中华心血管病杂志》和《心肺血管学报》。

吴英恺曾多次出国讲学、访问，并在国内组织举办多次国际性专科学术讨论会，接待许多外国专家。他的讲学、报告都是第一流水平的，因而被美国外科学会荣誉会员等7个团体授予荣誉称号。此外，他还担任世界卫生组织心血管病专家委员会委员，1975～1977年当选为国际外科学会副会长。

六、教书育人，桃李满门

数十年来，吴英恺教过许多学生，带过进修生、研究生以及各级医生，其中有不少已成为我国胸心血管外科的骨干力量，可谓桃李满天下。

为了外科事业的发展，吴英恺一贯主张要多出成果、多出人才。在人才的培养教育上，他强调"三风""三基"和"四多"。

"三风"即医风、学风和文风。吴英恺认为，培养人才首先要解决为谁服务的问题，良好的医风要求医生全心全意为人民服务，把病人的安危放在首位。好医风的养成关键在于青年时代，青年医生要认真实践、发愤读书，在日常工作和家务的夹缝中挤时间充实自己，还要养成良好的学风和实事求是的文风。早在20世纪60年代他就曾说过，医学骨干成长要靠三个条件：一是名牌学校毕业，二是名师指导，三是个人努力。头两条是相对的，个人努力则是绝对必要的，这是培养骨干成才的规律。他认为：医学院毕业后8～10年是青年医生培养成长的黄金时代，必须在这个阶段抓紧抓好。

吴英恺强调外科基本功的重要性，而基本功的业务内容就是"三基"——外科基本知识、基本技能和基本理论。不具备"三基"，一味追求拿刀抢手术，绝不会成为好外科医生。在具体做法上，他主张"多看、多思、多帮"，从而达到"多能"。临床手术一般要经过"一看二帮三动手"几个阶段，即先看别人做，再在别人的帮助下自己做，然后自己独立实践，"多看多帮，而且要多思其所以然，才能看好帮好，最后自己才能做好"。

吴英恺对青年医生谆谆教导，除了言传身教，还撰写了许多指导性很强的文章，例如《关于青年外科医师工作和学习的几个问题》《谈外科干部的培养问题》《外科工作中的几个问题》《谈外科基本功》《外科进修中的临床教学问题》《医风、学风、文风》等，对青年医生都很有教育作用。这些文章以及其他学术论文，结集为《吴英恺学术论文集（1936～1989）》，1990年由中国科学技术出版社出版。

为了帮助青年外科医生提高实践水平，吴英恺早在1951年就主编了我国第一本外科临床工作工具书《临床外科手册》（1955、1965年分别出了第二、三版），以及《现代外科基本问题》《外科临床指导》等专业书籍。

吴英恺的学生都知道，几十年前，外科界有"吴英恺结"的说法。那是一种很有特色的手法，打结的同时用手拉线，动作轻巧又漂亮，既省时间、出血又少。他要求学生切皮是一条完整的直线，缝合每一针必须均匀流畅。否则，他会恼怒地用英语训斥："那不是我的学生，是狗啃的。"如此这般严厉的要求，自然有其道理：这是医生对病人的责任！也正是这样的严格，吴英恺才说老协和培养十个人，准有两三个成为名医，像张孝骞、林巧稚……

七、古稀之年开拓第二专业

医者以治病救人为天职，这一点也许并不难做到，但时刻关注民众的卫生健康并不惜为之作出某种牺牲，恐怕就不容易了。而吴英恺做到了，而且做得十分出色。

1974年秋，吴英恺首次参加世界卫生组织心血管病专家咨询委员会，以后几乎每年开会，会议的中心议题是交流各国心血管病的流行情况和防治高血压、冠心病、脑卒中等常见心血管病的经验。当时我国在这方面的工作尚未起步，作为中国医学科学院心血管病研究所所长，吴英恺深感无论就国内情况还是国际交流而言，都必须迅速开展心血管病流行学和人群防治的研究。苦于无人愿意从事这项工作，于是他决心自己来闯一闯。

吴英恺（右一）等接待美国心脏病专家

1978年，吴英恺已经68岁高龄，他亲自请来了流行病学家何观清教授、医学统计学家高润泉教授和心肺临床学家俞九生等，共同组成我国第一个心血管病流行学及人群防治研究室。他们以北京石景山区为调研防治基地，正式开始了吴英恺的第二专业。

吴英恺一直从事外科工作，对流行病学是门外汉，但他觉得自己责无旁贷，于是就从头学起，虚心向专家求教，工作很快就搞得有声有色。1979年，他领导组织了全国29个省、市、自治区90个城市及208个农村地区的高血压普查，总计普查15岁以上人口共400多万。这是我国首次大规模、有计划采用国际标准进行的心血管流行病学研究，其成果到现在还在被国内外学者广泛引证。

1983年,世界卫生组织决定在全球四大洲2000多万人群中首次开展大规模的心血管病趋势和决定因素监测,简称莫尼卡(MONICA)方案。得知这一国际性研究项目后,吴英恺亲赴世卫组织代表中国请缨。在他的争取下,中国成为莫尼卡方案中唯一的发展中国家。莫尼卡方案开始的时候有20多个国家参加,亚洲只有中国和日本,世卫组织考核特别严格,日本很快就被淘汰了,但我国每次的评分都是A和A+。2003年9月,世卫组织在日内瓦总部向全世界宣布了这项迄今为止最大的全球心血管协作研究的全部结果。在研究资料汇总册中刊登了吴英恺的一幅照片,称他为资格最老的研究员。

吴英恺十分赞赏《黄帝内经》中"上医治未病"的思想,认为"高明的医生首先是防病,然后才是治病"。尽管1987年他已经退居二线,但仍然积极参与医学科普工作。

1995年5月2日,北京市卫生局与《北京晚报》启动了健康快车活动,吴英恺成为"健康快车"的第一任列车长。85岁高龄的老人曾亲赴密云,爬上五层楼为农民讲"健康科普"。有一次,他在马路上看见一个胖子,就停车去劝那人减肥。他对吸烟喝酒深恶痛绝,在他身患重病做治疗时,他还要去劝素不相识的吸烟者戒烟。

吴英恺为人耿直,生活朴素,淡泊名利,一心奉献。1995年,吴英恺写下一首歌作为遗嘱:"行年八十五,提前立遗嘱,死后做尸检,火化不留骨,不开追悼会,不搞告别式,如得不治病,我宁安乐死。我死心平静,亲友莫悲伤,人生总有死,活时当自强。"

2001年9月30日,吴英恺"后事先办",立下遗嘱:"我已91岁,生命即将到尽头,后事必须从简。倘如发现不治之症,不必积极治疗,尽量减少痛苦,让我自然归去。死后作病理解剖,与病历对照,有教学作用的标本由病理科保存。请安贞医院联系火化,不保留骨灰,不化妆,不举行告别仪式,不发讣告,不开追悼会。……"

2003年11月13日,吴英恺与世长辞,享年93岁。去世后的第六天,按照他的遗愿,安贞医院安排了一个小范围的告别仪式,但那天不期而来为吴英恺送行的却有上千人。

2012年2月21日,吴英恺医学发展基金会在北京成立。基金会源于1991年吴英恺本人建立的"吴英恺青年医疗科研基金奖",旨在用于举办基层医务人员培训班,举办面对普通百姓的健康大课堂,奖励临床科研的优秀医务工作者,鼓励青年科研、临床骨干勤奋钻研业务、勇攀专业高峰。

龙咸灵
——武汉大学空间物理学科的带头人

龙咸灵（1911～1993），无线电物理和空间物理学家。贵州锦屏人，苗族。1940年毕业于武汉大学物理系。历任武汉大学空间物理与电子信息学系主任、电波传播及空间物理研究所所长，中国空间物理学会副理事长、中国电子学会电波传播委员会副主任等。长期从事电离层电波传播的研究，为我国无线电物理和空间物理学科的发展，特别是为国防建设作出了重要贡献。著有《电离层返回斜测及信道特征》《中低纬电离层及电波传播研究》等论文。

一、在武汉大学工作一生

1911年6月，龙咸灵出生在贵州省锦屏县茅坪镇一个苗族家庭。由于家境贫寒，龙咸灵的学业时断时续，先后在锦屏、天柱读书，直到19岁才从天柱中学初中毕业。随后，他升入贵阳高级中学读书。高中期间，龙咸灵刻苦学习，各门功课都成绩优秀。

1935年，龙咸灵高中毕业，考取了武汉大学物理系，并获得贵州省政府的奖学金。抗日战争爆发不久，武汉大学迁到了四川乐山县。1938年，龙咸灵顺道回乡探亲，被不愿让他继续念书的母亲强留（一说因为无返校的路费和学费），在家待了一年。其间，他跟随父亲上山种树看林、下河放运木排，同时攻读带回家的课本和其他书籍。后来，龙咸灵的父亲向一位朋友（一说房族前辈）求助，朋友感于其矢志求学的精神，慷慨地将政府发放的阵亡儿子的抚恤金借给他，龙咸灵才又赶回母校继续完成学业。

龙咸灵

1940年，龙咸灵以优异成绩毕业留校任教。当时，因为缺少教材，龙咸灵曾自编讲义授课。

抗战胜利后，武汉大学由四川迁回武汉。1946年，龙咸灵参与创建了武汉大学游离层实验室。

龙咸灵终生在武汉大学工作，1952年担任武汉大学物理系副主任。1976年底，龙咸灵参与组建武汉大学空间物理系，1978年晋升教授，并出任空间物理系主任，兼电波传播及空间物理研究所所长。在武汉大学，他还曾任校务委员会委员、学术委员会委员。

在校外，龙咸灵先后担任过国家科委电子技术科学专业组委员，中国地球物理学会理事，中国空间科学学会第一届副理事长，中国电子学会理事、中国电子学会电波传播委员会第二届副主任等职。

二、学术研究应用广泛

龙咸灵长期从事电离层电波传播的研究，取得了丰硕学术成果，并成功应用于国防建设等领域。

1945年，时任武汉大学理学院院长桂质廷从美国带回一套半自动电离层垂测仪，1946年，在乐山正式投入观测。学校迁回武汉珞珈山后，成立了游离层实验室。这是我国第一个电离层实验室，龙咸灵和梁百先是实验室的主要成员。不久，龙咸灵发现，日出的时候，在电离层的E层和F_1层之间，常常有另外一层出现。但是，这一层的寿命最长不过1小时，所以很容易被人忽略。通过一段时间的加密观测，龙咸灵最早系统总结了这一电离层的活动规律，这就是称为E2层的电离层。1948年，发现E_2层的学术信息在《国立武汉大学理科季刊》发表后，引起了国际学术界的注意。

不久，龙咸灵又分析了正午和子夜全球F_2层游离量的季节变化，作出了全年F_2层临界频率随地磁纬度变化的分布曲线，1949年发表在美国J. G. R.杂志上，为电离层赤道异常现象提供了新的确证。

20世纪60年代初，龙咸灵主持创建了我国第一个电离层返回斜向探测站——武汉大学黄陂试验站，领导研制了我国第一台电离层返回斜测仪，并用来研究电离层远距离通信的信道特征，提供了远距离通信的实用参数，为我国无线电波斜传播理论和技术作出了贡献。这项成果及其著作《电离层返回斜测及信道特征》，1978年获得了全国科学大会奖。

1965年，龙咸灵与他人共同提出了利用电离层返回斜向探测和电离层斜向探测研究我国核爆炸电磁效应和通信效应的方法，获通信兵部队和国防科工委的批准。1981年，该研究成果获得湖北省科研成果奖。

70年代，龙咸灵又进一步完成了FXZ实时选频系统的研制，解决了无预约频率下的高质量通信问题，为实际通信起了重要作用。

80年代，龙咸灵领导建立了珞珈山电波综合观测站，主持并参与低纬电离层及电离层电波传播研究，获得一系列成果。1988年，这项成果及其论文《中低纬电离层及电波传播研究》获得国家教委科技进步一等奖、国家自然科学三等奖。

此外，龙咸灵在"跨赤道电离层电波传播研究""核爆炸电磁效应及其对通信影响""高速飞行器再入等离子鞘套中电波传播特性""毫米波、亚毫米波传播及其工程应用"等研究中，均取得显著成绩。

现在的武汉大学电离层实验室

三、不屈不挠，重才善教

作为教师，40多年来，龙咸灵一直坚持在教学第一线，不管科研、行政工作怎样繁忙，从未间断。同时，龙咸灵注重学科建设，注重人才培养，为学校的空间物理专业建设奉献了自己的力量。

龙咸灵讲授的课程，不仅有物理专业的普通物理、无线电基础，20世纪50年代初期，他还兼任向全校理工科学生开设实验的普通物理实验室主任。1956年，电离层与电波传播专门化教研室设立后，他又开了无线电工程、网络理论等多门专业课程。他的课深入浅出，饶有趣味，很受学生欢迎。

1978年，龙咸灵主持创建了武汉大学空间物理系。目前，该系空间物理学已成为全国最强的学科，是我国第一批博士学位授权点和国家重点学科，其科学研究处于国内领先地位，达到了世界先进水平。

1955年，龙咸灵开始指导研究生和外国留学生。到1986年，已经75岁高龄的他，还招收了3名研究生，真可说是终身孜孜不倦地教学。

龙咸灵的事迹，赢得了广大师生的衷心爱戴，当时物理学系的青年教师都称呼他为"我们的龙头"。

武汉大学举行梁百先、龙咸灵百年诞辰纪念会

龙咸灵对自己一贯严格要求，忠于职守，宽厚待人。尽管自己家境也不宽裕，他还是尽可能节衣缩食，帮助亲戚家的后辈上大学，为国培养人才。担任物理系副主任时，为了发挥模范带头作用，他尽力多干工作，自己的教学、科研任务也从不放松。电离层观测人手不够，他主动顶班上机，有时半夜下班，第二天白天照样上班。从筹建游离层实验室，负责全系普通物理实验，到建立电波传播专业，他都自己动手，安装设备、检修仪器，哪个环节都有他的身影。直到1983年72岁高龄时，他还写下2万多字的《关于电波传播科学规划的建议》，为国家的科技发展出谋划策。

1985年7月，龙咸灵与武汉大学校长一起，与到武汉的中央部门负责人座谈南水北调问题。当晚回家后病倒，从此告别讲台，但仍旧坚持投入科研工作，并有所创获。

1993年3月26日，龙咸灵在武汉去世。

2011年10月22日，武汉大学举行梁百先、龙咸灵百年诞辰纪念会，回顾他们为武汉大学乃至我国空间物理学和无线电物理学发展作出的贡献。

关君蔚
——快乐的"水保郎"

关君蔚（1917～），林学家，水土保持和生态控制专家。辽宁沈阳人，满族。1941年毕业于日本东京农工大学。历任河北农学院、北京林学院（今北京林业大学）教授、系主任，中国林学会理事、中国水土保持学会常务理事，"三北"防护林建设工程技术顾问。1995年当选为中国工程院院士，1998年转为资深院士。他是中国水土保持学科与教育的奠基者和开拓者之一，为我国水土保持和生态控制作出了巨大贡献。主要论著有《水土保持学》（主编）、《保持水土多造林》《生态控制系统工程》，以及收入"院士科普书系"中的《运筹帷幄，决胜千里：从生态控制系统工程谈起》等。

一、爱养动物的贪玩孩子

1917年5月，关君蔚出生于沈阳一个满族家庭。小时候，他接受的是传统的私塾教育。9岁时，他和哥哥一起从师塾考入初中。哥俩形影不离，出入同行，上课同桌。

小时候的关君蔚特别贪玩，但成绩总是优秀，因此很受老师关注。又一次，由于贪玩耽误了考试，补考时试题是"世界三大产金地是哪三个"，关君蔚回答说是"新金山、旧金山和紫金山"，老师还以为他是故意调皮。其实，以前考试成绩好，不过是脑子机灵，又沾了哥哥的光。而这次补考，他考了四次才勉强及格。

关君蔚

初中毕业后，关君蔚随哥哥考上了辽宁省第一高中理科。高中二年级时，哥哥不幸死于肺结核，姐姐也已出嫁，只剩下母子二人相依为命。16岁的关君蔚感到了身上的重任，不再贪玩，开始努力念书。由于十分刻苦，再加上一点小天才，高中毕业时，他考了全年级第一名，博得全校老师的赞许。

关君蔚酷爱生物，从小猫小狗养起，花、鸟、虫、鱼、鸡、鸭、鹅、兔……甚至乌龟、老鼠，都曾经是他童年时的伙伴。高中时，有一位老大夫知道他喜欢生物，就劝说关君蔚的母亲让他改学农科，而且提醒说去美国留学已经不易，不如改学日语，去日本留学。

1934年暑假过后，关君蔚到了当时为日本所据有的南满洲铁道公司下属熊岳农事试验场，学习果树、蔬菜、花卉、农产加工和林业。在那里，他昼夜和动植物生活在一起。

那时，老一辈人认为学农没有什么出息，同学们知道关君蔚努力学日语，准备考公费留学时，都讥讽他说："痴心妄想，回家溜地瓜去吧！"但母亲总是教育他说："按照自己的路走下去，不要管别人怎么看你。"

在母亲的支持下，关君蔚一年学会了几种主要果树的栽培技术，两年后取得了"技术士"（关君蔚自谓"农夫"）的职称，三年考取成为"满铁社员"。借可以免费乘火车之便，他利用周末假日，遍游东北三省火车所能到达之处。

报考公费留日时，由于马虎大意，关君蔚竟把考试日期记错了，只赶上了最后的口试。但他口语极好，口试时，他用日语向老师恳切求情，最后侥幸以最后一名被录取，进入首批留学生预备学校。

二、在日留学与在华"抗战"

1938年，关君蔚正式考入东京农工大学林学科。不过，他本打算学习园艺，但按照留学名额规定，却只能学林业。日本属于温带和暖带，而关君蔚生活了21年的中国东北属于温寒带，于是，一心想着为东北作些贡献的他对林业的兴趣大减，故而在专业之外兼修了临床化学和水土保持。

教关君蔚水土保持的老师是博士诸户北郎，他是日本生态科学权威。有一天，诸户北郎找到学习勤奋的关君蔚，让他主修水土保持专业。关君蔚当时并不那么情愿，但听了诸户北郎的话，使他改变了想法："我去过你们中国。你知道吗？我看见黄河时激动得说不出话来。如果日本有这样一条河，我这一辈子全扑在这条河的治理上，我就有机会把自己所学的知识全部奉献出来，这对一个学者来说无疑是最幸福的事。但我没有这样的机会。你是我退休前带的最后一个中国学生，希望你能实现我的愿望。"

就这样，关君蔚从此主攻水土保持专业。大学里超前的现代化设备、知名教授和颇具特色的务实学风，深深感染着他，他废寝忘食地学习着。

不过，关君蔚也并不只是闭门读书，每个周末，他总要去内山书店广泛涉猎选购一些苏联的书籍以及鲁迅、郭沫若等人的进步著作，并放在书架上的显眼位置，还自称是"万卷楼主"。因此，1941年快毕业时，他偶遇日本警察局特务高级科某人醉后失言，说警察局正在调查他和一个中共党员的关系。关君蔚感到不妙，当晚将室内按常规布置妥当，在皮夹子里胡乱塞了一张东北的明星照片，次日赶在毕业典礼前持留学生证巧妙地离开了东京，途经釜山，由丹东入境，连沈阳老家也没敢回，辗转逃到了北平。

当时，北京大学农学院林学系有一门课程为森林理水沙防工程，但在国内几乎没有人学过这个专业。1942年，林学系主任白垛得知关君蔚可以上这门课，立即给他送来聘书聘请他担任北大的副教授。这样，关君蔚在北平安定了下来。

当时，关君蔚身兼三职，其中一项工作是编写小学生教材。本来上面要求一年级教材第一课

关君蔚与妻子在一起

内容应是"中日亲善"，关君蔚觉得不妥，于是向教材编辑委员会提出，繁体的"親"字笔画太多，小孩子写起来非常困难，应该从简到繁。他提议第一课内容为"天亮了"，没想到这个提议居然通过了。

关君蔚后来说，由于年迈的母亲和他相依为命，所以未能迈出奔赴抗战后方的步子。不过，在沦陷区，他不仅没有像某些文人那样为虎作伥，而且以自己的方式进行了别样的"抗战"。

三、缚住泥石流这条恶龙

新中国成立后，关君蔚先在河北农学院、北京林学院（即今北京林业大学）任教，历任讲师、副教授、教授。从1952年北京林学院成立，关君蔚就在这里任教，其间，1953～1983年任北京林学院造林、森林改良土壤教研室主任，水土保持专业负责人，水土保持系主任；1984年任水土保持学科博士生导师；1995年当选为中国工程院院士，1998年转为资深院士；1957年受聘为中国科学院沈阳林业土壤研究所兼职研究员。曾任中国

林学会第二届、第五届理事会理事，中国水土保持学会第一届理事会常务理事。

1950年夏，北京市门头沟爆发大规模泥石流，关君蔚也第一次真正见识了这条恶龙。专攻"理水防沙"的关君蔚觉得自己不能只"躲"在讲台上了，教学之外，还要做点更实际的事情，缚住泥石流这条恶龙。

这年10月，关君蔚被派往河北，抢救清水河山洪之灾。然而，当时国家经济基础极为薄弱，钢筋和水泥都没有。尽管找到了当时河北省的最高负责人，也只是拿到了10万斤小米折算的1万元。不过，山区百姓的热望和决心给了关君蔚信心，他相信只要农民群众愿意干，就没有克服不了的困难。结果，百姓自己烧白灰，冬天用麦秸保温，就靠1万块钱，治理了一条遭受毁灭性灾害且有复发危险的泥石流沟道。

关君蔚与学生野外工作

对待泥石流，不能只靠事后的救治，更主要的是事前的防治。这就要摸清泥石流发生条件和发展运动的规律，找出行之有效的预防和治理措施。为此，关君蔚开始了追着泥石流跑的日子，反复深入到泥石流发生的地区实地考察和研究，收集不同类型泥石流特性、形态等方面的资料。为取得可靠的数据，他还选定妙峰山实验林场的拉拉水沟为定位试验基地，进行泥石流定位跟踪监测预报工作。

要取得可靠的泥石流动态数据，就必须到"前线"进行长时间的实地观察，不仅辛苦，而且还有危险。关君蔚曾只身一人上山观测，在看山人遗弃的石头屋里度过了两个雨季；为了向山区老乡学习防治泥石流的"土方子"，他当了三天义务"羊倌"，边放羊边听老羊倌讲泥石流爆发前的种种迹象。每次泥石流刚过，别人忙着安锅搭灶，他却抄起工具，说"我去水势最凶的沟看看"。

1972年的一个雨天，在昆明开往东川的列车经过老干沟时，关君蔚发现那里树木少石头多，大雨快要把山泡透了，于是和随行人员提前下车，而就在当晚，老干沟里咆哮的泥石流冲断了铁路。关君蔚和同事们一头扎进疮痍满目的山沟，考察水道、分析植被，忙了一个多月，对云南小江流域山区情况作了全面了解。

就这样，经过多年摸索，关君蔚终于"破解"了泥石流爆发的"密码"，使我国的泥石流预报达到了分期预报、动态追踪的前沿水平。他提出"因害设防，生物措施与工程措施相结合"的综合治理方案，正在全国推广，并收到显著治理效果。

水土保持工作需要常年在外，风吹日晒，把人弄得面黑须长，衣冠不整。因此，民间流传的一首打油诗说："远看像要饭的，近看像烧炭的，一问才知是水保站的。有女不嫁水保郎，脸黑脚臭胡子长。"而关君蔚却心甘情愿，做着他快乐的"水保郎"。

四、筑起我们新的长城

1978年，我国启动了"三北"防护林建设工程。这项涉及九省区的宏伟工程，一开始就引起了国内外的关注。在这项有"绿色长城"之誉的工程中，关君蔚担任技术顾问。

一天，林业部通知关君蔚，接待来华专访此事的英国《泰晤士报》副主编。这位副主编直言不讳："发达国家也不敢做这么大的事，你们行吗？"关君蔚婉转地说："我们的国歌里，有一句'把我们的血肉，筑成我们新的长城！'只要这个绿色长城能在我们8亿人民的心里，就一定

如今郁郁葱葱的"三北"防护林

能实现。"副主编看着关君蔚点了点头，很受感动，其后在国际舆论上一直大力宣传"三北"防护林。

当时关君蔚已经是北京林学院水土保持系的系主任，担任着繁重的教学任务，正准备利用业余时间第四次修订自己的专著——国家重点教材《水土保持原理》。有人劝他别去干那"吃力不讨好"的事情，说教材再版是自己的成绩，防护林修好了功劳是国家的。关君蔚笑答："那怎么行，我这把老骨头还是国家的呢！"

对于"三北"防护林，关君蔚所做的工作，远远超出了顾问的职责范围。

1979～1983年，连续五个暑假，关君蔚驻守在北京远郊的妙峰山，担任"三北防护林高级干部研讨班"主讲教师，为防护林工程培养了大批骨干；他参与了冀西沙荒区、永定河下游沙荒区、豫东黄河故道沙地、陕西和内蒙古沙区固沙防护林的建设，撰写了大量论文；他提出的论点，成为"三北"防护林体系建设的理论基础，还被广泛应用于其他防护林体系的建设中……如今，"三北"防护林工程经受住了种种考验，不仅没有影响粮食生产和畜牧事业的发展，反而取得了相应的"以林促牧、以牧支农"的实效，造福国家、造福人民。

满目绿色，是关君蔚所感受到的人生最大快慰。"植树节"是他最重要的节日，庆祝方式就是亲手种下几棵树。用他的话说："绿色是大地的魂啊，而大地的魂是掌握在人手里的。我的梦想就是把山川妆成锦绣。"

五、好玩的"老顽童"

作为水土保持学家，关君蔚是我国水土保持学科与教育的奠基者和开拓者之一。20世纪60年代初，他受聘为国务院水土保持委员会专家顾问组成员，在制定国家1963～1972年科技发展规划时，力陈水土保持学科综合性的特点，作了科学系统的阐述。这一成果被纳入《中国大百科全书》，并为我国《森林法》《水土保持法》和《水法》所引用。在他的努力下，1980年我国高校建立了水土保持系，1984年国家教委评审通过了水土保持学科，1989年水土保持学科被评为重点学科，1992年北京林业大学成立了水土保持学院。

关君蔚科研成果丰硕，获得了学术界的关注和好评。1978年，他所著《石洪的运动规律及其防治途径的研究》获全国科学大会奖。1981年，在全国农业现代化会议上，他发表《发展燃料林是实现农业现代化的关键》一文，引起轰动。"六五"期间，他承担"宁夏西吉黄土高原农林牧综合发展水土流失综合治理试验基地县"的国家和林业部重点攻关课题，1987年课题成果获中国林学会梁希奖、林业部科技进步一等奖，1988年获国家科技进步二等奖。

关君蔚也获得了许多个人荣誉。1983年，获"全国水土保持先进个人"称号；1987年，被中国科协评为"学会先进工作者"；1989年，获"全国优秀教师"奖章；2003年，被评为"全国治沙标兵"；2004年9月，获"科教兴国贡献奖";2004年11月,获我国首届"林业科技重奖"。

除了以上的种种身份和誉称,关君蔚还有一个绰号,叫"老顽童"。其实,他的玩性是打小就养成的,而绝非玩世不恭,那"玩性"里,有着不苟随的坚定与不放弃的执着。

"文革"期间,关君蔚被关进了"牛棚"。有一次,革命小将说"今后只能给'牛鬼蛇神'发生活费,每人自报每月生活费需要多少,一般是15～17元"。关君蔚却说:"我要30元。"小将不解,关君蔚回说:"15元吃饭,15元抽卷烟。"结果,经过讨论还真给这个'牛鬼蛇神'每月发30元。事后,小将

"老顽童"关君蔚

见到关君蔚,耳语说:"你还是比较实事求是。"关君蔚微笑着说:"说真话的人首先对得起自己啊!"

1977年夏,关君蔚正在陕北为招生做准备,突然得知林业部已经恢复,在山西运城开全国林业会议。由于与会者远超计划,住处不好安排,不请自到的关君蔚马上抢着说:"不用安排,我住资料室。"管会务的人笑着说:"可以,我知道你就是为了资料来的。"关君蔚说,他就是这样"死皮赖脸",不请自到地参加了许多关于生物、生态、农林牧副渔的生产和学术会议,在当时研究经费缺乏、不可能实地考察获得数据的情况下,很多会议资料最终都变成了他研究水保问题的重要参考数据。

1985年冬,中国科协学会部出面,专门召开关于全国水土保持学会的审核会议,关君蔚代表申请方到会。会议开始,科协学会部告诉他,已定了两个方案,第一个方案是在中国林学会下成立水土保持专业委员会,林学会已经同意,马上就批;第二个方案是独立建立全国水土保持学会,需要经过层层审批,遥遥无期。关君蔚要求提一个问题,得到许可,他微笑着问道:"北海公园旁边有个很好的图书馆,为什么我们学校还有一个图书馆?"与会者马上明白了:"他的意思是两个都要。"

关君蔚给自己起的绰号,一个是"厚脸皮","蹭会"是典型事例,另一个是"木乃伊"。他说:"78岁退休以后,我还是到处出差,去现场。祁连山我上到4500米,天山我来回走过多次,青海西宁的群山也登了顶。

别人问我累不累，我说我已经变成'木乃伊'了，再累也没感觉。"

六、"生命是一条快乐的小溪"

作为从教数十年的教师，教书育人是关君蔚的神圣职责。从专业角度说，他在国内第一个开水土保持课，主持研究并制定了课程设置和教学大纲，发起成立了水土保持专业，编写了第一本《水土保持学》教材，送出了第一批本科生，培训了第一批课程主讲教师，促成了水土保持学科的建立；他自己也成为全国第一任水土保持专业负责人，第一任水土保持系主任，第一位水保学科博士生导师……

关君蔚说："在黑板上造不出林，在暖气片旁搞不好山区建设。"在教学中，关君蔚长年累月地带着学生深入山区。每年五月到十月，水土保持专业都是在外"流动教学"。关君蔚和学生们一起吃住，一起钻山沟，被老乡们亲切地称为"孩子王"。关君蔚把这种教学方法称为"一举三得"：既在朝夕相处中全面了解了学生，又使学生接受了最真实、最鲜活的教育，更培养了他们对于老少边穷地区、对于农林工作的深厚感情。他说，自己的学生，大多是在老少边穷地区做农林干部或者县领导。

2004年，关君蔚获得我国首届"林业科技重奖"，奖金50万元。除留出一部分科研经费外，他将其余30万元拿了出来，设立特别奖学金，"奖励那些来自老少边穷地区，立志为改变边区面貌而工作一辈子的林业大学生"。他说，他希望"培养一批'永久牌'山区干部"。

关君蔚著作书影

2007年12月29日，关君蔚在北京去世，享年91岁。

关君蔚给后人留下了几部扎实的著作，如《水土保持学》（主编，农业出版社，1961），《保持水土多造林》（中国林业出版社，1956），《生态控制系统工程》（中国林业出版社，2007），《运筹帷幄，决胜千里：从生态控制系统工程谈起》（院士科普书系之一，暨南大学出版社、清华大学出版社，2000）。

关君蔚把生命比作一条快乐的小溪，凡事微笑面对。在一篇有关的传记作品里，他的一些富有启发意义的话语，我们不忍割舍，不妨照录如下。

"孤独并不是寂寞。无所事事你会感到寂寞，那么日理万机如何呢？你不再寂寞了但你仍可能孤独。孤独也不是孤单。门可罗雀你会感到孤单，那么门庭若市怎样呢？你不再孤单了但你依然可能感到孤独。孤独更不是空虚和百无聊赖。孤独的心必是充盈的心，充盈得要流溢出来要冲涌出去，因为它是一种决然的清醒。人在旅途，当处于喧嚣扰攘之时，孤独的心让我在旋涡中保持淡泊和宁静；当坐着冷板凳时，孤独让我清醒乐观地去希望、去憧憬。"

"从客观来讲，我创办了中国第一个水土保持专业，1995年被评为中国工程院院士，这都是外界对于我个人的肯定。但当我回首走过的岁月，我觉得我的一生就像一出喜剧，我并没有完成什么值得纪念的工作，我也没有像鸣禽一般歌唱，我只是静静地微笑，笑我自己幸福无涯。"

彭司勋
——"为祖国忠诚服务一辈子"

彭司勋（1919～），药物化学专家、药学教育家。湖南保靖人，土家族。1942年毕业于国立药专，1950年获哥伦比亚大学药学硕士学位。历任南京药学院（中国药科大学前身）教授、教务长、副院长，国务院学位委员会学科评议组成员兼药学组召集人，国家新药研究与开发领导协调小组顾问等。1996年当选中国工程院院士。长期从事教学和科研工作，是我国制药化学、药物化学专业早期创建人之一。主编《药物化学》等教材和专著5部。

一、从不停下求学的脚步

1919年7月28日，彭司勋出生于湖南省保靖县迁陵镇一个土家族家庭。

湘西保靖县是个文化比较发达的县份，那里土家族占了人口的一半以上。彭家是当地的望族，既是书香门第，又是医药世家。因此彭司勋的上一辈和同辈中有很多文化人、医生。彭司勋的父亲曾就读于北平中国大学，当过保靖县县长，创办了县八中——今保靖县民族中学，还创办了彭司勋曾经就读的竞择小学。正是这样的人文环境和家庭氛围，造就了彭司勋三兄妹的成就：彭司勋本人是工程院院士，妹妹彭司琪是湘雅医院的老护士长，弟弟彭司惠是武汉同济医学院毕业的外科医生。

彭司勋

彭司勋是在保靖的竞择小学接受的小学教育，12岁小学毕业时，由于当地还没有中学，他只好和同学到300里开外的沅陵朝阳初级中学去读书。这是一所教会学校，除了国文、数学、历史等课程都是用英文教授，课外活动唱校歌、念总理遗嘱也都用英语。这种独特的语言环境，为彭司勋打下了扎实的英语基础。上学期间,1931年"九一八"事变发生后,彭司勋还参加了学生反对日本侵略的游行。

初中毕业后,彭司勋考上了长沙的兑泽中学。新学校的管理没有初中严格,但彭司勋依然严格要求自己。学校也有一些名师,比如数学老师授课逻辑严谨,有助于思维锻炼;化学老师授课注重实验,从而引导学生遨游神秘的化学世界。高二的时候(1936年),彭司勋还按照当时高中学生的教学计划,到军营参加了半年军训,锻炼了体魄,培养了吃苦精神。

1937年,彭司勋从长沙兑泽中学毕业,而就在这一年的7月7日,"七七"事变爆发,日本发动全面侵华战争。战火迅速从华北燃向南方,于是当年10月1日,彭司勋逃回了保靖。保靖僻处湘西,一时倒也平静,彭司勋进了父亲创办的竞择小学,开始了教书生涯。不过,他很快就感到自己知识欠缺,因而渴望继续读书。

二、追求更为高深的学问

1938年,彭司勋与几个同乡一起经过长途跋涉,来到了当时政治文化中心重庆。遗憾的是,尽管名牌学府云集,但好多大学的招生已经结束。彭司勋报考了还在招生的四川大学外文系、齐鲁大学医学院和国立药学专科学校,结果均被录取。考虑到要学一门技术,他选择了学医;又因为齐鲁大学医学院要读七年,最终他选择了四年制的国立药学专科学校(今中国药科大学)。

大学读书期间,正是抗日战争最艰苦的年代,大后方的重庆也是生活艰苦,而且经常还要面对日寇的轰炸。那时,在学校里很少能吃到蔬菜,米饭也是掺着稗子等等的所谓"八宝饭"。日军飞机来轰炸时,就得躲防空洞,躲避不及就可能丧命。1941年重庆大轰炸,日寇的飞机遮天蔽日,街头随处可见受伤的同胞。彭司勋参加了救护队,帮助抢救伤员。后来,每当谈到这段经历时,彭司勋就不无感慨地说:"现在的年轻人,缺少的正是磨炼啊!"

1942年,彭司勋从国立药专毕业后,考入中央卫生研究院(中国医学科学院的前身)化学药物组工作,担任技术员、药师。药物组的组长马基华博士是位加拿大爱国华侨,毕业于美国哥伦比亚大学药学院,曾在国立药专任教,当过半年彭司勋的老师。马基华是广东人,只会粤语,而彭司勋不懂粤语,于是英语成了他们之间交流的工具。就这样,彭司勋的英语和业务水平都有了很大提高。

1947年，彭司勋参加筹建中国第一所药物食品检验机构——上海药物食品检验局，担任技士、化学药物室代理室主任，从事药物、毒物的分析和研究工作。在工作中，彭司勋看到所用药品几乎都靠进口，不仅价格昂贵，而且质量也不可靠。强烈的爱国热情，激发了他振兴中国药学事业的责任感。工作之余，他刻苦攻读，积累资料。

1948年，彭司勋以优异成绩获得联合国世界卫生组织奖学金，赴美国进入马里兰大学（约半年）和哥伦比亚大学药学院进修。1950年6月，获得哥伦比亚大学药学硕士学位。

正当彭司勋准备回国时，朝鲜战争爆发，美国当局千方百计阻挠中国留学生回国。彭司勋和其他中国留学生一道，不顾美国当局的威胁利诱，以及港英当局不予过境签证的刁难，终于回到了祖国。

三、50年不平凡的教师生涯

新中国成立之初，对于归国留学生，政府一般依据他们的志愿选择工作单位。彭司勋家在上海，且曾在上海工作，所以打算在上海找工作。这时，母校（此时已经更名为华东药学专科学校，也即现在的中国药科大学）校长、当年的老师管光地，来上海请他回母校执教，并说是校友们的一片心意。彭司勋答应了。就这样，彭司勋回到母校执教，在那里度过了50年。

今天的中国药科大学

50年来，母校几经更名，彭司勋也担任了不同的职务：1950年12月，彭司勋受聘任华东药学专科学校副教授；1952年，齐鲁大学药学系和东吴大学药学专修科并入华东药学专科学校，成立华东药学院，彭司勋任药学专修科主任；1956年，华东药学院更名为南京药学院，彭司勋担任教务长、药物化学教研室主任；1974～1978年，彭司勋任南京药学院化学制药专业教学办公室副主任；1979～1983年，彭司勋任南京药学院教授、副院长（分管全院科研管理工作），药物化学研究室主任；1984年，彭司勋任南京药学院顾问；1986年，南京药学院与筹建中的南京中药学院合并，成立中国药科大学，彭司勋任中国药科大学顾问，药物化学国家重点学科学术带头人，校学术委员会主任委员，校学位评定委员会主席；在此期间，彭司勋还兼任有各种专业和社会职务：

1954～1966年，任江苏省药品检验所所长；1963年，任江苏省及南京市药学会副理事长；1979～1983年，任南京药物研究所所长，1984年改任名誉所长；1987年，任中国药学会江苏分会理事长，九三学社七届中央委员（1953年加入九三学社）；1981年，受聘担任国务院学位委员会第一届学科评议组成员，并任中国药学会药物化学分科学会副主任；1985年，任国务院学位委员会第二届学科评议组成员兼药学组召集人、国家科委发明评选委员会特邀审查员；1986年，受担任北京医科大学"天然药物和仿生药物"国家重点实验室学术委员会委员；1987年，任中国药学会江苏分会理事长；1988年，当选中国药学会理事，并受聘担任卫生部高等医药院校药学类教材评审委员会主任委员；1996年2月，彭司勋当选为中国工程院医药与卫生工程学部院士。

此外，彭司勋还是国家卫生部药典委员会、新药评审委员会委员，国家新药基金评审委员会主任委员，全国高等医药院校药材评审委员会主任委员，北京医科大学天然与仿生药物国家重点实验室学术委员会委员，国家新药研究与开发领导协调小组顾问，中国医药教育协会副会长，中南大学、西安医科大学名誉教授等。他还曾担任江苏省政协二至七届的委员，第六、七届江苏省政协副主席，全国政协第七届委员会委员，第八届常委。

彭司勋还是《中国药学年鉴》主编，《当代中国的医药事业》的常务编委，《中国医药工业杂志》、《中国高等医学教育》和《实用医学词典》的顾问，《汉英医学大词典》和《中国药典》英文版、《药学学报》《药理学丛书》《国外医学——药学分册》等杂志的编委。

四、教书育人，呕心沥血

从1950年回国走上教学岗位，彭司勋为我国的药学教育呕心沥血，培养了大批药学人才，为药学教育事业的建设作出了突出贡献。

教学离不开教材，而彭司勋十分注重教材的编写。

新中国成立初期，学校使用的教材过于陈旧，彭司勋决定自编讲义和教材。他在讲授有机化学分析、毒物分析和药品鉴定等课程时，即自编讲义，充实新的内容。1952年担任全国法医师资提高班的毒物分析教学任务时，他克服重重困难，自编教材，指导实验，深受同学们欢迎。

随着教学发展的需要，彭司勋深感要培养出合格的药学专业人才，必须更新教材，编著适合中国高等医药教育的系统教材。1957年，他受卫生部的委托，主编国内第一本药学专业的《药物化学》（人民卫生出版社，1959、1964）教材。1964年修订后，这本教材内容更为充实，不仅受到国内医药院校广大师生的好评，而且日本、新加坡的药学会都曾来函要求交换，产生了一定的国际影响。此后，他还担任教学参考书《药物化学》（1978年）的修订、统稿工作。1985年，又主编了全国化学制药专业的《药物化学》教材（化学工业出版社，1988年）。根据专业培养目标和药物化学面临的任务，这本教材内容作

彭司勋著作书影

了较大调整，增加了新内容，充实了新药研究的基本知识。这个版本的《药物化学》，在1992年被评为国家优秀教材。后来，彭司勋又主审了医药函授教材《合成药物化学》（1989年）。

1956年，在任学院教务长和药物化学教研室主任期间，彭司勋组织教师对药学专业的教学计划、课程设置、教学方法等进行讨论。他主张在加强基础理论的同时，注意学生实践能力的培养。药物化学教研室在他的带领下，曾被评为先进教研室。

自1950年底回国任教以来，彭司勋讲授的"有机分析""药品鉴定""毒物分析""药物化学""药物设计"和"药化选论"等课程，深入浅出，理论联系实际，深受学生好评。

1956年，彭司勋开始招收"药物化学"研究生。1981年，国家学位条例颁行后，国务院学位委员会批准他为首批药物化学博士研究生导师。他亲自讲授学位课程，对论文工作严格要求，耐心指导。至今，他已经培

养研究生 50 余人。1989 年，彭司勋被评为江苏省优秀研究生导师。

彭司勋既重教书，更重育人。不论对本科生、研究生，还是对青年教师，他一贯严格要求，循循善诱。他还紧密结合业务工作，培养青年学子严谨的治学态度、踏实的工作作风和为人民服务信念。看到贫困学生生活困难，他毅然捐款助学，1999 年，他捐资 1 万元作为助学金资助贫困学生。

50 多年来，彭司勋为国家培养了一大批药学人才，他们遍布全国各地，其中许多人已成为中国药学事业的骨干，成为专家、学术带头人或单位的领导。

五、研发新药，造福民众

彭司勋在完成教学任务的同时，十分重视新药的研究开发工作。早年间，他主要从事药物分析和中枢神经系统药物的研究，重点研究安定药和镇痛药，曾创制多种具有镇痛或降压作用的吲哚类化合物，其中如 I_2h_2 临床试用对术后止痛效果较好。他结合中药麻醉的研究合成的祖师麻甲素类似物，有较好的麻醉镇痛作用。"文化大革命"期间，科研中断，资料散失。1975 年，彭司勋重返新药研究和创制的第一线，他不顾自己年事已高，坚持自己动手做实验。有一次，实验不慎爆炸受伤，他仅住院一周就坚持出院，又投入到紧张的实验中。不久，他试制成功了抗癌药六甲嘧胺。该药获得 1980 年江苏省科技成果奖，并已鉴定投产。

新药研究是涉及多学科、多环节的创造性工作，难度大，周期长。"药物设计"是适应新药研究需要而建立的一门新学科，1979 年夏，彭司勋主持了全国首次"药物设计"讨论会，对"药物设计"的内容、现状和进展进行了交流，为中国开展这方面的工作起了推动作用。

彭司勋在书房

中国新药研究与先进国家相比，还有相当大的差距。彭司勋和许多药学界老专家早就呼吁要重视新药研究，制定相应的政策和措施，并对改变新药研究落后状态提出建议。这一倡议得到了有关部门的支持，经彭司勋与有关部门积极配合，1988年6月，在南京召开了"全国新药研究与开发讨论会"。会议对新药研究的诸多问题进行了深入的讨论，并就有关政策和措施提出了建议。1993年，他又组织了"第四届全国分子力学与药物分子设计学术会议"，对我国新药研究起到了一定促进作用。

新时期以来，彭司勋新药研究的阶段性研究成果，分别获得1995年山东省和1998年江苏省科技进步二等奖，1993年国家教委科技进步三等奖。1999年，彭司勋获得何梁何利科技进步奖，同时被评为江苏省优秀学科带头人。

六、为祖国药学事业奋斗不息

彭司勋除以充沛的精力投入教学和科研工作外，还十分关心祖国整个药学事业的发展。结合中国的实际情况，对学校建设、药学教育改革、医药工业发展以及新药研究方向等方面的一系列重要问题提出了意见和建议，并发表专文加以论述，为中国药学事业的发展作出了贡献。

他多次参加药学院校本科的专业设置、专业目录修订、教学计划的讨论和审订，以及研究生教育的学科、专业目录的论证。

他多次出国考察国外药学教育及改革情况。1979年，他参加"中国高等医学教育考察组"，赴英国、荷兰、芬兰、挪威和丹麦等国访问；1980年，任"中国药学教育考察团"团长赴法国访问；1984年，赴日本岐阜药科大学讲学，并访问京都大学、东京大学和名城大学药学部和有关药厂。1987年，他应邀去美国访问，考察药学研究生教育。回国后，他就对美国研究生教育比较灵活，针对性和适应性较强，注重培养多种类型的研究生，研究内容多是具有应用前景的

有关彭司勋的传记书影

基础研究，可为新药研究或新剂型设计提供理论依据等特点作了报道。1990年，他出访土耳其，考察发展中国家的药学教育。回国后，他都会撰文报道这些国家高等药学教育的现状、课程设置、学位授予、组织管理、

规模特点等。

为加强药学教育研究、克服药学教育多元管理体制的不利因素，1986年，彭司勋和其他药学界同行发起成立"全国高等药学教育研究协作组"，得到国家教委和有关部门的积极支持，并被推选为协作组组长。协作组成立后，创办了《药学教育》（季刊）。彭司勋主持召开了3次药学教育研究论文报告会，各系统的药学教育工作者汇聚一堂，就如何建立专业齐全、层次分明、结构合理、规模适宜、具有中国特色的社会主义高等药学教育体系进行深入的探讨，并交流了各校的改革经验，为促进中国药学教育的宏观管理、改革和发展发挥了积极的参谋作用。

1988年，彭司勋受卫生部委托，对我国高等药学教育的结构及其变革趋势进行了专题研究。

担任政协委员后，在政协会议上，彭司勋呼吁要重视发展少数民族地区经济、文化、教育事业，建议加强我国民族医药工业发展。他在全国政协上的《加强高等药学教育宏观管理》的提案，1995年被编入全国政协优秀提案。

2008年11月15日，中国药科大学为彭司勋举行了90华诞学术活动。与会专家学者和校友深情回顾彭司勋教学研究道路，对他的爱国情操和奉献精神深表钦佩和景仰。

如今彭司勋已经95岁高龄，虽然患有眼疾、视力大不如前，但他仍然十分关心国家的药学教育和科技事业的发展，并尽可能发挥着自己的余热。

肖纪美
——"终生为士不为仕"

肖纪美（1920～2014），材料科学家、金属学专家和冶金教育家。湖南凤凰人，苗族。1943年毕业于交通大学唐山工学院，1950年获美国密苏里大学冶金学博士学位。回国后历任北京钢铁学院金属物理教研室主任、材料失效研究所所长、环境断裂开放实验室主任。1980年当选为中国科学院学部委员。长期从事钢铁冶金、金属材料和金属物理的教学和科研工作，为我国冶金科技事业和冶金教育事业作出了重要贡献。著作近30部，专著有《金属材料的腐蚀问题——腐蚀金属学》《不锈钢的金属学问题》《材料的应用与发展》等，方法论及治学经验论著《材料学的方法论》等。

一、立志科学救国

1920年7月，肖纪美出生于湖南省凤凰县的一个书香门第。

肖纪美的祖父肖官麟，曾任凤凰县的县令，博通经史，擅长书法。肖官麟崇文重教，教出了不少有名弟子。比如沈从文原名"焕武"，改名"从文"就是接受了他的建议。肖纪美跟随祖父生活，自幼熟读《四书》《五经》。肖纪美小学时代，凤凰县城还没有书店，但每隔几个月就有书贩挑书来县城旅店展售，祖父每次都带他去选购。

肖纪美

家庭的培养和教育，加之"往来皆鸿儒"，耳濡目染，使肖纪美养成了手不释卷的习惯，决心长大后当老师，即便后来从事工科，也不废诗文。

1933年，肖纪美考入长沙私立明德中学。中学期间，肖纪美学习刻苦，成绩优秀，尤其是数学，在学校的三次数学比赛中都获得了第一。

1937年抗日战争爆发，学校停课一年。于是，1938年2月，肖纪美回到家乡，与高小同学唐智白（共产党员）合办《大众呼声》刊物，宣传抗日。也就是在抗战中，肖纪美第一次听说了坦克，这种钢铁制造的家伙无坚不摧，给他留下了深刻印象。

1938年9月，肖纪美在吉首以第一名的成绩考入江苏省立银行专科学校，学习会计。

1939年，肖纪美以当地第二名的成绩考入交通大学唐山工学院，进入矿冶系学习。之所以选择矿冶，为的就是科学救国。肖纪美回忆说："当看到日军的武器比我国的先进，就想学钢铁，研制新式武器，便义无反顾地选择了工科。"

1943年7月，肖纪美大学毕业，获矿冶工程学士学位。随后，肖纪美做了一年半的中学教师，先后在乾城县国立八中女高部和湖南省立十三中教授数理化。

1945年3月，肖纪美经人介绍进入重庆国民政府兵工署二十八厂，担任冶炼技术员，从事硅铁的生产和钨铁的研制。

1946年6月，肖纪美在重庆参加国民政府考试院举办的高等文官考试，以优等第一名考取为建设人员，1947年3月分配到南京国民政府经济部中央标准局，担任技士，主要从事外文翻译及工业标准引进工作。在这个工作岗位上，肖纪美深刻感受到了国内外工业技术尤其是冶金科技的差距，决心出国学习西方先进技术，进而改变中国冶金技术落后的状况。

1948年2月，参加留学考试合格，肖纪美赴美国留学，进入密苏里大学学习冶金。1949年1月获密苏里大学矿冶学院冶金学硕士学位后，接着攻读博士学位，并于1950年8月获冶金学博士学位。从硕士学位到博士学位，肖纪美仅用了两年的时间。

二、冲破重重阻挠回国

1949年新中国成立后，由于种种原因，美国政府竭力阻止我国留学生回国。许多出国留学人员冲破阻挠毅然回国，也留下了许多可歌可泣的故事。而肖纪美回国的一波三折，其独特性又颇能发人深省。

1951年，肖纪美在美国接到天津北洋大学（今天津大学）的聘书，订购了船票，准备回国参加祖国建设。但由于美国政府的阻挠，无法成行，肖纪美只得暂时留在美国工作。在其后的6年间，肖纪美先后在芝加哥的林登堡钢铁热处理公司、爱柯产品公司以及匹兹堡的坩埚钢公司从事研究工作，在金属学和冶金学方面积累了工业应用研究的经验。其间，他对铬锰氮系不锈钢进行了系统研究，发现了一些规律，获得了一项专利。

在肖纪美滞留美国的那些年，中国政府通过外交途径，为在美留学生回国参加建设创造了条件。1957年，肖纪美毅然决定回国。但美国移民局千方百计阻挠肖纪美回国。他们先是许诺帮他找到更好的工作，获得更优厚的报酬，接着以扣留肖纪美年仅3岁和1岁的两个孩子来要挟。

通过多方交涉，肖纪美得以踏上旅途。途中，美国当局又借检查为名，扣留肖纪美在美国赚到的1万美元（这笔存款直到1972年中美建交后才解冻），胁迫肖纪美改变决定。肖纪美归心似箭，不为所动，幽默地说："那就把钱存在这里吧。"

50年代中期肖纪美的全家福

尽管遭遇种种波折，肖纪美一家还是在1957年7月回到了祖国。此时，肖纪美离开祖国已近10年。

几十年后，有记者问肖纪美："您为什么要回来？"他回答："很简单，我是中国人嘛！"

是的，回答的确简单得不能再简单，却也深挚得不能再深挚。20世纪50年代留学人员回国的毅然决然，以及美国政府阻挠用尽手段（包括对人才的重视），在全球化的今天，还是值得深思的。

三、三尺讲台，教书育人

回国之初，肖纪美的工作有多种选择，中国科学院金属所、清华大学等单位，都对他发出了邀请。但肖纪美既有少年时代立志当教师的情结，又有回归母校的情怀（此时交通大学唐山工学院冶金系已经并入北京钢铁学院冶金系），于是选择了北京钢铁学院（今北京科技大学）。

1957年10月，肖纪美走进北京钢铁学院的大门，从此在金属物理专业的讲台上，耕耘了半个多世纪。他先后讲授的课程，有"合金相与变相""金属物理""金属材料学""热力学""腐蚀金属学"等。

肖纪美上课不是一门课重复十几遍、几十遍，而是在注重基本内容的讲授过程中，不断融入新知识和相关领域的新内容。同时，他还不停地开设有特色的新课程。1957 年，他开设了以性能为线索的"金属材料学"；1980 年，他开设了"合金能量学"，把经典热力学的知识外延，首次用能量的观点来分析合金的过程、结构和性能；而后应用热

60 年代初肖纪美（前排左二）与学生

力学、统计物理、弹塑性力学、表面力学、固体物理等基础知识，根据合金的结构计算合金的能量，提出了过程的三原理和能量分析方法，使专业课具有新的内容和思路；1984 年，他开设了"材料学的方法论"。

听过肖纪美讲课的人都知道，他喜欢用示意图来说明某一领域、某一范畴与相关领域、相关范畴的关系，注意从系统的观点来阐明所讲述的内容，力图首先给听者一个明晰的概念。他不但讲内容，也注意讲思路，启发学生。

肖纪美对学生十分负责。每次有学生敲门来问问题，他从来没有说过不行。有时晚上也敲门不断，经常是一拨没走一拨又来。很多学生毕业后还回来找他讨论问题，他总是很高兴。20 世纪 70 年代末，一些学生去国外学习，数十人来请他写推荐信，肖纪美从不推脱，总是说愿意尽力帮助学生。

作为冶金教育专家，肖纪美非常注重科学技术的推广普及，经常到厂矿企业、高校和研究机构做学术报告。1952 年以后，他受邀在全国 26 省市共作了 640 次报告。在 80 周岁成为资深院士时，他宣布不再参加各种开幕式和鉴定会，但对本科生、研究生以及厂矿企业邀请的学术报告，仍旧几乎是有求必应。

四、科研领域世界领先

在肖纪美的学生、北京科技大学腐蚀与防护中心主任乔利杰看来，肖纪美在科研方面的最大贡献，是在材料研发方面发明了 Cr－Mn－N 不锈钢，在环境断裂方面创立了"氯（氢）脆"和"断裂化学"学说。

早在美国坩埚钢公司工作期间,肖纪美就接受美国军方提出的研制能在 650℃ 以上温度工作的节镍不锈耐热钢的任务。经过 3 年的研究,肖纪美研制成功 Cr-Mn-C-N 节镍奥氏体不锈钢,先后发表学术论文 5 篇,并获得了美国的专利。

1957 年回国后,肖纪美结合中国实际,继续研究节镍不锈钢和耐热钢的新钢种,主要从事合金钢、晶界吸附、晶间腐蚀、应力腐蚀断裂及氢致开裂等领域的研究工作,对中国铬锰氮系不锈钢的发展作出了重要贡献。

1974~1985 年,受有关部门委托,肖纪美先后对中国冶金、机械、石油、化工、电力、建筑、兵器、航空、航天、原子能等工业部门 13 个项目工程材料与构件进行断裂分析和安全性评价,并提出相应的预防和改进措施,形成了一套完整的工程材料与构件的断裂方法。这一系列成果,解决了一批工程中的断裂问题和产品的质量问题,获得了显著的社会效益和经济效益,并在 1983 年获国防科工委及冶金部攻关成绩优异奖,1996 年获国家教委科技进步一等奖。

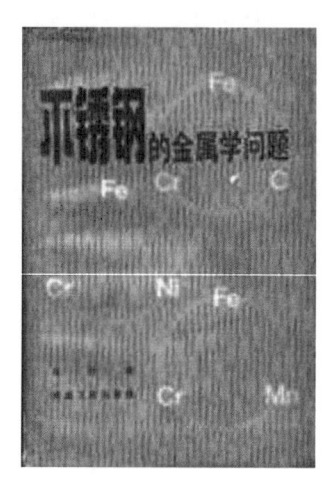

肖纪美著作书影

1977~1986 年,肖纪美领导的科研团队,针对国家建设中存在的实际问题和发展前沿科学的需要,对金属材料的应力腐蚀和氢致开裂机理开展系统研究,统一了各种氢致开裂的机理。这一研究成果,被国内外同行誉为"最系统的研究"。

1986~1990 年,肖纪美负责国家自然科学基金重大项目"金属材料断裂规律及机理研究";1993~1997 年,担任国家自然科学基金与国家攀登计划共同资助的"材料损伤、断裂机理和宏微观力学理论"重大项目的共同负责人。

肖纪美首次提出了"断裂化学"这一分支学科,成为"断裂力学""断裂物理""后断裂"学科的三大理论支柱之一,对发展断裂力学理论和断裂学科作出了重要贡献。1985 年,肖纪美在北京科技大学创建了材料失效研究所,1986 年又建立了国家教委所属的"环境断裂开放实验室"。

肖纪美先后 6 次应邀在国际专业学术会议上作大会报告,并受邀到美国、日本、德国、加拿大、澳大利亚、巴西等国讲学,在国际材料界有较高的学术声誉。同行认为,以肖纪美为首的研究集体的工作"在世界范内处于科学进展的领先地位"。

在材料科学与工程领域，肖纪美发表论文 300 多篇，出版专著 16 部，诸如《金属材料的腐蚀问题——腐蚀金属学》（中国工业出版社，1962）、《高速钢金属学问题》（冶金工业出版社，1976、1978）、《金属的韧性与韧化》（上海科学技术出版社，1980、1982 年）、《不锈钢的金属学问题》（冶金工业出版社，1983、2006）《腐蚀与防护全书——应力作用下的金属腐蚀》（化学工业出版社，1990）等，其中《材料的应用与发展》（宇航出版社，1991）、《材料学的方法论》（冶金工业出版社，1994）获新闻出版署全国优秀科技图书二等奖，《合金能量学——合金能量的关系计算和应用》（上海科学技术出版社，1985）、《合金相与相变》（冶金工业出版社，1987、2004）获国家教委全国优秀教材奖。

数十年来，肖纪美获得了无数奖项和荣誉称号，诸如北京科技大学优秀教师、北京市教育系统先进工作者、全国冶金教育劳动模范、国务院优秀归侨等；其中 1987 年，他的"材料的应力腐蚀和氢致开裂机理的研究"获得了国家自然科学二等奖。

1980 年，肖纪美当选为中国科学院学部委员（1993 年改称院士）。1991 年，任中国科学技术协会第四届全国委员会委员；历任中国腐蚀与防护学会、中国金属学会等多个国内学术组织的理事长及理事。1999～2000 年任中国博士后科学基金会副理事长，为中国博士后制度的建立作出了贡献。1980～1995 年担任国际性学术刊物《冶金学报》及《冶金快报》编委；1999 年，美国腐蚀工程师协会（NACE）授予"资深会员"称号。

五、老崇类比交叉

肖纪美曾经这样归纳自己的人生："少喜诗文，壮耕科技，老崇类比交叉。"

自 20 世纪 90 年代以来，肖纪美提出了一些新的思想和观点，主张微观与宏观结合，自然科学与社会科学及人文学科相结合。这就是所谓类比交叉。他尝试用哲学的逻辑思维去演绎材料科学中的问题，将材料科学中的研究方法上升到哲学的高度来解读和总结，把材料与社会、材料学与经济学、社会学、环境学结合起来，从而建立"材料学"与"宏观材料学"新的学术体系。在这方面，肖纪美发表论文 50 余篇，出版专著《材料学的方法论》（冶金工业出版社，1994）、《梳理人、事、物的纠纷——问题分析方法》（暨南大学出版社、清华大学出版社，2000）、《治学体会漫谈——类比交叉法的广泛应用》(冶金工业出版社，2002)、《类比与交叉》(冶金工业出版社，2010) 等。

与类比交叉的把"物"理推及"人"理、"事"理相对应，肖纪美还对自己的为学之道与教学科研经验体会进行总结，指导年轻人读书学习。他提出"知识三元"概念，强调知识系统涵盖三个方面，一个是自然科学，一个是社会科学，还有一个是人文学科。自然科学包括数理化、天地生，社会科学包括政治、经济、社会、教育等，人文学科则包括文史哲、音乐、舞蹈、绘画等。自然科学和人文学科的对比，自然科学要严谨，人文学科要浪漫；自然科学要深思，人文学科要激情。自然科学方程式，用图用表，人文学科，作诗画画。哲学是科学的科学，不管自然科学还是社会科学，都可以在人文哲学里实践。三元知识是彼此通融的，看着舞蹈和绘画会动情，动情的人精神焕发，有助于科学的追求。为此，他撰写出版了《行知集——实践悟知录》(冶金工业出版社，2008)、《学习学初悟》(冶金工业出版社，2009)。

肖纪美做学术报告

此外，肖纪美还出版了3本韵文集，集中收录他创作的诗歌，也是对"少喜诗文"的回应和总结。

肖纪美一生秉持一个理念，那就是"终生为士不为仕"。他一门心思做学问，曾婉辞行政领导职务；与此相对，他积极参加有关专业学会的工作，也从不推辞学术和治学方面的讲座。

2014年4月23日，肖纪美在北京逝世，享年94岁。

王希季
——中国空间返回技术带头人

王希季（1921～），空间科学家，卫星与空间返回技术专家。云南大理上末人，白族。1942年毕业于西南联合大学，1949年获美国弗吉尼亚理工学院硕士学位。先后在大连工学院（大连理工大学）、上海交通大学等校任教，1965年后历任上海机电设计院、七机部总工程师，中国空间技术研究院副院长、科技委主任，中国空间科学学会名誉理事长。1987年当选国际宇航科学院院士，1993年当选中国科学院院士。他是中国卫星总设计师、空间返回技术学科的带头人，为我国探空火箭和返回式卫星事业作出了杰出贡献，荣获"两弹一星"功勋奖章。著有《航天器进入与返回技术》等。

一、只上过一年高中的大学生

1921年7月26日，王希季出生在昆明的一个白族家庭。他家祖籍云南大理上末，在父亲那辈迁居昆明。王希季父亲是个商人，原本生意还算可以，有一次发货到四川，遇到长江发大水，损失很大，亏折了老本，家境也就不如从前了。

王家是个大家庭，除了一个长姐，接下来是7个弟兄，但老大、老二很早就过世了。王希季排行第三。抗日战争时期，为了躲避日寇轰炸，父亲带着六弟和七弟到腾冲做小生意，昆明就只剩了王希季和四弟王希尧了。

王希季

据王希尧回忆，王希季的学习成绩打小就好。初中毕业前，王希季罹患风寒，休了半年学，病刚好就去参加昆明市会考，结果成绩是全市第一名。

王希季喜欢玩，读书的时候还喜欢打球。中学时，他参加了一个戏剧社,还演过街头剧。王希尧记得有一次王希季在街上演《放下你的鞭子》,他说:"那个时候不容易啊,这类东西都是不允许演的。我就看过他演的这出戏,具体参加哪个剧社我记不清楚了。"

初中毕业后,父亲希望王希季学一门手艺,于是他便考进了昆华高级工业职业学校(原云南工学院前身之一部)。

上高中后,大概读了一年,班上一个同学怂恿王希季去试试西南联大的入学考试。幸运的是,他考上了西南联大机械系。只读了高一,却以同等学力考上西南联大,实属不易;而且在联大的四年还能取得好成绩,更属不易。

回想起中、小学时候,王希季说,除了喜爱踢足球和游泳外,他最爱看云南天上变幻无穷的蓝天白云、皎洁的明月和神秘的星空。"有时浮想联翩,好似自己处于高处,美妙至极。想不到这种幻想到了1958年担任上海机电设计院技术负责人、总工程师时,竟变成了我要努力加以实现的任务。"

二、怀抱"工业救国"的理想

王希季读大学期间,正值国难当头,各方面条件自然很是艰苦。那时,西南联大工学院在昆明拓东路,条件很差,读书也很辛苦。但王希季像其他同学一样,都坚持了下来。

1942年大学毕业时,抗日战争正处在关键时期,王希季被分到了一家兵工厂,待了很短一段时间后又到了电厂。几年工厂生活,使王希季看到了一个严酷的事实:中国的工业太落后。于是,抱着"工业救国"的理想,他决定出国留学。

1947年,王希季参加了留学美国考试。不过,考试成绩虽然及格了,但由于名额不够,只获准自费留学。

到美国后,王希季进入弗吉尼亚理工学院,攻读动力和燃料专业。经过两年的攻读,1949年,王希季获得弗吉尼亚理工学院硕士学位。

1949年10月,当王希季正准备继续攻读博士学位时,传来了新中国成立的喜讯。他很快找到了留美科学工作者协会,要求立即回国。

当时,美国政府为了留住中国留学生不让他们回国,提出了许多优厚条件。而回国的留学生,在国内每人只能优待600斤小米。不少同学都劝王希季读完博士再回国,有的甚至劝他干脆留在美国。王希季想的却是:自己留学的目的本来就是为了拯救自己的祖国,现在祖国开始了新生,自然应该回国效力。

关于当时毅然回国的心理过程，王希季在自己的回忆文章中说："获硕士学位不久，在《纽约时报》上看到了两张照片，感动得不得了。一张是解放军露宿上海街头，不进老百姓的家。第二张是反映中华人民共和国成立的。我是在军阀间互相打仗，国家被蚕食、被分治的状态下长大的，有生以来首次看到真为老百姓的军队和祖国大陆的统一，我为此而欢呼。决心回国参加新中国的建设。"

王希季在回国的轮船上

于是，在留美科协的帮助下，1950年春天，王希季一行踏上了"克里弗兰总统号"商船，漂洋过海，踏上了回归祖国的征途。后来，王希季深情地回忆了海上航行中的一幕："记得是1950年3月一个阳光明媚、海风拂面的上午，甲板上我和几十名中国留学生围在华罗庚教授一家人的身旁，有的站着，有的坐着，有的仰望着蓝天，有的凝视着碧海，但大家的心都一齐向着祖国飞去，所有的话题都是回国之后如何建设一个强大富饶的中国。当谈到新中国应该有自己强大的工业和国防时，我抑制不住兴奋的心情，放声唱了起来。'在黄河之滨，集合着一群中华儿女优秀的子孙……'紧接着，华罗庚教授和所有的中国留学生都和我一起高声歌唱。"

回国之后，王希季先在大连工学院担任副教授，后又担任上海交通大学副教授。此时，命运的轨迹似乎是一条看得见的直线，那就是为祖国教书育人。

三、人生轨迹因火箭而转变

就在王希季在教书育人的征程上前进的时候，人生轨迹突然发生了转轨：1958年11月，时任上海交通大学工程力学系副教授的王希季奉调到一个秘密单位报到。在到达新单位之前，王希季对新工作茫然不知，当他知道了自己的新使命之后，也就觉得这是顺理成章的了。正如他在回忆文章中所说：

"1957年10月4日，苏联发射成功了世界上第一颗人造地球卫星，开创了人类进入太空的新纪元。……3个多月后，1958年1月31日，美国将一颗名叫'探险者一号'的重4.8千克、直径15.2厘米的卫星送入了太空。面对茫茫宇宙，作为泱泱大国的中国，似乎不应该沉默。"

是的，中国不能沉默。在1958年中国共产党的八大二次会议上，毛泽东主席向全国科技工作者发出了进军号令："我们也要搞人造卫星！"

紧接着，中国科学院钱学森、赵九章等发起一个称为"上天、下海、入地"的代表我国科学技术发展方向的倡议。其中"上天"，就是要发射人造卫星。

王希季在修改技术报告

为此，中国科学院成立了以钱学森为组长、赵九章和卫一清为副组长的领导小组，并建立了1001卫星和运载火箭总体设计院、1002控制系统设计院和1003卫星有效载荷设计院等3个设计院。为了利用上海相对较强的工业基础和科技力量，经中国科学院领导与中共上海市委协商，将1001设计院从北京迁到上海，更名为上海机电设计院，以中国科学院为主，实行中科院和上海中共市委共同领导。

就是在这样的背景下，中共上海市委调王希季到上海机电设计院工作，担任技术负责人，仍然兼任上海交大工程力学系副主任。那一年，王希季37岁。而王希季西南联大的同学杨南生是设计院副院长，他与王希季同系，但低一个年级，是留英博士。这一次，大学系足球队的守门员（杨南生）和右内锋（王希季）又并肩作战了。

上海机电设计院从各大学调进了几百名在读的学生，当时技术人员的平均年龄大概只有21岁。这支非常年轻的队伍，虽然从未搞过火箭，但"初生牛犊不怕虎"，设计的第一个运载火箭所用的推进剂却是以往还没有人采用过的液氟、甲醇高能推进剂。此型运载火箭第一级代号叫"T-3"，第二级叫"T-4"。"T-3"和"T-4"完成方案设计，一些部件已下厂试制。然而，由于我们是白手起家，没有任何经验，在推进剂的选用上没有考虑到我国的工业基础，因而"T-3"火箭的研制工作在做完设计后，就遇到不可克服的困难而不得不告一段落。

接着，王希季与同事们又开始了新型号火箭的研制，这一次的代号为"T-5"，比"T-3"小得多的，有控制系统。此火箭用的推进剂是液氧和酒精。此型火箭虽然不能发射卫星，但大家希望它能做飞行试验，并通过试验掌握火箭技术。然而，难以逾越的障碍又一次挡住了前进的道路。火箭没有试车台，发动机无法试车，火箭上用的柔性低温管到总装时还没有得到。这枚相当现代化的火箭，最终成了一枚漂亮的展览品。虽然这一型火箭又未能够进入实用，但刘少奇、邓小平和陈毅等领导还是饶有兴趣地参观了火箭，给了大家很大的鼓励。

四、把中国的火箭送上天空

前几型火箭研制的失利，使王希季和杨南生他们懂得了从大工程系统的角度去考虑火箭的研制与发射。一方面，由杨南生负责创造大工程系统的各方面条件，尽快把整套工程系统的外在条件建立起来；另一方面，王希季负责抓火箭的研制。根据当时的客观条件，他们暂时抑制住飞向太空的渴望，脚踏实地地从陆地上做起，改成研制较简单和较小的无控制的探空火箭，型号为"T-7"。为了发展"T-7"，先做"T-7M"，即"T-7"的模型火箭。这个模型火箭的设想方案是在1959年9月明确的，而王希季正是这中国第一枚探空火箭"T-7M"项目的技术负责人。

对于火箭技术，有一些王希季也是初次接触，常常是头一天晚上啃书本，第二天就给大家上课传授。而其他方面的条件，那艰苦就更是今天的人们很难想到的。

那时候，我们根本没有电子计算机，于是就用电动和手摇计算器进行计算。算一条弹道，计算纸往往摞得半人高，一天24小时都有人算，四五十天才算完。一摞摞的计算纸摞在屋里，能摆满半间屋子。火箭的设计图纸，王希季每一张都要审查，有问题就请设计人一张一张地修改，然后再审查，直到合格为止。

"T-7M"火箭发动机推进剂供应系统的试验设备，安装在单位一间厕所隔出来的小天井里，不到5平方米。大家就在这个气味"浓郁"的狭小空间进行液流试验，获取数据。火箭发动机试车，有高压气、有有毒气体、有高温火焰，有爆炸、中毒和起火的危险，因此试车台必须有防爆、防毒和防火的措施。新建时间来不及，也没有那么多钱和适当的地方。后来江湾机场找到了抗战时期日本人遗弃的废碉堡，一时间科技人员全"客串"起了"泥瓦匠"，在寒冬腊月里弄水和泥、搬砖抬石，用了不长时间就把碉堡改建成了发动机试车台。"T-7M"和"T-7"火箭发动机的试车，都是在这个废碉堡里进行的。聂荣臻和钱学森就曾站在碉堡外，在寒

王希季在火箭发射场

风细雨中，通过观察窗观看发动机的点火和试车。

当时，国家已经进入"三年困难时期"，吃饭问题成了全国人民的大问题，机电设计院的人也不例外，生活十分艰苦。不过，大家工作热情十分高涨，就在那个无遮无掩的废碉堡里，夜以继日，白天干活，晚上判读分析数据、查资料……

1960年1月，"T-7M"第一次发射起动时管道震裂，漏出的燃料在架子上烧了起来。故障原因很快找到，并进行了改进。

1960年2月19日，在位于华东的"T-7M"发射场上，中国第一枚自己设计研制的液体推进剂探空火箭终于竖立在了20米高的发射架上。从方案确定到发射试验，仅仅用了3个月的时间。

1960年2月19日16时47分，"T-7M"第二次发射试验成功，并测算出了飞行高度。火箭起飞重量190公斤，总长5345毫米，主火箭推力226公斤，飞行高度8～10公里。中国自己设计研制的第一枚液体推进剂火箭，使我国在走出地球、奔向太空的征程上迈出了关键的第一步。

由于条件所限，一些辅助设备用的是代用品。没有吊车，火箭是用类似辘轳的绞车吊上发射架的。没有燃料加压设备，硬是用自行车打气筒把气压打了上去。来不及建通信线路，就用手势或用人传递叫喊的方式进行试验场的联络。没有自动的遥测定向天线，就靠几个人用手转动天线跟踪火箭。指挥所距发射架百米左右，是田埂上用沙土袋子垒成防护墙的草棚。即使如此"土"得掉渣，王希季和同事们还是把火箭发射成功了。

"T-7M"首次发射成功4个月后，在上海新技术展览会尖端技术展览室里，毛泽东主席一走进大厅，就径直朝探空火箭模型走去。他在询问研制情况、科技人员生活现状后，拿起产品说明书翻了一下，指着火箭问道："这家伙能飞多高？""8公里！"讲解员回答。毛主席轻轻"哦"了一声，仿佛有点遗憾，但他很快便笑了，挥了挥手中的说明书说："了不起呀，8公里也了不起！我们就要这样，8公里、20公里、200公里地搞下去！搞它个天翻地覆！"

"T-7M"火箭是"T-7"火箭的模型火箭。在研制"T-7M"的同时，大得多的"T-7"火箭的研制也在进行。"T-7M"发射成功后，"T-7"工作全面铺开。也只用了3个月的时间，1960年7月1日，"T-7"火箭首次发射失败；9月13日，再次发射成功。接着，"T-7"火箭的改进型号"T-7A"也发射成功，发射高度从"T-7"的60~80公里提高到100~130公里，有效载荷的载重也有增加。T7A之后发展，探空火箭发展到高度320公里。

这之后，王希季又带领助手相继研制成功了"和平2号""和平6号"固体燃料气象火箭；"T-TA（S1）""T-TA（S2）"生物试验火箭，将大白鼠和小狗豹豹、珊珊先后送上蓝天，又安然无恙地返回地面，使我国在宇宙生物领域迈出了可喜的第一步。

1958年以后的10年间，我国研制成功了包括气象、探测、生物试验、核爆取样和技术试验等几个类型的15个型号的探空火箭，其中王希季就负责了12个型号，成为中国探空火箭技术学科的带头人。

五、把卫星送上天、收回来

1963年，我国的导弹事业已经有了相当发展，因此决定利用导弹改装卫星运载火箭的意图，停止了"T-8"和"T-9"的工作。1964年，聂荣臻指示上海机电设计院承担卫星运载火箭总体任务，并于1965年由上海迁至北京，正式改名为七机部第八设计院。

当时，国家决定研制卫星运载火箭，并对返回式卫星方案进行论证。作为设计院的总工程师，这些担子自然落到了王希季的身上。

1967年，"长征一号"的研制工作从方案阶段转入初样阶段。在初样阶段即将结束时，王希季所在第八设计院的任务由研制

王希季在观察卫星线路

运载火箭总体改为航天器（卫星、飞船）总体，"长征一号"总体任务移交给了第一设计院。1970年4月24日，"长征一号"在酒泉发射场首次发射成功，把我国第一颗人造卫星"东方红一号"送入太空轨道，使我国成

为继苏、美、法、日之后的世界第五个空间国家。"东方红一号"卫星重173公斤，比苏、美、法、日四国的4颗第一颗卫星重量之和还大，说明"长征一号"的运载能力比这些国家的第一枚运载火箭的运载能力之和还大。

七机部第八设计院的任务由运载火箭总体改为航天器总体后，王希季负责研制我国第一颗返回式卫星。在提出技术方案时，王希季非常重视产品既要符合当前的实际，又要具有前瞻性，考虑到今后系列的发展。经过多次争论和讨论，最后提出了一个充分利用"长征二号"运载火箭能力的、由返回舱和仪器舱两舱组成的采用弹道式返回方式的大返回舱方案。这个方案作为一个卫星系列的基础，成为今后能继续发展的基本型。以此为基本型，逐步形成的返回式卫星系列，也是我国研制周期最短、成本最低、发射数量最多、成功率最高的卫星系列，为国家作出了重大贡献。几十年后，王希季回忆起当时自己的设计，自豪之情仍然溢于言表："至今我还对自己在60年代能负责提出这个考虑比较周全和论证比较充分的、可行的、可发展的技术方案感到高兴。"

技术方案完成后，王希季负责卫星回收系统的攻关和研制工作。从茫茫太空召回卫星并准确落在预定地点谈何容易，美国也是一连遭遇12次失败才将第13颗卫星召回，但还是落在了海上。回收的关键是气动力减速器（即"降落伞"），面对这一难题，一时间王希季成了"老顽童"。他把家里平时用的剪刀、针线、碎布头一股脑翻出来，做成小小的降落伞，如痴如醉地"玩"了起来，甚至趴到地板上仰头看降落伞飘然落下。然后，隔不上几天就跑一趟大西北试验基地进行试验，用空投试验方法试验、检验和验证回收系统。

空投试验的投放场、空投模型的回收场和火箭箭头、返回式卫星的回收场，都要选空旷无人之地，以免造成损害。"这就苦透了做空投试验和回收模型、箭头和卫星的同志了。"王希季说，但他又何尝不是备尝艰辛呢！

有一次，酒泉发射场发射的两发试验火箭的箭头落到了巴丹吉林大沙漠中，箭头中装有返回式卫星用的高空摄影机和红外地平仪等试验仪器。初步探明箭头落点后，大家一早就出发，从硬戈壁走进了软沙漠里。由于前途凶险莫测，王希季被命令原地等待，作为同事们进入通道后的联络点与指示点。从早等到午，从午等到晚，从晚等到深夜，不见一个人影。隔一定时候，王希季就发一颗信号弹。起初还有回发可见，快到晚上时就音信全无，而王希季仍不断按时发信号弹。第二天快黎明时，前方才对王希季发出的信号弹有了回应。就这样,整整24个小时,硬是找到了箭头,回收了试验数据及设备、仪器。

不仅生活、工作条件艰苦,在"文革"那个特殊的时代,还不免政治的压力。1971年,王希季参加的一次空投试验中,因技术原因吃了"大饼"(降落伞未能正常开伞,模型摔坏挤压成饼),下火车一回到院里,军管会就给他们办学习班,要查这次吃"大饼"的现行反革命。直到空投高速光测的资料出来,经过图片分析,确定原因出在空中,"嫌疑犯"们不可能在空中肇事,王希季他们才被放过。

1975年11月26日,我国第一颗返回式卫星飞上蓝天,3天后按预定地点顺利返回地面。这颗卫星使中国成为继美国、苏联之后世界上第三个掌握卫星返回技术的国家。

王希季先后负责研制和发射成功了6颗卫星,并负责提出了第二和第三个返回式卫星型号的技术方案,完成了方案阶段的研制工作。中国的返回卫星技术属世界先进水平,王希季起到了关键和主要作用。

六、人类不会永远生活在摇篮里

王希季为我国火箭和卫星技术、为人类空间探索不断奉献着才智和汗水,也获得了国内外的尊敬和赞誉。

1978年,在全国科学大会上,王希季负责的探空火箭项目有两项获奖。

1982年,荣立航天工业部一等功。

1985年,"尖兵一号"返回式卫星和"东方红一号"卫星获国家科学技术进步特等奖,王希季为第一获奖人。

1987年,当选为国际宇航科学院院士。

1990年,返回式Ⅰ型卫星"摄影定位卫星"获国家科学技术进步特等奖,王希季为第四获奖人。

1991年,王希季被航空航天部批准为有突出贡献的老专家。

1993年,因王希季在参与发展无控制火箭技术和回收技术两门新的学科,创造性地把探空火箭技术和导弹技术结合起来,提出第一枚卫星运载火箭的技术方案等成就,当选为中国科学院院士。

1995年,因大量采用新技术并突破一系列技术关键,使卫星增大了功能,延长了寿命,王希季获"何梁何利基金"科学与技术进步奖。

1996年,返回式Ⅱ型遥感卫星项目获国家科技进步一等奖。

1999年9月18日，在中华人民共和国成立50周年之际，党中央、国务院、中央军委隆重表彰为"两弹一星"事业作出突出贡献的23位科技专家，并授予他们"两弹一星功勋奖章"，王希季是获奖者之一。

获得"两弹一星"功勋奖章后，王希季接受媒体采访，记者问他获奖感想，他简直答非所问："我也不知道，突然通知我开会，就获'两弹一星'功勋奖章了。"由此，我们可以窥见王希季的人生境界。

无疑，作为一个科学家，作为国家一个重要科研领域的带头人，王希季考虑的是使命，是未来。

1994年，在不到半年时间里，我国连续两次卫星发射失败。7月3日，当火箭把我国的第16颗返回式卫星送入太空时，人们却看不到王希季这位中国卫星总设计师的脸上露出丝毫轻松的笑意——卫星要在茫茫太空中运行15天后。这15天里的每一天，他都要承受别人难以想象的压力。7月18日，当全世界的天文学家们都举目观测苏梅克—列维彗星和木星相撞之时，中国的第16颗卫星准确地落到了预定的回收地点。这时，王希季的脸上才露出了欣慰的笑容。8天以后，他在北京的家里静静地度过了自己的73岁生日。

王希季（前排右二）与白族同胞在北京共度三月三

王希季是个从不言休的人，他喜欢宇航理论奠基人齐奥尔科夫斯基的名言："地球是人类的摇篮。但是，人类不会永远生活在摇篮里，开始他将小心翼翼地穿出大气层，然后便去征服整个太阳系！"

显然，王希季有着更为深远的眼光。他发表了《论空间资源》《空间微重力资源》《从空间资源开发展望空间技术发展》《世界新技术革命和我国对策》等重要论文，首先提出了"空间资源""空间基础设施""空间疆域"等新概念，把目光瞄准了为国家的未来发展抢占制高点。

王希季把他和同事们的成功与失败记录了下来，主编并参加撰写了《空间技术》（合著，上海科学技术出版社，1994）、《卫星设计学》（合著，上海科学技术出版社，1997）、《工程设计学》（合著，上海科学技术出版社，1997）、《20世纪中国航天器技术的进展》（主编，中国宇航出版社，2002）、《航天器进入与返回技术》（中国宇航出版社，2005）、《太空·地球·人类》（"空间资源的开发"部分）、《载人空间站与空间基地》等，此外还结集有《王希季院士文集》（中国宇航出版社，2006）。

杨 凤
——造福人民的动物营养学家

杨凤（1921～），动物营养学家、教育家。云南丽江人，纳西族。1945年毕业于西南联大，后在美国爱荷华州立大学获硕士学位并曾攻读博士学位。历任重庆西南农学院畜牧系副教授、系主任，四川大学农学院牧医系任副教授、教研室主任，四川农业大学教授、校长、研究所所长、名誉校长等，还曾任国务院学位委员会学科评议组成员、中国动物营养研究会会长等职。40余年研究猪的饲养，作出了突出贡献。著有《动物营养学》（主编）及《杨凤教授学术论文集》等。

一、为祖国一改再改学业轨迹

1921年10月，杨凤出生在云南丽江一个纳西族农民家庭。杨凤从小就比较懂事，很能吃苦，读书也非常用功。

丽江是云南古城，不仅风景秀丽，而且文化发达。那里的丽江省立中学，学风严谨，思想开明，走出了不少现代史上的名人。杨凤的中学就是在这里就读的。在读初中时，他对化学产生了浓厚兴趣，甚至到了入迷的地步。

1941年中学毕业后，杨凤考上了在昆明的西南联合大学，进入化学系读书。西南联大是八年抗日战争时期的中国高等教育的圣地，名师云集，英才辈出。在这里，杨凤不仅学业优秀，更陶冶了思想情操。国家的积贫积弱、受尽凌辱，尤其是日本军国主义铁蹄对祖国的蹂躏，使杨凤下定决心，立志以科学报效祖国。

1943年，21岁的杨凤和其他40多位同学，一起参加了云南省公费留美预备班。

1945年，24岁的杨凤尚未从西南联大毕业，便考取了公派留美的资格。在西南联大，杨凤读的是化学系，报考公费留学考的是相关的化工。可临走时，有人动员说："中国很穷，十分缺乏农业人才，希望有人学农业。"本来对工科感兴趣的他，为了学成回国改变中国农村的落后面貌，转而选择了畜牧系。

杨凤远渡重洋，到了美国爱荷华州立大学。在爱荷华读本科的时候，自小便对马很感兴趣的杨凤，遇上了一位对羊、马有很深造诣的教授。报考硕士研究生时，杨凤很想投入这位教授的门下。但教授说，你们中国的猪最多，你应该去学养猪。杨凤听从教授的劝告，又一次为祖国调整了他的学业轨迹，师从一位著名的养猪教授。

二、中断学业，回国服务

1950年，正当杨凤攻读动物营养学博士学位的时候，传来了新中国成立的消息。新中国的建立，使海外华人倍感振奋。周恩来总理欢迎海外留学生回国参加祖国建设的讲话传到海外，在美国的中国留学生中引起极大反响。这时，先期回国的华罗庚在美国《华侨日报》上发表了著名的《归去来兮》。这些，都深深地打动并影响了杨凤，他决定放弃快要拿到的博士学位回国。

雅安四川农业大学校园风景

杨凤向校方提出了回国的要求。导师无论如何都不能理解他为何要放弃即将到来的美好前程，回到那贫穷落后的祖国。面对导师以及友人的苦苦相劝，杨凤不为所动。最终，他冲破重重阻挠，于1951年回到获得新生的祖国。

回国之后，杨凤最初受聘在北京农业学院任教。不到一个月，就应当时主持西南地区文教工作的楚图南之邀，到重庆原西南农学院畜牧系任系主任。1952年院系调整时，他又转到了成都四川大学农学院畜牧系。1956年，四川农学院在雅安独立建院，杨凤随之来到偏僻的雅安，工作至今。

回国之初，杨凤了解到农民养一头猪要花几年的时间，深深地感受到我国的养猪业太落后了，急需科学技术的引领。从此，他将自己的学术生涯与养猪事业绑定，奋斗了近半个世纪。

养猪的发达，一方面依赖于仔猪的品种，一方面靠的是科学的喂养。杨凤学的是动物营养学，因而他的研究主要着眼于后者。为了在全面细致调查的基础上进行研究，杨凤经常下乡，有时干脆带着铺盖到猪场去蹲点，条件再差也毫不在意。其实，对于农林牧以及地质矿产等领域的科学研究来说，生活的艰苦甚至是险恶，几乎都是普遍的。而我们的老一辈学者，包括少数民族学者，大都甘于为国为民任劳任怨。

经过一段时间的调查研究，杨凤发现，我国饲料的能值评定体系不大准确，于是参照美国的做法，率先在国内提出用消化能来替代的观点，这使我国有了更科学的能值评定体系，对我国猪的饲养研究产生了重大影响。

然而，正当杨凤大展宏图的时候，"反右"开始了，不久又是"文革"。海外留学经历，高级知识分子身份，在那个年代的运动，很少不被卷入。那个年代，杨凤也受到了极不公正的待遇，但他从不抱怨。在下放农村期间，他喂猪、扫圈、挑粪、种地，样样干得有声有色，养猪研究也没有放弃。

当时，国内提倡养猪以青粗饲料为主，精细饲料为辅。而杨凤凭着动物营养学家的专业判断，认为这种安排不科学。冒着政治风险，他指出养猪应该走配合饲料的道路。然而，他的这一观点在当时受到了严厉的批判。无奈之下，他只好对如何利用纤维酶提高粗饲料的营养价值进行研究。

本来杨凤的科研课题可早出成果，及时造福农民、造福社会——在那个肉食紧缺的年代，起码可以解决家家锅底生锈的问题，但却总难实现。这让立志科技报国、科技福民的杨凤，感到了钻心般的痛。

三、攻关克难，建立标准

粉碎"四人帮"之后，杨凤与所有中国科学家一起迎来了科学的春天，焕发了科学研究的青春。

四川是我国的养猪大省，约占全国的1/6，仅次于苏联和美国。但长期以来，由于缺乏适合生产条件的饲养标准，致使养猪生产水平很低，饲料浪费很大，出栏率低，经济效益差。为了解决这些问题，1979年，杨凤开始主持四川猪的饲养标准的研究，其成果《四川猪营养标准》获得四川省重大科技成果一等奖。这一成果在学术上突破了国际猪营养需要标准的常规模式，反映了猪营养研究的新进展，是我国科技起点水平较高的猪营养需要标准之一。其中，他提出的后备种猪的营养需要标准，在国际上亦属首创。

在研究中，杨凤很善于把国外先进的科学技术与中国实际紧密结合起来，特别注重从国内和地区的实际出发。在四川猪饲养标准的研制中，他将生长猪按生产性能高低分为6个等级，分别适用于高、中、低三种饲养条件，做出了13个饲料配方。这样，条件差的边远山区也能应用科学的饲养方法，不同的猪种也可按其生产性能高低选用相应的标准。这一标准（《四川常用猪饲料营养价值表》）对四川养猪生产水平的大幅度提高和配合饲料工业的迅速发展起了巨大的推动作用，年均新增社会纯收入3100多万元。

此后，杨凤还主持了南方猪的饲养标准的研究与制定，参加了中国猪饲养标准制定的协作攻关，主持了四川和我国南方各省猪的饲料营养价值评定。针对四川土壤及饲料中缺锌以及地理分布广、危害人畜健康和影响生产的问题，他还主持了四川畜禽对硒和锌的需要量及其缺乏症的防治研究，揭示了畜禽体内硒、锌状况的定量关系和变化规律，提

四川雅安的野养猪

出了早期预测缺乏硒、锌的科学方法。如今，四川省的养猪数量由5000多万头增长到8000万头，年出栏率由50%增长到100%，杨凤在其间起了举

足轻重的作用。

在研究中，杨凤非常注重选择那些能推动生产发展的项目。他进行的"瘦肉型配套系猪选育及饲养"研究，是四川省"九五"重点攻关课题。他的思路是，通过提高产仔率，减少种猪来提高经济效益。他将产仔数很高的太湖猪，拿来与长得快的杜洛克猪、长白猪、大白猪杂交，使农民最终做到高产、高收入。

20世纪90年代以来，杨凤不顾年事已高，仍旧站在国际前沿，对猪的营养课题进行了卓有成效的研究。他发现了提高利用饲料中植酸磷的实用新途径，同时深入到营养与遗传的交叉领域，研究营养与遗传、基因表达的关系，而这一项目是具有跨世纪性质的国际水准研究。

四、教书育人，一丝不苟

学成归国40多年来，杨凤一直在学校工作，不仅从事研究，造福百姓；同时还从事教学，培育英才。1978年以来，他培养了近百名硕士生和博士生。他培养的研究生不仅数量多，而且学术质量在国内领先，与国际水平相当。1986年，他获得"全国教育系统劳动模范"称号。

杨凤在科学研究上一丝不苟，在教导学生上则以严厉出名。有一次，一位博士生做实验时没严格按要求进行，他当众把这位学生狠狠批评了一通，直到这位小伙子掉了眼泪。

严谨出硕果，严师出高徒。在杨凤的严格要求和全所老师的共同努力下，1987年，四川农大动物营养研究所在农牧渔业部教育司会同国务院学位委员办公室组织的"全国动物营养学专业硕士研究生教育和学位授予质量检查评估"中，获总分第一；1988年，在全国畜牧学科类各专业博士点评审中，又获总分第一，并于1990年被批准为本专业唯一的国家重点学科点。研究生教育于1989年获四川省优秀教学成果一等奖、国家级教学成果优秀奖。

在担任学校领导期间，杨凤十分重视国际交流与合作，亲自主抓这项工作，积极邀请国外学者来访和学院学者出国交流。1983年10月，杨凤受教育部委托，作为教育部中国农林院校校长代表团团长率队访问联邦德国，对十多所院校和科研单位进行了深入考察，与波恩、哥廷根等大学建立了联系，接着就派出一批中青年教师赴德深造。就这样，学校打开了国际交流与合作的通道，与美国、加拿大等国大学建立了学术交流和联合培养博士生等的合作。

作为学者的杨凤一生酷爱读书，博览群书，手不释卷。他要求学生是1/3时间读书，1/3时间做实验，1/3时间作总结。营养所研究生们学习生活紧张而充实，而对那种轻轻松松就可混到文凭的事感到不可思议。

杨凤及其团队做出了杰出的科研成果，获得了国家和地方的表彰，杨凤本人也先后获得了国家科技进步二等奖1项，省部级科技进步一等奖4项、二等奖3项、三等奖3项。由于他的突出贡献，1994年四川省政府授予他"四川省有重大贡献科技工作者"称号。他是国家有突出贡献专家，他的荣誉称号还有："四川省工农业劳动模范""全国星火科技先进工作者"……

五、身为楷模，教诲谆谆

得失之间的处置，利害面前的态度，往往是一个人品格的分水岭。杨凤这一代的许许多多学人，他们的言行，足以成为后人的楷模。

动物营养是一门十分实用的学科，搞这一行的研究，挣钱的机会很多。曾有很多饲料公司的老板找到杨凤，开出丰厚报酬，但杨凤一概置之不理。在他的心中，如何把我国养猪事业搞好才是目标，而不是自己挣钱。他也多次提醒所里的老师，要多做学问，而不要"见钱眼开"；对自己的研究生，他更是严格要求、严格管理。

杨凤科学研究实践成果为社会创造了巨大效益，理论成果也非常丰硕。他先后发表论文70余篇。他主编的全国统编教材《动物营养学》（第二版，中国农业出版社，2010），1996年获农业部优秀教材一等奖，1997年获国家级优秀教学成果二等奖，被列为面向21世纪课程教材，2003年获首届省级、国家级精品课程。2009年，在杨凤诞辰90周年之际，中国农业科学技术出版社出版了《杨凤教授学术论文集》，全书包括5个部分：猪的营养与饲料、禽类营养与饲料、水生动物营养与饲料、饲料添加剂以及硒营养研究专题；四川农业大学动物营养研究所还编写了《杨凤教授学术及学术思想》（中国农业科学技术出版社，2009），缅怀了杨凤的学术思想和奋斗精神。

在全国和省级学术机构的职务，也足以说明杨凤的学术地位和影响：国务院学位委员会第二届学科评议组成员，国家教委科技委农学组成员，农业部第一届学术委员会畜牧学科组副组长，中国农学会第三届副理事长，中国畜牧兽医学会第七届副理事长、名誉理事长，中国动物营养研究会第二届会长、名誉会长，中国家畜生态学研究会第一届理事会副理事长，中国科协第三届理事，四川省科协第三届副主席……

杨凤还是四川省人大代表，全国人大第六、七、八届代表及三届主席团成员……

这里，我们还想引述四川农业大学校刊记者采访时杨凤的一段话——这不是"卒章显志"，而是对杨凤精神品格的致敬——"采访即将结束时，杨凤教授语重心长地对海外留学人员讲了如下一番话：'那时是日本帝国主义教育了我们，让我们懂得了亡国的耻辱，让我们立下了终身的志向：科学救国、教育救国。50年了，虽然没有作出更大的贡献，但是我们在那种困难的条件下，从零开始，建设了重点学科。今天条件好多了，遗憾的是，我年岁大了，不能再做得更大一些、更好一些了。我的观点是，最困难的条件下，能做出一点工作，更有价值，更有意义。纵有天大的困难也是暂时的。有那么多机会可以到北京、上海及东南沿海等地，我都没有离开这里，我为自己在西部坚持了50年引以为荣。我希望在外留学人员，包括我的学生，在外面做出成绩的同时，能兼顾为国内做些事，这一点还是能够做到的。特别是为祖国的农业现代化、为提高中国农民的生活水平，作点实实在在的贡献。'"

杨凤著作书影

张广学
——造福农民百姓的昆虫学家

张广学（1921～2010），著名昆虫学家。山东定陶人，回族。1946年毕业于中央大学。曾任中国科学院昆虫研究所研究员、学术委员会主任，中国昆虫学会常务理事，植物保护学会副理事长。1991年当选中国科学院院士。他系统研究了蚜虫学，在蚜虫的系统分类、生物学、系统发生演化理论和害虫综合治理等方面取得了丰硕成果。著有《我国棉蚜及其预测预报》（合著）等。

一、漫漫求学路，深深赤子情

1921年1月31日，张广学出生于山东省定陶县南关村一户普通农民家庭，在三兄弟中排行老二。父亲靠卖水煎包来维持一家五口的生计，生活十分简朴。

张广学年幼时营养不良，甚至一度无法直立行走，全靠母亲悉心照顾，才得以保全。他自幼喜爱读书，于是父亲便全力供他一人念书，为的是日后方便给家里记账。虽然身体虚弱，但张广学仍然坚持读书，起初念的是菏泽中学，"七七"事变后为躲避日本的侵略，便背井离乡，随当时的山东联合中学流亡到了四川绵阳，在国立六中上学。

张广学

少年时期的种种经历，培养了张广学坚韧不拔的顽强性格，他一边读书，寻找适合自己的成长道路，一边凭借过人的毅力克服腿疾，终于恢复了直立行走。克服顽疾的道路是曲折的，常人几乎难以想象其中需要付出的艰辛，在当时贫寒的条件下，张广学仍旧刻苦读书，顽强战胜病魔，这种精神着实令人钦佩。日后，他把"学无止境，健康无价"当作自己的座右铭，以此来自励励人，这也正是他从少年时期的经历中所汲取的养分，是他一生的财富。

1942年,张广学以优异成绩考入当时位于重庆的中央大学农学系。起初,他选择农学系的想法很简单,那就是学成归乡,用所学知识来改变家乡落后的面貌。上大学期间,除了孜孜不倦地学习以外,张广学还积极参加抗日救国宣传活动。"七七"事变带给他的影响非常深远,目睹日军残暴地烧杀抢掠,抗日救国的种子便在他心中逐渐生根发芽。他立志用所学知识报效祖国。思想上的进步也更加坚定了他勤学的信念,为后来的学术研究打下了坚实的基础。

1946年2月,25岁的张广学从大学毕业,顺利获得了学士学位,在四川遂宁棉场任技术员,不久后调国民政府农林部棉产改进处。次年1月,张广学调任北平农业部棉产改进处,在冯泽芳教授领导下从事棉花害虫防治工作,由此开启了他近60年的科研工作。

二、扎根棉田,"自控棉蚜"

新中国成立前夕的1948年2月,张广学来到北平研究院昆虫研究室,和同事一起合作研究棉蚜。新中国成立后的1951年2月,张广学进入中国科学院昆虫研究所(现动物研究所),在朱弘复教授主持和指导下继续从事棉虫学、昆虫生物学和蚜虫分类学的研究。

蚜虫是植食性昆虫的一种,包括了蚜虫总科下的所有成员。棉蚜属于蚜科昆虫的一种,是棉花苗期的主要害虫之一,也是我国棉花生产的大敌。张广学年轻时期主要从事研究棉蚜的工作,并以此为起点,开始了对蚜虫学领域的探索。

蚜虫学在当时的中国尚属全新领域,张广学作为这一领域的开拓者,在研究初期曾饱尝磨难。那时,国内有关棉蚜和蚜虫学的文献寥寥无几,用于研究的经费和条件也非常有限,只有他的助手钟铁森与他同风雨、共进退。

就这样一路艰辛走来,1954～1965年,张广学和助手用了整整11年的时间,常年在外搞棉虫的综合性防治工作。

功夫不负有心人,通过对以棉蚜为主的棉花害虫进行反复实验和研究,1956年,张广学写出了自己的第一部专著《我国棉蚜及其预测预报》。之后,他又在云南保山潞江棉区将四季植棉改为只种春播棉,切断了金刚钻和棉红铃虫等寡食性害虫的食物链,从而创造了用改变栽培制度彻底防治害虫的范例。他还先后和同事合著出版了《中国棉花害虫》(科学出版社，1959）、《棉虫图册》（科学出版社，1972）等专著，为开拓和发展我国棉虫学作出了重要贡献。

有了先前大量的研究成果，张广学开始用理论来指导实践，在揭示自然规律、防治病虫害方面取得了显著成效，在辽宁省成功建立了万亩自然调控棉蚜示范田。棉蚜是辽宁省朝阳棉区的首要害虫，在1975～1984年间，张广学采用耐蚜品种"辽棉8号"和黑山棉，由集中连片植棉改为分散植棉，与小麦、油菜、高粱、玉米条带间作种植，并选择在山麓、河流沿岸以及与森林、果树、蔬菜临近的土地植棉，使棉田环境由单一作物改变为多种植物。这一举措使蚜虫天敌的季节性食物丰富化，形成了一个适合蚜虫天敌繁殖的环境，使蚜虫天敌种类和数量大幅度增加，从而有效抑制了蚜虫的发生。在1980年和1981年，分别创造了7817亩及5225亩棉田完全未用农药，仅仅凭借自然调控机制自控棉蚜的记录。到1985年，包含极少用药的自控棉蚜样板田已经达到了26000亩，受到了植物界的广泛重视，经部级鉴定已属国际先进水平。

张广学《棉虫图册》书影

此后，张广学还通过近缘种间的杂交实验，证明了棉蚜和大豆蚜是两个独立的物种，并结合地球史和生物史提出：在演化关系上多食、广布型的棉蚜，应是寡食性分布型的大豆蚜的祖型。

科学研究的成果，不仅要充分用于实践当中，还需为更多人所熟知，更好地造福社会。秉承这一理念，张广学一贯注重科学普及工作。早在研究棉蚜学期间，他就有意识地开始撰写科普论文和专著，并作为科普顾问和编剧，参与拍摄了11部科教电影片。

张广学丰硕的棉蚜研究和实践成果，对中国蚜虫学的研究跨入世界先进水平作出了杰出的贡献，也为他系统研究蚜虫学，对蚜虫分类奠定了基础。

三、从棉蚜到蚜虫的"飞跃"

年轻时期的张广学，以棉蚜为起点开始了对蚜虫学领域的探索，这也为他日后对蚜虫学进行系统研究积累了大量宝贵的经验。采集标本是研究蚜虫学的基础，这项工作在张广学研究棉蚜期间便循序渐进地展开了。

在采集蚜虫标本时，张广学总是废寝忘食地辛苦工作，长时间露宿野外，连吃饭都是一个问题，更不用说充分休息了。在新疆、甘肃采集时，他骑着一辆自行车，一天才能跑上一个县。在甘肃岷县的日子里，他早上五点就要起床下地干活，与当地农民一起头顶烈日、挥洒汗水。长期在各地工作，不时还会遇到蟊贼。但再苦再累张广学也高兴，因为日子过得充实，每天都能有所收获。

由于新中国成立前我国的蚜虫记录只有 148 种，刚开始，采集到一些昆虫标本后，张广学甚至无法对其进行鉴定，只得邀请国际上的知名专家来鉴定。在标本、文献、经费、人力都十分匮乏的条件下，他并没有放弃，反而愈加刻苦研究、潜心钻研。经过毕生努力，张广学收集到全国蚜虫标本 20000 多号，并将我国蚜虫记录推进到 1000 余种，占世界总数的 1/4。此外，他还发现了 9 个新属，224 个新种。

张广学在伏案工作

有了之前对棉蚜的研究，以及对标本的坚持采集，1972 年，张广学开始系统地做蚜虫分类的基础性研究工作。仅当年他和助手搜集到的有关蚜虫的资料便多达十几箱。

在对蚜虫学进行悉心研究的岁月中，张广学仍心系广大农民群众，切实关注百姓利益。20 世纪 80 年代，当归"麻口病"在甘肃、云南及陕西等省发生，并且逐年加重。于是，1985～1989 年，张广学深入现场调查，通过田间试验、室内分离鉴定、盆栽接种试验，提出了一套综合治理措施。他研制出的当归种苗包衣剂，防治"麻口病"的有效率高达 98%。张广学对当归"麻口病"的重视及试验，使上千户农民走上了脱贫致富之路，仅在甘肃省就推广了 14000 亩，获得了显著的经济效益和社会效益，并在华北、西北和东北等地的小麦、玉米田大为推广。

从事研究数十载，除了西藏和台湾，张广学的足迹几乎遍及全国。在常人看来，科学研究是十分枯燥的，但张广学却把它看作自己倾尽一生所奋斗的事业。每每在研究蚜虫学的道路上有所斩获，张广学的心情就无比激动。从棉蚜到蚜虫学的研究之路,张广学实现了一次又一次的"飞跃",最终成为系统研究蚜虫学的先驱,赢得了全国乃至世界的赞誉。

四、呕心沥血,奉献社会

张广学一生致力于系统研究蚜虫学,在蚜虫的系统分类、生物学、系统发生演化理论和害虫综合治理等方面都取得了丰硕成果。作为一名在国内蚜虫学研究方面权威的科学家,他的成就是杰出的。理论联系实际是张广学学术研究的根本指导思想,他用自己的研究成果造福了千千万万的农民,使中国的农业发展迈上一个新的阶梯。

研究蚜虫学近60年,张广学共发表论文318篇。其中《几种蚜虫生活周期型及两个近缘种杂交实验研究》一文在国际上产生深远影响,被列入1988年第18届世界昆虫学大会的学术报告,随后收入著名的《蚜虫——寄主植物相互关系》一书。1990年,在美国俄克拉荷马州召开的国际蚜虫学会议上,张广学作了《俄罗斯麦蚜在中国》的专题报告,引起了与会专家的高度重视和极大反响。1997年发表的《从人类与自然协调共存谈害虫的自然控制》一文,以及2001年发表的论文《害虫生态免疫自议》,均从生态系统的总体上提倡害虫的自然控制。

张广学的著作共33种,除上文提到的有关棉虫学的4本专著外,1983年,他参与编著的《中国经济昆虫志·同翅目:蚜虫类》(科学出版社,1983)被大英博物馆名著《世界农作物蚜虫》推荐为东亚蚜虫鉴定的重要用书。1999年,张广学又主编了《西北农林蚜虫志:昆虫纲 同翅目 蚜虫类》(中国环境科学出版社,1999)和《中国动物志:昆虫纲》第14卷《同翅目 矿蚜科 瘿棉蚜科》(科学出版社,1999)两本专著。

张广学一贯注重科学普及工作,在他的33种著作中,就有9种是科普著作,318篇论文,有16篇是关于科普的。他还参与拍摄了11部科教电影片,其中《揭开棉蚜生活的秘密》荣获1964年农业部颁发的"为农业服务奖",《昆虫世界——身体构造与功能》获1983年第3届中国电影"金鸡奖"最佳科教片奖,《昆虫世界——越冬》获1984年文化部"优秀影片奖",并在1989年意大利第4届医学科学电影节上获特别奖和金质奖。

张广学提携后学,甘为人梯,为国家培养出了不少昆虫学研究人才。1986年起,他开始担任博士生导师,1999年又兼任贵州大学、山东农业大学和河北农业大学教授。2003年,他亲自带着研究生在东北长白山上待了整整17天,为采集标本,82岁高龄的张广学和学生们一起,一直爬到了长白山的天池，为青年学子做出了表率。为激励年轻一代奋发努力、开拓创新，他还把自己的科研奖金都用来建立"广学动物系统学研究生教育奖励基金"。

1984年起，张广学先后任中国昆虫学会理事、常务理事、《昆虫学报》副主编和《昆虫知识》杂志的主编。1985年起，任植物保护学会第四、第五届常务理事，第六届副理事长，国家科委发明评选委员会审查员。1991年，他当选中国科学院院士，并任中科院动物研究所学术委员会主任。

张广学指导课题组成员调查果树害虫

张广学在科研事业的道路上曾屡屡获奖，他曾获首届北京国际博览会金奖，第四届全国发明展览会金牌奖，全国科技大会重大科技成果奖，国家科技成果一、二、三等奖，中国科学院自然科学一等奖和三等奖各一次，中国科学院科技进步特等奖一次和一等奖五次，其他奖项10余次。1989年被国务院授予全国先进工作者，1996年获香港"求是"科技基金会杰出科技成就集体奖。

2010年2月24日，张广学在北京逝世，享年89岁。

张丽珠
——"神州试管婴儿之母"

张丽珠（1921～），妇产科医学专家。出生于上海，祖籍云南大理，白族。1941年毕业于上海圣约翰大学，1944年获美国宾夕法尼亚大学博士学位。历任北京医学院第三附属医院妇产科主任、教授，《中华妇产科杂志》副主编。长期致力于妇产医学的研究和临床工作，培育出我国大陆首例试管婴儿，是我国妇产医学的开拓者、现代生殖医学的主要奠基人之一。主编有《妇产科经验教训101例》等，参与编写《临床妇产科学》《人类生殖调节图谱》等。

一、出身名门，誓做"良医"

1921年1月15日，张丽珠出生在上海。她的祖辈是大理白族的"科举世家"，父亲张耀曾是辛亥革命先驱，担任过两任民国政府司法总长，参与起草了《中华民国临时约法》等重要法律法规，离开政界后来到上海，成为大律师。

出生在名门世家的张丽珠，从小就受到了良好的家庭教育。"我是第四个孩子，母亲生下来一看还是女儿，很失望。但我父亲说：'好女胜恶男。'父亲时时处处教育我们，对我影响极大。"

张丽珠

小时候，张丽珠随家人去了北京。在小酱坊胡同的四合院里，她和姐姐们常围坐在院子里，一边遥望星空，一边听父亲讲做人求学之道。那时，父亲总是教育四姐妹，长大后要做一个勤勉、踏实，对社会有所贡献的人。

张丽珠上小学时，一家人回到了上海。小学毕业后，她来到上海工部局女子中学（今上海市第一中学）读书。活泼开朗、兴趣广泛的她，不仅学习成绩出色,还热爱演讲和体育,曾作为上海市排球队的主力队员,带领球队获得1935年全运会女子排球冠军。

1937年,张丽珠中学毕业,被授予"全面发展的优秀学生"称号。同年,日军发动"七七"事变,抗日战争全面爆发。心怀"航空救国"的信念,她毅然报考了南京中央大学航空工程系。可没过多久,南京失守,中央大学随即迁往内地。在那个战火纷飞的年代,能和家人团聚就是最大的幸福,因此,张丽珠放弃了随中央大学去内地的打算,和家人留在上海,并进入上海国立暨南大学攻读物理。

1938年,刚念大学没多久,张丽珠的父亲突然病逝,这对整个家庭来说无疑是个沉重的打击。在悼念父亲的文字中,她读到了这样一句话:"良医良相尽,此事最堪哀。"于是,她心中萌生出了做一名"良医"的想法。

半年后,经过深思熟虑的张丽珠转入上海圣约翰大学医学院。在学校,张丽珠的成绩非常优秀。那时,其他同学都要挑灯夜读才跟得上学习进度,而她从不熬夜读书,却总能得到"Excellent"(优秀)的成绩,令大家十分惊讶。也就是从那时起,张丽珠在医学方面的天赋开始一点点显露出来。

1941年大学毕业后,一心向学的张丽珠并未就此满足。得知母校和美国宾夕法尼亚大学有联系后,她选择了留校继续攻读。三年后,张丽珠如愿获得了宾夕法尼亚大学医学博士学位,并获当年"最优秀毕业生奖"。

年轻时的张丽珠

1944年,张丽珠结束了在圣约翰大学7年的潜心攻读,来到沪西妇产医院,成为一名住院医师。在沪西妇产医院的日子里,她每天都跟着老师一起做手术、看门诊,还常常骑着自行车到外面诊疗病人,积累了大量实践经验,为日后的研究工作打下了基础。

二、只有祖国才是自己的家

抗战胜利后,张丽珠有了出国留学的念头。当时我国在医学领域的研究尚不发达，她觉得应该去学习国外先进的理论和医疗方法，以克服临床的盲目性和一般化。于是，1946年，她乘坐"梅格斯将军号"轮船，历经13天航行抵达美国。

到美国后，张丽珠先是前往哥伦比亚大学医学院和纽约大学医学院做博士后研究，进修妇产科内分泌学和局部解剖学，后来又去霍布金斯大学学习妇科病理和妇科手术。

在系统学习之后，张丽珠来到了美国纽约著名的"纪念斯隆－凯特琳癌症中心"（Memorial Sloan－Kettering Cancer Center）做住院医师，从事肿瘤早期诊断课题，并发表了论文《体液细胞学和早期癌瘤的诊断》。论文一经发表，立即引起了国际同行的重视，这标志着张丽珠在肿瘤早期诊断课题的研究上已达到世界领先水平。为此，英国的玛丽·居里医院给她寄来了聘书。

海外留学时的张丽珠

收到聘书后，张丽珠动身前往英国，来到玛丽·居里医院负责病人的放射治疗和化疗工作。半年后，她转到伦敦海克内医院，成为妇产科的总住院医师。1950年10月，张丽珠通过英国国家考试，获得了英国皇家妇产科医学文凭。

在英国，除了研究临床和癌症病理外，张丽珠还选取了"子宫收缩力"和"外阴白斑"两个课题进行研究，并收集了妇科、产科各50个病例深入探讨。此外，她还利用工作之余考察了西方社会化的医疗制度。

此时，张丽珠在医学领域的研究工作蒸蒸日上，事业也已经上升到了一个新的高度，本可以在国外继续更好发展的她却决定回国。"出国就是为了学本领，学成后就应该回来。1951年起，我一心一意想回来。"当时恰逢抗美援朝战争爆发，英国当局对张丽珠百般阻挠，还向她索要"入境准许证"，否则不卖船票。无奈之下，她只好托人帮忙周旋。不久后，中国政府留学生办公室向张丽珠发来了电报，上面写道："欢迎你回国。"就是这简单的五个字，成为决定她一生命运的关键。

怀着万分激动的心情，1951年夏天，张丽珠踏上了返回祖国的路途。途经香港时，她顺道参观了那里的学校和医院。得知张丽珠的父母都已去世，有人借机挽留她："像你这样的人，何处不可为家？"可她一心想回到内地，回到上海。于是，参观结束后，她婉拒了多方的盛情邀请。7月，轮船抵达广州。

三、历尽艰辛，不忘报国

回国后，张丽珠到上海圣约翰医学院担任妇产科副教授，并在同仁医院任主任医师。1952年结婚后，由于丈夫唐有祺受聘于清华大学，她便和丈夫一起离开上海，到了北京。

起初，张丽珠来到北京医学院（今北京大学医学部）第一附属医院担任教学工作。1955年，她开始担任国内第一批妇产科研究生的导师。上大课时，她一改原先在国外全英文教学的方式，用流利的中文讲课，学生们都称赞她讲课很有风采。此外，张丽珠对医学进展也很关注，她提出的"硫酸镁对子宫收缩的影响"等研究课题，有着广阔的发展前景，至今仍然是研究热点。

1958年，张丽珠参与了北京医学院第三附属医院的创建。从此，她把自己的一生都奉献给了那里，先后任该院的妇产科主任，教授，博士生导师，国家重点学科学术带头人。

1960年以后，北京八大学院大批女学生出现"闭经"现象。经过调查和实验，张丽珠发现，这一现象的起因并非卵巢问题，而是下丘脑的问题。原来，当时正值"三年自然灾害"时期，我国经济非常困难，学生们经常吃不上东西，却经常从事繁重的体力劳动，导致营养不良、月经失调。

这个现象的发生给张丽珠敲响了警钟，她意识到妇科内分泌和月经失调问题将对女性健康造成极大威胁。因此，她开始对其进行深入研究，逐步奠定了对各种病理闭经的发病机制和诊治的研究基础。

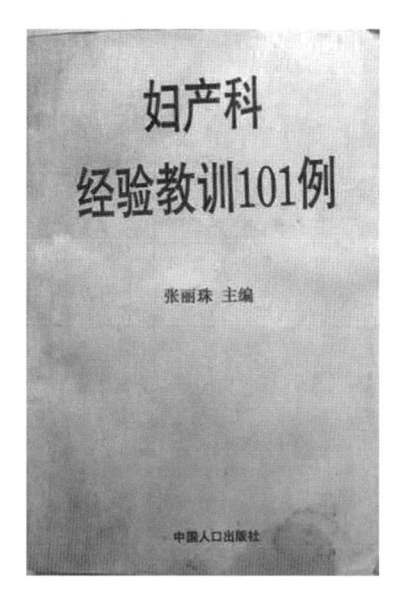

《妇产科经验教训101例》是张丽珠研究心得和临床实践的结晶

1966年，"文革"爆发，和其他知识分子一样，张丽珠也不可避免地经历了这"十年浩劫"。作为留学英美的"反动学术权威"，她被人拿着刀子逼迫认罪、检讨。有一次她和丈夫都被批斗，两个孩子就自己在家生炉子做饭，煤气中毒险些丧命。

1969年，张丽珠被下放到北京延庆山村。在那里，她第一次和村民睡在一个炕上，粮食不够吃，还吃过柳树叶，满身长虱子，甚至还奉命给两头母猪做剖腹产手术。尽管条件艰苦，她依然认真为村民看病。

一次，张丽珠给一位子宫严重脱垂的老大娘动手术，当时大娘的整个子宫带着膀胱和直肠挂在阴道外面，情况十分严重。由于病情拖延太久，手术进行得十分艰难，大娘的血压也直线下降，处于半休克状态。这时，军宣队诊断大娘为内出血，命令张丽珠开腹止血，可张丽珠坚持认为应该输血。最终，她冒险坚持自己的主张，治好了大娘的病。

在村里，张丽珠也感受到了生活中不可多得的一丝温暖。那时村里人都很爱戴张丽珠，大家总是会在她给人看病时为她沏上一杯糖水。糖水是当时村里最好的东西，村民们的淳朴令她铭记在心。

"文革"结束后，有人问张丽珠是否后悔回国，她毫不犹豫地答道："留学报国，我当初留学的目的就是为了回来报效祖国。"

四、培育我国的"试管婴儿"

1978年7月25日，世界上第一例试管婴儿在英国剑桥诞生，引起了世界轰动。此后，世界各国研究试管婴儿技术的热情日益高涨。深感这项研究的紧迫性，1982年，张丽珠率先开始了我国对试管婴儿技术的研究。

要想研究试管婴儿技术，首先就要研究体外受精和胚胎移植技术，而其中的关键就是要从妇女的身体中提取卵子。当时，国际通用的方法是"腹腔镜取卵"，可我国的许多妇女是由于结核病引发盆腔粘连，从而导致输卵管不通的。张丽珠说："对这些病人使用腹腔镜，根本看不见卵巢表面，看不见卵泡。在初期，我们采取的策略是：开腹手术治疗盆腔疾病的同时取卵，用手摸到卵泡所在。"

1984年，北京大学医学院专门成立了研究组。此时，从卵泡液中找到并提取卵子的技术也日益成熟。同年，在经过多次体外受精试验后，张丽珠和同事成功培育出了我国首例体外受精胚胎。

接下来，到了试管婴儿技术中至关重要的一步，那就是将受精胚胎移植到患者的子宫内。在这一项中，研究遇到了瓶颈：虽然在技术上毫无差错，但胚胎质量、种进去的胚胎内膜能否接受都是问题，张丽珠和同事们等来的是一次次失败。

1986年，张丽珠主持了国家"七五"攻关课题《优生——早期胚胎的保护、保存和发育》。第二年6月，她和同事做了第13次胚胎移植手术，手术的患者已经38岁，卵子不多，质量也一般，可没想到的是，半个月后，她出现了早孕反应。

1988年3月10日，患者生产在即，望着把走廊堵得水泄不通的记者，已经67岁的张丽珠神情凝重地走进了手术室。上午8时56分，接受了剖腹产手术的患者顺利诞下一名体重7斤8两、身长52厘米的女婴。直到确认婴儿没有任何生理缺陷后，张丽珠这才

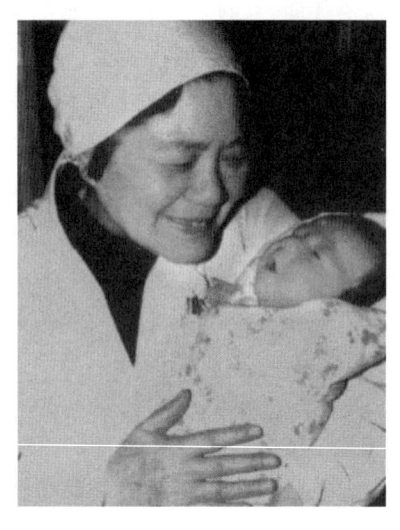

张丽珠怀抱我国大陆首例试管婴儿

露出了欣慰的笑容。为表纪念，患者夫妇给孩子取名"萌珠"，"萌"取"萌芽"之意，"珠"则是为了感谢张丽珠。

据报道，此前我国台湾和香港地区各有1例试管婴儿的成功范例，但都是国外专家带着全套设备去实施的。因此，萌珠的诞生，标志着我国大陆首例试管婴儿成功生产，我国生殖医学史取得了重大突破。

就在萌珠出生第8天，我国大陆首例"配子输卵管内移植婴儿"诞生。两个月后，大陆第二例试管婴儿诞生。此后6年中，张丽珠和同事帮助54名妇女妊娠成功，产下61个试管婴儿，手术成功率也由原先的6%提高到了20%。喜讯背后，是张丽珠和科研人员在试管婴儿技术研究之路上挥洒下的汗水，是他们不分昼夜的潜心钻研。

五、"恳恳尽吾能，不暇问收获"

虽然已经成功研究出试管婴儿技术，可张丽珠并没有停下前进的步伐，在实验室和手术台上创造了一个个奇迹，被誉为"神州试管婴儿之母"。

1989年，张丽珠将昔日开腹治病取卵的方法改进为B超引导下一根针取卵，达到了手术不开刀、创伤小的效果。后来，张丽珠独辟蹊径，使一位因染色体异常、自身卵细胞不可用而屡次怀孕失败的患者成功受孕，在1992年成功生下我国大陆首例赠卵试管婴儿。三年后，她又完成了大陆首

例冻融胚胎移植。

至此,张丽珠在妇科医学方面的研究已处于世界领先水平。在研究过程中,有不少人从多方面对试管婴儿技术持排斥态度。然而,张丽珠坚信,这一技术会造福无数不育症患者、造福社会。在她眼中,身为一名妇产科医生,为不育症患者带来希望,是她的责任。

从事科研多年来,跟着张丽珠学习的研究生也受益匪浅。在教学中,张丽珠的严格是出了名的,她常教育学生要有扎实的功底,不要一心只想走捷径。即便是在查房中,张丽珠也不容大家有半点懈怠。她要求主管医师要对自己的病人完全了解,将病人的情况牢记在心。"最让我不耐烦的是,医生手拿病历,照本宣科,回答患者问题的时候还必须先翻阅病历。"几十年来,虽然张丽珠在工作中对待大家十分严苛,但没有一个人不佩服她高超的医术和过人的记忆力。

张丽珠和双胞胎试管婴儿

为了使我国的妇科医学得到更好发展,张丽珠还先后主编了《中国大百科全书·医学卷·妇产科分册》(中国大百科全书出版社,1993)、《妇产科经验教训101例》(中国人口出版社,1993)等,参与编写了《临床妇产科学》(人民卫生出版社,2001)、《人类生殖调节图谱》(辽宁科学技术出版社,1991),并担任《中华妇产科杂志》副主编。

直到2003年,张丽珠才依依不舍地离开了自己的工作岗位。虽然已经82岁,可她却闲不住,多次受邀亲自为患者治病。每逢节假日,张丽珠还会邀请同事到家中小聚,此时的她,由一位严师变成了慈祥的长者。

由于在医学领域的杰出贡献,张丽珠先后荣获全国"三八红旗手"(1979年)、全国卫生先进工作者(1983年)、北京市"五一"劳动奖章(1988年)、北京市科技进步一等奖(1988年)、全国科技进步二等奖(第一完成者,1989年)、北京医科大学"桃李奖"(1989年)、全国优秀归侨侨眷知识分子(1989年)、北京市归侨先进工作者(1990年)、北京市"五一"先进工作者(1995年)、卫生部科技进步奖(1990年及1996年)等。

张丽珠荣获第15届"宋庆龄樟树奖"

2011年,在第十五届"宋庆龄樟树奖"颁奖典礼上,张丽珠发表了获奖感言:"感谢中国福利会将这个大奖颁发给我,它带来的是激动和鼓励。工作成绩是医护卫等大家一起努力,在一穷二白的艰苦环境里克服困难取得的,是共同努力的结果。希望现代生殖技术的不断发展能为人民造福,促进家庭和谐,对国家和人类有所贡献。"

如今,张丽珠已进入鲐背之年。回首往事,一首《四珠励》回荡在耳边:"辛辛尽吾时,不知有穷遏。恳恳尽吾能,不暇问收获。"这是父亲写来勉励她和姐姐的诗,也成为她视若珍宝、奉行一生的座右铭。

李 林
——物理界的"巾帼英雄"

李林(1923~2002),物理学家。北京人,祖籍湖北黄冈,蒙古族。1944年毕业于广西大学,1948年获英国伯明翰大学硕士学位,1951年获剑桥大学博士学位。曾任中国科学院物理研究所研究员、金属学会理事、物理学会理事。1980年当选中国科学院院士。主要从事材料物理学研究,在新中国建设事业中"哪里需要哪里搬",作出了应有贡献。有《李林文集》行世。

一、机械系的"系宝"

1923年10月31日,李林出生在北京,她的父亲是我国著名地质学家李四光。当时,李四光在北京大学任教,妻子是一名中学教员,喜欢弹钢琴。出生在这样一个书香门第,李林从小便受到了科学和艺术的双重熏陶。在父母良好的教育下,她3岁就开始学弹钢琴,4岁便可以看书写字。

李林从小就非常独立,性格十分开朗活泼。虽然母亲一开始希望把李林培养成钢琴家,可天生好动的她却更喜欢亲近大自然,喜欢和父亲一起爬山、野游。那时,父亲带给李林的影响是非常深远的。

李 林

1934年,11岁的李林随父母来到英国伦敦学习,两年后举家回国。当时正值抗战时期,一家人几经辗转,最终由北平经南京、武汉等地,来到了广西桂林。那时,广西规定初三毕业生必须经过军训,并在前线参战后才能报考高中,可母亲担心体弱多病的女儿无法支撑,坚持让李林直接报考高中。但广西省教育厅的名册上已经登记了她的名字,所以唯一的办法只有改名,她这才由李熙芝改为现在的名字——李林。

高二第一学期时,李林就自学完成了高中三年的全部课程,还利用课余时间阅读了原版的福尔摩斯侦探小说。高中课程已经无法满足这个年轻姑娘对知识的渴求,于是,李林决定报考大学。起初,母亲担心才上高二的女儿会落榜,但父亲并不这么认为,他对李林说道:"既然你觉得有把握,就试试吧,反正还没毕业呢。"在父亲的鼓励下,16岁的李林参加了当年的高考,结果榜上有名,考入了贵阳医学院。

在李林的心目中,医生这个职业非常崇高,她希望自己能在医学领域有所建树。然而,在那个战火纷飞的年代,一家人能团聚在一起实属不易,所以母亲并不希望女儿离家太远,并且希望她能学习工科。了解了母亲的愿望,孝顺的李林决定放弃学医,她天真地想:"人和机械差不多,既然母亲不允许学医,那就学机械吧。"

不久,李林成为广西大学机械系唯一的一名女学生,同学们都亲昵地叫她"系宝"。

二、走上冶金之路

1944年6月,李林大学毕业。两个月后,桂林被日军攻占,昔日的美好家园也不复存在。面对日军疯狂的侵略,李林下定决心为祖国贡献力量。这一次,她没有听从母亲的意愿,只身前往成都航空研究院,成为机械组的一名助理员。

1946年夏天,李林获得了英国文化协会的奖学金,来到父亲曾经就读的伯明翰大学攻读硕士学位。初到伯明翰大学,李林又打起了学医的念头,她和校方联系并争取了医学院的同意,但唯一的要求是必须从大一开始学起。这时,李林心里又犯起了嘀咕:"22岁再改行从头学起是不是太晚了,太浪费时间了?"犹豫再三,她还是放弃了学医。

当时,李四光用英文写信给李林,鼓励她不要着急,并希望她在力学方面有所研究。可阴错阳差,打字员将李林志愿上第一个英文字母E错打成P,她的专业就由弹性力学(Elasticity)变为了塑性力学(Plasticity),自然机械系也变成了物理冶金系。没想到,这个错误成就了李林在这一领域的辉煌。

开学不久,年轻的指导老师让李林做高纯度铝蠕变的研究,要她到图书馆学习如何查找参考文献,并写出文献总结。1个月后,李林如期完成总结,转入了"自制铝蠕变机"的实验工作当中。3个月以后,她做成了

6台蠕变机，并利用这些蠕变机取得了一系列实验数据。

1948年，李林在对实验数据和现象进行综合分析的基础上完成了《铝的蠕变》学术论文，获得硕士学位，随后来到剑桥大学继续攻读物理冶金博士学位。其间，李四光夫妇来到英国参加第十八届国际地质会议，并留英考察。同年8月，李林与同在剑桥攻读博士学位的中国留学生邹承鲁喜结良缘，李四光亲自为他们主持婚礼，一家四口在英国度过了一段美好的时光。

李林1946年在伦敦

1949年，新中国成立，中国的历史从此翻开了崭新的篇章。得知这个振奋人心的消息后，李林激动不已、归心似箭。1951年10月，李林通过了题为《低碳钢的时效硬化》的论文答辩。第二天，等不及领取博士学位证书的她便动身回国。直到1981年，李林的学位证书才物归原主。

回国后，李林来到中国科学院上海冶金所工作。那时，新中国的钢铁工业十分落后，年产钢还不足5万吨，"以铁代钢"的工作迫在眉睫，李林一回来就投入了这方面的研究工作。研究期间，李林主要负责"球墨铸铁"课题的攻关。同时，她还参加了试制锰钼合金钢和对加微量硼的渗透钢的研究，以及"包头铁矿高炉冶炼过程氟的行为研究"等工作。

回想起当时的情形，李林说："那个时候，党叫干啥就干啥。新中国需要钢铁，我们就搞钢铁研究，在中科院上海冶金所一干就是8年。我们的球墨铸铁研究在1956年首次获得全国自然科学奖，新华社还报道了。我们一起的三位女科学家还荣获上海市三八红旗手称号。"

1956年8月，钱三强约见李林："我国要发展原子能事业，需要从事材料科学研究的专家。"了解祖国的需要后，李林快马加鞭完成了手头的工作，1958年调到北京中国科学院原子能研究所。从此，李林开始了长达13年的原子能研究工作。

三、"哪里需要哪里搬"

在原子能研究所，李林展开了对与原子能相关的金属材料的研究。这项工作包含对核燃料元件的实验，不仅十分危险，还有核辐射，并不适合女同志做。但作为主管实验的技术副主任,李林总是坚守着自己的岗位,积极响应党和国家"哪里需要哪里搬"的号召。

由于半路改行,李林一刻也不敢懈怠。她学俄文,请专家来讲课,多次往返于北京和包头之间(金属铀在包头生产)。哪里最危险、最艰苦,李林就会出现在哪里。她参加了第一个"反应堆"的实验、第一颗原子弹引爆材料的实验,以及第一艘核潜艇材料的实验。即使在"文化大革命"中,李林仍然参与领导建成了我国第一个大型材料热实验室,为祖国的原子能工业作出

李林新婚时的全家合影
(后排为李四光夫妇,前排为李林与邹承鲁)

了巨大贡献。其间,她还建立了电子显微实验室,并在1956年前往东京参加第一届亚太电子显微镜学会,成为我国早期电子显微镜的研究专家之一。"那时候,这个领域不能发表论文,很多人的很多工作都是默默无闻的。"回忆当年的研究,李林感慨万分。

1972年,李林再次改行,调到中国科学院物理研究所,在国家超导重点实验室从事超导材料的研究。这项研究致力于寻求在低温下阻力接近为零的导体,当时属于世界尖端科技,在节能方面前景广阔。

1973年,李林着手研究低温超导,1978年转为探索高温超导。在这个领域,她又取得了显著成绩,她所领导的研究组在薄膜制备方面始终跟随着国际先进水平的步伐。同时,李林还发表了160多篇论文,并获得1991年中国科学院科技进步一等奖和1992年国家科技进步二等奖。1993年,她还荣获了"巾帼英雄"称号。

在研究中,李林不忘严谨治学、提携年轻学子。她总共带了多少名硕士生、博士生、博士后,连她自己都数不清。大家都喜欢称李林为"李先生",称呼中无不流露出对她的爱戴和尊敬。

四、为科学事业鞠躬尽瘁

几十年来,李林从南到北,从一个单位转到另一个单位,为祖国的需

要默默奉献，每到一处都留下了丰硕的成果。多年来，她参加了很多全国青联、妇联及全国政协的工作和国际学术交流活动，为祖国科学事业的发展及人才的培养作出了重大贡献。

李林曾经在《工作是我最大的幸福》一文中写道："人们经常问我：'你这么大年纪了为什么还要上班？''你不觉得科学研究工作枯燥吗？'我的回答是：'我觉得这么大年纪还允许我工作是我最大的幸福，科研使我感到活着有意义。'"

2002年5月31日，李林走完了79年的人生之路，她留下遗言，希望将自己的骨灰埋在中国科学院物理研究所的一棵小树下。为科研工作耗尽毕生精力的她，与世长辞后仍要坚守阵地，在这里做一位默默的守望者。

2003年10月31日，是李林诞辰80周年的日子。为表达对她的深切怀念，中国科学院物理研究所召开了纪念座谈会。以物理所学术委员会主任赵忠贤院士为首的编委会编辑的《李林文集》（中国科学院物理研究所，内部刊行），也在这一天面世。文集反映了李林一生精彩的生活和工作经历，体现了她为科学奉献、工作不息，对同事平易近人、坦荡宽容，对人生充满信心、乐观开朗的可贵品格和高尚情操。

李林在工作中

杨 庸
——大凉山走出的"两弹"专家

杨庸（1923～），核物理专家。四川凉山雷波人，彝族。1944 年毕业于四川大学物理系。历任四川大学物理系教授、二机部九局九所第四研究室任副主任等。曾参加我国第一颗原子弹、氢弹核心部件的研制工作，是我国核工业的第一代拓荒者，为祖国的国防事业作出了杰出贡献。

一、立志以科学改变祖国落后面貌

1923 年，杨庸出身于四川凉山雷波县一个姓阿史的彝族家庭。阿史是雷波的彝族大姓。据祖辈传说，这个家族的先祖阿史拉拉，是彝族历史上的一位英雄人物。

杨庸的祖父曾在雷波县里做过武官，"办学以兴彝邦"是他平生最大的愿望。清朝末年，他慷慨解囊，在家乡黄琅开办学校，并帮助彝家子弟到乐山、宜宾、成都等地求学。祖父的这些思想行为，对杨庸产生了很大影响，使他明白了"科学是改变落后之物"，也立下了改变民族、国家落后面貌的志向。

由于家道中落，所以到杨庸上学的时候，家里到了连课本也买不起的地步。然而，杨庸凭着大凉山赋予彝族人的坚毅性格，立志向学，发奋读书。没有课本，他硬是借书抄书，读完小学、中学。

1938 年，杨庸从成蜀联合中学高中毕业，以优异成绩考上了唐山交通大学土木工程系。由于日寇侵占华北，学校搬迁到了贵州。家庭困难的杨庸因交不起学费，只好辍学回家。不过，回到家里的杨庸自强不息，仍然在自学大学课程。

1940 年，杨庸又以优异成绩考上了四川大学物理系。此时，他们家已经搬到成都，就近上学，花费较少，杨庸得以完成大学学业。4 年大学期间，杨庸勤奋学习，获得了扎实的物理学知识，为他后来参与祖国的"两弹"事业奠定了基础。

1944年，杨庸以优异成绩毕业，留校任教，从此步入科学的殿堂，为祖国培育英才，以科学报效祖国。到新中国成立后的1956年，他已经是川大物理系的一位教研室主任。

二、参与研制我国第一颗原子弹

1960年，杨庸的人生轨迹经历了一个大的转折，从此离开了他心爱的讲台，站在了科技报国的前沿。

那是1960年3月8日（一说1959年3月9日），杨庸接到调令，到北京工作。在接下来的两个星期里，他变卖了所有的家具，带着妻子、4个孩子以及年迈的岳母，一家人从四川到了北京。

到京之后，杨庸被分配在二机部九局九所（核武器研究所）第四研究室任副主任，负责原子弹中核材料部件的研制任务。就这样，杨庸成了在核物理研究机构工作的科学家中唯一的少数民族专家。

有关资料表明，当时全国在高校、科研单位抽调了100多位专家参加第一颗原子弹的研制工作，杨庸是川大抽调的唯一专家。之所以选中杨庸，是因为他除了身兼系务、校委员、四川青联会常委等职外，还在科普报刊上发表了一些介绍原子弹、卫星等的文章，受到了有关方面的注意。

新中国研制原子弹，环境极为恶劣。西方大国封锁核技术，我国的原子弹研制只能从零开始。在接下来的几个寒暑里，杨庸和同事们经过一次次的分析、试验、论证，攻克了一个个难关，解决了一个个难题，为核部件制作付出了大量的心血，取得了重大成功。

1964年10月16日，我国的第一颗原子弹爆炸成功！这一天，举国欢庆！这一天，世界震惊了。

几十年后，杨庸在"当代中国丛书"之一《当代中国的核工业》中，看到了关于他那一段辉煌岁月的记载："在杨庸等同志组织领导下，研究小组通过反复试验研究，确定了浓缩铀部件

庆祝第一颗原子弹爆炸成功的宣传画

的铸造成型工艺，取得精炼、铸造、坩埚以及真空取卡和切削加工等工艺

数据，建立了分析检验方法，明确了控制杂质含量的原则。这些成果为制造浓缩铀部件打下了技术基础。"看到这段文字，杨庸欣慰地笑了。此时，他已经年臻古稀。

三、晚年不仅仅是回顾

在第一颗原子弹爆炸成功后，杨庸和他的同事们又投入了氢弹的研制工作。这一次，通晓几种外语的杨庸，承担了有关氢弹技术资料的收集、调研工作。在他的领导下，课题团队在短时期内为决策和科研部门提供了大量的重要资料。

1967年6月，我国又成功爆炸了第一颗氢弹。这个时间距第一颗原子弹爆炸仅仅两年零8个月，创造了研制两弹成功时间相距最短的世界纪录。

1985年，杨庸光荣地加入了中国共产党。

66岁的时候，奋斗数十年的杨庸光荣退休。不过，他还在为祖国的科学事业奉献自己的力量，平日里仍在为核技术单位编译资料。此外，古典文学作品仍旧是他的最爱，《史记》里的篇章，他能大段大段地背诵下来。

记述杨庸等人事迹的书籍《凉山大特写》

回顾自己的一生，杨庸说："我从没有考虑个人的得失，个人的得失在国家面前太渺小了！回顾自己这一辈子干的事，我认为——值得！"

吴咸中
——中西医结合的"擎旗手"

吴咸中（1925～），临床医学家。辽宁新民人，满族。1948 年毕业于中国医科大学。先后担任天津市立总医院外科主治医师，天津医学院教授、院长，天津南开医院院长兼外科主任，天津市中西医结合急腹症研究所所长等。1996 年当选为中国工程院院士。他是中国中西医结合领域的开拓者之一，科学运用中医、西医之长，在中西医结合治疗急腹症等方面取得了临床研究与基础研究的突破，促进了我国中西医结合医疗卫生事业。著有《急腹症研究》《腹部外科实践》及《中西医结合治疗急腹症》（主编）、《医学伦理学》（合著）等。

一、效法兄长、立志学医

1925 年 8 月 28 日，吴咸中出生于辽宁省新民县一个满族家庭。他的祖先隶属正黄旗，后来家道中落。他的父祖都是知识分子，祖父是晚清秀才，以教私塾为业；父亲毕业于师范学校，先后在本县小学、中学教书，还担任过县教育所所长。

这样一个知识分子家庭，对子女的教育自然极为重视。而当时军阀混战，内忧外患，无论出于国家大计还是个人生计的考虑，获得救国济民的本领，都是极为重要的。因此，家里节衣缩食，竭尽全力供孩子们上大学。虽然子女不少（四男一女），但他们都在家庭的供养之下，接受了高等教育，并且学有所成。

吴咸中

在启蒙教育之后，吴咸中进入当时的新民县国立高等学校读中学。那时，正值抗日战争时期，东北沦陷，日本侵略者在沦陷区实行奴化教育。上中学时，由于不满日寇的奴化教育，吴咸中曾联合几位同学，私下里请老师补习功课，并坚持了一年多。

在四兄弟中，吴咸中排行最小。由于受长兄吴执中、二兄吴英恺（本书收入）的影响，吴咸中也立志学医。1943年中学毕业后，他以优异成绩考取了"满洲医科大学"（今中国医科大学前身）。在国土沦丧、民族受辱的年代里，吴咸中把忧国忧民的满腔悲愤和救国济民的热忱化作发奋攻读的顽强意志。

1947年秋，吴咸中到天津中央医院（后改为天津市立总医院）外科毕业实习。由于实习成绩突出，1948年大学毕业时，他就被留在了这家医院，从此开始了在天津的医学临床与研究生涯。

在著名外科学家虞颂庭教授的精心培养下，吴咸中迅速成长起来。1950年，他参加了抗美援朝医疗队；1951年，被评为天津医界工作者二等模范；1953年，被评为天津市特等劳动模范；1954年，加入中国共产党；1956年，被任命为天津医学院外科副主任，时年仅31岁。

兄长们对吴咸中的影响，不仅在于道路的选择，更在于对他成长的关心。谈到对他影响最大的人，吴咸中说，当数二哥吴英恺。二哥对他的严格要求近乎苛刻，问病史、查病情、做手术、记病历，全部要求他一丝不苟、毫不懈怠。为了练习手术技巧，他甚至被兄长"挤兑"得找来茶壶，把两只手放到茶壶里去练。就是这样的严格要求，使30岁刚出头的他，已经成为天津医界的"三把刀"之一。此外，他还先后在《中华外科杂志》上发表了《重症中毒性休克的治疗问题》《动脉栓塞》《腹主动脉瘤的切除与同种血管移植》等十几篇论文，受到了同行专家的关注和好评。

二、走上中西医结合之路

然而，正当吴咸中在普通外科和血管外科领域崭露头角的时候，他响应国家的号召，转而走上了中西医结合的道路。

新中国成立不久，毛泽东主席曾经提出过一个设想：把以前势不两立、水火不容的中医和西医结合在一起，形成一门新的医学。1958年10月，毛主席作出批示，要求各地开办为期两年的西医离职学习班，以便培养中西结合的高级医生，并希望其中能出几个高明的理论家。由此，全国掀起了一场西医离职学习中医的高潮。

1959年初，吴咸中参加了第二期天津市西医离职学习中医班。在两年半的学习时间里，他虚心拜师，潜心钻研，苦读经书，博采众长，先后两次到河北省沧州和天津市综合医院进行中西医结合治疗脉管炎和急腹症的临床研究，并在《中华外科杂志》上发表了《祖国医学"下法"在现代外科综合治疗中的应用》《中西医结合治疗溃疡病急性穿孔的初步报告》

《中西医结合治疗急性肠梗阻的初步报告》《急性阑尾炎辨证论治的探讨》等论文。

吴咸中在为患者诊病

1961年9月，西医学习中医班结业，吴咸中得到的评语是："运用中医理论，能圆满无碍，结合临床辨证，能恰相符合，是学习经典文献深入有得者。"（"中医理论"评语）"辨证如老吏断狱，处方如老匠斲轮，令人起观止之叹。"（"辨证论治"评语）"学习认真，钻研深入，疗效卓越，能带动同学，是学中医而探骊得珠者。"（"中医临床"评语）"能于复杂证候中辨明标本，施治先后明晰，论理通畅、不浮，用药照顾周详，足见其学习中刻苦钻研，收获良多。"（总评语）在95名毕业生中，他获得了以卫生部李德全部长名义颁发的唯一的一枚金质奖章和证书。

1962年，吴咸中被破格晋升为外科学副教授，当时他只有37岁，是天津医学院最年轻的副教授。除了在天津医学院附属医院外科继续进行中西医结合治疗急腹症研究外，吴咸中还在南开医院进行临床研究。他每周奔波于两家医院之间，一边搞临床，一边继续钻研中医文献。

1964年，吴咸中正式调任南开医院院长兼外科主任，创建了全国第一个中西医结合临床研究基地。

"文革"期间，吴咸中受到冲击，被关了四年"牛棚"。1971年，吴咸中接到消息，他被树为中西医结合的典型，参加全国第一次中西医结合工作会议。会上，周总理把吴咸中叫到主席台，坐在自己的身边，向他询问了治疗急腹症的经验。周总理的关怀，使濒临绝境的中西医结合事业起死回生。吴咸中谨记总理的勉励和嘱托，并以此作为开拓中西医结合事业的动力。

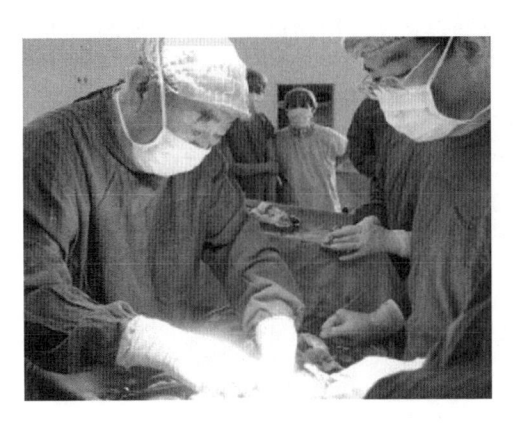

吴咸中在进行手术

为调查中西医结合的现状，1982～1983年，吴咸中带头组织调研组走访了全国十几个省市的数十家中西医结合机构，就中西医结合的必要性、可行性等撰写了详细的调研报告。报告中的一句反映了他的真知灼见：中医、西医、中西医结合三支力量"不应是魏蜀吴，鼎立三分"，而应是"海陆空，协同作战"。

经过多年努力，我国中西医结合事业不断壮大，中西医结合已经得到国际认可。1982年，世界卫生组织公布中国在世界领先的五项医药学项目：中西医结合治疗急腹症、针刺麻醉、中西医结合治疗骨折、断肢再植、烧伤。吴咸中也因此跻身中外著名医学大家行列，被誉为我国中西医结合事业的"擎旗人"。

三、攻坚克难，治疗急腹症

早在20世纪60年代初，吴咸中就开始进行急腹症的中西医结合治疗，并形成和完善了我国中西医结合治疗急腹症的新体系。当时，天津医务界把中西医结合治疗急腹症的成功报告和中西医结合治疗骨折的成功经验誉为"两朵红花"。

西医出身的吴咸中从1961年开始研究急腹症，他不仅用现代医学解释了2000年前《伤寒论》中的古方，并在中西医结合治疗腹部疑难急性疾病上取得重要突破。他首倡"以'法'为突破口，抓'法'求'理'"的研究思路，促进了中西医结合理论研究的发展，从而形成药物疗法、手术疗法与微创技术三者完美结合的中西医结合治疗模式。

用中药治疗急腹症这种非手术疗法，具有明显优势，患者不仅恢复得非常快，还能减少术后并发症。吴咸中的治疗方法是活用《伤寒论》中的通里攻下法，即调整肠道蠕动，促进排泄。在西医精确诊断的基础上，用中药治疗单纯性的肠梗阻、阑尾炎、溃疡穿孔等，70%～80%的患者都可以免受开刀之苦。而急腹症一经诊断立即手术，这以往都是写进教科书中的金科玉律。吴咸中通过自己的努力，改变了中医只是慢郎中、只能治慢性病的传统观念。

1971年春至1976年，吴咸中先后举办了11期全国中西医结合治疗急腹症学习班，为全国培养了上千名技术骨干。1975年5月，他创办了天津市中西医结合急腹症研究所。他倡导建立了全国性中西医结合急腹症研究的协作网络，与遵义医学院合办《急腹症通讯》（1973年创刊），组织全国性专业学术会议，开展国际学术交流与合作，出版《中西医结合治疗急腹症》（主编，人民卫生出版社，1972）、《新急腹症学》（主编，人民卫生出版社，1978）、《急腹症方药新解》（主编，人民卫生出版社，1981）等专著，使中西医结合治疗急腹症成为中西医结合临床研究领域最活跃且最富有成果的专业之一。

吴咸中的部分著作

1978年，吴咸中调任天津医学院任副院长，仍兼急腹症研究所所长。1979年，他晋升为外科学教授。1984年，他被任命为天津医学院院长。1984年，他被批准为中西医结合临床（急腹症）博士研究生导师。1989年，他当选为中华医学会副会长、中国中西医结合学会会长，中华医学会天津分会会长、天津市科协副主席。他领导的中西医结合临床（急腹症）学科点在1989年被国家教育委员会首批批准为国家级重点学科点。

吴咸中还是国际外科学会会员，并受聘担任世界卫生组织传统医学咨询委员会委员。由于他在中西医结合方面的成就，曾多次应邀到巴基斯坦、日本、美国、德国、意大利、法国讲学和访问，美国克里夫兰医学中心曾授予他客座教授称号，美国肯塔基州州长曾授予他骑士证章。吴咸中还多次被评为天津市劳动模范和特等劳动模范，并连续当选中国共产党第十届至第十三届全国代表大会代表。

50年来，吴咸中获奖无数，主持参与国家多项科技攻关项目和省市重大科研课题，共获20余项市级以上科技成果奖，发表论文300余篇，主编专著多达15部。代表性著作，除上文提及的之外，还有《急腹症研究》（上海科学技术出版社，1988），《医学伦理学》（合著，天津科学技术出版社，1990），《腹部外科实践》（合著，中国医药科技出版社，1990）。

四、事业至上，鞠躬尽瘁

1991年，吴咸中从天津医学院院长岗位上退休后，把更多的时间用于中西医结合工作。他提出用中西医结合向急性重症胰腺炎和急性重症胆管炎这两个国际公认的外科难症发起挑战，使重症胰腺炎的病死率从30%降到了15%；重症胆管炎的病死率从20%降到了2%。2003年，吴咸中对"通里攻下"法的研究获得了国家科技进步二等奖。2007年，他又获得了天津市科技重大成就奖。

进入耄耋之年的吴咸中，依旧坚守临床、教学及科研一线。他经常告诫自己：事业未竟，尚需继续努力。每次和同行交流，他都一再承诺：一要继续当好人梯，培养德高医粹的人才；二要继续当好参谋，为工作在一线的学术带头人出谋划策；三要继续跑龙套，为改善学科条件摇旗呐喊。

吴咸中把更多的希望寄托于年轻一代：他拿出珍藏多年的图书，自己出资为研究生和外科医生建立了图书角，还在城郊购置了一套单元房，让研究生们去那里静学沉思，著书立说；他去美国探亲，为大家带回了六本厚厚的专业书，要求他们分头钻研，作读书报告，而第一次报告则由自己来作示范；他坚持每周六大查房制度，即使实行双休日也未作变更；他还充分利用急腹症研究所的条件，建立了计算机房、阅读室、写字间、报告厅，供年轻医生们使用。

吴咸中说："在病人面前，我是个医生，医乃仁术，应施惠而莫图报；在学生面前，我是个教师，育人为本，应身教重于言教；在组织面前，我是个党员，遵守党纲党章，要事业至上，鞠躬尽瘁。"熟悉吴咸中的人，都能一字不差地复述出他的这句名言。

吴咸中生性幽默。早年中西医结合实验研究处于艰难时期时，他去实验室便问："今天是成功啊，还是成功之母啊？"使大家在辗然一笑的轻松之后，又鼓起了奔向"成功"的勇气。

一直到晚年，吴咸中仍然是个"工作狂"，几乎天天泡在医院，围着学生转，还坚持查房出诊，用他家人的话说就是"对病人比对家人亲"。由于工作忙，五个子女吴咸中关照得很少，但让他特别高兴的是，他的五个子女及孙辈几乎全都学医。老伴张丽蓉也是一位出色的妇产科专家。吴咸中笑称："我们家族医生'成堆'，都可以开个综合性医院了。"

吴咸中从事医学工作的50多年时间里，尽管在多个岗位上担任过领导职务，但始终都没有离开中西医结合事业。每次开会，老朋友们都会问：

"你的中西医结合，爬坡爬得怎么样了？"他呵呵一笑，答道："还在爬。"

2009年，吴咸中被人力资源和社会保障部、卫生部、国家中医药管理局授予首届"国医大师"称号，当时全国只有30人获得该称号。

吴咸中出身于书香门第，自幼酷爱古诗文，常年浸染，诗文功底深厚，提笔即可成章。他在一首诗中写道："殚心竭力半世纪，中西结合一目标。"这正是吴咸中坚持中西医结合研究造福人民的真实写照。

吴咸中在指导学生

蒋锡夔
——追求科学的真、善、美

蒋锡夔（1926～），有机化学家。上海人，祖籍江苏南京，回族。1947年毕业于上海圣约翰大学，1952年获美国华盛顿大学博士学位。曾任中国科学院上海有机化学研究所研究员、学术委员会主任，上海大学化学化工学院院长，《中国化学学报》常务编委，国家自然科学基金委员会有机化学学科评审组副组长，上海市科技海外联谊会副理事长。1991年当选中国科学院院士。长期从事有机化学研究，取得了"里程碑式"的成果。著有《有机分子的簇集和自卷》（合著）等。

一、富家子弟，一心向学

1926年9月5日，蒋锡夔出生在上海的一个回族家庭。他的父亲是儒商、诗人，母亲是师范学校毕业。

由于家庭条件优裕，蒋锡夔受到了良好的学校教育。起初，他在上海工部局办的新闸路小学（今静安区第一中心小学）念书。除了功课，四年级时他就已经读了很多小说和古书。

小学毕业后，蒋锡夔进入华童公学读初中，成绩虽好，却并不满足。回忆起自己的初中时光，蒋锡夔这样说道："在华童的初一、初二年级时，我的学习成绩虽好，但主要还是靠下死功夫读书取得的，在思维方法上并没有显著升华。到了初三，由于一场大病，给了我更多读书和独立思考的时间。我开始讨厌一些需要死记硬背的功课。那时，我做了一件轰动全班的事情：在中国文学史、中文语法、应用文等这些我认为是浪费时间的科目考试中，故意只抄写了题目，没有回答问题就交了卷子。现在想来，还是颇为后悔的，有些古文范文需要背咏

蒋锡夔

才能记牢、应用，否则泛读易忘。并且单纯学理，就很难突破研究的瓶颈，只有文理兼长，才能达到融会贯通的至高境界。"

那时，蒋锡夔对理科十分痴迷，他经常与表哥一起看科技杂志，并根据杂志介绍购置实验用品，在家中卫生间内布置了一个小型实验室。有一次，他们将氢和氧混合，剧烈的反应炸碎了玻璃瓶，幸亏瓶外包着毛巾，玻璃碎片才没有将手划伤。

后来，蒋锡夔来到圣约翰附中，开始了自己的高中生活。钟情于理科的他又把目光投向生物学，对科学研究的兴趣日渐强烈。

1943年高中毕业后，蒋锡夔考入上海圣约翰大学化学系。除了专业学习外，他还阅读了许多小说以及和哲学、心理学有关的书籍，并逐渐树立起了自己的人生信念。1944年5月20日，蒋锡夔在日记中写道："我的生命将向着一个方向走：快乐，真善美的追求。"

读大三时，蒋锡夔学会了科学研究的第一步——查找文献。在翻阅文献的过程中，他找到了有机化学中电子理论和共振论等较新的概念，接触到了国外用物理学方法研究有机化学分子反应规律的基础学科——物理有机化学理论。这一次，少年时的兴趣又一次被激发，他从此迷恋上了有机化学。

就这样，1947年大学毕业并获得特等荣誉学士学位后，蒋锡夔没有继承家业，而是选择留校担任助教，将毕生精力投入了科研领域。

二、初涉科研，学成归国

1948年初，美国西雅图华盛顿大学向蒋锡夔抛来了橄榄枝，并表示将为他提供奖学金。于是，他准备赴美攻读博士学位。临行前，蒋锡夔在5月19日的日记中写道："在历史前进的步伐里，我是不容自己落后的。有一个问题至今未解决，出国后研究工业化学，还是纯学术化学。我懂得将来的中国是怎样的需要工业人才，然而也懂得自身气质是适合于怎样一种生活方式。但无论如何，他日为祖国为人民服务，是已下了决心了……"

蒋锡夔（左一）在华盛顿大学留学

当年9月，经过两个多星期的海上航行，蒋锡夔抵达美国旧金山，随后又辗转到了西雅图。从此，他开始了在华盛顿大学化学系4年的生活。

从小到大，蒋锡夔都不是一个只会死读书的学生，思维活跃的他很快适应了美国的学习生活，一如既往地勤奋刻苦。他把自己所有的时间都用在读书上，在高等物理化学和高等有机化学这两门最难的课程中考试成绩都是A。入学不到两个月，学校便聘用英语水平极佳的蒋锡夔为助教。

后来，蒋锡夔师从著名的物理有机化学家H.道本（Dauben）教授，在教授的指导下开始了博士论文的撰写工作。当时，蒋锡夔重点研究了二环辛四烯及其衍生物的合成与性质，并深入探讨这些化合物是否遵循"休克尔定律"（Hückel's Rule）。

一般来说，美国本土学生要想拿到华盛顿大学的博士学位，至少需要5年，可蒋锡夔只用了3年多的时间就获得了有机化学博士学位。道本教授对蒋锡夔的论文和研究工作给予了高度评价，他曾经感慨地对一位美国学生说："看看，一个中国学生竟可以写出如此优秀的论文！"

蒋锡夔在凯洛格公司工作

毕业后，经教授推荐，蒋锡夔进入了一家大型跨国化工公司——凯洛格公司当研究员，从事氟化学研究工作。经过多次探索性实验，蒋锡夔和同事发明了在水中加入少量水溶性添加剂以代替甲醇的方法。不仅降低了工业生产成本，同时也减少了环境污染。凯洛格公司随即申请了美国专利。

一次，公司邀请著名的有机氟化学家米勒教授（William T. Miller）到实验室做学术报告。在报告中，米勒教授提出：缺电性的全氟或多氟型烯烃（如四氟乙烯）只能与亲核试剂反应，不会与亲电试剂反应。这也是当时公认的看法。然而，蒋锡夔却对这一理论产生了怀疑，他提出，如果用特强的亲电试剂，如三氧化硫，则有可能与此类烯烃发生反应。之后，蒋锡夔立即设计方案并进行实验，在两个半月内证明了全氟、多氟烯烃与三氧化硫可以发生一种新的反应，从而得到稳定的新型化合物 β-磺内酯。那一年，他才刚满29岁。

蒋锡夔的实验成果引起了国际化学界的轰动，获得美国专利，并在1965年正式得到了授权。后来，这一反应被豪本·韦尔（Houben Weyl）撰写的著名权威性有机化学丛书《有机化学方法》（*Methoden der Organischen Chemie*）收录。直至今天，这一反应仍被广泛应用于工业生产中，成为基础理论研究推动科学技术发展的一个典型例子。

此时，年轻的蒋锡夔已在美国崭露头角，本可以在国外优越的条件下生活的他却毅然决定回到祖国。他没有忘记自己出国时许下的诺言："学成后一要为祖国服务，二要回来孝敬父母。"为了留住蒋锡夔，美国政府提出要为他办理美国国籍，还提出了一系列诱人条件，可他不为所动。

这时，美国国会通过了一条法令，禁止在美学习医、工、理专业的中国留学生回国，并做出为留学生发放特殊津贴的决定。蒋锡夔拒不接受，依然强烈要求回国。

1955年，经过多方努力，美国政府终于废除禁令，蒋锡夔这才在圣诞夜返回了阔别七年半的祖国。

三、"向科学进军"

1956年，蒋锡夔来到中国科学院化学研究所，开展有机氟化学方面的基础研究。在原料和仪器都十分匮乏的实验室里，蒋锡夔一边研究，一边阅读文献，跟踪世界最新的氟化学研究进展。4月27日，在回国后的第一个"五一"劳动节前夕，他写下日记："我们感到无限的快乐，感到勇敢的自信。因为我们将积极、继续不断地向我们坚强的、果敢的、智慧的、真理的劳动人民的精神、感情、思想学习，我们将一块儿向科学大进军！"

1957年，蒋锡夔出任新成立的氟橡胶课题组组长，与同事共同负责主持国防科研任务氟橡胶的研制工作。氟橡胶是当时国防军工和国民建设中许多行业急需的新材料，是用于制造导弹、超音速飞机的尖端材料，也是西方国家头号对华禁运品。此前，我国在这方面的研究尚属空白。课题组的首要任务就是合成出全氟丙烯和偏氟乙烯作为单体，为后面的聚合反应提供原料。

在积累了大量有机反应机理知识和实践经验后，蒋锡夔分别确立了两条合成路线，并大胆提出以其中的某一条路线作为重点加以实验。当时，许多含氟原料都供应不上，实验条件也非常简陋，可蒋锡夔并没有气馁，带领组员通宵达旦地泡在实验室里研究。其间，他们经历了无数次失败，但每一次失败也给他们带来了宝贵的经验。最终，在反复实验后，大家合成出了聚合反应所需的单体原料。

紧接着，聚合反应的实验工作开始了。1959年4月，蒋锡夔带领课题组终于合成出我国第一块氟橡胶——氟橡胶1号。随后，他们又相继研制成功了氟橡胶2号和氟橡胶3号。这一重大研究成果荣获了国家发明证书和国家科委重大科技成果奖。

1963年7月，蒋锡夔与课题组的一批骨干调入中国科学院上海有机化学研究所。很快，国防科工委给所里下达了一系列军工研发任务。在紧张的工作中，蒋锡夔和同事们研制出了四氟乙烯和六氟丙烯共聚的F46、四氟乙烯和乙烯共聚的FS40，四氟乙烯和偏氟乙烯、六氟丙烯共聚的F246等。这些新产品都是当时我国发展原子能工业以及研制导弹、火箭等必需的原料。此外，蒋锡夔还致力于氟塑料的研究工作。其中，耐开裂氟塑料FS-46的研制获得1979年国防科工委颁发的二等奖。

蒋锡夔在修改论文

就在蒋锡夔的研究工作蒸蒸日上时，"文化大革命"爆发了，他与当时众多知识分子一样也受到了打击。他的颈椎严重受损，逐渐压迫到神经，导致他到了晚年行走越来越艰难，最终失去了行走能力。

1970年底，父亲蒋国榜跌倒中风。弥留之际，他把蒋锡夔叫到病床前，问他是否后悔当年选择回国。蒋锡夔毫不犹豫地答道："爹爹，我一点也不后悔。您教育我要以德为先，忠孝仁义，第一个字就是忠。忠于祖国，就意味着要做出自我牺牲……如果历史再重演一次，这仍旧是我的选择，即使我失去一切！"

在各种情况下，蒋锡夔都一如既往地继续走自己的基础研究道路。与他同在一个课题组的室主任黎占亭说："他是个真正的科学家。课题组里许多国外资料，实验室出的数据、概念都是由他在'文革'期间保存的。也就是在他几乎被世界遗忘的时候，他依然没有放弃基础研究。"正是因为蒋锡夔在追求真理的道路上不畏险阻、执着前进，他才能够在逆境中坚持到底。这一切，为他日后成为国际一流的有机化学家打下了牢固基础。

四、创立物理有机化学领域的"里程碑"

1978年,中科院上海有机化学研究所创建了全国第一个包括几个分支方向的物理有机化学实验室,蒋锡夔担任室主任。之后,由蒋锡夔牵头的"有机分子簇集和自由基化学"课题组正式成立。

当时,实验室的条件非常简陋:房间不大,窗户还漏风,柜子顶上搁着两台灰蒙蒙的老式电扇。蒋锡夔带着大家从撬地板开始拾掇,总算让房间看上去井井有条。"所有文件都做了标记,桌上必备的是《新华词典》和《新英汉字典》。黑底白字的大理石镇纸拦腰断了,粘好了再用,当年先生带领的课题组的装备就是这么的简陋。"回忆当初的情形,和蒋锡夔一同工作的计国桢曾这样说。

1981年,蒋锡夔的研究生范伟强在做长链酯水解反应的实验过程中发现了一个反常现象:当链长达到一定碳数目时不符合短链类似物的规律,水解速度要慢几个数量级。蒋锡夔无法解释这一现象,便立即让范伟强去查找文献。很快,他们从美国埃默里大学门格教授(F. Menger)的一篇文章中找到了一个观点,即"一些长链分子在水中有簇集现象",可门格教授对此并未深入研究。于是,蒋锡夔带领大家开辟了一个全新的研究课题——疏水亲脂作用下簇集和自卷现象的研究。

蒋锡夔介绍自己的学术观点

早在化学研究所工作时,蒋锡夔就对当时国际上争议较大的"极性因素是否影响氟烯烃自由基加成定位选择性"问题颇为关注。创建了物理有机化学实验室后,在研究有机分子簇集的同时,他开始对自由基化学中的有关难题进行逐项研究。有时研究缺少必要的仪器,而购买又十分昂贵,蒋锡夔就派学生远上北京,到他的老朋友——中科院理化技术研究所的佟振合院士那里去"借光"。

一次，蒋锡夔的研究生于崇曦正在做三氟苯乙烯方面的研究。在实验中，他们发现，三氟苯乙烯可以高选择性地二聚形成四元环化合物。由此，他们确立了一个研究自由基取代基效应的理想模型。在此基础上，大家从这类体系的二聚反应动力学角度出发，逐步建立起了一套反映取代基的自旋离域能力的参数。到1990年，蒋锡夔已经带着学生们做了几十个取代基的研究，积累了大量实验数据。

经过多年努力，蒋锡夔带领的课题组在有机分子簇集和自由基化学两方面的研究中取得了一系列创新成果：他们首次提出并用实验证明了动脉粥样硬化病因和分子共簇集倾向性具有联系，还首次揭示了分子几何因素及自卷对分子簇集倾向性的影响；同时，蒋锡夔建立了当时国际上最完整、最可靠的反映"取代基自旋离域能力"的参数，提出了自由基化学中结构性能相关分析的四种规律性假设，解决了长期困扰自由基化学界的多方面关键问题。

在研究过程中，蒋锡夔和课题组屡屡获奖。1982年，由于对有机氟化学和自由基化学的研究取得成果，蒋锡夔获国家自然科学三等奖。1986年，由于对糖淀粉螺旋构象微环境效应的研究取得成果，他与同事共同获得中国科学院科技进步一等奖。1989年，蒋锡夔获国务院授予的"全国优秀归侨侨眷知识分子"称号。1991年，蒋锡夔当选中国科学院院士。1992年，他荣获中国科学院科技进步二等奖两项。1994年，在北京召开的第34届国际化学会议上，8位世界著名化学家登台做学术报告，蒋锡夔是其中之一。1995年，他应邀赴台参加了"国际华人有机化学研讨会"。1999年和2001年，蒋锡夔和同事的研究两次获得中国科学院自然科学一等奖。

此外，蒋锡夔还曾两次应邀在世界一流刊物《化学研究评论》上发表《疏水亲脂研究》和《自由基研究》的论文。美国化学界权威评审人评价说："蒋锡夔先生的杰出工作，有'里程碑'式的作用。"

五、快乐的"寂寞长跑"

2003年3月28日，2002年度国家科技奖励大会在人民大会堂举行。其中，最引人注目的是，国家自然科学一等奖在连续空缺4届后，终于打破沉寂。蒋锡夔课题组关于"物理有机前沿领域两个重要方面——有机分子簇集和自由基化学"的研究成果摘取了这项桂冠。

获奖后，有关部门曾专门对蒋锡夔课题组的研究经费做了统计，结果发现，他们20多年竟然只用了286万。然而，就是靠着这点经费，蒋锡夔带着课题组，硬是在物理有机化学领域闯出了一片天：他们的研究成果被认为与导致宇宙间生命形成的某种基本作用力有关，在生命过程中也和人类的疾病、衰老等息息相关，还有可能为治疗动脉粥样硬化等疾病开辟新的道路。

生活中蒋锡夔总是快乐的

2005年，研究所盖起了新的实验楼，蒋锡夔这才搬离了曾与他朝夕相伴的旧楼。同年，他获得上海科技大会"科技功臣"称号，并评为全国先进工作者。

多年来，蒋锡夔和课题组成员发表论文230余篇，其中相当一部分发表在国际权威刊物上，并合著有《有机分子的簇集和自卷》（上海科学技术出版社，1996）。他还培养了大批优秀的学生。

对待学生，蒋锡夔十分用心，他说："学生和我感情都很好。其中有一个特别的原因，就是我从来不在其他人面前批评哪一个学生。我一直说，我要批评谁就在开小组会的时候当面批评，或者在个别谈话的时候指出来。"

回忆起和老师一同研究的场景，学生们说："先生常要我们'驳倒'他。能和老师辩论的学生，他说最有出息。""先生替我们一个字一个字改论文，细致到标点符号、拼写错误。""实验做不出，先生比我们还着急、睡不着，第二天一早就跑来和我们讨论。"每年，学生们都会从世界各地给他寄来贺卡，大大小小的卡片已经挂满了整整一面墙。

2009年9月，83岁高龄的蒋锡夔因病住院。2013年1月6日，蒋锡夔获"中国化学会物理有机化学终身成就奖"。久卧病榻的他仍心系科研，每次听到自己的学生有所斩获，他比自己得了奖还要高兴。

许多人曾把蒋锡夔的科研道路比喻成一场"寂寞长跑"，可他却觉得，享受寂寞也是一种快乐。在总结自己的人生之旅时，蒋锡夔这样说道："如果我们把理想看作一个梦，那么，我的一生从幼到老，就是对这样一个梦的追求：热情追寻真理、美和高尚的品德，热烈地希望自己能为祖国的昌盛作出贡献。"

刘广均
——"产学研"结合走出人生新路

刘广均（1929~），核物理学家，同位素分离专家。天津人，回族。1951年毕业于清华大学。历任清华大学助教、讲师、工程物理系教研组主任，国营五〇四厂副总工艺师兼中央实验室主任、副总工程师、总工程师兼副厂长，核工业研究院总工程师、科技委主任等。1991年当选中国科学院院士。长期从事核物理研究与教学，尤其是铀同位素分离取得了许多成果，并为国家培养了大批专业人才。著有《扩散级联水力学讲义》等。

一、原子弹激发的物理梦

1929年7月15日，刘广均出生于天津市一户回族家庭。10岁那年，父亲不幸病故，家中只剩下母子二人相依为命。母亲当小学教员来维持家中生计，出身于知识分子家庭的母亲，心中只有一个信念，那就是让自己的儿子好好读书，早日成才。

1947年，18岁的刘广均在河北省立天津中学开始了自己的高中学习生活。这所中学是"庚子事变"后天津建立的第一所公立中学，俗称"铃铛阁中学"，师资和教学设备都非常好。家境困难，能有机会念高中实属不易，更

刘广均

何况还是一所条件非常优越的中学，所以刘广均十分珍惜，愈发刻苦努力，成绩在班里始终名列前茅。

上高一的时候，一次化学课上，王效曾老师向大家讲授了光放电和发现电子的过程，刘广均听得很是入迷。课后，他迫不及待地向老师请教："怎样才能学到有关原子的知识？"王老师对刘广均的好学感到十分欣慰，告诉他了解原子主要还是要学物理。那时，高中还没有开始上物理课，刘

广均便在老师的指导下,自己找来一些关于物理和原子的参考书自学。就这样,科学技术的大门便在刘广均心中一点点打开了。

1948年夏天,刚读完高中二年级的刘广均决定考大学,在报名和选择专业时,他又去征求王效曾老师的意见。王老师诚恳地说:"学物理很清苦,你如果家境好,可以学物理;如果家境不好,还是学工科好,毕业后比较容易找到工作。"刘广均的家境并不好,可出于对原子的强烈兴趣,他最终还是选择了理科,并以北京考区第一名的成绩顺利考入清华大学物理系,走进了他梦寐以求的理想学府。

二、两段求学路,一颗赤子心

1948年,正值新中国成立前夕,怀揣对未来美好的憧憬以及对物理知识的渴求,刘广均开始了在清华大学物理系的四年学习。大学里的每一门课、每一位老师、每一种理念,都让刘广均受益匪浅。

大一时,刘广均第一次进实验室做实验,就学到了十分重要的一课。做完实验后,任课的李德平老师向他要"data",就是填写在实验报告单上的数据。刘广均战战兢兢地把写得乱七八糟的报告单交给了老师,上面既没有列表格,也没有标明实验误差。老师看后非常生气,把他训了一通。这件事让刘广均明白了:对待科学首先必须严谨,而严谨的态度落实在实验中,就是要提高准确度、减小误差,力求让每一个数据更为可信。

在清华求学期间,另外几位教师的理念,也给刘广均带来了深远的影响。比如,钱三强和王竹溪有关"概念"和"逻辑"的理念,使刘广均认识到,"看一个人工作能力强不强,科研报告做得好不好,都是先看他概念清晰不清晰、逻辑强不强";而叶企孙和周培源有关"技术"和"理论"的理念,让刘广均体会到了理论与技术的不同贡

刘广均在清华读书时的老师之一——王竹溪

献,"一方面理论要与实践相结合,另一方面实践如果不上升到理论,认识是局限的,而一旦上升至理论,就会出现很多新的认识,就会发挥出理论的强大作用"。

1952年8月，刘广均毕业留校，在物理教研组担任助教。1956年初，学校成立工程物理系，抽调刘广均为系里的学生讲授原子核物理课。同年9月，工程物理系负责人何东昌派刘广均与前往苏联学习原子能专业的大学毕业生同行，并希望他一边辅导学生，一边学习铀同位素分离专业。

到苏联后，刘广均了解到，铀同位素分离的任务是从只含约7‰铀-235的天然铀中得到含有高丰度铀-235的浓缩铀，从而获得裂变能的核燃料。又由于铀的另一种同位素铀-238的性质和铀-235相差不多，所以从主要含铀-238的天然铀中提取铀-235是非常困难的。而当时国际上只有美国、英国和苏联掌握了这项技术，如果不掌握这项技术，我国对核能的利用就无法实现。

意识到这些情况，刘广均觉得自己肩上多了一份责任，那就是早日学成，为祖国核能事业的发展添砖加瓦、贡献力量。于是，他写信给何东昌，表示了自己学好这个专业的决心。从此以后，同位素分离成为刘广均毕生奋斗的事业。

1958年5月，刘广均从莫斯科动力学院毕业，回到了朝思暮想的祖国。同年，任清华大学助教、讲师，工程物理系教研组主任，并和同事一起开设了全国大学中唯一一个铀同位素分离专业。

此后短短几年内，刘广均和教研组的同事一起夜以继日地从事教学工作，为国家输送了好几批毕业生，这些毕业生后来几乎都成了我国同位素分离事业的技术骨干。

三、黄土地上的辛勤耕耘

1960年夏天，苏联中断了对我国核工业的援助，我国开始依靠自己的力量发展铀同位素分离事业。1963年2月，刘广均调离清华大学，来到铀同位素分离工作的第一线——位于甘肃兰州西郊的国营五○四厂，参加中国核工业建设工作，任副总工艺师兼中央实验室主任。

来到西北，周围的环境和生活条件艰苦了许多。满眼望去，漫天的黄土，水资源十分匮乏，物质条件也相对落后。然而，刘广均没有丝毫怨言，怀着满腔热忱投入了崭新的事业。

那时正是工厂开始成批机组启动的时候，厂里的建设已经进入决战阶段。刘广均一方面学习工厂设计和工艺流程，一方面投身于获取合格产品的研究工作。当时，我国铀浓缩工厂采用的是气体扩散法，根据235UF6和238UF6两种气体质量不同从而热运动速度不同的特点将其进行分离。

但是，两种分子质量相差并不多，一次浓缩后235UF6的丰度只能增加很少一点，这就需要把很多机器串联起来，一次次地重复浓缩，形成"级联"。级联是一个巨大复杂的整体，牵一发而动全身，当时面临的一个重要问题就是能否在运行的级联中取得合格的产品。作为副总工艺师，刘广均主要负责级联的理论计算工作和级联运行状态的物理分析工作。

为了早日取得合格产品，刘广均和大家一起分析数据、研究方案、采取措施，度过了一段不分昼夜、埋头苦干、激动人心的日子。在回忆那段岁月时，刘广均是这样描述的："为了祖国早日得到浓缩铀，很多人夜间就住在工作区，黑夜白天都在工作。一次半夜里，一位同志累得趴在电话边就睡着了，大家在外面敲门想进去，可他无论如何也醒不了，最后还是有人想起打电话，电话铃声才把他叫醒。虽然累到这个程度，可是大家都非常愉快。令人激动的日子来了，1964年1月14日，高浓缩铀流入容器，扩散厂取得了一次投产成功。这一喜讯迅速传遍全厂，大家热泪盈眶，互相握手、拥抱。那个时候，大家有高度的爱国热情，还有必胜的决心。当年苏联专家撤走的时候，曾说过留下的这些机器早晚会变成破铜烂铁。大家心里憋着一股劲儿，一定要争口气，早日出成绩。"

从34岁到53岁，刘广均在五〇四厂一待就是19年，历任副总工艺师兼中央实验室主任、生产处副处长、副总工程师、总工程师兼副厂长。他在西北度过了自己人生中最重要的年华。每当提到那段岁月，刘广均就无比激动，这不仅是因为他在技术改造和提高级联效率的措施上做出了正确决策，使浓缩铀生产能力和经济效益大大提高，也因为他从中得到了弥足珍贵的体验。其中，最大的体会就是"技术创新主体在企业"；另一个体会就是"要依靠群众的智慧解决实践中遇到的问题"，这也是做好总工程师的一条重要经验。

1982年9月，刘广均回到天津，在核工业研究院任总工程师，负责新型分离机器的研制。年轻时在清华大学的任教经验和之后在五〇四厂的锻炼，都对刘广均在研究院的工作有很大帮助。

1982年起，刘广均先后在核工业研究院任总工程师、科技委主任、高级顾问；1987年12月任高级工程师；1980年起任中国核学会理事，后为同位素分离分会主任委员，《核科学与工程》编委；1987年起任清华大学工程物理系兼职教授、博士生导师；1989年赴美国罗彻斯特大学，任客座教授；1991年经国务院批准享受政府特殊津贴，并当选为中国科学院技术科学部学部委员，第8届和第9届全国政协委员；1997年任天津市第5届科协副主席；1999年任国防科工委第1届专家咨询委员会委员。

四、"产、学、研"结合走出的人生之路

几十年来,刘广均致力于从事铀同位素分离,取得了许多可喜成果,为国家核工业事业作出了贡献。

在同位素分离技术的应用方面,刘广均进行了大量的研究工作,并在此基础上组织采取了多项技术革新措施,特别是在技术改造和提高级联效率的措施上做出正确决策,使分离技术取得了明显的进步。他还组织生产了不同丰度的浓缩铀系列产品,1982年,这一产品获得国家颁发的银质奖。1985年,刘广均荣获国家科技进步一等奖。《当代中国的核工业》(中国社会科学出版社,1987)一书中是这样介绍的:"在刘广均的领导下,理论计算人员密切联系生产实际,做了大量工作,从而使级联结构更加合理,级联效率相应提高。"

在应用离心技术分离同位素方面,刘广均也做了许多工作。在担任国家"七五"重点攻关项目专用设备研制的技术总负责人期间,他通过总结设备研制的6大环节,大大推动了专用设备研制进程。研究成果在专业设备技术改造、提高生产能力和经济效益等方面起到了重要的作用。在专用设备研制技术攻关过程中,1987年,刘广均又荣获国家科技进步二等奖。

刘广均在工作

在分离理论研究方面,刘广均提出扩散级联最佳运行条件的三种判据,阐明了浓度干扰在专用设备运行中的传播规律,对实际运行有着重要意义。

在气体分子运动论方面,刘广均提出建立"玻耳兹曼方程式"的模型方程这种新方法,推导出了轻微稀薄气体中的熵增量公式。他的多篇论文发表在美国《流体物理》杂志上,受到国际同行重视。

多年来,刘广均编写了同位素分离和扩散级联水力学教材,著有《扩散级联水力学讲义》(内部出版,1973)等。他还作为主审审定了4本专业教材,先后培养博士、硕士研究生30余名。

刘广均在明信片上题字"自强不息"——这也是他的人生信念

追忆自己奋斗的日子,刘广均说:"如果说清华是学,那五〇四厂是产,研究院就是研。我很庆幸,产、学、研这三条道路,在我人生不同的阶段中都经历过,不同的道路给了我不同的认知。"对自己几十年来所从事的研究,刘广均则这样评价:科学理论之可贵,不仅在其能总结和解释已知的事实,而且在其能用于推测未知的事实并能指导进一步实验和生产实践。

赵仲修
——开创宁夏小麦育种先河

赵仲修（1929～），农学家，小麦育种专家。云南丽江人，纳西族。1951年毕业于云南大学。1952～1991年在宁夏农林科学院农作物研究所工作，任小麦研究室主任多年，并曾任宁夏农学会理事等。从事小麦育种40多年，实现了宁夏引黄灌区小麦品种的三次更新，大幅度提高了小麦产量。著有《宁夏引黄灌区春麦育种与栽培技术》等。

一、自小孕育的农业丰产梦

1929年5月，赵仲修出生于丽江大研镇光碧村一个纳西族家庭。他家是一个商业世家，通过茶马古道进行贸易，在印度加尔各答设有分号。因此，赵仲修小时候家境是比较优越的，这为他求学上进提供了起码的条件。

纳西族有崇文重教的传统，也比较重视汉文化的学习。丽江地区本来就文化比较发达，纳西族子弟向学之风蔚成风气。这样的文化环境，自然成为赵仲修勤奋求知的动力。而当时赵家的邻居李汝哲，民国初年赴法国留学，同行的有后来成了著名数学家的熊庆来，这对赵仲修又是个很大的激励。因此，赵仲修少年时代学习刻苦，勤奋读书，积极上进。

中学的时候，赵仲修在云南省立丽江中学读书。这是云南省创办最早并享有"滇西北革命和文化的摇篮"盛誉的名牌中学，出过不少名人学者。在这样的学校，无论是文化知识还是思想素养，赵仲修都得到了很大提高。

少年时代的一件事情，对后来赵仲修的人生有着较大的影响。有一年，丽江地区大旱，山区农民颗粒无收，丽江古城的商人自发组织救济队，做稀饭接济山民。赵仲修看到这一幕，体会到粮食的重要和得来的不易，便暗下决心：长大做一个农业专家，促进粮食丰产，使人人都能吃饱，免受饥饿之苦。

1947年，赵仲修从丽江中学毕业，以优异成绩考上了云南大学农业系。进入大学学农，这使赵仲修的农业丰产梦跨出了坚实的一步。而为了实现自己的梦想，大学期间的刻苦学习、勤奋努力，自然不在话下。

1951年7月，赵仲修从云南大学顺利毕业，同年10月，被分配到了宁夏。就这样，像那个时代所有的人一样，赵仲修响应国家的号召，从美丽的丽江到了遥远的塞外。

宁夏素有"塞上江南"之称，是我国重要的农业基地，农业人才在这里大有用武之地。初到宁夏，赵仲修在农业厅担任技术员。怀揣农业丰产梦的赵仲修，不愿

赵仲修家在丽江的老宅

待在省城银川，主动要求下基层锻炼。1952年2月，赵仲修被调到宁夏农事试验场（宁夏王太堡农业试验场及宁夏农科院农作物研究所前身，地址在永宁县的王太堡），开始了小麦育种工作。在那里，赵仲修一待就是40年，直到1991年8月因病退休。

二、千辛万苦，培育新品种

20世纪50年代初期，宁夏引黄灌区仍在种植当地原有的小麦品种，诸如火麦、毛火麦、山麦、白秃子、红秃子、小红秃子、大青芒和五爪龙等。这些品种虽然生长繁茂，而且抗旱耐瘠，但麦穗较小、产量低，平均亩产只有49.5公斤；即便是三年经济恢复时期有较大提高，亩产也不过100公斤。

赵仲修开始寻找低产的原因。在那些日子里，不论夏日还是严冬，不论是刮风还是下雨，他总是没日没夜地泡在麦田里。白天要经受烈日暴晒，晚上要经受蚊虫叮咬。夜幕降临时，农民收工回家，他还钻在麦田里观察小麦的生长变化；风雨把农民赶回了家，他还在麦田观察小麦的抗倒伏性。在天寒地冻的冬天，他怕双脚受冻，耽误了小麦研究，便穿着鞋子睡觉。

赵仲修很快发现，病虫害是低产的一大原因。在夏日里，在麦田里行

走，铁锈般的麦锈病孢子和炭末样的黑穗病孢子就会粘满全身；麦收时节，麦田上空就会飞扬着浓密的锈病孢子，仿佛麦田在熊熊燃烧。小麦扬花灌浆时节，剥穗吸浆虫幼虫比比皆是，最多的一粒麦子上有18个，而正是它们在肆无忌惮地吸吮着麦子的营养。

此外，赵仲修还发现了一些线虫病穗，而正是它们使麦子长得细瘦高挑、弱不禁风。经过无数次在风雨中变成"落汤鸡"，他还发现了小麦倒伏的另一个原因：下雨之后，麦芒上附着成串的雨珠，使麦穗经不住重负而垂下头去，继而使麦秆倒伏在地。

显然，选育抗病、抗倒以及对肥效反应良好的新品种，是提高宁夏小麦生产的关键。

1953年，赵仲修来到宁夏的第三个年头，他从选种开始杂交育种。赵仲修认为，这是"引种的延伸和提高"，这样可以把双亲的优良性状结合在一起，而且常常出现超亲性状，进而育成前所未有的新品种。

作物育种不仅需要科学研究的勤奋刻苦，而田野作业更需要吃苦耐劳。大自然的四季寒暑不以人的意志为转移，作物育种也得顺应大自然的规律，这就要求研究人员具备非常的耐心。

赵仲修在麦田里查看小麦生长情况

为了获得抗倒伏的优良品种，赵仲修对一批抗倒伏和易倒伏的品种进行了形态特征的观察比对。他发现，抗倒伏的品种具有五个方面的特征：一是株矮、节间短，二是节鼓大，三是叶鞘厚实，四是叶旗着生的部位低，五是大都无芒。

为了检验麦芒附着雨水是否是麦秆倒伏的原因，1956年，赵仲修特意种了一小块长芒的品种磨坝小麦。小麦抽穗后，他将半边植株"剃了头"——麦芒全部剪除，另一半保持原状。半个月后下了一场8毫米的雨，还伴有3级的风，结果留芒的半边全部倒伏，"剃了头"的半边则保持直立。赵仲修当即用广口瓶套住麦穗，剪下样本进行测量，确定了附有雨水的麦芒是引起倒伏的最大原因。

之后，赵仲修所选育的品种，无芒的占了大多数，杂交育成的18个品种，无芒的占66.7%。20世纪50年代至80年代初，三次品种更新中所用的主栽品种都是无芒的，形成"和尚头"一统天下的局面。

在辛勤努力下，赵仲修引进繁育出碧玉、阿勃两个品种，并在当地推广，它们分别成为50年代和60年代宁夏小麦的主栽品种，比被取代的品种增产10%~25%。这些品种显著促进了宁夏小麦生产的发展：50年代麦田面积为60万亩，单产100公斤，总产6000万公斤；到60年代末期，面积扩展至125万亩，单产上升到160公斤，总产增至2亿公斤。20年间，面积增加了108.3%，单产提高了60%，总产增加了233.3%。

三、"困难"和"动乱"时期坚持育种梦

从20世纪那几场政治运动走过的科学家，很少有不受到冲击的，赵仲修也不例外。

1960~1962年三年困难时期，全国经济出现十分艰难的局面。尽管体衰力弱，时常因头昏眼花而中断工作，但强烈的使命感、责任感，激励着赵仲修为广大百姓的吃饭问题而努力工作。

1965~1975年"十年动乱"时期，赵仲修的心思还是在老百姓的吃饭问题上。在育种工作的关键时期，他总是坚守岗位，从而取得了一定的成果。他始终认为，工作应有个明确而具体的目标，并为此而全心全意地努力不懈，才有可能取得成功，才能实现为人民服务的良好愿望。

就是在这样的"困难"和"动乱"时期，赵仲修坚持自己的育种梦想，培育出了适合宁夏的理想小麦品种。赵仲修培育出的"斗地1号"，是饱含着他的心血与汗水的新品种，是宁夏第一个春小麦专家品种，同时完成了宁夏春小麦品种的第三次更新。斗地1号秆粗无芒，适应性广，抗倒伏力强，无黑穗病，对条锈病免疫，穗大粒多粒重，千粒重可达50克以上，实现了万粒斤的理想。一般亩产300~400公斤，最高可达500公斤，比阿勃增产10%~20%，因而取代阿勃成为20世纪70~80年代初期的主要栽种品种，促进了宁夏小麦生产的不断发展。

粉碎"四人帮"后，中国迎来了科学的春天，赵仲修也迎来了科研的春天。1976年，赵仲修育成宁春304和宁春609；其后，他又相继育成宁春1号、宁春7号和宁春14号等优良品种，普遍抗倒、抗病，增产显著。

四、来自远方的宁夏 50 年影响力人物

宁夏引黄灌区的来自东西半球、南北半球的小麦品种,不论对光照条件的反应如何,只要不是冬性的,都能正常生长发育。这里不仅有"塞上江南"之称,而且自古就是"塞上米粮川"。在这里,引种范围广泛,育种条件优良,潜力无限。

宁夏隆德俄麦田

就是在这里,1950~1999 年的 40 年间,赵仲修从国内外引进的上万个小麦品种中,优中选优,先后用杂交育种和辐射育种等方法培育出"阿玉""斗地""争天""劲麦""宏图""高丰""连丰"和"宁春"等新品种 19 个,同时引种成功"阿勃""墨卡""南大 2419"等国内外优良品种 8 个。

赵仲修先后杂交育成的这些小麦新品种,通过实际种植,普遍具有抗倒伏性强,无黑穗病、条锈病、散黑穗病、腥黑穗病、线虫病等特点,穗大粒多粒重,千粒重达 50 克以上,实现了万粒斤的理想。亩产一般可达 300~400 公斤,最高可达 500 公斤,成为 20 世纪 70 年代和 80 年代初期宁夏小麦的主要栽种品种。1993 年,种植面积达 150 万亩。

在赵仲修及其同事的努力下,宁夏完成了小麦品种的三次更新。每次的品种更新都可以使小麦单产提高 10%~15%,在良好栽培技术的配合下,使小麦单产从 20 世纪 50 年代初期的 100~150 公斤,上升到 80 年代中期的 350~400 公斤,小面积的丰产超过 500 公斤。

赵仲修还不遗余力培养新人,在他的悉心指导下,宁夏的两位年轻农业家培育出了"优良 4 号",实现了引黄灌区小麦专家品种的第四次更新。

在宁夏的 40 年间,赵仲修把他的全部精力都投入到了农业丰产上,无疆的大爱使他较少顾及小家。在宁夏的 40 年里,他仅回过两次丽江老家,与母亲仅见过一面;为儿子上学填写入学登记表,他记不清儿子的出生年月。

在儿子的记忆里,父亲是一个"工作狂"。小时候,他似乎总看到父

亲在麦田里忙碌。每个夏日的傍晚，太阳退去了余热，他和小伙伴在玩耍，农民们也在各家歇凉，只有他的父亲还在麦田里给一棵棵麦苗绑上标签，以便定期观察；而父亲不去麦田的傍晚，则坐在桌前埋头写论文，神情专注。

根据多年的科学试验结果和生产实践经验，赵仲修写成了《抗倒伏品种的形态特征及其选育》《良种繁育方法》《田间试验中的问题》《宁夏引黄灌区春麦育种今昔》《宁夏引黄灌区春小麦品种现状与前景》等50多篇有关小麦育种和高产的论文，分别发表在《宁夏农林科技》和《宁夏日报》等报刊上。此外，他还撰写了专著《宁夏引黄灌区春麦育种与栽培技术》，1978年由宁夏人民出版社出版。

1978年，赵仲修出席了全国科学大会，他培育的"斗地1号""阿玉2号"获科学大会奖。1984年，获国家人事部颁发的"中青年有突出贡献专家"称号。

此外，1978～1987年，赵仲修先后当选并连任宁夏回族自治区第四、第五届人大代表，第五、第六届全国人大代表，1988年任宁夏回族自治区第五届政协委员。

1999年，赵仲修退休，回到了故乡云南。但宁夏没有忘记他。

2008年9月4日，赵仲修荣膺"宁夏50年影响力人物"，在颁奖仪式上，评委会给出这样的评价："正是他，开创了宁夏小麦育种先河。"

宋文骢
——从"飞天神王"到"歼10"专家

宋文骢（1930～），航空科学家，飞机总体设计专家。云南大理人，白族。1960年毕业于哈尔滨军事工程学院。历任成都飞机设计研究所研究室主任、副总设计师、副所长兼总设计师，现任研究所首席专家、型号总设计师、自然科学研究员。2003年当选中国工程院院士。他在航空工业战线奋斗了50载，先后参加过多个飞机型号的研制，担任过两个国家重点型号歼－7C、歼－10的总设计师。著有《一种小展弦比高升力飞机的气动布局研究》（合著）等。

一、少年经历注定航天情缘

1930年3月26日，宋文骢出生于昆明一个白族家庭。宋氏在当地可谓名门望族，世代崇文重教，出了不少文化人。宋文骢是家里的长子，出生后取小名"泰斗"。到了上学的年龄，父亲找了位"高人"，取学名为"文骢"。"文"是宋家的序辈字，"骢"是骏马的意思。显然，这名字寄寓了父母对儿子未来的美好祝愿和期冀。

四季如春的昆明山川秀美、风景如画。可是回想起自己的童年时代，宋文骢满脑子都是糟糕的记忆。那时，军阀连年混战，天灾人祸不绝。整个滇桂黔地区，满目疮痍、民不聊生。

宋文骢

而宋文骢出生不久，"九一八"事变爆发，日本侵略者占领我国东三省。宋文骢记事的时候，"七七"事变爆发，日寇全面侵华，很快把战火燃遍了全中国。昆明虽然是所谓的大后方，但每天都涌来数不清的逃难者和溃败的军队，而且日本的飞机经常飞来轰炸，美丽的古城被炸得伤痕累累。

宋文骢后来回忆道："在我小时的记忆中，似乎满街都是难民和伤兵，时常见到的都是焦土和弹坑。日本人的飞机，几乎每天都在头上盘旋，隔三岔五就来轰炸昆明。整个城里的人，每天惶惶不可终日。警报一响，全城的人就乱作一团，大人就带着我们躲警报。我是老大，躲警报时，小小年纪还必须背着弟妹跑。那样的日子，几乎伴随着我的童年和少年……"

数十年后，当宋文骢设计出我国自己的先进歼击机时，有人问他这辈子是如何与飞机结缘的，他的回答是"或许与童年的际遇有些关联"。他说："当时，中国也有飞机，但我们打不过人家；中国在地面上也有高射炮，但总打不下来横冲直撞的日机。日本人的飞机基本都是集群而来，像一群群马蜂，每次来都是一个编队 20 多架。这些飞机有时飞得很低，肆无忌惮、耀武扬威，我们躲在郊外的田地里，不但能看见机身上血红的标志，有时还能看见日本飞行员的影子！"那时，宋文骢就老琢磨着，应该发明出"找机弹"来，一打就中。也许从那一刻起，就注定了宋文骢与航空事业一生的情缘。

二、从顽皮学童到解放军侦察员

5 岁的时候，父亲把宋文骢送进了学堂，虽然从小就十分调皮，还得了一个"飞天神王"的绰号，但因为较早就养成了自立的习惯，学习倒也不甚吃力，成绩也不错。而老师给同学们讲孙中山的故事，教他们背总理遗嘱，都给了宋文骢深刻的启迪，尤其是孙中山"要做大事，不做大官"的教诲给了他很大影响。

1941 年，正在读小学的宋文骢，跟随全家从昆明迁回了老家大理。回到大理，他先在县城的育成小学（天主教教会所办）读了两年书，除了学习国语、算术外，还学习了自然、法语等启蒙课程，毕业后顺利考入大理县中学读初中。

大理县中学管理极为严格，对学生非常严厉。学生调皮违反校规，不但会受到严厉训斥，还会被关禁闭。宋文骢少年顽皮习性依旧，在家里搞过假警报捉弄大人，还曾在被关禁闭时领着同学从二楼跳窗逃跑。为此，大理县中学开除了他。却歪打正着，后来反而考取了素有"滇西最高学府"的云南省立第二中学。

云南省立二中历史悠久，有"滇西文化的摇篮"的美誉，学风严谨，人才辈出。1942 年 9 月，宋文骢进入该校。1945 年抗战胜利，宋家迁回昆明，但宋文骢和大弟文明中学还没有毕业，弟兄二人便留在大理继续读书。宋文骢在云南省立二中读书三年,不仅打下了扎实的知识基础,也锻炼出一副好体魄。15岁那年,他想报考中国空军飞行员,他还和同学到大理县医院做了全面体检,结果显示他身体很好,发育健全。

1946年夏天,宋文骢以优异成绩初中毕业。按照父母的要求,回到了昆明。当年9月,宋文骢考进昆明天南中学读高中。天南中学也是教会学校,外语教学分量较重,而宋文骢颇有语言天赋,成绩尤其突出。他的弟弟后来回忆说:"我哥小时候学习其实非常刻苦,尤其外语学得最好,在中学时期他就能用英语和同学交流,甚至争论。"

天南中学有不少从内地到昆明的老师任教,气氛比较开明。宋文骢入学时,校长是原云南大学生物系吴醒夫,所聘教职员工多半是进步人士。宋文骢一进这所学校,就感受到了一种民主进步自由的气氛。1942年,这所学校就有中共地下党在活动。1948年冬天,宋文骢在学校秘密加入了共产党外围组织,受到了革命思想的熏陶。

1949年6月,宋文骢高中毕业。7月,加入新民主主义青年团(即后来的共产主义青年团),并参加集训。集训结束后,被分配到滇桂黔纵队("边纵")司令部参谋处二科当侦察员,成为解放军的一员。

昆明解放时,宋文骢和"边纵"的几个侦察员已经正式调入云南军区情报处,担任谍报员。用宋文骢开玩笑的话说,他们是新中国培养的第一批"间谍"。由于工作很出色,没过多久,宋文骢就担任了谍报组和侦察组组长。

三、亲历战争的航空机械师

1950年初,新组建的人民空军决定扩大航校培训规模。6月,朝鲜战争爆发,军委决定从各陆军部队挑选一批政治素质好、有文化、身体好的同志充实空军部队。8月的一天,部队领导通知宋文骢,要他到重庆去考飞行员。这一年,宋文骢刚满20岁。

到重庆参加完体检,尽管身体不完全合格,经过医生和空军首长研究决定,宋文骢还是被录取了。接着,他又来到新中国航空的重镇长春。刚到长春住下,部队又通知复查身体。长春医院的条件比重庆要好,检查也更加全面、严格。因为心脏有点杂音,最后空军领导遗憾地告诉宋文骢:学飞行不行,那就到航校去学习飞机修理,将来当个机械师。就这样,宋文骢的人生轨迹转向了飞机设计和制造。

在长春空军第二航校,宋文骢成为新组建的航校第一期学员。由于是正规学校的高中毕业生，文化基础好，宋文骢学习并不吃力。他英语功底比较好，入学后又刻苦学习俄语。没多久，就能用俄语和苏联教官简单沟通了。过了一段时间，宋文骢就把飞机飞行的基本原理、主要系统的名称、作用、构造和原理，以及维护修理的基本原则、条令条例都搞得比较清楚了。

1951年5月，航校学员提前毕业，充实各空军基地，宋文骢被分配到空军第9师27团担任机械师。空军第9师27团基地在吉林四平机场，主要任务是保卫"小丰满"电站。宋文骢到基地一报到，就立即投入到了紧张的工作中。

朝鲜战争爆发后，中国人民志愿军抗美援朝，空军基地也投入了战争。宋文骢虚心地向老机械师们学习和请教，飞机维护修理技艺进步很快，时间不长，他就赢得领导和飞行员的信任，他们都放心地把飞机交给他维护修理。经他维护的飞机，从未出过故障。两年后，他升任中队机械长。那期间，大队长驾驶的飞机就是由他负责维护的。

那时，最令宋文骢痛心的是，每次他们送上天去作战的飞机，回来时经常都不完整。他记得，有一次，某一个飞行中队飞机起飞后，就再没回来了。而从天上回来的战友们总是告诉宋文骢："美国人的飞机，一来就像蚊子一样黑压压一大群。他们的飞机比我们飞得快，爬高俯冲转弯都比我们灵活，我们有时看着真是干着急呀！"

这些话语啃啮着宋文骢的心，那时候，他常常在想：我们中国人什么时候才能有比美国人速度更快、航程更远、机动性能更好、战斗能力更强的飞机呢？

从1951年5月到1954年8月，宋文骢都在空军第9师服役，除了没有入朝和上天与美国人面对面作战，他参与了整场战争。由于工作表现突出，1953年3月，他加入了中国共产党。在此期间，他几乎年年立功受奖，先后荣立二等功1次、三等功2次、全师通报嘉奖1次。

四、大学期间就参与飞机设计

1954年8月，宋文骢接到领导通知，部队推荐他去考刚组建不久的哈尔滨军事工程学院。当时学院分为5个系：空军工程系、海军工程系、炮兵工程系、工程兵工程系、装甲兵工程系，宋文骢进入空军工程系，学习飞机、发动机专业，从此与飞机设计结下不解之缘。

在3个月的严格军训后，宋文骢开始进入基础课的补习。尽管宋文骢基础较好，但有些科目还是十分陌生。他刻苦钻研，经受住了考验，一年预科学习后，转入本科。在几年学习生活中，宋文骢每天晚上几乎都在学校图书馆或寝室看书，直到熄灯号声响起；节假日里，拿个面包就上图书馆，一待就是一整天；学院放寒暑假，也是在学校读书学习。在学习专业的同时，他还利用这些时间，阅读了大量古今中外的名著。

哈尔滨军事工程学院初建时的全貌

与其他同学一样，提起哈军工，宋文骢也是一往情深："哈军工这所学院，培养人的确有与众不同的地方。它在让学生学习科学文化技术的同时，会让学生养成一种特别的素质。这种素质，拿陈赓院长的话来说，这里培养出来的学生，除了要有高超的本事，还都要有一种精神。"

1958年3月，国家航空局制定15年发展纲要，提出奋起直追，力争15年接近国际先进水平的奋斗目标。同年7月26日，我国自行设计的喷气机歼教1首飞成功。毛泽东深受鼓舞，甚至提出在每个公社修公路、落飞机。当时正值"大跃进"时期，一场"全民大办飞机"浪潮随之掀起，甚至一些非航空单位也跃跃欲试。

在这样的形势下，设计制造东风104、107，乃至113歼击机的方案应运而生，相继出台。歼击机用"东风"命名，取意"东风压倒西风"。东风113飞机是一种高空高速歼击机，作战对象为美国的F104、105以及B58超音速飞机。这样重大的任务，落在了声名显赫的哈军工身上，由老师带领一、二、三期学员约400人下到工厂参加研制。

宋文骢是第二期学员，当时上三年级，已经进入毕业设计阶段。就是在这样的情形下，他来到国营112厂（现沈阳飞机工业公司），在第二设计室（哈军工负责的东风113项目）参与飞机起落架设计。1959年11月，上级为加快东风113设计进度，暂停107项目，把第一设计室（112厂负责的东风107项目）与第二设计室合并，宋文骢担任新组建设计室的总体组组长，继续东风 113 项目的研制。

宋文骢在研制东风 113 工作中，主要负责总体协调、全尺寸样机协调工作。几年中，宋文骢领导的总体组完成了总体三面图绘制及全尺寸样机研制。其间，宋文骢对飞机设计逐渐入门，分析东风 113 机型各种战技指标和当时我国的工业基础后，认识到主观愿望与客观现实之间存在差距，而且短时间内不可逾越，短时期内要搞出高指标飞机几乎不太可能。

不过，东风 113 研制过程，使宋文骢更深入实际地学习了航空知识，更熟悉和掌握了飞机设计技术，提高了他的专业水平，积累了可贵的经验；同时，他发现我们仿制的苏联飞机还存在不少设计缺陷，照搬苏联飞机研制体制存在着不少不适合中国国情的问题——这为他后来作为总设计师时，坚持打破旧的研制体制，坚持走自己设计的道路，奠定了思想基础。

1961 年 7 月 1 日向党的生日献礼计划失败后，国防科委和空军面对现实，放弃了 113 的研制。

五、从歼 8 到歼 7C

1960 年 6 月，苏联撤走在华全部专家，带走了全部飞机图纸资料，而且停止了设备和零部件供应。中国人只能靠自己的智慧来设计和制造飞机了。

1961 年 6 月国防部第六研究院正式成立。8 月，新组建的国防部第六研究院第一研究所（601 所）在沈阳诞生，主要任务是飞机设计。宋文骢接到上级通知，进了 601 所。

气动布局的选择、总体方案的设计，决定着一架飞机的研制成败。宋文骢从 1958 年参加东风 113 号飞机设计伊始，就清楚地意识到了这一点。在 601 所，他成功创建了中国飞机设计"战术技术、气动布局"专业，亲自担任组长。

宋文骢总是忘我地工作着

1962～1964 年，宋文骢带领他的小组，在大量综合参数研究基础上，进行了 20 多种不同平面形状

和参数组合的新机方案设计研究,最后集中到单发动机和双发动机两种布局方案。结合当时我国的实际情况,宋文骢强烈主张采用双发方案。1964年的决策会议一锤定音,决定采用双发方案。就这样,1969年7月5日,我国自行设计的第一架超音速战斗机——歼8在沈阳试飞成功,标志着我国航空工业实现了从仿制到自行设计的重大跨越。此时,宋文骢虽未能亲临现场观看,但激动之情溢于言表。

在完成歼8综合战术技术论证后,宋文骢被所里抽调出来,主持歼9总体气动研究论证,在他完成"歼9简要战术要求报告"过程中,"文化大革命"爆发。在这场运动中,宋文骢难免也受到冲击。在进行歼9设计时,对他是监控使用。直到1972年,他才被调到所里生产组负责技术协调工作;1974年2月,才被任命为611所(601所的成都分所)总体、气动室主任。

1978年,中央军委决定611所与132厂共同进行歼7C的研制,歼9研制延宕了下来。歼9与歼8当年同时开始研制,是单发歼击机,技战性能更高。到了1980年,因为发动机无法落实,歼9的研制就完全中止了。歼9的研制耗费了宋文骢10多年的宝贵光阴,虽然最后中止了,但它与歼8一样,为后来的歼10打下了基础。

1980年6月,三机部任命宋文骢为611所副所长、总设计师。1981年10月,国务院国防工办任命宋文骢为歼7C型飞机总设计师。同时,将歼7C型飞机列为"六五"期间第一个国家重点型号。

1984年4月26日,歼7C首飞成功。随后,歼7C定型生产,并批量装备部队,受到部队好评。歼7C的研制成功,标志着我国轻型全天候歼击机装备更新一代的任务完成。

六、歼10造就辉煌

20世纪80年代中后期,为了跟上世界军事形势的变化,国家决定研制适应跨世纪作战的第三代战斗机并列为国家重大专项,代号为"十号工程"。当年56岁的宋文骢,被国防科工委任命为歼10的总设计师。

歼10研制初期,宋文骢就清醒地意识到,新机研制必须充分应用当前国际航空领域的先进技术——鸭式布局。经过对不同方案的多次论证、评审,新式气动布局方案被确定为我国新一代战机的总体方案。当时,他们和国外同步开始研究,没有相关数据可以参考。但从1983年就开始的百万个风洞实验数据,使设计很快明确了方向。几个月后,在新机方案论证会上，宋文骢从战术技术要求讲到飞机使用性能、系统结构、武器火控，4个小时的报告赢得满场喝彩。很快，他的全新思路就被确定下来，我国新一代歼击机有了雏形。

歼 10 飞机的研制在我国是一条前人没有走过的路，风险很大，困难很多。作为这样一个国家重点工程的总设计师，宋文骢面临的压力可想而知。"这是国家下达的任务，必须完成，没有退路。所以在这个过程中遇到的任何困难对我来说，都是一个前进的推动力。一旦出现，我就得千方百计去攻克、去解决。"宋文骢正是凭借着这样的精神和意志，让歼 10 飞机突破了先进气动布局、数字式电传飞控系统、高度综合化航空电子系统和计算机辅助设计与制造等一系列关键技术，实现了跨越式发展。

20 年的研制历程，在宋文骢眼里，就是一个不断优化迭代的过程，"就是要让你充分发挥出每一个环节的最大作用，完善每一个细节，让飞机最终达到预定的目标和要求"。

针对歼 10 飞机工程参研单位多、研制周期长的特点，宋文骢对飞机各阶段技术状态进行严格把关，打样、发图、试制、首飞、定型……每一重大阶段他都亲自主持，认真清理技术状态，解决技术问题，保证各阶段工作按计划进行。亲力亲为地参与，全身心地投入与付出，换来的是十足的把握和必胜的信心。

1998 年，歼 10 成功实现首飞。2004 年春天，最初试生产的一批歼 10 装备部队后，部队飞行员首飞成功。在接受采访时，记者问他："您曾经参加过歼 7C 的首飞，如今又参加这种新飞机首飞，感觉如何？"宋文骢一笑："这两次首飞，我的心情各不相同。歼 7C 首飞时，我心情非常紧张，担心着各种问题，两眼紧盯飞机不敢移动。但现在这个新飞机首飞，心情非常激动，但并不紧张。按理说这是高机动、高精度，技术和材料工艺都很新，难度大、风险高，但在放飞签字时我有足够的信心。因为我知道我们的方案是先进的，设计是严密的，技术是过硬的，方法是科学的，试验元器件、子系统都进行了自上而下的综合，以及反复的地面试验，因此我对歼 10 首飞成功充满了信心，当时，我的心情就像对自己的儿子一样了解和信任。"

其后，歼 10 飞机已经装备部队，歼 10 的双座型等改进机型不断推出，性能不断完善。2007 年，中国航空工业第一集团发布权威消息公开歼 10 研发过程，实现了中国战斗机从第二代向第三代的历史性跨越；2008 年的珠海航展，歼 10 飞机的精彩表演让世界为之惊叹；2009 年 10 月 1 日 60 周年国庆，歼 10 "盛装"亮相国庆阅兵式；2010 年，新涂装的歼 10 战机在

"八一"飞行表演大队的精准操控下,又一次在珠海的蓝天上划出了令人惊艳的弧线……

七、淡泊名利,耐住寂寞

宋文骢常说:"身为航空人,就要做到淡泊名利,耐得住寂寞。"

宋文骢从事的是保密工作,由于这个原因,父母和兄弟都不知道他到底是做什么工作的。有一年,弟弟宋文鸿去探望他,无意间看见书柜里有几本医学书籍,回去后便对家人说:"哥哥现在可能已改行当牙医了!"我国对歼10进行适度解密后,一些报纸和杂志开始在公开报道中将宋文骢称为"歼10之父"。家人这时才恍然大悟:原来,他几十年来一直在默默地为国家研制战斗机!

宋文骢的杰出贡献,给他带来了众多荣誉。1988年,获得"全国优秀科技工作者"称号和"五一"劳动奖章;2000年,被评为"全国先进工作者";2003年,当选为中国工程院院士;2007年,由他担任总设计师的歼10飞机工程荣获国家科学技术进步特等奖,他荣获国家科技技术进步二等奖、航空航天工业部科技进步一等奖、重点型号设计定型一等功、重点型号首飞特等功;2009年,宋文骢当选"感动中国年度人物"。

在获得巨大成就之后,许多媒体竞相前来,希望采访宋文骢,但大多数都被他谢绝了。在为数不多的受访中,他说得最多的话是:"歼10工程之所以能够取得今天的成功,绝对不是一个人的行为,它和参与研制的每一个人息息相关。正是靠着几代人的努力,才创造出了歼10飞机美好的未来。"

2009年10月1日,新中国成立60周年,歼10飞机作为参阅装备之一,"盛装"亮相国庆阅兵式,宋文骢再次作为总设计师受邀进京,在观礼台上观看了气势恢宏的阅兵式,目睹了歼10飞机飞过天安门广场的英姿。当歼10呼啸着飞过天安门广场上空时,宋文骢潸然泪下。

宋文骢觉得自己很幸运,能够亲眼看到歼10飞机取得今天这样辉煌的成就与发展,能够亲自品尝到成功果实的甜美。此时,他怀念那些过早离去的同事,赞美那些为歼10默默工作的无名英雄。

由于工作性质的原因,宋文骢没有像别的领域的科学家那样多的著述。2001年,中国工程院主办的《中国工程科学》杂志(2001年第8期),发表了成都飞机设计研究所4位科研人员共同撰写的文章:《一种小展弦比高升力飞机的气动布局研究》。文章描述了当时科研人员在经过大

歼 10 列队飞过天安门上空

量实验后对中国新一代战机的设想，并提出了一种"未来战斗机"的设计方案。这篇文章的第一作者，正是被称为"中国先进战斗机之父"的宋文骢。作为歼 10（第三代战机）的总设计师，这位老人的坚持与努力，最终帮助后辈们成功研制出了歼 20。

赵尔宓
——大半生与蛇"缠绵"

赵尔宓（1930～），动物学家。四川成都人，满族。1951年毕业于华西大学生物系。历任四川医学院讲师，中国科学院成都生物研究所研究员、副所长等，还是全国自然科学名词审定委员会委员、《中国动物志》常务编委。2001年当选为中国科学院院士。长期从事两栖爬行动物学研究，足迹遍布我国18个省区，在新种发现、区系划分以及两栖动物灾害防治等方面都取得了突出成就。著有《中国两栖爬行动物学》（合著）、《中国蛇类》以及《赵尔宓选集》等。

一、规矩生活的进步青年

1930年1月30日，赵尔宓出生在成都一个满族家庭。赵家可算是医生世家，赵尔宓的父亲赵伯钧当时在家里开着很小的西医诊所，叫"亲仁医院"；赵尔宓的大哥，后来也学医了。

赵尔宓兄妹8人，一个哥哥，两个姐姐，两个弟弟，两个妹妹。由于孩子太多，父母照顾不过来，赵尔宓在上小学前，一直是跟随"姑爸"生活。

在赵尔宓记忆中，父亲不苟言笑，除了读书，不许儿女有别的爱好。上中学的时候，赵尔宓买了一把二胡，被父亲发现，当即就给折断烧了。相比父亲，出身私塾教师家庭的母亲温和多了。

赵尔宓

父亲对子女的学习要求十分严格。5岁那年，赵尔宓进入当地小学读书。那时学校照例少不了体罚，学生淘气捣蛋或者背不出书来，就会挨板子或者"下贵州"（罚跪）。赵尔宓也遭受过这种待遇。到了晚上，父亲还会请先生到家里辅导孩子功课。因为人多、年纪小，兄弟姐妹难免嬉闹，可每当听到父亲的踱步声,几个孩子都会立即正襟危坐,发出响亮的读书声。

1941年,赵尔宓考入成都树德中学,这是那时当地最好的私立中学。上初二的1943年,政府号召青年从军抗战,看着很多同学投笔从戎,未满16岁而不能从军的赵尔宓很是郁闷。不过,从1944年秋开始,赵尔宓团结满族、蒙古族青年,先后组建了进步组织"同仁学会""进修学会",进行宣传抗战、宣传革命的活动。对于这些,父亲倒是不去干涉。

1947年高中毕业前夕,成都地下党领导发动了"反饥饿、反内战"运动。赵尔宓也参加了运动,并承担鼓动同学罢课的任务。不几天,校长召集全校学生到礼堂集合,宣布不准罢课,参加者一律开除。赵尔宓因积极鼓动罢课,受到了严厉批评。到了夏天,赵尔宓就高中毕业离开了学校。

读中学的时候,受到比自己大9岁且已成为大学助教的大哥的影响,赵尔宓读了不少课外书,诸如《鲁滨孙漂流记》《金银岛》等。

二、毅然选择学习生物

大哥毕业于华西协和大学药学系,赵尔宓高中毕业后,亲友都以为他会进华西学医。但赵尔宓则另有打算,报考了华西大学的生物系。结果,他虽然考试成绩名列第一,却遭到众多亲友的反对。在种种压力下,开学之初他就到医学院院长家里请求转读医科,院长既不反对、也没同意,只是说:"读完一年再说吧。"

第一学年上学期,华西大学生物系教授刘承钊从美国回来,组织全系学生在每周日上午进行学术交流。赵尔宓自选的报告题目是"生物的适应性",由于材料丰富,讲了三个小时。刘承钊不但耐心听完,还提出了一些意见。就这样,赵尔宓彻底放弃转学医科的想法,坚定地学了生物。

也就在大一的时候,赵尔宓有幸被刘承钊聘为学生助理,在华西协和大学自然历史博物馆半工半读。刘承钊送给他一本《比较解剖

赵尔宓在专注地进行研究

学》，并叮嘱他每年读一遍。刘承钊还不时带领学生到野外采集调查，赵尔宓就曾两次随老师到成都彭县（今彭州市）白水河与九峰山进行野外作业。

1950年，赵尔宓应聘到川西卫生学校教授生物学一学期。同年，刘承钊受北京燕京大学之聘，担任生物系主任。赵尔宓非常不舍，他本打算大学毕业后，继续跟着老师做生物研究。不过，第二年，西南军政委员会文教部就把刘承钊接回了成都，担任改组新建的四川医学院院长。

1951年7月，赵尔宓大学毕业，在重庆集中学习一月后，被分配到哈尔滨医科大学任助教。赵尔宓很想回到成都，后来凑巧同校生物系有人将被调往成都，在刘承钊的帮助下，赵尔宓得以和这名同学互换。

1954年5月，赵尔宓调回已更名为四川医学院的母校，被安排跟随徐福均研究胚胎学。1956年，赵尔宓晋升为讲师，26岁的他开始了采集生涯。

1962年，赵尔宓成为刘承钊的助手，开始了两栖爬行动物分类区系的研究。

三、大半生与蛇"缠绵"

赵尔宓大半生学术研究的对象，是人见人怕的蛇，因此有记者在报道中说他与蛇"缠绵"了半个世纪。在赵尔宓眼中，蛇是非常可爱、有趣的动物，谈起蛇来，他会用手比画着蛇的动作，滔滔不绝。

说来有些不可思议，与蛇"缠绵"半个世纪的赵尔宓，竟然从未被蛇咬过。原因何在？赵尔宓说："别看我跟蛇打了大半辈子交道，其实我特胆小。"只要到野外采集标本，他就棍不离身，不让皮肤有一点裸露，随行还有抓蛇高手，基本不会亲自抓蛇。

但也有例外。1963年，赵尔宓和同事到贵州山区采集标本，偶然听说兴义的一个小山乡分布着罕见的剧毒五步蛇（尖吻

赵尔宓在蛇岛科考

蝮）。这种蛇在亚洲相当著名，因舌头酷似三角形的铁犁头，当地人称之为"犁头匠"。赵尔宓和同事上山搜寻了半个月，也没见到"犁头匠"的影子。就在他们收拾行装准备离开时，有山民报告说他家粪坑旁发现了"犁头匠"。这一次，赵尔宓情急之下，亲自下手抓住了这条足有 1.5 米长的大家伙。

顺着历史的线索，可以梳理出赵尔宓蛇类研究的卓越成果。

1973 年，赵尔宓与同事前往喜马拉雅山南麓的墨脱县采集标本。那时，墨脱县是全国唯一没有通车的县份，到那里必须翻过喜马拉雅山海拔 5500 米的多雄拉垭口。赵尔宓一行用了三天三夜，才到达当时的墨脱县城马尼翁。这次一个多星期的采集，赵尔宓发现了西藏独有的 8 种两栖爬行动物，包括由他命名的新蛇种"墨脱竹叶青"。尤其是在墨脱希壤发现了眼镜王蛇，将这一蛇种已知的分布范围向北推移了 4 纬度，并为亚热带动物沿雅鲁藏布江大峡谷水气通道向北扩散提供了有力证据。

大连旅顺口西北的渤海中的"蛇岛"，举世知名，0.73 平方公里的岛上，生存着近 2 万条剧毒蛇。最早登岛的日本人长谷川秀治，认为岛上的蛇是一种叫"中介蝮"的毒蛇。看过标本的赵尔宓却持不同意见，认为很可能是一种未经报道的蛇。1979 年，他登上了遍布毒蛇的蛇岛，观察发现，岛上的蝮蛇和"中介蝮"有着截然不同的形态特征和生活习性。一周后，赵尔宓带着从岛上抓来的 20 多条毒蛇回到成都，随后将蛇毒带到上海，与中科院上海生化所和生理所合作，证明了蛇岛上的蝮蛇是一个未经命名的新种。随后，赵尔宓将蛇岛上独有的这种蛇命名为"蛇岛蝮"。

赵尔宓著作书影

1989 年秋末冬初，湖南省莽山的老乡抓到一条样子奇特的蛇。蛇被带到成都后，赵尔宓凭借多年经验判定，这条蛇是烙铁头蛇的一种，但体形、色斑、鳞片数量等外形特征，与其他已经发表的烙铁头蛇种又有明显区别。经赵尔宓一名研究蛇毒的学生解剖发现，该蛇和其他蛇种有较大区别，所以他们以它为模式种，另建新属。1990 年，该新蛇种公布于世。因其头部呈三角形、形似一块烙铁，赵尔宓将它命名为"莽山烙铁头"。这种蛇的拉丁属名以赵尔宓的名字命名,为"Zhaoermia",它分泌的毒被叫作"zhaoermitoxin"。2004年,国家林业局公布的全国野生动物调查结果显示,莽山烙铁头蛇的数量仅为500条左右。当年国家林业局发布的"中国11种比大熊猫还濒危、急需拯救保护的野生动物"名单中,莽山烙铁头蛇位居第10位,人们因此称它为"蛇中熊猫"。

此外,赵尔宓还创造性地应用专业知识为国防和生产服务。1969年,根据中科院下达的国防任务,参加云南毒蛇危害调查,进行动物实验中毒药物保护作用的筛选,经过108次配方、数百次实验,制成了"云南蛇药"。1976年,应新疆治蝗灭鼠指挥部防治蛇害的要求,广泛调查,摸清草原毒蛇、蝗虫、鼠害的辩证关系,提出截断毒蛇食源和减少隐蔽洞穴的生态防治措施。1992年,首次提出"我国毒蛇咬伤的医学地理学"概念,用以指导毒蛇咬伤防治实践。

四、学术成就饮誉海内外

在半个多世纪里,为探索蛙螈蜥蛇等两栖爬行类动物的奥妙,赵尔宓每年都要到野外工作一段时间,短则3个月,长达8个月,踏遍大半个中国(18个省区),仅新疆就去过11次。野外采集和考察,占据了他大部分的时间和精力。直到2007年,77岁的他还顶着40℃~50℃的高温在新疆野外作业,采集到了10多种标本。

野外考察采集的珍贵标本和丰富的观察经验,都凝结成了一个个学术观点和一部部学术著作,也获得了国内国际同行的认可。

赵尔宓在两栖动物分类区系研究方面成就突出。关于西藏两栖爬行动物地理区划、横断山区两栖爬行动物区系、中国蛇类分类和东亚岛屿动物地理学等,他都提出了许多新见解和新观点。根据西藏物种分布的实际情况,他将喜马拉雅山南坡划为东洋界中印亚界西南区的一个新亚区;依据爬行动物的分布,首先提出在动物地理区划的西南区增加一个新的"喜马拉雅南坡亚区"。他关于东亚岛屿两栖爬行动物区系的形成是大陆物种多源扩散的结果的观点,引起了国内外同行的广泛关注并得到认同。

在两栖爬行动物分类研究中,赵尔宓描述和命名了41个两栖和爬行动物新种(亚种),2个两栖动物新属,我国新纪录科1个和新纪录种约20个;发表论文110多篇,主编和参编书籍40余种,创办期刊、丛书4种。

赵尔宓参与筹组了全国两栖爬行动物学会。他创办的期刊,不仅有中文版的《四川动物》《两栖爬行动物学报》,还有英文版的"Asiatic Herpetological Research"（《亚洲蛇蛙研究》在美国出版，担任主编）。他主编的《蛇蛙研究丛书》已经出版了 12 辑。

赵尔宓主编、合编的著作有《中国蛇类图谱》《中国两栖动物地理区划》《中国动物志》爬行纲二卷（蜥蜴亚目）、三卷（蛇亚目）以及《中国蛇类》（上、下，安徽科学技术出版社，2006）等。他 1994 年与美国康奈尔大学教授 Kraig Adler 合著的英文著作 Herpetology of China（《中国两栖爬行动物学》），厚达 600 多页，是积累资料花费近半个世纪、撰著历时 10 年而成的巨著。该书全面系统地论述了中国 661 种两栖爬行动物研究的历史和现状，被俄罗斯科学院院士 Ilya Darevsky、美国科学院院士 David Wake 誉为"里程碑之著"，"无疑是开创了研究这辽阔地域的两栖爬行动物区系的新纪元"的"划时代的巨著，它的影响将会持续大半个世纪"。

赵尔宓参与的"青藏高原综合考察""横断山综合考察"和"西藏南迦巴瓦峰登山科学考察"三项科学考察，获得多项国家级一等奖或特等奖，其中"青藏高原综合考察"，1986 年获国家自然科学一等奖和中国科学院科技进步三等奖。1988 年，赵尔宓获中国科学院竺可桢野外科学工作奖；1988～1997 年，当选第七、八两届全国人民代表大会代表；1999 年，当选全国归侨侨眷先进个人；2001 年，当选中国科学院院士；2002 年，被评为四川省第四次民族团结进步模范个人。

赵尔宓在国际学术界享有很高的声誉。1983 年，他应邀担任世界两栖爬行动物学大会执行委员；1987 年，应美国美中学术交流委员会邀请到康奈尔大学做访问教授；1988 年，当选美国 Sigma Xi 科学工作者荣誉学会会员（终身）；1989 年，当选美国加州科学院荣誉院士（终身）；1989 年，受英国皇家学会邀请赴英参加首次世界两栖爬行动物学大会，并应邀作大会报告，会后当选连任大会第二届执行委员；1991 年，应邀担任美国加州大学伯克利分校客座教授；1991～2000 年，担任 IUCN/SSC 中国两栖爬行动物专家组第一至三届主席；2003 年，当选美国两栖爬行动物学家联盟荣誉会员（终身）。

2010～2012 年，中科院成都动物研究所编辑了《赵尔宓选集》（上、下），由科学出版社出版，对赵尔宓的学术成果进行了总结。

赵鹏大
——攀登数学地质的高峰

赵鹏大（1931～），地质勘探学家、数学地质学家。祖籍辽宁清原，出生于沈阳，满族。1952年毕业于北京大学，1958年获苏联莫斯科地质勘探学院副博士学位。曾任北京地质学院副教授，武汉地质学院、中国地质大学（武汉）教授、院（校）长，中国地质学会副理事长等。1993年当选为中国科学院院士。多年从事矿产普查勘探、数学地质的教学与科研工作，成就卓著。著有《矿床勘查与评价》（合著）、《地质勘探中的统计分析》（合著）、《定量地学方法及应用》（主编）以及《高等地质教育的思考与实践》等。

一、醉心于地矿学家的神奇"慧眼"

1931年5月25日，赵鹏大出生在辽宁沈阳一个铁路职工家庭。他是满族，祖籍辽宁清原。

赵鹏大的童年和少年时代正值国家多事之秋，出生后4个月，日寇侵占东北的"九一八"事变爆发，他也就开始了随父母逃难入关的动荡生涯。从初小直至高中毕业，他换了6所学校。不过，不论搬到哪里，父母都没有耽误他的学业。

12岁的时候，赵鹏大离开父母，背着行囊来到四川自贡，在设在寺院的国立东北中山中学住校读初中。这是一所东北流亡中学，生活条件十分艰苦，伙食很差，基本上吃不到菜，经常是用

赵鹏大

辣椒粉拌盐佐餐。不过，幸运的是，这里的学习条件不错，教师都是从北方流亡四川的名牌大学教授，不乏清华、北师大等名校的老师，师资力量很强，外语、数学、化学、生物等课程开办得有声有色。

学校的管理也很严格。学生几十人合住一间大寝室，每天早晨都要检查"内务"：被子是否叠得平整，床单是否平展；床下竹篮里装的衣物，

也必须摆放整齐。每日三餐必须在值日生喊完"立正、稍息、开动"之后，才许动筷子。这种颇有点军事化的严格而规律的生活，对赵鹏大日后的成长影响颇大，为他从事野外地质工作打下良好基础。

就在上中学时，赵鹏大听老师说，地质学家能勘察到地下哪些地方有矿产，计算出埋藏在地下的矿量有多少。矿藏是看不见的，怎么就能找到呢？难道地质学家都有一双"慧眼"？这在赵鹏大眼里，是一件很神奇的事情。从那时开始，他就萌生了日后搞地质勘探的念头。

立志学习地质，几乎是赵鹏大从小学就有的愿望。当年在四川威远县上小学，老师曾经带他们下煤矿参观，他对地下能有如此多的煤炭感到奇怪。在四川自贡市上小学时，老师带他们去大坟堡参观盐井和火井，看到卤水如何从地下提升到井口，又如何利用天然气"火井"将卤水熬炼成盐；甚至上学、放学，他都不止一次走过输运卤水的竹管。

1948年报考大学时，赵鹏大曾报考燕京大学、辅仁大学、师范大学等，甚至还有辽海商船学院，但他最心仪的还是北京大学地质学系。不过，家里却反对他的选择，母亲认为地质工作非常辛苦，在野外到处奔波像个乞丐；父亲主张他报考军校，军事救国；祖父甚至认为学地质是"看风水"，以后成为"风水先生"没有出息。只有已在北京大学上学的哥哥支持他，说北大地质学系历史久、师资强、条件好，一个系拥有一所独立的小楼——地质馆。就这样，赵鹏大坚定地报考北京大学，实现了学习地质的愿望。这一年，赵鹏大仅有17岁。

老北大地质馆

二、在地质矿产学的海洋里

当时的北京大学地质学系聚集了很多中国一流的地质学家，系主任孙云铸的"古生物"课，王鸿祯的"地史"课，马杏垣的"普通地质学"，都让赵鹏大大开眼界。尤其是马杏垣先生多次带领学生到野外实习和工作，马先生超强的野外地质观察能力、丰富的想象力、深刻的分析问题能力以及精美的素描等等，给赵鹏大留下深刻的印象，马先生成为他敬佩和学习的榜样,以致"文革"期间有人批他走"马杏垣道路"。

赵鹏大在北大学习期间,非常勤奋刻苦。大学二年级的时候,他就超前自学高年级的课程,阅读大量地质期刊,并且在报刊上发表了10多篇科普文章,如《漫谈湖泊》《化石的故事》《煤》等。最后,赵鹏大选择以"矿"作为主攻目标。这不仅是因为自幼对矿"情有独钟",更因为新中国成立初期百废待兴,开发矿产资源对国家建设有着重要意义。他的大学毕业论文就是"陕北四郎油田地质问题"。

赵鹏大在野外找矿

1952年,赵鹏大以优异成绩毕业,在全国院系调整中,被分配到刚刚筹建的北京地质学院参加建院工作。

1954年,赵鹏大受国家委派,前往苏联莫斯科地质勘探学院攻读研究生,师从雅克仁教授。雅克仁不仅是著名地质学家,还是学院的院长,具有丰富的理论知识和实践经验,他对赵鹏大说:"要想成为一名优秀的矿床学家,你必须跑上500个矿床!"所以,留苏期间,赵鹏大每年都要利用寒暑假到苏联乌拉尔、乌克兰、科拉半岛及外贝加尔等地区,参观和考查了10多个各种类型的矿床,其中包括世界级的禾洛姆塔乌铬矿床、尼克泊尔镍矿床、阿帕奇特磷矿床、白桦金矿床等,大大开拓了眼界。

在苏联,上中学时听到的地质学家计算地下矿藏的神奇事件又浮上心头,加之对于当时地矿科学的认识,他选择"矿产普查与勘探"为攻读的专业方向,并把地质勘探工作和矿床地质研究定量化作为主攻目标。从此以后,定量地学及后来的数学地质特别是定量勘查,就成为赵鹏大终身的研究方向。

经过两年的学习,赵鹏大完成了有关网脉状钨锡矿床的论文,获得了副博士学位。

三、创造中国大学校长任期最长纪录

学成归国之后,赵鹏大重新回到了北京地质学院的工作岗位。1960年,28 岁的赵鹏大晋升为副教授,并在国内首次招收矿产普查与勘探学研究生。当时,他是学院最年轻的副教授,也是最年轻的研究生指导老师。

为了不辜负学校的期望,赵鹏大认真备课,周末经常在学校图书馆里查阅各种地质文献,跟踪学术前沿问题。第一次给研究生上课时,他还有点忐忑不安。走进教室时,他发现十多双眼睛齐刷刷地望着他。这些研究生中,有的年龄比他还大。不过,有备而来,认真讲授,赵鹏大的课受到了学生的欢迎。

中国地质大学(武汉)博物馆

1963 年,由于拼命工作,赵鹏大患上了严重的髌骨软化症。这种病是一种慢性病,疼起来让人痛不欲生,不能正常行走。然而,患病的 3 年时间里,每年夏天学生野外实践教学的黄金时期,他都忍着身体疼痛,克服困难,带领学生到云南个旧锡矿区进行教学实习。

1975 年,北京地质学院南迁武汉,更名为武汉地质学院。赵鹏大随学院到了武汉,历任副教授、教授、矿产系主任。由于工作出色,1983 年,赵鹏大被任命为学院院长。1978 年,地质学院在北京恢复办学。1987 年,南北两所地质学院更名为中国地质大学,分北京、武汉两个独立办学实体,赵鹏大被任命为中国地质大学(武汉)校长。

1978 年,赵鹏大首次为研究生和本科生开设了"数学地质""地质勘探中的统计分析""矿床统计预测"等课程,还提出了"矿床统计预测"的基本理论、准则和方法体系,并以此为内容编写了教材和专著,在我国首次创立了"矿床统计预测"这一新学科。1998 年,以赵鹏大为学科带头人的中国地质大学矿产普查与勘探学科被评为国家重点学科。

在担任武汉地质学院和中国地质大学（武汉）校领导期间，赵鹏大抓住时代的机遇，带领全校师生员工，在武汉南望山下书写了地质教育的传奇。从1983年到2005年，赵鹏大担任校长的22年间，是学校发展最为迅速的时期，他自己也创造了中国大学校长任期最长的纪录。

四、攀登数学地质科学高峰

自从在莫斯科地质勘探学院注意到地质勘探的定量问题，赵鹏大就再没有放下过这个问题，他是我国最早从事数学地质研究并取得重大成果的。

20世纪50年代末，赵鹏大就致力于探索数学模型在地质勘探中的应用。

60年代，赵鹏大首次利用数学模型模拟了矿床勘探过程，这在当时是一个重大的学术突破。在此之前，找矿更多是凭经验。他的"数学地质"概念刚刚提出，就在地质界引起关注。也正是"数学地质"，引领赵鹏大朝地学高峰不断迈进。

1966年，赵鹏大这样的业务骨干自然受到了冲击。在人生的逆境中，他没有任何抱怨，抓紧时间偷偷做研究。

"文革"结束不久，地质出版社出版了《宁芜火山岩盆地铁铜矿床成矿规律、找矿方向及找矿方法研究》一书，书中由赵鹏大执笔撰写的《宁芜地区铁矿床统计预测》在1982年获国家自然科学三等奖。在接下来的几年里，赵鹏大在科研方面焕发出了更大活力，研究成果接二连三地发表。在《试论地质体数学特征》一文中，他首次论述了"地质体数学特征"的内容和方法。

赵鹏大著作书影

此外，赵鹏大还提出了"矿床统计预测"的基本理论、准则和方法，并以此为内容，编写了教材和专著，在我国创立了"矿床统计预测"理论。以他为首编著的《矿床统计预测》获原地矿部优秀教材奖。随后，国务院学位委员会批准他为矿产普查与勘探和数学地质两个学科的博士生导师。

20世纪80年代是我国地质学研究突飞猛进的年代，是不断推出创新成果的年代。赵鹏大不断丰富数学地质的研究，建立了地质体数学模型。他在专著《矿床勘查与评价》（合著，地质出版社，1988）中，针对矿产勘查难度日益加大的现状，提出了集"理论找矿、综合找矿、立体找矿、定量找矿"为一体的找矿新思路。

1989年，在美国华盛顿召开的第28届国际地质大会上，赵鹏大宣读论文《矿产定量预测的基本理论、基本准则和基本方法》，这是他首次在世界科学舞台上，系统完整地将"数学地质"研究进展公布于众。

1990年夏天，赵鹏大带着研究生深入罗布泊及北疆等地区进行野外勘探。罗布泊素有"死亡之海"之称，自然环境恶劣，勘探工作辛苦异常。赵鹏大和同学们克服了高温、缺水、迷路等困难，终于在新疆北山发现两条铜镍硫化物远景成矿带，在东准噶尔发现一条金矿带。该研究的成果《北山成矿远景区地物化综合研究与找矿靶区圈定》获国家"七五"科技攻关重大成果奖。他还带领同事将数学地质新体系的研究成果编写成专著《地质勘探中的统计分析》（合著，中国地质大学出版社，1990），该书获首届全国高等学校优秀著作一等奖。

1992年，赵鹏大出席了在日本东京举行的第29届国际地质大会。大会期间，他被授予国际数学地质最高奖——克伦宾奖章，成为获此殊荣的首位亚洲人。

1993年11月，凭借在数学地质和地质普查勘探领域的成就，赵鹏大当选为中国科学院院士。此后，他还当选为俄罗斯自然科学院院士、国际高等学校科学院院士、莫斯科地质勘探科学院名誉院士、纽约科学院院士等。

五、耄耋之年的"潮人"

赵鹏大多年来从事矿产普查勘探、数学地质的教学与科研工作，相继出版了10多部专著，发表学术论文百余篇，多次获得国家和省部级奖励。

作为地质教育家，赵鹏大常常这样说："将地学大国建成地学强国关键在人才，地质教育肩负着艰巨而光荣的使命。"他非常看重学校的贡献力、影响力、竞争力和创造力。对于学校输送人才的标准，他提出了"五强"的概念：社会责任心强，基础理论强，外语能力强，计算机能力强，创造能力和管理能力强。

赵鹏大在书房读书

在赵鹏大心中，总有一些事情让他欣慰无比。2008年2月21日晚，中央领导同志与首都知识界代表举行元宵联欢会，赵鹏大应邀出席。会间，国务院总理温家宝特意来到赵鹏大身边予以问候。

2010年4月24日，备受关注的"科学中国人"年度人物在北京揭晓，79岁的赵鹏大获得"最受公众关注奖"。这份特殊的荣誉，是对他60年来在地学领域努力工作的最大回报。

2011年5月25日，在赵鹏大80岁诞辰之际，中国地质大学（武汉）举行"赵鹏大八十华诞暨从事地质工作六十周年庆祝大会"，首届赵鹏大奖学金颁奖，本校3名学生获奖。赵鹏大奖学金是由他和弟子共同出资110万元人民币设立的，旨在奖励、资助学校地质勘探、数学地质、资源产业经济等学科的本科生和研究生。

2011年8月27日，中国地质大学（武汉）开学，赵鹏大应校广播台之邀，用微博寄语新生，迎来网上一片叫好。

2013年1月，赵鹏大在实名新浪微博连发数条微博，痛批央视晚间新闻白酒广告泛滥，引发网友热议、转发。

耄耋之年的赵鹏大仍然是一个"潮人"。

窦国仁
——把工作当成人生最大乐趣

窦国仁（1932～），河流泥沙专家，中国科学院院士。辽宁北镇人，满族。1956年毕业于苏联列宁格勒水运工程学院，1959、1960年先后获副博士、博士学位。回国后一直在南京水利科学研究院工作，历任工程师、高级工程师、副所长、副院长、院长，还曾任国务院学位委员会土建水学评议组召集人、三峡建设委员会泥沙专家，中国水利学会副理事长、江苏省科协副主席等。1991年，当选中国科学院学部委员。在河流泥沙研究与实践中提出了卓有见解的理论，包括"窦国仁公式"。

一、最年轻的留苏博士

1932年11月16日，窦国仁出生在辽宁省北镇县（今北镇市）一个满族家庭。北镇是辽宁省锦州市的一个属县，有着悠久的历史。

窦国仁是在北京读的中学。学校叫华北中学，创办于1923年，蔡元培为首任校长。这是当时的一所名校，校内设施除教室、宿舍、办公室、实验室外，还有疗养室、浴池、大礼堂、大运动场、球场和田径赛场，设施完备，时人称赞"在平（北平）市中等学校中诚不多见"。

1951年高中毕业，19岁的窦国仁考取苏联留学的名额。这年9月，他进入苏联列宁格勒水运工程学院，攻读水利工程系专业。留学期间，窦国仁抓紧一切时间刻苦学习。苏联同学看到他连续几个学期各门功课均得5分还在用功时，开玩笑地说："我们苏联最高只有5分，再学也得不到6分。"在苏联，窦国仁一边学习，一边从事泥沙运动基本理论研究。这期间，他的科研成果受到了我国高教部的奖励。

1956年，窦国仁以各科全部满分的优异成绩毕业，获得优秀工程师称号。学校破例留他继续作副博士研究生，师从著名泥沙专家马可维耶夫。

又经过3年勤奋学习，1959年5月，窦国仁获得了副博士学位。接着，窦国仁的论文通过了由50位苏联专家教授组成的博士答辩委员会的提问，1960年6月，年仅28岁的窦国仁以全票赞成的优异成绩获得了苏联最高学位委员会授予的技术科学博士学位。当年，在所有留苏学生中仅有3人获得博士学位，窦国仁是最年轻的一个。

二、创造"窦国仁公式"

1960年回国后，窦国仁被分配到南京水利科学研究院工作。此后，终其一生，他都在这里工作，历任工程师、高级工程师、副所长、副院长、院长以及名誉院长。他也是我国首批博士生导师，首批国家有突出贡献专家。1991年，当选中国科学院学部委员（院士）。他还是六、七、八届全国人大代表。

在40多年的河流泥沙研究与实践中，窦国仁不仅学术上提出了卓有见解的理论，其中的"窦国仁公式"等还写进了教材；同时，他还参与了我国多项水利工程建设，为我国的水利水运事业作出了杰出贡献。

窦国仁主要从事泥沙、河流动力学及港口航道等方面的研究。早在留学期间，窦国仁就创造性地研究和发展了泥沙运动基本理论。在数十年的研究工作中，他全面系统地发展了水流泥沙运动力学、紊流随机理论、泥沙模型相似理论、波浪潮汐水流泥沙数学模拟等泥沙基本理论；他提出了非恒定流不平衡输沙方程式、泥沙沉降的统一公式、河流和河口河床形态方程式等，并被广泛应用。

在具体工程中，窦国仁主持开展了长江三峡、葛洲坝、黄河小浪底、长江口深水航道整治、黄骅港、苏北运河闸下淤积、钱塘江治理等重大工程的泥沙问题研究，紧密结合工程实际问题，推动了泥沙与河流动力学的发展。

20世纪60年代，窦国仁就参加了钱塘江、长江口等泥沙淤积问题的研究，对河口治理、闸下淤积原因及解决措施等提出了见解，取得重要成果。70年代，他负责长江葛洲坝工程泥沙研究工作，提出了全沙模型试验理论，使泥沙模型成为解决工程泥沙问题的有效手段，获得1978年全国科学大会奖。他通过模型试验研究了葛洲坝工程的河势规划、航道布置以及防淤减淤措施，解决了泥沙淤积问题和通航水流条件，1985年获得国家科技进步特等奖。

20世纪80年代，窦国仁提出河床紊流随机理论，纠正了一些传统观念，较全面系统地阐明了河床紊流和减阻流的脉动结构、时均结构和阻力规律，并使著名的尼库拉兹阻力系数得到了理论上的全面概括。1987年，这项研究成果获得了国家自然科学二等奖。

"七五"期间，窦国仁担任国务院三峡建设委员会泥沙专家，负责国家攻关任务"长江三峡工程变动回水区长河段泥沙模型试验研究"，为三峡工程可行性论证提供了重要科学依据。1991年，窦国仁被评为"七五"科技攻关中有突出贡献的专家；1992年，三峡课题研究成果获得交通部科技进步一等奖。窦国仁还将河道泥沙模型理论引入高含沙河流——黄河中，主持并完成了国家重点工程"黄河小浪底枢纽泥沙淤积研究"项目，并获1995年度水利部科技进步一等奖。

窦国仁在进行泥沙实验

此后，窦国仁负责长江口深水航道工程泥沙回淤研究，提出了导航、防沙、减淤的治理原则，为国务院决策提供了重要依据。2000年，窦国仁荣获何梁何利基金科学与技术进步奖。

窦国仁在国内外学术刊物上先后发表论文120多篇，其中较有影响的有《论泥沙起动流速》《潮汐水流中的泥沙运动及冲淤计算》《全沙河工模型试验研究》《河床紊流的随机理论》《葛洲坝二江、三江泥沙问题的研究》和《高分子聚合物减阻流的紊流结构》等。出版有专著《泥沙运动理论》（油印，1963）、《紊流力学》（上、下，高等教育出版社，1982、1988）、《聚合物减阻流的力学规律》（中国水利水电出版社，1982）等。

三、把工作当成乐趣

窦国仁非常看重他的事业，可以说是"视事业如生命"。他把科研工作当成生活中最大的、也是唯一的乐趣。据窦国仁女儿、也是泥沙专家的窦希萍回忆，他喜欢坐在孩子们当中，在他们聊天时，自己埋头研究他的学问。他话不太多，无论在哪里，只要有空，就会摊开纸笔推导公式。妻子心疼他，让他注意劳逸结合，可他却说："我正在玩呢！"

窦国仁理论功底非常深厚，许多复杂的公式、系数，对他来说是信手拈来。窦希萍回忆说："我也是搞泥沙研究的，但在爸爸去世前，我的办公室找不到一本关于泥沙方面的工具书。因为爸爸就是我的'活字典'，只要遇到把握不准的地方，一个电话，爸爸就能从他丰厚的储备中准确地找到我要的东西。"在给科研人员讲课时，他随手就能写出长长一串复杂的公式，这让大家对他的记忆力佩服至极。

窦国仁著作书影

1983～1993年，在担任南京水利科学研究院院长的10年间，窦国仁为研究院的建设和发展呕心沥血，殚精竭虑。他重视基础理论和重大工程应用研究，保证了研究院各学科的领先地位；率先进行科研体制改革，实行课题负责制，激发了科研人员的积极性，促进了研究院的大踏步发展；重视学科建设和规划，建立了与改革发展相适应的科研管理体系；加强试验厅室和科研基础设施，特别是铁心桥试验基地的建设，改善了科研条件，提升了科研水平，增强了创新能力；大力推进科研后勤服务，为科研工作提供了有力保障。

当然，谁都知道，这一切的背后，是常人难以想象的艰辛和汗水。每天晚上，窦国仁房间里的灯总要亮到深夜，有时甚至是通宵。第二天一早，他仍然准时精神抖擞地出现在办公室里。做一个试验，他会在实验室里连续干上几天；为推导一个公式，他会夜以继日，茶不思饭不想，甚至熬到眼底小血管破裂……

正如那句"我正在玩呢"，窦国仁从几十年如一日的工作中享受到了人生的最大乐趣。科学研究已经成了他生命中的一部分，一旦接手一项任务，就会全身心投入，直至有所收获。

曾有一位科学家说，了解天上的事比了解河流的事要容易一些。可见研究河流中泥沙运动的困难。而窦国仁一头扎进对我国河流海岸泥沙的研究中，辛勤耕耘几十年，乐此不疲，换来了累累硕果。

1993年，窦国仁退到了二线，担任南京水利科学研究院名誉院长，同时还兼任交通部技术顾问、中国水利学会泥沙专业委员会主任、国务院学位委员会水利工程学科评议组召集人,以及北京大学、清华大学、河海大学等高校的兼职教授。

2001年5月22日,窦国仁在南京去世,享年69岁。

2003年,《窦国仁论文集》由中国水利水电出版社出版。

2012年11月16日,在窦国仁诞辰80周年之际,南京水利科学研究院举行窦国仁院士铜像揭幕仪式。窦国仁铜像从此挺然树立在绿草如茵的研究院里,以供人们瞻仰、缅怀、学习。

容汉诠
——大西北的森林保护神

容汉诠（1933～2013），植物学家，森林保护专家。台湾台北人，高山族。曾任宁夏农学院教授，林业部科技委委员，中国林学会理事、中国林病学会理事、宁夏台联会会长、侨联常委、海外交流协会常务理事等。长期致力于森林保护学科的教学和研究，是宁夏森保学界的开拓者。著有《园林病虫害防治》《中国森林病害》等。

一、一生无悔的两次抉择

1933年11月，容汉诠出生于台湾省台北市。从广东移居台湾的祖父容祺年，是孙中山先生在台湾最早发展的"兴中会"五会员之一。祖母陈来好，是台湾高山族人。容家在台湾富甲一方，声誉极隆，曾出巨资支持孙中山的革命活动。

容汉诠的父亲是学农的，毕业于岭南大学，后来留学日本。祖父、父亲身在海外，思念祖国，眷恋故土。他们经常对容汉诠讲："我们老家在广东，我们中国是以农业立国的。"在他幼小的心灵里播下了爱祖国、爱农业的种子。

容汉诠的小学是在新加坡读的，毕业后转到澳门，在那里的贵族子弟集中的岭南中学读书。1952年高中毕业时，他没有选择台港澳的大学，也没有去英美留学，而是考取了华南农学院（现华南农业大学）植保系。那时，新中国刚刚成立，他参加澳门中华学生联合会组织的回大陆观光活动，被祖国欣欣向荣的气象吸引，做出了一生无悔的抉择。那一年，他19岁。

4年的大学生活，容汉诠收获不少，增长了知识，也加深了他对国家的了解和热爱。他决心把自己一生奉献给祖国的建设事业。

1956年，容汉诠大学毕业，被分配到国家林业部造林司，担任技术员。1958年，宁夏回族自治区成立，中央直属机关和各部委的不少同志响应国家支援边疆的号召，投身祖国大西北的建设。容汉诠也积极要求到大西北，领导考虑到他的母亲独自一人生活在中山县（中山市），提议他可以回南方去。然而，容汉诠毫不犹豫地说自己不需要照顾，决心到西北去。就这样，容汉诠做出了一生中另一个无悔的抉择。

二、艰苦环境中从未停下科学研究

来到宁夏后，容汉诠被分派到宁夏农学院（今宁夏大学农学院）工作，从事植物保护和园林病虫害的防治研究以及教学。

植物保护和园林病虫害防治的科研，必然需要许多田野作业，本来就比较艰苦。而在西北的宁夏，一些地区的环境十分恶劣，比如西海固，那里被联合国认为不适合于人类生存，在这样的地区进行野外科研，工作的艰苦可想而知。

为了解情况，容汉诠大多数时间都在乡下工作，吃着苦荞麦和野菜，喝着窖（旱井）水。外出考察，翻山越岭，摸爬滚打，一阵黄风吹来，脚印很快就被扫得一干二净。面对偏僻的穷山秃岭，风沙弥漫的荒丘，多变的高原气候，艰苦的生活环境，容汉诠没有退缩。

就是这样，容汉诠的足迹踏遍贺兰山麓、六盘山区和黄河两岸、沙漠边沿。人们常常能看到他带着放大镜、卡片、记录本，不时地把自己的观察详细记录下来，把各种树木花草上找到的小虫子搜集到瓶子里。几十年来，他搜集、调查了各种林果病虫害约450种，其中病害180种，害虫270多种，记录卡片有三大箱。基本摸清了那些山川林果概况，搜集到了林果病虫害的有关资料。

在实际工作中，容汉诠的学校知识和科考成果逐渐发挥出了巨大作用，对宁夏人民提供了帮助。而每当有农民朋友需要的时候，他总是扑到第一线去。有一年，同心县下马关公社的7000多亩农田防护林，近30万株六七年生的林带里大量树木枯死。他星夜赶到现场，打着手电观察林木病情。经过研究病因，提出了防治意见，收到了良好的效果。

"十年动乱"期间，容汉诠的华侨身份以及"海外关系"，使他们一家到一个小林场接受"劳动改造"。

接受改造的人自然没有看书研究的时间，更谈不上科研条件和科研经费了。然而，出于对事业的热爱，容汉诠偷偷地深入沙区，细心观察柠条、花棒等沙生植物的生长情况，先后采集了柠条害虫60多种，病害8种，天敌10多种。他经常深入沙区、荒滩，当地凡是有沙生植物的地方，他都去过，有时候甚至不顾危险，到很晚才回来。

任何时候，人民群众都是最善良的。林场工人看到容汉诠如此全心全意搞科研，深为感动，纷纷主动帮助他。有人给他找来装昆虫标本的药瓶，有人帮他用"六六六"烟雾熏种，有人挑选好马让他骑着深入山区。工人们和他一起配制药剂，防治了47400多亩的柠条害虫，取得了扩大沙区绿化面积的好成绩。工人的支持，给了容汉诠温暖和力量，《灵武地区柠条主要害虫的发生及防治》这篇论文，就是在这里写出来的。

三、森林守护神

粉碎"四人帮"后，容汉诠迎来了科研事业的春天。1979年，他在中国林学会林病专业委员会上宣读了《宁夏沙区沙生植物病害的调查》《宁夏枸杞瘿螨的发生规律及新农药防治效果观察》（合作，《宁夏大学学报》农业科学版1983年第2期）等多篇论文，引起了与会者的高度关注。

新时期以来，容汉诠主持9项自治区级科研项目，均通过了科技成果鉴定，其中"沙柳病虫害研究与防治""花棒瘿蝇和瘿蚊的研究"以及"宁夏沙生植物病虫害综合防治技术研究"三项成果，分别获得1986年（前两项）、1990年宁夏第二、第四届科学技术进步奖。

宁夏万亩枸杞园

辛勤积累的科研资料，在科学的春天迸发出巨大的能量，结出了丰硕的果实。近20年来，容汉诠出版了《园林病虫害防治》《中国森林病害》等7本著作，其中《园林病虫害防治》，1985年获中国林学会优秀书籍奖。

他还在《植物保护学报》等学术期刊发表论文 30 多篇,其中《沙柳瘿螨病害的初步观察》(《宁西农林科技》1984 年第 3 期)等多篇论文,在 1988 年北京首次国际植病学术会议上宣读,独到见解和扎实依据受到与会学者注意,并被收入会议论文摘要集。

容汉诠深知,自己的科研是服务广大民众的,而要帮助他们主动防治病虫害,科学知识的普及更为重要,因此,他撰写并发表了专业科普文章 200 多篇,其中《话蝶》《园林病虫害防治》《花卉病虫害防治》《瘿螨的自述》等多篇文章,获宁夏科协、宁夏科普作家协会优秀作品奖;1992 年 6 月,容汉诠被中国科普作家协会等五单位评为"80 年代以来科普编创成绩突出的农林科普作家"。

容汉诠还参与了一些国际学术交流活动。1984 年 7 月,他出访日本,考察园林病虫害防治新技术。1985 年 6 月,国际林联组织(IVFRO)将他的科技情报收入了《世界森林病虫专家名录》。

容汉诠把自己的辛勤汗水洒遍了宁夏大地,为森林保护和保持防治作出了杰出贡献,成为宁夏森林保护学术事业的开拓者,被誉为"森林保护神"。

四、倾心教学,教书育人

在宁夏农学院,容汉诠先后担任讲师、副教授、教授,还曾担任学院科研处处长、学术委员会秘书长、学报副主编等。

在教学中,容汉诠上每一堂课,都要认真写好讲稿,提前到教室或实验室,做好课堂讲授用的仪器、标本、资料、挂图等准备工作。为取得良好教学的效果,他大量地看标本、查资料,修改补充讲稿,增加一些理论性的专题和外语专业术语。

容汉诠还结合宁夏实际,先后编写了《园林病害各论》《园林病害记录》《实习、实验指导书》等 20 多万字的讲义。在讲授基础课时,结合宁夏园林六大病原物进行讲授,重点突出病原真菌,并多列图表,把基本理论讲深、讲透;在各论部分,"全国试用教材"列出 84 个病害,结合宁夏地区的特点精选和新增具有代表性的病害 33 个,分别按林、果、树木、植物器官四部分进行讲解,收到了较好的教学效果。

为了提高教学质量,容汉诠还自制供实验用的示范片 100 余张,放大病原物的显微照片 60 多幅,放映《中国森林病害》幻灯片 120 幅。同学们常说:"容老师讲的课,听得懂,看得见,记得住。"他还结合宁夏实际，自画教学用图 30 多幅，制作病原物永久切片 200 多张。

在教学中，容汉诠十分重视实习环节。每次实习，无论地点远近，他都是亲自带领，指导学生在实践中增长知识、提高能力，解决生产中的实际问题。多年来，他在实习中采集标本 3000 多号，制作标本近 200 种。他带领 1978 级同学在中宁县实习期间，除完成实习任务外，还发现了文冠果根腐线虫病，为林场解决了生产中的难题。1982 年，他带领学生在灵武县白管滩林场实习期间，首次发现了危害沙柳的病原瘿螨，而这种病害在国内还未见报道。随之，他结合实习，到灵武、固原和陕北地区做了大量调查，并指导学生就这一题目撰写了毕业论文。

宁夏大学农学院师生在田间

容汉诠处处以身作则，言传身教。有时外出实习，他亲自领同学们打扫车厢。有一次他患阑尾炎，动了手术，只休息五天就回到讲台，同学们深受感动。许多同学在毕业时深有体会地说："容老师不仅教给我们知识，还教给我们怎样工作、生活，做一个有价值的人。"

除完成教学和科研任务外，容汉诠 10 多个寒假都没有休息，应邀到北京和当地一些县市、林场，分别举办过 25 期森保短训班，培训过近 2000 名林业科技人员。

五、快乐学习，健康生活

容汉诠是全国政协第六、七、八届委员，作为三届政协委员，他在 15 年之中提出了 100 多个提案。

在 1994 年以前，我国还没有一部完整的农业法。容汉诠凭借几十年的科研思考，建议为农业立法。1992 年，由他主笔撰写的提案《关于切实抓好农业的建议》，被转给农业部，受到充分肯定，收入《全国政协八届一次会议提案办理情况分类选编》，最终立案。这个提案的四点建议里，第一条就是应尽早立法，有效扼制所有不符合法律的产业开发对农业和农田的冲击。今天看来，这个建议是高瞻远瞩的。

1998 年，65 岁的容汉诠从一线岗位退了下来，回到了岭南的珠海。此时，他将目光聚焦在了如何使科研成果普及到科技开发中，创办了中外合资珠海市绿色开发中心，并担任业务总经理，兼任宁夏农学院教授。

森林保护是容汉诠一生的使命，不论走到哪里，他都把树木的病虫害防治放在心头。2012年珠海市两会期间，容汉诠又代表台盟珠海市支部撰写了"建议珠海市科委组织有关单位集中力量消灭'瓜果实蝇'案"，受到相关部门的重视，有关领导亲自登门，就相关问题进行探讨。

容汉诠的儿子回忆说："即便是退休近20年，父亲也依然退而不休，坚持读书阅报关心时事，笔耕不辍。"台盟、侨联、党支部的回忆，他总是乐此不疲。"有时真不明白您为何那么喜欢'开会'。整理您的遗物时几本厚厚的札记彰显'座右铭'——快乐学习，健康生活！"

2013年6月13日，容汉诠走完了他的人生历程。

容汉诠一生先后受到国家和省、部级有关组织的20多项奖励。1982年，获国务院侨办全国侨联先进个人奖；1983年，获"全国台湾同胞先进工作者"称号，同年获全国少数民族地区先进科技工作者奖；1984年，获宁夏"有突出贡献的科技人员"称号；1989年，获全国优秀归侨侨眷知识分子奖；1993年，获全国智力支边扶贫先进个人奖；1994年，获全国侨界十杰提名奖，并获国务院颁发的"全国民族团结进步模范"称号。

王士雯
——"只有事业能让生命灿烂"

王士雯（1933～2012），老年心脏病学和老年急救医学专家。山东峄县人，回族。1955年毕业于南京大学医学院，1985年获哈佛大学医学院和加州大学医学院心血管病理博士后证书。曾任解放军总医院老年心血管病研究所所长。1996年当选中国工程院院士。在心血管病和老年病的诊断和治疗方面具有深厚的理论造诣和丰富的临床经验，为推动我国老年医学的发展以及与国际接轨做了大量开拓性工作。主编有《妇女心脏病学》《老年心脏病学》等专著。

一、心怀理想，不断前行

1933年3月29日，在山东省峄县一户回族家庭中，一名女婴呱呱坠地，父母给她取名叫王士雯。几年后，一家人迁居到了南京。

新中国成立前夕，王士雯来到南京市私立第三女子中学读书。1950年，17岁的她中学毕业，怀着献身新中国医学事业的满腔热情，考入了南京大学医学院。这所学校创建于1935年，前身为中央大学医学院，是全国的重点院校，学习气氛浓厚，医学人才辈出。

刚进入大学，王士雯就遇到了难题。在妇产科见习中，她第一次站在手术台前帮助医生给孕妇分娩时，就犯了晕血症。听着孕妇分娩时痛苦的叫喊，望着眼前的一大摊鲜血，王士雯忽然眼前一阵发黑，扑通一声昏倒在地上。

王士雯

王士雯苏醒后，回想起刚才的场景，心里非常害怕，不禁打起了退堂鼓。这时，主治医师杨天盈老师语重心长地说道："医生之所以被人称为救治人类生命的天使，最重要的一点就是他不仅有一颗热爱人类的心，而且能够积极地为一切受难的生命寻找救治的办法。医生对于患者所做的一切手术，都是寻找这种救治办法的重要手段，为患者解除肉体和精神上的痛苦。"老师的一席话，让王士雯明白了医生崇高的责任，她下定决心，早日克服晕血的障碍。

为了克服晕血症，王士雯和学校食堂达成协议，每到杀鸡宰鹅时，让她亲手完成这项"重大任务"。起初，面对待宰的家禽，王士雯战战兢兢，无从下手，厨师就在一旁不停鼓励她。渐渐地，王士雯的胆子大了起来，无论是上解剖课还是临床见习，她都变得十分从容镇定，让老师和同学感到十分惊讶。

1955年，王士雯以优异的成绩结束了5年的大学学习，来到中国人民解放军总医院心内科，成为医院里最年轻的医生。此后的几十年里，王士雯一直坚守在工作岗位上，她抢救的患者不计其数。

1984年，已经50多岁的王士雯来到美国哈佛大学医学院麻省总医院进修，并在美国加州大学医学院深造，她的好学令美国同行钦佩不已。老师曾经这样评价她："王士雯有惊人的精力，与众不同的风格，她上进、好强、聪颖、有志气。"其间，王士雯的丈夫叶大训还抄寄给她一首英文小诗："有理想的人永远年轻，没有理想的人即使年轻，灵魂也会爬满皱纹……"这也是王士雯最喜爱的一首诗。在丈夫的鼓励下，第二年，王士雯顺利拿到了心血管病理博士后证书。

王士雯与丈夫叶大训

二、"只有事业能让生命灿烂"

1985年，王士雯回到解放军总医院，开始研究老年心脏病学。结合自己多年的经验，她提出，我国应该对老年人的多器官衰竭问题进行系统研究。一年后，研究取得阶段性进展，老年多器官衰竭救治成功率由原先的29.7%提高到了59.6%。王士雯成为世界上提出"老年多器官功能衰竭"

学说的第一人。

按照以往的经验，医学界普遍认为，4个以上器官衰竭的患者死亡率为100%。可王士雯却成功抢救了数百例这样的患者，其中还包括一位6个器官先后9次衰竭的75岁患者。在她的带领下，医院共挽救3000余例老年急性心肌梗死患者的生命，多数患者在术后继续生活了10～20年。这一前所未有的成果引起了我国乃至国际医学界的高度重视。

1996年，王士雯当选中国工程院院士。1998年5月，国内第一个集医疗、教学、科研为一体的高精尖现代化老年心血管病研究所在解放军总医院诞生，王士雯任所长。此前，面对人口老龄化、心血管病患者逐年增加的趋势，王士雯一直在思索怎样才能使我国老年心血管疾病的防治研究走在世界前列，并把先进的科研成果应用于临床。心血管病研究所诞生后，她如愿以偿，迫不及待地投身于这一领域的临床实践中。

在实践中，王士雯发现许多老人因感冒引起肺部感染，接着又因心脏病发作和肝肾功能衰竭而导致死亡。这一现象引起了王士雯的重视，她隐约觉得，两者之间一定有着千丝万缕的联系。于是，她带领学生用老龄动物做实验，进行病理、生化研究，最终发现了其中的奥秘，在国内外首次提出多衰的"肺启动学说"。

王士雯主编的著作书影

此外，通过长期的临床实践，王士雯还打破了医学界关于"老年人患心脏病很危险，一般不能做手术"的普遍定论。她认为："不能因为有心脏病，就使老人失去接受先进医疗技术治疗的机会，只要有万分之一的希望，都要尽100%的努力。"

在王士雯和同事们的努力下，心血管病研究所逐渐发展成为全军老年心血管病专科技术中心和全军"重中之重"的重点实验室，并成为目前国际国内唯一的"老年医学博士后流动站"。2011年，心血管病研究所在国外顶级杂志发表的论文影响因子达到9.8，引起了国际心血管领域的极大关注。

工作的同时，王士雯还主编了《妇女心脏病学》（人民军医出版社，

2008)、《老年心脏病学》（人民卫生出版社，2012）等专著，获国家"973"重大基础研究课题1项，军队重点、国家自然基金等课题多项。撰写论文400余篇，并创办《中华老年多器官疾病杂志》和英文版《老年心脏病杂志》（*Journal of Geriatric Cardiology*）。

由于在这一领域的突出贡献，王士雯先后荣获国家科技进步二等奖1项，军队科技进步一等奖1项、二等奖4项、三等奖4项，医疗成果一等奖，光华科技基金一等奖，以及"何梁何利基金科学与技术进步奖"。

2004年，解放军总医院隆重举行"中央军委为王士雯记一等功庆功大会"，为王士雯佩戴军功章并颁发立功证书。

三、她最爱的是病人

从医几十年来，王士雯为了自己的事业呕心沥血，对病人有着一份特殊的情感。冬天，她会先焙热冰凉的听诊器再听诊患者。为预防年老体弱的患者受凉，夏天她宁可自己热得满头大汗也不开空调。

一次，王士雯的一位老师不幸得了肝癌。老师差十几天就80岁了，在患肝癌时已经出现心力衰竭、高血压、心律失常等。当时许多专家都不同意进行手术，王士雯却力排众议，带着老师来到上海，与其他专家一起为老师进行手术。手术中虽然出现了心肌缺血、血压下降等6个难点，但大家还是通过共同努力完成了手术，老师的身体很快得以恢复，在医院度过了80岁生日。

1998年7月，为取出多年前摔伤后留在右膝关节的骨碎片，王士雯做了一次手术。术后第3天，一位来自山西的80多岁的老煤矿工人找王士雯看病，身边的学生都劝王士雯先养病要紧，可她却二话不说，坐着轮椅忍痛来到了老工人的病床前。老工人望着眼前这位可敬的医生，不禁热泪盈眶。

王士雯在为患者诊病

2001年5月的一天，因为有几位危重病人急需确定治疗方案，身患腿疾的王士雯坐轮椅亲自查房。当她"摇"到一位患者的病床前询问病情时，病人突然忍不住想吐痰。为了防止病人憋气引发心梗，一向很爱干净的王士雯竟毫不犹豫地伸出双手，让病人把一口浓痰吐在了自己的手心里。看到这位老专家的举动，在场的人都被深深地感动了。

一次，一位战士的母亲深夜突发心梗，情急之中，他找到了王士雯。当时，已经70岁的王士雯听到消息便毫不犹豫地起身赶往急诊室。事后，有人好奇地问这位战士："你认识王院士？"那位战士羞涩地说："不认识，但我知道她的名字。"

还有一次，一位快80岁的高龄患者连续9次发生心脏衰竭伴心肌梗死。家属原本已经不抱任何希望了，可王士雯硬是从死神手里把老人给夺了回来。事后，一家人问王士雯喜欢什么，想表示一下心意，王士雯却微笑着答道："这一生，我最爱的是病人。"

此外，王士雯还曾长期担任中央领导同志的医疗保健工作，从未出过差错。为此，中央保健委员会授予她"特别贡献奖"。

在王士雯的言传身教下，"一切为了患者、一切服务患者"已经成为心血管病研究所奉行的理念，几乎所有同志都收到过来自患者的表扬信。

四、"一代名师"慈母情

工作中，王士雯常说："科学不是一代人的事业。帮助年轻人超过自己，是事业发展的需要。"作为老年医学博士生导师和博士后流动站学术带头人、中国工程院院士，王士雯为祖国培养了一批批老年医学专业的硕士、博士和博士后。其中，许多人已成为各大医院、科研院校、老年医学领域的学科带头人和技术骨干。为此，她被评为"全军优秀教师"，得到解放军总后勤部授予的"一代名师"称号，还获得了"伯乐奖"。

为了全面培养学生，王士雯有个不成文的规定，那就是不管是归国的还是国内培养的博士，来研究所工作都必须先做3个月的住院医生，直接管病人、写病历、了解病情。她说："没有任何事情比参加抢救更能锻炼人，也没有任何事情比抢救能学到更多的东西。""作为一名医生，就是要会看病、看好病，解除患者的痛苦。只有练好本领，才能更好地为患者服务，让患者少受罪、早康复。"

王士雯常对学生说："医学是关乎人命的大事，没有纠正错误的机会。"她对学生开列的每一项诊治方案都逐一严查，绝不允许学生和身边的工作人员因为工作疏漏而导致错误。对此，王士雯的学生、心血管病研究所副所长李泱说："每次教学查房，她都挑最典型、最疑难的病例，带学生一起去问诊。她先让学生报告病情，拿出治疗方案，再把自己的想法告诉学生,提示应该注意的每一个症状、体征和疑点。对于学生开出的医嘱,她总是逐一认真检查。在全面了解患者所有的检查、化验资料后,我们还需要准备流利的英文病历汇报,学习此病国内、国外诊治上的新观点、新方法等。"

教学中的王士雯是一位"严师",可生活中的她却是一位"慈母"。谁家孩子病了,谁家父母住院了,王士雯会第一时间送去问候。学生结婚,她亲自帮忙买婚纱、配项链。她的本子上记着每一位学生的生日,每次她都要送上一张贺卡或小礼物。曾经有一位在国外深造的学生说:"走得越远,越想念王老师。"

2012年1月30日,王士雯因病在北京逝世,享年79岁。

王士雯给学生上课一丝不苟

雷霁霖
——"中国多宝鱼之父"

雷霁霖（1935～），生物学家，海水鱼类养殖专家。福建宁化人，畲族。1958年毕业于山东大学。现任中国水产科学研究院黄海水产研究所研究员，中国海洋大学兼职教授、山东大学教授等。2005年当选中国工程院院士。长期从事海水鱼类养殖，是我国该领域理论和技术的主要奠基人，工厂化育苗与养殖产业化的开拓者，有"中国多宝鱼之父"之誉。著有《大菱鲆养殖技术》等。

一、山里娃走向浩瀚大海

1935年5月24日，雷霁霖出生于福建宁化县城。宁化县地处福建省西部，武夷山东麓。那里是三江（闽江、赣江、汀江）源头之一，低山、丘陵、盆地占全境总面积的96%，县城海拔320米，主要河道东溪、西溪汇合于县城东郊，称翠江。这里山清水秀，十分宜人。说到故乡，雷霁霖总是不无自豪地说："那是一座古朴、美丽而又灵秀的小山城。故乡的云、高山的树、河里的水……是我童年时代留下的最美好记忆。"

雷霁霖

小时候，雷霁霖家里经营着一些小生意，家境还说得过去，所以他能比较顺利地进学堂读书。那时，雷霁霖爱在翠江河边流连，一边读书，一边沉思。校友黄瑞海回忆说："他很安静，静静读书思考，和我们都不太一样。"

上高中的那一年，雷霁霖看了一部青岛暑期国际少年夏令营的彩色纪录片。那是他平生第一次看到大海。美丽的海滨风光、红瓦绿树、碧海蓝天的青岛，令他心驰神往；而且还有那闻名遐迩的山东大学（当时在青岛）和著名海洋生物学家童第周教授……这些，就像磁铁一样吸引着雷霁霖，使他深深地爱上了美丽的青岛和大海。

1954年高中毕业，雷霁霖毅然报考了仰慕已久的山东大学。接到录取通知书时，全家万分高兴，雷霁霖更是激动不已，从山沟走向大海的梦想之舟就要启航了。

当时我国的很多地方交通不便，更何况是闽赣交界的山区。雷霁霖和几位同窗结伴，穿草鞋、挑行李，徒步翻山越岭走了三天三夜，才到达了江西的广昌县，然后从那里搭乘长途汽车到南昌，再换乘北上的火车，辗转7天才到达青岛。

到了青岛，虽然离故乡远了，但距离一心向往的大海近了。雷霁霖回忆说："当我第一眼望见湛蓝的大海和美丽的校园时，我似乎感到梦想成真，找到了事业的希冀和人生的归宿，兴奋之情难以言表……"

二、"人生最幸福的时刻"

在雷霁霖的回忆里，大学生活是温暖而幸福的。在这一段人生最为美好的黄金岁月，雷霁霖不仅收获了知识，也收获了友谊。

刚进大学的时候，雷霁霖很快就遇到了经济和生活上的双重压力：一是父母无力支付他的学费，面临辍学的危机；二是从温暖如春的南方来到有着严寒冬季的北国，生活环境和饮食习惯一时难以适应。系里了解到雷霁霖的实际困难，及时送来了崭新的过冬衣被，每月全额补助伙食金和生活补贴费，解决了生活问题和过冬的困难。此后的3年里，雷霁霖都享受着12元甲等助学金，完全解除了学习与生活上的后顾之忧。

在大学里，雷霁霖还深切地感受到了老师和同学们的情谊，以至于几十年后回忆起来仍然历历在目："王秋波、张星桥等同学给我送来了夏天的衣裤和学习用品，每逢节假日他们还会请我一起去逛公园或看电影，有时还到饭店改善生活，让我这个穷学子也和大家一样享受到其乐融融的大学生活。"同学们认为雷霁霖为人单纯，上进心强，都喜欢和他交往。

学校生活有意气风发的一面，也有枯燥艰苦的一面。但雷霁霖从来不惧怕生活学习中的艰难，他吃苦耐劳，孜孜不倦地吮吸着知识的营养。他把全部精力倾注于学习之中，决心学好专业课程，将来报效国家，成就一项事业。平日为了节约开支，不管星期天还是节假日，更不论严冬酷暑，他总是习惯在校园中度过，每天按常规走完从教室—图书馆—宿舍三点一线的生活轨迹，一门心思学习、研究、做实验。

当时的山东大学，生物学领域有著名生物学家童第周、叶毓芬等教授，他们引领雷霁霖走进了动物胚胎学这块天地。老师们严谨的科学态度深深影响了年轻的雷霁霖，也唤起了他对海洋动物的浓厚兴趣。每当上实验课，雷霁霖最喜欢做的事，就是在显微镜下观察肉眼看不到的生命现象，尤其喜欢在解剖镜下连续观察鱼类胚胎的发育过程。那种瞬息万变的镜下图像，对他产生了无穷的吸引力。也就是这个时候，他对鱼类胚胎学的研究兴趣和志向已经建立起来。

1957年春夏之交，正值大三实习阶段，校方应水产部黄海水产研究所之邀，选派了雷霁霖和其他二位同学参加中苏合作"渤海莱州湾鱼卵、仔鱼的调查研究"。同学三人不畏沿海生活条件艰苦，团结奋战，运用所学专业知识，高质量地完成了10多种经济鱼类的人工授精和仔稚鱼培育实验，获得了具有理论和实践意义的开创性成果，受到中苏双方专家的好评，也为学校赢得了荣誉。

大学期间，从大二至大四，雷霁霖还被推选为校学生会副主席和班级团支部书记，在社会活动中得到锻炼成长，思想和学习上都获得了巨大进步而变得日渐成熟起来。

大学生活给雷霁霖留下了深刻记忆，他称那是"青年学子最重要的转折时期，也是人生最幸福的时刻"，而且自己在各方面都"深深地感受到、也享受到了"。

三、引进多宝鱼并攻克育苗难关

1958年，雷霁霖大学毕业，来到位于青岛的中国水产科学研究院黄海水产研究所，被分配在鱼类研究组，开始了在海水鱼类增养殖方面的研究。50多年来，雷霁霖在这一研究领域辛勤耕耘，对22种中外海水经济鱼类的胚胎学、繁殖生物学、实验生态学和增养殖学进行了系统深入的研究，取得一系列开创性成果，为我国海水鱼类增养殖理论的建立和生产实践打下了坚实基础。

在雷霁霖的一系列科研贡献中，最为人称道的是多宝鱼引进和产业化开发，他也由此被称为"中国多宝鱼之父"。

雷霁霖初到黄海所工作时，我国的海水鱼类研究刚刚起步，先研究的是梭鱼。由于我国北方沿海冬春季水温低，一些肉食性、温水性和暖水性养殖品种生长速度慢，在人工条件下，一条鱼要经过一两个冬天才能卖钱。要改变北方沿海养鱼越冬难和实现规模化生产难的现状，就必须从品种上下功夫，寻找适合的鱼种。

多宝鱼，学名"大菱鲆"，原产于英国，主要分布在大西洋东部的北海与黑海西部及地中海沿岸。这种鱼肉质鲜美，抗病能力强，能在低温海水中生长，除中轴骨外无小刺，没有鱼鳞，皮下和鳍边都有丰富的胶质，属名贵海产品。

1980年，雷霁霖发现这种鱼适合引进到我国北方养殖。当时，他到英国考察，想带些鱼苗回国，但没能成功。12年后的1992年，雷霁霖再次去英国，第二次提出希望引进多宝鱼。随后，英国专家哈维带了200条鱼苗来到青岛。

雷霁霖现场指导养殖

在威海的一个渔民养殖点，经过多年努力，最初的200尾鱼苗变成了12万尾，已经长到两厘米多。眼看成功在望，一场意外却让努力毁于一旦。那是1994年冬季，一天深夜，因夜班人员调节水温失误，苗池中水温过高，8万多尾鱼苗被热死了。见此情形，雷霁林当场晕倒，被送往医院急救。经历这次失败后，雷霁霖痛下决心，一定要抛弃原始落后的生产方式。他成立课题组，对多宝鱼育苗技术实施攻关。

在此后的多次实验中，雷霁霖仍然屡屡碰壁，多次晕倒在鱼池旁，两次入院抢救。1999年春节前，多宝鱼的育苗技术即将成功，一批法国学者慕名而来，雷霁霖陪着他们在山东半岛转了整整3天。由于过度劳累，返回青岛的当天下午晕倒，抢救后在医院住了半个月。刚出院，雷霁霖一算时间十分紧迫，不顾人们的劝阻，赶到威海蓬莱的养殖点，立即投入工作，连春节都没有回家过。

1999年7月，经过7年攻关，雷霁霖及其团队克服了欧洲原产国的技术封锁，终于取得了亲鱼强化培育、光温调控性成熟、分批产卵和年周期内多茬育苗等一系列关键技术的突破，多宝鱼"温室大棚＋深井海水"的养殖模式试验获得成功，育苗平均成活率达到17%，年出苗量超过百万尾，达到国际先进水平。

四、推进鱼类养殖产业化

育苗养殖成功，仅仅是第一步，大面积推广并使之产业化才是更重要的。

突破育苗技术以后，100多万尾多宝鱼鱼苗培育成功，大家兴高采烈，意味着可以把它推向市场了。但是成功的喜悦马上被一盆冷水冲淡了：苗种有了，但生产单位并不认可它。雷霁霖和同事们苦口婆心跟生产单位讲，而生产单位却提出了一连串问题：大菱鲆是外来品种，品种好，别人养不养？到底能不能产生经济效益？消费者认不认可？

雷霁霖意识到，必须要有人带头示范，大规模养殖才能推广开来。正当他们一筹莫展的时候，莱州市朱旺村的渔民滕家麟出现在他们面前。

滕家麟是个老养殖户，正想找新品种，开辟新的养殖路子。而他所在的地区有深井海水，完全可以搬用蓬莱养殖点的养殖模式。第二年，朱旺村铺天盖地都是大菱鲆。后来，雷霁霖接受记者采访时说："滕家麟把养殖大菱鲆的火点燃了。他是第一个吃螃蟹的人，起了领头羊的作用，我很感谢他。"这也说明，科学研究必须与开发结合起来，才能使科研成果落地生根、开花结果。

大菱鲆成鱼价格最高为每公斤320～400元，随着工厂化养殖面积不断扩大，价格降到了每公斤60元左右。从养殖效益来说，一个1000平方米的大棚工厂鱼池，按放养大菱鲆2万尾鱼苗计算的话，效益高的时候，一年可以实现收入60多万元。

在雷霁霖的研究推进下，20多年来，多宝鱼在我国已发展成年产值60亿的大产业，带动了数千家鱼类养殖厂，相关产业年总产值超过100亿元，惠及千家万户，产生了巨大的经济和社会效益。大菱鲆的引进被誉为我国当代最成功的海水鱼类引种范例，而雷霁霖也因此被誉为"中国多宝鱼（大菱鲆）之父"。

多宝鱼的工业化养殖仅仅是雷霁霖众多突出成就中的一个，他对我国海洋渔业事业的贡献还有很多。50多年来，他系统地研究了22种海水鱼类的增养殖理论与技术，其中鲆、鲀、鲷、石首鱼等8种经济鱼类已经实现产业化。他以亲身实践引导了海水鱼类养殖向工业化方向发展，在海水鱼类工厂化育苗、工厂化养殖、新品种引进、养殖产业化和商品化等方面都作出了卓越贡献，并成为工厂化育苗和养殖产业化的主要奠基人。

雷霁霖的科研成果使一批老百姓发家致富，不少人甚至拥有了成百万上千万的资产。这与雷霁霖的收入形成了反差，但他却说："不是说我不喜欢钱，我只是看得比较淡泊。我搞这个产业的目的是让产业不断兴盛起来。这是我的宗旨和目标。如果说，我引进和研究了一条鱼，群众不接受不买账，我会很沮丧，我的工作就没意义。如果说他们很认可很接受，他

工业化养殖模式：

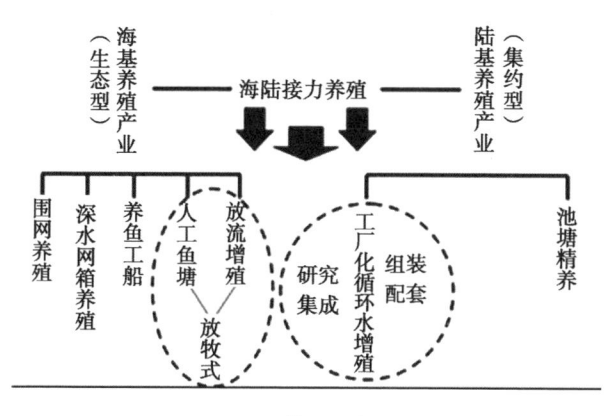

工业化养殖模式图

们致富了，我会很高兴。"

2011年9月19日，中国工程院主办、中国工程院农学部与中国水产科学研究院承办、国家鲆鲽类产业技术体系研发中心协办的第124场中国工程科技论坛"鱼类工业化养殖与可持续发展"论坛在北京举行。75岁高龄的雷霁霖担任大会的执行主席，与莅会的300余位产学研各界人士，一起讨论了"鱼类工业化养殖装备与生产管理""鱼类规模化繁育与养殖技术""育种与生物工程""鱼类营养与饲料""鱼病防治与渔药""加工与产品质量安全""市场营销与产业经济"等工业化养殖的课题。

此后，雷霁霖仍一如既往地大力推进鱼类的工业化养殖。在2013年的一次鱼类产业发展研讨会上，他不遗余力地呼吁工业化养鱼，建设现代渔业。他说："几十年来我想推进的就是产业化，无论是搞哪一个品种，产业的地位很重要。""要像做工业一样做水产养殖。"他强调，工业化养殖应该成为发展现代渔业的主体，也是我国从"养殖大国"到"养殖强国"的战略目标转变的重要途径。

五、不曾停歇的攻关与攀登

雷霁霖在海水鱼类增养殖研究领域辛勤耕耘50多年，对22种中外海水经济鱼类的胚胎学、繁殖生物学、实验生态学和增养殖学进行系统深入的研究，取得一系列开创性成果，为我国海水鱼类增养殖理论的建树和生产实践打下了坚实基础，丰富了鱼类养殖学理论，并由此成为我国海水鱼类增养殖学科带头人。

雷霁霖的鱼类养殖研究，在大学时期就取得过一些成果。进入专业研究队伍后，20世纪60年代，他率先突破梭鱼人工繁殖技术，探索了多种海水鱼类育苗工艺；70年代，首创海水鱼类工厂化育苗系列技术；80年代，率先完成工厂化育苗体系构建，北方网箱养殖和放流增殖获开创性成果；90年代，真鲷工厂化育苗技术达国际先进水平，社会经济效益显著，受到国内外专家的高度评价，尤其是1992年从英国引进冷温型良种大菱鲆，并在1997年获得成功，使育苗的关键技术达到了国际先进水平。

此外，雷霁霖还相继主持和完成"国际合作""国家攻关""攀登计划""国家自然科学基金"等多项重大项目，研究成果卓著；培养了一批硕士、博士研究生。

雷霁霖的鱼类养殖研究给沿海渔民带来了显著效益，也给他带来了荣誉。1997年，"渤海渔业增殖技术研究"获国家科技进步二等奖；2001年"大菱鲆的引种和育苗生产技术研究"获国家科技进步二等奖；2002年获杜邦科技创新奖。此外，他还获得了中国水产科学研究院功勋科学家奖，何梁何利基金科学与技术创新奖，以及其他省部级奖多项和山东省"富民兴鲁"奖章、青岛市突出贡献人才奖等。

雷霁霖展示自己的著作

2005年，雷霁霖当选为中国工程院院士。2010年6月，他受聘担任厦门大学双聘院士、大连海洋大学双聘院士，农业部海洋水产增养殖学重点开放实验室学术委员会主任；2011年10月，担任河北省预防兽医学重点实验室学术委员会委员。

尽管取得了巨大成功，雷霁霖并没有止步，依然潜心于科学研究。现在，他带领一个160余名研究人员的团队，负责国家级大项目"现代农业产业技术体系"下属的"鲆鲽类体系"的研究，项目涉及十多个省市数十个实验区、实验点。作为负责人，雷霁霖三天两头出差，到各实验点去蹲点，指导培训，讲学交流。他希望自己的研究能早日带领这一行业走上"节能节水节电、高端高质高效"的发展之路。

在海洋鱼类研究领域，雷霁霖发表论文120余篇，出版《海珍品养殖技术》（合著，黑龙江科学技术出版社，1997）、《海水鱼类养殖理论与技术》(主编，中国农业出版社，2005)、《大菱鲆养殖技术》(上海科学技术出版社，2005)、《国家鲆鲽类产业技术体系年度报告：2012》(主编，中国海洋大学出版社，2013)等专著和合著 7 部。

如今，我们国家正在向现代化强国大步迈进，但是，资源、环境等种种因素的制约已经凸显，结构调整和科技创新势在必行。因此，雷霁霖在 2011 年的一次会议上的告诫，至今犹如洪钟：

"进入 21 世纪，世界加快了绿色与蓝色产业进程，这是一个不可阻挡的趋势。鱼类是地球水圈的大家族，与人类的生产、生活、健康关系密切，产业发展深受关注。当土地、能源、水资源、环境告急之时，走工业化养殖道路是必然选择。……选择就是抓住机遇，改变发展方式，建立高新技术产业，就是为了打造水产养殖强国。"

吴天一
——不惜"粉身碎骨"的"马背院士"

吴天一（1935～），环境医学（高原医学）专家。新疆伊犁人，塔吉克族。曾任解放军某医院军医等，现任青海高原医学研究院研究员，卫生部高原病研究重点实验室和科技部高原医学研究国际重点实验室主任。2001年当选中国工程院院士。在青藏高原长期从事高原医学研究，开拓了"藏族适应生理学"研究，提出的慢性高山病量化诊断标准被接纳为国际标准。著有《高原病的诊断、预防和治疗指南》等。

一、抗美援朝经历塑造了人生品格

吴天一原籍新疆塔什库尔干，1935年6月25日出生在伊犁。他父亲是个塔吉克族知识分子，出生后，家里给他取名依斯玛义·赛里木江。后来，他随父母在南京生活了9年，于是又有了汉文名字吴天一。

出身知识分子家庭的吴天一，天资聪颖，学习刻苦，小时候上学常常跳级。

1950年，吴天一参加中国人民解放军，从此开始了一段激情燃烧的军旅生涯。

1951年，参军不久的吴天一被选送到在沈阳的中国医科大学学习。在医科大，吴天一读了6年书，打下了坚实的理论基础。在班上，他是最小的学生，大学毕业时他才21岁。当选院士接受采访时，他说："现在我的同学都八九十岁了，就我还年轻，才70多岁。"

1956年，吴天一从医科大学毕业，被分配到志愿军第512医院工作。他脱下解放军军装，换上志愿军军装，坐火车跨过鸭绿江，奔赴朝鲜。

512医院是志愿军三所医院中规模最大的一个。医院共有700张床位，

吴天一

收治对象不仅包括志愿军伤病员，还包括朝鲜人民军伤病员和朝鲜老百姓。

由于素质高、业务能力强，吴天一赴朝当年即被任命为组长，带领一个军医小分队为全体志愿军体检，历时三个多月。因表现突出，吴天一在朝鲜荣立三等功。

1958年8月上旬，志愿军三个野战医院奉命撤回国内，512医院番号改为中国人民解放军第516医院，驻青海。当年10月17日，中国人民志愿军总司令彭德怀元帅视察了这所有着光荣传统的医院。在这所医院，吴天一先后担任军医、主治军医。

在朝鲜两年的经历，让吴天一深感这是塑造自己人生的一个重要节点，因此他曾说："坚毅、坚强、不怕苦、不怕牺牲、勇于拼搏，成为贯穿我一生的品格。"这段经历，对吴天一后来扎根青海，为我国高原医学进步作出卓越贡献奠定了基础。

20世纪70年代末，吴天一从部队转业，到了青海省西宁市第一人民医院，担任内科主任，同时从事高原医学研究。

二、为克服高原病"粉身碎骨"

刚到青海的吴天一，正赶上了"大跃进"。当时，大批河南、山东知识青年奔赴青海，支援青海最偏远的"黄果树"（黄南、果洛、玉树）地区。从中原或沿海平原来到青藏高原，好多人患上高原病，疲劳、头痛等一系列的高原反应，击倒了不少初来的年轻人。有着丰富医学经验的吴天一，很快觉察到了问题的严重性，也意识到了这种现象背后的医学价值。

身处边疆，国家建设和边防的任务必须同时面对，而克服高原病也就成为刻不容缓的课题。就是从那时起，吴天一把有效应对高原病当成了自己的使命，也把自己的研究方向锁定在了高原医学领域。

经过大量临床观察和分析，吴天一认定，这是一种高原环境的特发性疾病。环境流行病学研究对自然人群的普查率要达到95%以上，才能准确掌握疾病分布和患病因素。从此，吴天一开始了数十年如一日的临床观察。

青藏高原面积达257万平方公里，平均海拔超过4000米，是吴天一的天然实验室，高原居民是最好的样本。然而，高原恶劣的气候条件同样考验着他的身体和毅力，这项研究从开始就注定要走一条艰苦的探求之路。

牧区居民居住分散，又会随季节变化而小范围迁徙，有时候走几十公里才能见到一个帐篷。高原的天气变幻无常,夏天晴雨莫测,刚刚还是晴空万里,马上又大雨倾盆,甚至还夹杂着冰雹;早晚温差大得惊人,随身帐篷只能起到遮风作用,和衣而眠就成了常事。

在这样的环境中工作,吴天一的身体受到了严重伤害。有一次,他的一个学生到北京开会,

吴天一为藏族群众义诊

别人问起时,学生回答说"吴院士粉身碎骨了"。原来,在50多年的高原科研工作中,吴天一常年往返于农牧区,出过多次车祸,造成肩胛骨、髌骨、肋骨、腿骨等14处骨折。最严重的一次是四根肋骨骨折,其中一根肋骨差点就戳入心脏。由于高原雪光刺激,40岁的时候,吴天一的两只眼睛都患了白内障,手术植入了人工晶体,一到晚上两只眼睛就发蓝,因此他说自己的眼睛是"狼眼睛"。

青藏高原"黄果树"地区巡回诊疗的辛苦劳累,生活在平原的人是很难体会到的。吴天一不是没有感觉到累,但他从工作和使命中,从广大藏族同胞那里,感受到了甘甜和幸福。吴天一说,他很怀念那些美好的日子,每次为藏胞看完病,已经走出很远,回头看见他们还在帐篷口不停地挥手道别,那一刻,他的心里是满满的幸福。

吴天一对藏胞有着深厚的感情,他说:"从西藏的亚东,到珠穆朗玛峰上的营地;从青海的西宁,到果洛的阿尼玛卿雪山脚下,我们所采集的2万多份血样,大多是当地的藏胞无偿提供的。这是我们研究藏族高原最佳适应性的第一手资料,比什么都宝贵。"

三、树立"青海标准"

来到青海不久,吴天一就开始了高原病的研究。起初,由于条件限制,他就把高原当成自己的大实验室,跑遍了大半个青藏高原。他曾自信地说:"如果你问我西宁的某条街道,我可能不知道。但你要问高原的某个乡某个村在哪儿,海拔多高,我都知道。"

1963年,吴天一在中国第一个报告了高原肺水肿;1965年,他第一个报告了成人高原心脏病;1979年,他又第一个报告了高原红细胞增多症。

20世纪70年代末转业到人民医院后，吴天一推动成立了"青海省高原医学科学研究所"。此后，随着科研条件的改善，一系列重大科研项目逐步启动。

1979～1985年，吴天一主持了历时6年（后续6年）、覆盖5万人的急慢性高原病调查。吴天一和同事们对生活在海拔4000米以上的果洛、玉树、唐古拉等地藏、汉族牧民体质特征和各种急慢性高原病进行调研，并先后治疗2万多例患者，获取了大量临床资料和数据。

吴天一讲学

1990年，为阐明人体从低海拔急速进入高原后生理和高山病发病的规律，53岁的吴天一带领中日联合考察队，到海拔6282米的阿尼玛卿雪山进行实地考察。在海拔5000米处进行高山生理实验10天后，日本医疗队因出现急性高原反应停下了脚步，而吴天一则带领中国考察队继续行进在冰天雪地中。吴天一坚持登上海拔5620米的地方建立实验站，并详细记录了各种实验数据。

阿尼玛卿山实验收集了不同海拔的人体生理数据，形成不同人群在海拔2300米、3719米、4660米、5000米与海拔5620米处的对照。通过对不同海拔和不同群体的大量对比，吴天一提出了人体对高原低氧适应依靠器官水平功能适应和细胞水平组织适应两种途径的论点，并从整体、器官、细胞和分子水平上，证明藏族人对高原的适应与其他群体（如移居汉族人及南美印第安人）有所差别，藏族人具有最完善的氧传送系统和最有效的氧利用系统，这是长期"自然选择"遗传适应的结果。吴天一在人类高原适应学科领域开拓的"藏族适应生理学"研究，为人类低氧适应建立了理想的生物学模式，引起国际学术界高度关注。为此，1992年，在第三届国际高山医学会上，吴天一被授予"高原医学特殊贡献奖"。

1991年，吴天一带领同事们在青海省高原医学研究所建成了首个模拟高海拔环境的高低压实验氧舱。他主动承担了第一次实验的风险，毫不犹豫地进入了舱里。由于缺乏经验，舱内气压迅速下降，吴天一鼓膜穿孔，听力严重受损，但却摸清了舱体运转的安全系数。

1997年，国际高山医学会要给急性高山病、慢性高原心脏病制定一个标准。吴天一领导国内专家，率先建立了中华医学会高原病的统一命名、分型和诊断标准。

1999年，吴天一参与军队指令性项目"高原急性呼吸窘迫综合征及多脏器功能障碍综合征"项目的研究，制定了在高原战伤条件下的诊断与急救标准，而这一急救系统在汶川大地震救援中也发挥了重要作用。

2004年，第六届高原医学会在澳大利亚悉尼举行，吴天一经反复验证后提出的量化诊断标准得到一致通过，统一了国际医学专家之间的分歧。在为标准命名时，会议工作人员建议是否可以命名为"悉尼标准"，吴天一回忆说："我当时就说'不'，要叫'青海标准'！"这一国际标准，也成为中国医学界的第一个国际标准。

四、14万"天路大军"的"保护神"

对吴天一来说，2001年是一个值得纪念的日子，那年青藏铁路开工，他当选为中国工程院院士。他是当时青海省唯一的院士，也是塔吉克族唯一的院士。

吴天一在青藏铁路建设中

铁路建设中的卫生保障，是高原铁路建设三大难题之一。青藏铁路开工后，吴天一被任命为铁道部青藏铁路一期建设的高原医学顾问和二期建设的高原生理研究组组长。这使吴天一有了新的用武之地，又一次体会到了为祖国有所奉献的甘甜。

吴天一将自己数十年高原医学研究成果运用于救治青藏铁路建设者的高原疾病上。他首次提出包括糖尿病、冠心病等14种疾病患者究竟能不能到高原参加高强度劳动的问题，并确定了一些具体的指标。

在吴天一的指导下，青藏铁路建起23个供氧站、25个高压舱站。他创新性地提出"高压舱、高压袋、高流量吸氧"及"低转、低转、再低转"的三高三低急救措施，建立起一系列卫生保障措施和急救方案。为了做好群防群治，吴天一还在铁路沿线做高原病防治知识的科普报告，撰写《高原保健手册》和《高原疾病预防常识》，送到一线施工者手中。他和同事还共同研制出抗缺氧药物及保健品，提供给建设大军。

大到氧舱建设，小到员工起夜，吴天一事无巨细，无不挂心。他说："别小看晚上起夜，很多人就倒在这'一泡尿'上。一旦感冒引发高原肺水肿就严重了。在我的建议下，带暖气的卫生车晚上与住宿室对接，供建设者上厕所，也防止环境污染。"仅是这一措施，就大幅降低了脑水肿和肺水肿等高原性疾病的发病率。

青藏铁路建设的5年间，14万多名筑路员工无一人因急性高山病死亡，被誉为"高原医学史上的奇迹"。人们称赞吴天一是14万"天路大军"的"保护神"。

在世界第六届高原病医学大会上，国际专家对青藏铁路建设高原病零死亡的报告将信将疑，提出了现场观察的要求。吴天一随即带着170多名各国专家来到施工点，当专家们目睹了高原氧舱和各种高水平的医疗设备后，没有人再提出质疑。

五、年近八旬，继续探索

2010年青海玉树地震发生后，已经74岁高龄的吴天一第一时间奔赴抗震救援一线。在玉树灾区的5天里，吴天一走访了受灾最重、海拔最高的17个抗震救灾工作点，在为消防官兵、医疗队员和志愿者讲解高原疾病预防知识，现场参与和指导急性高原肺水肿的抢救治疗的同时，还充分发挥精通藏语的优势，为受灾群众讲解地震相关知识，进行心理疏导。

多年来，骑着马，赶着驮满仪器的牦牛，深入牧区的帐篷做高原病普查，深夜点着酥油灯整理数据资料……这是吴天一潜心工作的常态。山高路远，他几次被湍急的河水冲走，遭遇多次车祸。

跑遍大半个青藏高原的吴天一，他最主要的交通工具是马，因此被人们称为"马背院士"。而青藏高原的藏族同胞，则亲切地称他为马背上的"好曼巴"（好医生）。

吴天一著作书影

吴天一历任青海省高原医学研究所（今为研究院）内科主任、副所长，中国科学院低氧研究室学术委员，青海高原医学研究院研究员，卫部高原病研究重点实验室主任,科技部高原医学研究国际重点实验室主任。他还是《中华医学》杂志编委,《高原医学》杂志副主编。

数十年来,吴天一主持完成了大量科研课题,其中《高原医学综合考察》获国家科技进步三等奖、省科技进步二等奖;《青海高原藏族高血压的流行病学调查》获卫生部二等奖、青海省优秀论文一等奖。此外还著有《高原病及其防治》《高原疾病》《高原肺心肿》等论文。

吴天一主编和参与编著高原医学专著5部,如《高原病的诊断、预防和治疗指南》(兰州大学出版社,2014)。

如今,尽管已经年近八旬,身上的"零件"也修了好几次,但吴天一科研的脚步不曾停下,工作热情一如当年。他说:"这么多次大难不死,老天就是要留着我这条命继续探索。"

姜景山
——中国三大航天工程的参与者

姜景山（1936～），微波遥感及航天应用工程科学专家。吉林龙井人，朝鲜族。1962年毕业于苏联乌里亚诺夫电工学院，1981～1983年在美国从事微波遥感研究。历任中国科学院空间科学与应用研究中心总工程师，中国绕月探测工程副总设计师，中科院探月工程应用总体部总设计师。1999年当选中国工程院院士。他在我国卫星、载人航天、探月工程三大事业中，都作出了突出贡献。著有《空间科学与应用》《中国微波探月研究》（合著）等。

一、听从母亲教诲读书上进

1936年2月8日，姜景山出生在吉林省龙井市的一个朝鲜族农民家庭。那时，他们家是村里最穷的，简直可说是一贫如洗。父亲为地主家打短工，母亲帮别家洗衣服做饭，勉强维持着一家七口人的生活。

1941年姜景山5岁时，父亲姜和敬突然因病去世，家庭重担全都落在了母亲李今丹一个人身上。为了抚养五个儿女，而且"饿死也要让孩子们上学读书"，母亲备尝艰辛，白天去江边筛石子，晚上回家磨豆腐，清早起来担着豆腐沿街叫卖……母亲还给孩子们讲故事，讲她读过的小说，而且经常说："一个人活在世上，

姜景山

吃好、穿好不是最重要的，有出息、有学问才是最重要的。"母亲的身体力行和谆谆教诲，给姜景山留下了一笔用之不尽的精神财富。

姜景山回忆童年时，不无感慨地说："我有一个优秀的母亲，她具有朝鲜族女性那种勤劳、刚正、纯朴的气质，她给了我一笔精神财富，以昂扬的斗志，战胜一切困难，对未来拥有一个美好的信念和追求！"

1943年冬天，姜景山上学了，在当地的宏中小学读书。1945年，日本投降，家乡解放，姜家的日子也逐渐好了起来。姜景山听从母亲的教诲努力读书，小学毕业后，1949年冬以优异成绩考入当时延边地区最好的中学——龙井中学。初中期间，姜景山的学习成绩一直名列前茅，还担任了学生会的宣传部长。

1952年7月，姜景山以优异成绩毕业，与其他两个学生一起，被推荐到吉林高中去读书。由于多种复杂原因，随后又改为到北京就读。就这样，姜景山怀揣从助学金里节省下来的4元钱，独自踏上了远方的求学之路。那时，他才15岁。

到北京后，姜景山考入北京市大同中学（后改为二十四中）读高中。因为离开学还有半个月，假期学校食堂不开伙，他饿着肚子坚持了三天，才被学长反映给学校领导，在学校的帮助下到另外一个单位去吃饭。

高中读书期间，姜景山十分珍惜得来不易的学习机会，刻苦学习，从不松懈。母亲的教诲，"不达目的不罢休"的坚毅性格，再加上没有钱，姜景山在北京的三年，除步行能够达到的地方，他没有去过任何名胜古迹，只是一心读书。因此，他的成绩一直位于全年级的榜首。

二、学成归来参与卫星事业

我国从1950年开始，每年都派遣学生前往苏联留学。高中毕业时，姜景山被推荐参加了留苏学生的选拔考试，以优秀成绩考取了留苏预备班。在北京俄语学院学习一年俄语后，1956年8月，姜景山到了苏联列宁格勒，进入乌里亚诺夫电工学院，攻读无线电专业。5年半的学习，为他后来的工作打下十分重要的理论与实践基础。

1957年10月4日，苏联在世界上第一个发射了人造卫星。对此，中国做出了积极反应，1958年毛泽东主席发出"我们也要搞人造卫星"的号召。听到这一消息，姜景山十分激动，决心回国后从事太空研究，为祖国奉献青春和智慧。

1962年，姜景山大学毕业。此前，时任第四工业部副部长的王四光到苏联挑选学生并征求回国后的志愿，姜景山因学习成绩优异而受到关注。回国之后，他顺利进入中国科学院地球物理研究所，不久又被分配到参与发射我国第一颗人造地球卫星的"581"组（地球物理所二部），开始了从事航天科研的生涯。

当时，地球物理所二部主要负责控空火箭探测仪、遥测、定位及相关技术系统的研究。从1960年，开始与上海机电设计院合作发射T7型探空火箭，同时培养人才、维持队伍，为研究卫星作技术准备。

姜景山所在科研小组主要研究火箭和早期导弹的定位技术。火箭定位是把火箭发射到规定位置的关键技术，也是把卫星送入规定轨道的关键技术，一般采用雷达定位。姜景山任这个组的组长，发展了多种型号和二次雷达技术，参与了多次靶场试验。

1965年，国务院正式批准起动我国卫星研制工作。姜景山与同事们参与了研制我国第一颗卫星定位及火箭雷达定位的工作。作为工程组长，姜景山除了设计实验外，还要考虑和分析实验中出现的问题，经过反复论证、反复实验，最后终于完成了任务，为我国第一颗卫星的发射作出了贡献。

1970年4月24日，我国"东方红一号"卫星发射成功，向全世界宣布中国也进入了太空时代。

随后，姜景山和团队参加了"实践二号"科学卫星遥控星上设备的研制工作，以及其他多颗星相关设备的研制工作。1970年，我国启动载人航天研制任务"曙光一号"，他又参加了飞船遥控指令系统研制及卫星三合一测控系统方案论证工作。1973年，根据任务调整，飞船设计任务工作暂停，直到1992年正式启动载人飞船"神舟"系列任务。

遨游太空的"东方红一号"卫星

三、遥感技术服务洪水监测

优秀科研工作者的一个显著特点，就是能够及时把握世界科技发展趋势，并且与服务国家结合起来。姜景山正是这样，作出了突出的科研贡献。

20世纪60年代中期，国外形成了一种新技术"Remote Sensing"（遥感）。这是人造卫星升天以来形成的新的空间探测技术。姜景山及时注意到了这一科技动态，1969年开始进行国际科研进展的调研，特别是1970年后，几乎全部精力都投入到了这个领域。

1973年，姜景山完成了调研报告，同时给上级主管领导写了报告，提出发展我国遥感技术的建议。1975年6月，国防科工委钱学森副主任主持召开我国第一次遥感规划会议，起草了发展遥感技术的规划。姜景山负责起草了微波遥感发展规划。从此，我国正式起动了遥感技术的发展。

姜景山在大量阅读国内外科技书籍后，觉得微波摄像技术前景广阔。从此，他着手研究有关微波摄像的关键问题，成为我国这一领域的尖端科学家。

1976～1978年，姜景山曾提出微波摄像设想，并完成了相关论文和专著。他把自己的专著《微波摄像》给老领导钱学森寄去一本，还提出了中国也应深入进行微波摄影技术研究的建议。钱学森读了这本书，提出了修改意见，并写信鼓励姜景山。姜景山受到了极大的鼓舞，进一步收集资料，完善了《微波摄像》一书。

1981年，姜景山作为访问学者，来到美国的堪萨斯大学，与世界著名科学家、微波遥感技术创始人R.K.莫尔教授一起进行科研工作。在那里，他和莫尔教授合作，共同提出了"遥感地物微波介电性现场测量方法"的新原理。该原理的提出，在世界微波遥感技术史上书写了光辉。

我国是一个自然灾害多发国家，洪水、干旱、地震、森林火灾等自然灾害，每年都给我国带来巨大经济损失。因此，减灾成为我国的头等大事，也是最重要的战略需求。

1984年，中国科学院与湖南省建立了院省合作。当时湖南省领导谈及洞庭湖洪水，希望能解决洪水监测问题。过去，每当洪水季节到来，工作人员只能坐小船去测量数据，费时费力，往往无法及时分析灾情并采取预防措施，贻误时机。根据这种需求，姜景山提出用遥感技术进行洪水监测的方案，并与湖南省合作，1985～1986年在洞庭湖做试验，取得了突破。

1987年后，水利部希望进一步发展这一技术，推广到全国。姜景山及其团队在国家科委领导下，与水利部、空军等单位合作，发展了二代技术并用于当年洪水监测中，把监测时间从几天缩短为4小时。在当年的试验中，这一技术提供的水情图第一次进入中南海，为中央领导决策提供了重要依据。由于这一成果，姜景山参加了当年总书记等中央领导与科技人员代表的座谈会。这项成果还由国家科委作为重要成果，推荐到了联合国。

为了进一步提高检测的即时性，姜景山提出了一种新的技术，即"机-星-地"系统。经过研究及关键技术试验，在1990年形成较为完整的技术方案。这个方案在1991年立项，作为国家"八五"攻关、"863"共同支持项目。经过五年多的系统研究与联合攻关，完成了试验系统，并在 1994、1995、1996 年洪水监测中发挥了重要作用。该系统不受气候影响，安装在飞机上的微波遥感仪器在拍摄的同时，当即把信息传送到 3.6 万公里高空的人造地球卫星，再由卫星即刻传送到地面指挥部。全部过程在几分钟内就可完成。1996 年，在国家 "863" 计划 10 周年总结中，这项成果被确定为 "十大国际领先攻关成果"。

四、"神舟""嫦娥"都有他的贡献

从 20 世纪 90 年代初起，姜景山先后担任载人飞船应用系统、"863" 航天领域空间科学及应用以及探月工程设计的负责人，在发展宇宙航空技术中作出了重大的贡献。

1991 年，姜景山出任我国载人航天应用系统技术论证组副组长，载人航天应用系统副总指挥兼 "神舟四号" 主载荷——多模态微波遥感系统主任设计师。

早在 20 世纪 80 年代，在考虑我国航天探测规划时，姜景山及其科研组就选择跳跃式发展模式，大胆提出一种多模态综合功能技术，以便尽快缩小该领域与国际先进水平的差距。在 "神舟四号" 的主载荷研制中，他们跳过国外单一模态独立上星试验和几种模态分散在星上工作的发展阶段，直接提出三个模态在统一数管监控下形成各自独立的信息通道，分别获取各自的数据的全新体制；而且根据平台要求，在这一系统中采用当时国际上尚无先例的扫描型风场测量散射计模式。这两点创新，在当时属国际领先水平。经过近十年的研制，2002 年 12 月 30 日，"神舟四号" 成功发射，主载荷多模态系统在轨

姜景山与人合著的专著书影

运行 4 个多月，首次获取十分有价值的信息，完全实现了我国航天微波遥感零的突破，大大推动了我国微波遥感卫星的发展。

姜景山是我国探月工程的主要推动者之一，是探月工程规划的主要参与者，绕月探测工程的主要组织者和领导者之一。作为探月工程的副总设计师，他为实现工程目标作出了重要贡献。

在我国绕月探测工程中，姜景山首次提出运用微波探测技术从月球轨道上对月面进行探测的方法，并得以实现。根据系统的探测结果，我国在国际上首次构建了"微波月亮"，并取得一系列具有里程碑意义的原始创新成果。

姜景山在我国卫星、载人航天、探月工程三大里程碑意义的工作中，都作出了多方面的贡献。他培养了多名硕士生、博士生和科技骨干，发表论文100余篇，出版专著《空间科学与应用》（科学出版社，2001）、《中国微波探月研究》（合著，科学出版社，2011）等。

姜景山的这些科研成果，先后获国家科技进步一等、二等奖，部委级特等及一等、二等奖多项，及"国家载人航天突出贡献"奖章和"载人航天曾宪梓基金突出贡献者奖"，"863计划突出贡献奖"和"863计划15周年先进个人"奖，中国"首次月球探测工程突出贡献者"奖。

五、理想、勤奋、人格是造就人才的基本条件

姜景山一生经历过苦难的日子。小时候，日本人侵占东北，他很小的时候就捡过煤核，挨过日本人的打。上学的时候挨过饿，学习的辛苦更是理所当然。"文化大革命"期间，他也受到了冲击，后来还接受了"劳改"。

然而，姜景山始终记着少年时代母亲的教诲，信念坚定，积极进取。"文革"中，姜景山被剥夺了人身自由，1967～1968年初还被专案组以各种莫须有的罪名监督劳动了半年。而他则利用人生最黑暗的日子苦学英语，为日后到美国工作奠定了基础，"文革"期间，他还发表了自己的第一篇国际论文。对这段历史中自己的行为，他解释说："因为我相信，国家肯定需要人才，不用气馁。"

事实正是如此。由于课题组没有姜景山，研究就会中断，因而只得让他继续工作。他在研究室搞科研，门外则有人负责监视。在这种情况下，他经过3个月的攻关，完成了任务。后来，实在查不出有什么问题，就恢复了他的工作，让他参加了我国第一颗人造地球卫星的制造。

姜景山深知，"从事航天科学研究，很苦"。但他很乐观，而且有许多业余爱好，喜欢音乐，天生一副好嗓子，家庭也很是和谐美满。这样，古稀之年的姜景山看起来要比实际年龄年轻不少，充满朝气。他不仅在自己的岗位上忙碌着，而且还很注意我国航天事业宣传，关心青年人的成长。

2008年5月，姜景山做客腾讯网，向公众讲解我国探月工程。他讲了月球探测的意义，讲了我国探月工程的"三部曲"：2004～2007年，目标

为发射绕月卫星，简称"绕"；2007～2012年，实现月球表面软着陆与机器人、探测车巡视探测，简称"落"；2012～2017年，实现月球表面软着陆与月球车采样返回，简称"回"。他表示，预计2020～2025年，我国将有能力实现载人登月，这个时间和欧洲宇航局的登月时间表接近。

姜景山在"院士大讲堂"纵谈空间探测

基于自己成长经历和实践经验，姜景山告诉年轻人："年轻人应该想得宽一点，而且敢想……理想信念、勤奋努力、人格素质，是造就人才的最基本条件。"

向应海
——"植物王国"的植物学家

向应海（1936～），植物学家，生态保护专家。贵州松桃人，苗族。1958年毕业于云南大学生物系。历任贵州科学院副院长、院长，中国杜鹃花协会会长、贵州植物学会会长、贵州兰花协会副会长、贵州花协副会长、贵州省科协副主席等。长期从事西南植物考察研究和珍稀植物引种驯化及生物多样性保存研究工作，作出了杰出贡献。发表论文数十篇，著有《云南中草药选》等。

一、在"植物王国"云南成长

1936年12月，向应海出生在湖南省花垣县一个苗族家庭。他祖籍湖南沅陵，1939年举家迁居贵州松桃县。

1954年，向应海考入云南大学生物系。1958年毕业后，被分配到中国科学院昆明植物研究所工作，先后担任实习研究员、助理研究员。从上大学开始，向应海在有"植物王国"之誉的云南学习、工作了20年，取得了丰硕成果。而对于这个"第二故乡"，他也充满感情，并作出了自己应有的贡献。

1958～1966年，向应海与苏联专家一起，在云南西双版纳进行了长达7年的热带雨林连续定位研究，收集到了丰富的一手资料。在分析研究基础上，他参与撰写了《云南热带森林中种群配置的初步预计》《橡胶人工群落多层多种的研究》等7篇论文，并出版了合作专著《云南热带森林生物地理群落定位研究总结报告》。

在这期间，向应海还曾多次参加和主持过对云南、西藏和川西地区的植物学和植物资源考察，玉龙雪山、哈巴雪山、碧罗雪山、贡嘎山、二郎山等祖国西南山岭，以及康定、甘孜和拉萨等高原山地，都留下了他的足迹。

"文革"期间，鉴于当时的战备情况，国家开展西南腹地的战备中草药考察。1967～1974年，向应海参加了解放军总后勤部卫生部组织的

"云南热区战备中草药调查"。这个项目是大规模、成系列的野外科考,使向应海获得了不少考察资料,也激发了他对民族民间中草药资源及验方的浓烈兴趣。这些团队科考工作,最后取得了广泛的成果,合作撰写出版了《热区抗疟植物图谱》《热带可食野生蔬菜植物图谱》《热区军马代饲料图谱》《热区麻醉药物调查与筛选》(以上书籍均为内部印刷),以及《云南中草药选》(上、下,内部印刷,1970)等。

二、为贵州科学研究奉献

1975年,向应海被借调到贵州,协助完成《中国植物志·桑科》的调查与编写工作。1978年,正式调入贵州科学院工作,先后任副研究员、研究员。贵州毗邻云南,植物生态同样十分丰富,这给了向应海又一个施展身手的广阔天地。

进入贵州科学院后,向应海以其在生物科学领域的造诣和威望,参与筹办了贵州生物研究所。1977年,向应海提出创办并主持了"贵州科学院梵净山森林生态系统定位工作站"的建设,担任该站站长到1993年。该站在1987年被选入"国际M·A·B"研究网点。

向应海参加学术活动

在工作站期间,向应海还独立申报和主持了国家自然科学基金项目2项,贵州省自然科学基金项目和"省八五攻关"项目等5项,如"贵州威宁草海高原湖泊生态系统定位及半定位考察""花生微肥科学实验研究""贵州国土资源考察"等。其间,他还主持了两个国际合作项目:1985年的"中-英梵净山园林植物学联合考察",1987年的"中-美梵净山植物地理学联合考察",并两次担任考察队队长。1988年,他还应邀回访了英国皇家植物园和爱丁堡皇家植物园。

1990年,向应海又创办了"贵州科学院武陵山生物资源开发实验基地",主要进行贵州珍稀植物的引种驯化及生物多样性保存的具体研究,为经济植物和珍稀濒危植物的引种驯化工作打下了基础。

由于深湛的学术造诣和突出的工作能力，1984年1月，向应海受命担任了贵州科学院副院长，1994年升任院长。任职期间，正值国家科技体制改革，向应海大力推进全院科技体制改革，理顺院里的各项体制，并积极倡导科研为生产、为国民经济建设服务。在科研上，他有序组织全院的课题申报、评审、实施、协调与检查，还亲自挂帅院内重大项目的联合攻关。作为学术带头人，他带领科研人员不仅取得了丰硕的科研成果，也通过大量学术活动的实际锻炼，为院里培养了一批学术带头人，为贵州科学院的初期建设作出了突出贡献。

贵州铜仁梵净山

除先后任贵州科学院副院长、院长外，向应海还有不少院外的领导职务和学术兼职，诸如贵州省政协第六、七、八届科技委员会副主任、贵州省科协副主席，贵州省科委生物学科专业项目评审组长、贵州省绿色产品办公室中医药专家组组长、中国杜鹃花分会会长及贵州省植物学会会长等。此外，他还是贵州省人大第四、五届代表，主席团成员。

向应海在科研工作中，主持或参与撰写了一大批论文和专著，其中一些分别获得了贵州省科技进步一、二、三等奖的奖励。

三、钟情植物，关注生态

从一线岗位退下来之后，向应海依然为他所钟爱的植物科学事业倾注心血，也为贵州和全国的植物保护操劳着。除积极参加贵州科学院的工作，他还作为高级顾问，参与贵州省政协、省科协、中国杜鹃花分会的工作，以及省科技兴农的重大建设项目。

对于植物，向应海有着特殊的热爱和深挚的情感，在当今生态环境日益恶化、生态多样性日趋消解的形势下，他更是感到自己有着义不容辞的责任。除积极宣传生态多样性保护之外，他宣传并组织了"贵州高凉山区山茱萸基地"建设和"云南、贵州干热河谷区石油农场"等的建设，作出了独特贡献。

"石油农场"旨在开发生物能源，以应对当今化石能源日趋接近耗竭的局势。近些年来，德国科学家发现了一种"柴油树"，它的种子油类同柴油，可以充当柴油发动机的燃油。这种油不仅爆发力强，而且污染也明显低于化石柴油。向应海认为，"在能源短缺日益严重的今天，这种来自植物的可再生能源和清洁能源实属珍贵"。而对我国南方植物了如指掌的向应海知道，这种被称为"小桐子石油树"的植物叫"小桐子"或称"南洋桐"，其原生地及世界分布中心在亚洲，尤其以东南亚、印度和我国云贵高原南部的干热河谷地区分布最为集中。

生物能源来源之一——柴油树

贵州南部以南、北盘江为主的面积达100万亩以上的干热河谷地带，是小桐子的世界原生地之一，也是小桐子的最佳生长区和理想的人工开发地。向应海认为，在这一地区进行小桐子的规模化种植，可以获得事半功倍的效果。如能采取恰当的开发形式，组建国家、企业、集体与农户为主的"石油农场"，则可以开拓出全新的产业化农业。向应海估算，"石油农场"的经济效益将相当可观，一株处于野生状况的小桐子成熟木单株，可年产种子4～5公斤，亩产80株600～800公斤，可获得生物质"石油"350公斤，折合人民币600多元。把这笔收入叠加到传统农业收入中，可以极大地促进农村经济的跨越式发展。向应海的这一提议，已经引起贵州省政府有关部门的高度重视。

向应海这些年的另外一项科研工作，就是对我国银杏的考察与研究。银杏是一种古生物物种，有"活化石植物"之称，原产我国。它不仅是世界著名风景园林树种，而且其树体富含多种人类健康长寿的天然化学物质。我国银杏栽培历史较早，但其诞生与绝灭、古代种与现代种是否一致、野生种栽培种的来龙去脉等等，国内学术界研究甚微，甚至长时期野生银杏已经不存在。向应海等人经过15年的潜心调查研究，不仅揭示了中国野银杏的存在，而且相继发现以银杏树为主的天然群落至少12处，野银杏古森林残存群落26处，野银杏残存树群51处，野银杏残存树丛53处，野银杏残存巨大孤木99（处）株，野银杏孤立巨大木桩迹址5处。这一成果，为我国野银杏种质资源的深层次科研与开发提供了大量新资料。

这项"中国野银杏种质资源考察"的科考,不仅涉及贵州,而且遍及国内银杏主要产区和非产区的福建、辽宁、广东、西藏等 20 多个省市自治区。在长时期详尽考察的基础上,向应海与同事们相继发表论文 20 余篇,如《浙江西天目山天然林及银杏种群考察报告》《贵州省盘县特区银杏种质资源考察报告》《务川县野银杏》《黔中高原野银杏》等。一直到 2014 年,向应海还有一些合作论文发表,如《贵州野银杏调查总结报告——贵州野银杏种质资源考察资料Ⅶ》(《贵州科学》2014 年第 5 期)。

向应海有一个心愿,那就是撰写《中国银杏志》,为国家作出进一步的贡献。

张福泽
——飞机的护航者

张福泽（1936～），航空科学家，飞机结构寿命与可靠性专家。辽宁岫岩人，满族。1962年毕业于北京航空学院。曾任空军某研究所飞机研究室技术员、工程师、课题组组长，以及北京航空工程技术研究中心研究员等。1995年当选中国工程院院士。长期从事飞机结构寿命和可靠性研究，取得重要理论成果，在国内率先研究出《系列飞机定寿法》，为我国大机群飞机定寿延寿和飞行安全作出了历史性的贡献。

一、出身贫寒，立志苦读

1936年3月8日，张福泽出生在辽宁省岫岩县的一户农村家庭，祖父辈因原籍发大水逃荒来到辽宁。他的父母都不曾上学，靠农耕为生，一年四季辛苦劳作，养育着一家老小。

小时候，在张福泽的心目中，父亲就是家里的顶梁柱，不仅春秋要干农活，夏天还要到离家30里外的河滩上淘金，冬天则去深山老林里打窑烧炭，然后运到县城换钱贴补家用。然而，张福泽12岁时，父亲积劳成疾，不幸病故在炭窑，一家人的生活陷入绝境。

为了维持生计，张福泽的两个哥哥不得不顶风冒雪，去离家40里外的矿山做苦力，而他自己也被迫中止念书，和家人一起下田干活。所幸，因为成绩优异，学校保留了张福泽的学籍，批准他在农闲季节插班学习。于是，在哥哥的帮助下，张福泽一边干农活，一边求学，毕业后考上了县里最好的中学。

1957年报考大学时，张福泽一心想为农业机械化做贡献，因此选择了长春汽车拖拉机学院的拖拉机专业。可学校推荐他报考北京航空学院（今

北京航空航天大学），结果，他以高考每科平均92分、数理化平均96分的成绩被飞机设计专业录取，成为家乡有史以来第一位大学生。

大一下半学期，张福泽生了一场重病，卧床近两个月。当时学校规定，一个学期有两个月误课，就必须降班留级，可他凭着顽强的毅力在病床上自学，最终通过了全部考试，令老师和同学刮目相看。

大二开学前，学校把当新生辅导员这项苦差事交给了张福泽。那时，新生入学没有专职辅导员，因此每年都会从高年级班干部中选出一名，可这项工作十分繁杂，所以被选中的学生一般都无法跟原班上课，只能和新生一起毕业。在当辅导员的日子里，张福泽立志和原班级一起毕业，他一边工作一边抽时间和原班级上课，每天晚上12点才回到宿舍。一年后，张福泽又一次顺利通过所有考试，和其他同学一起升入大三。

大学前两年的经历给张福泽带来了宝贵的经验，让他学会了充分利用课余时间学习。因此，上大三后，张福泽开始涉猎相关专业知识，其中材料力学对他日后从事飞机疲劳寿命研究起到了启蒙作用。

学习期间，学校曾多次调整专业，很多同学陆续转到其他专业学习，可张福泽深受苏联飞机总设计师图波列夫和米高扬的鼓舞，始终坚持攻读飞机设计专业。回顾大学生活，张福泽说："大学5年的美好学习时光，不仅为我后来搞科研工作打下了坚实的理论基础，而且还为我在科研工作中不畏逆境、战胜困难、拼搏攀登打下了思想基础。"

二、勇挑重担，不断创新

1962年，张福泽大学毕业，分配到空军某研究所飞机研究室做技术员。1966年底，上海空军飞机修理厂刚修好一架从苏联引进的米格15飞机，却出不了厂，负责人让张福泽前去了解情况。

原来，米格15飞机之所以无法出厂，是因为飞机到了使用寿命的关键期限，厂方不敢签字。此前，苏联初步给这架飞机定的使用期限是1700小时左右，可这究竟是不是真实寿命还未可知。当时，我国东南沿海局势紧张，而全空军因这种情况无法出厂的飞机还有500多架，它们能否解燃眉之急，继续保卫祖国领空的问题令大家心急如焚。意识到这一问题的严重性，张福泽决定留在上海，和科研人员一起从事米格15飞机的定寿课题。

其他发达国家给飞机定寿，一般都采用整架飞机疲劳试验的办法，需要昂贵的设备，耗资巨大，对我国来说并不适用。为此，张福泽想出了一个绝妙的方法：做机身大梁和机翼大梁的疲劳试验。他不辞辛苦地查资

当今中国的战机维修基地

料、咨询专家，在车间蹲守，用3个月的时间提交了定寿方案和大梁疲劳试验草图。这份方案受到有关部门领导的重视，张福泽因此被任命为课题组组长。

在课题组攻关期间，张福泽和同事们遇到了一系列难题。起初，他们既没有实验室，又缺少设备和经费。没有实验室，张福泽就带着大家在走廊里做实验；没有设备，他就到附近工厂的垃圾堆里去捡废旧的钢铁，自己进行改装。

好不容易搞好了实验设备，用来实验的机身和机翼大梁从何而来又成了问题。受"文化大革命"极"左"思潮影响，上级机关不批准张福泽拆卸正在服役中的飞机大梁的请求。无奈之下，张福泽只好在单位领导的默许下"偷梁换柱"，最终"换"到了正在服役的飞机身上的大梁来做实验。

实验中，为了定寿更真实可靠，张福泽进行了飞机的飞行载荷实测，编制出我国第一个用于全尺寸部件的实测飞机疲劳载荷谱。与此同时，他和同事们一起研制出了疲劳试验用的加载系统和自动控制系统。

后来，张福泽和同事们又研制出了我国第一套自身平衡的飞机部件疲劳试验设备，并用这套设备给出了米格15和米格15"比斯"两个机群的延寿结论，将它们的总使用寿命分别延至3700飞行小时和3200飞行小时。这一成果不仅给国家创造了1000多架飞机的使用价值，还为我国飞机定寿延寿工程开辟了新路，荣获国家科学大会奖。

1972年，我国歼5飞机在飞行中由于疲劳导致机翼大梁折断，机毁人亡。为了研究该型号飞机的疲劳寿命，张福泽决定重新设计一套设备。当时课题组的任务十分繁重，有人认为现有的设备已经很成功，无须再设计全新设备。可张福泽坚持自己的意见，仅用3个月的时间就设计出一套一次可以实验4个机翼主梁和2个机身主梁的卧式疲劳试验设备图纸。

歼5飞机翱翔长空

新设备造成后，实验件数由原来的3件提高到6件，而且取消了原设备的承载支持部件，使6个试件构成一个自身平衡系统，受力更真实、设备更轻便。后来，这一创新荣获国家发明奖，张福泽用实际行动证明了制造新设备的必要性。

三、呕心沥血，忘我研究

1986年，在完成对之前两个机群寿命研究的基础上，张福泽展开了全空军多系列大机群飞机定寿和延寿的课题研究。他把这项课题纳入一个系统工程中，保证了飞机的使用安全，产生了数十亿经济效益。1995年，该课题荣获国家科技进步一等奖，同年5月，张福泽当选中国工程院院士。

在研究中，张福泽不忘从实践中提炼理论成果，先后发表了50多篇论文，逐步形成了独树一帜的飞机疲劳理论体系，深受国内外工程界欢迎。

1985～1987年，张福泽分别在《航空学报》上发表了《裂纹扩展寿命类比计算法》《疲劳分散系数中标准差的研究》《疲劳分散系数的分类与其取值》三篇论文。其中，第一篇论文被美国著名学术杂志《AD报告》全文转载。1998年，他又在《航空学报》上发表了题为《飞机载荷谱编制新方法研究》的论文。

1987年11月，在澳大利亚召开的"第一届环太平洋国际航空宇航学术会议"上，张福泽发表了《飞一续一飞载荷谱与程序块载荷谱对疲劳分散性的影响》，被大会誉为"80年代高质量的论文"，美国权威学术刊物

SAE 予以全文转载。1991 年，应国际航空宇航学术会议邀请，张福泽宣读了《在飞机和直升机寿命设计中的分散系数和减缩系数》一文，第二年被 *SAE* 全文转载。

同时，上述论文中的许多数据、公式和定义被纳入《飞机强度与刚度规范》中，为我国在这一领域的研究作出了不可磨灭的贡献。

张福泽在做报告

1996 年，张福泽创立的"系列飞机定寿法"获首届军队专业技术重大贡献奖，同年，他又荣获"何梁何利基金技术科学奖"。

后来，张福泽开始研究飞机的日历寿命。2000 年，《航空学报》发表了他撰写的《关于飞机日历寿命的计算模型和确定方法》一文，对此，有专家预测，我国有可能率先攻克这一世界难题。

多年来，张福泽在飞机寿命的研究中倾注了大量心血，对成千上万架飞机的疲劳定寿问题了如指掌。然而，在关注飞机疲劳问题时，他却忘记了关心自己身体的疲劳问题。一次，在做飞机疲劳实验时，张福泽晕倒在实验室。住院后，他反复对医生说实验正处于关键阶段，自己有多么离不开，软磨硬泡之下，医生只好将他放走。张福泽兴冲冲地返回工作岗位，却由于过度疲倦而精神恍惚，一不小心左手食指和中指被机器砸得皮开肉绽、鲜血直流。

在科研领域，张福泽一工作就是几十年，他十分热爱自己所从事的事业，无论研究环境多么艰苦，始终任劳任怨。在出国访问时，面对国外同行的多次盛情挽留，他从未动心，只是笑着说："我的事业在中国。"

潘大金
——喜欢物理的核电子专家

潘大金（1937～2006），核电子科学家。贵州黄平人，苗族。1959年毕业于云南大学物理系。历任中科院原子能研究所核电子学研究室副主任，原子能研究院科委常委，中国核学会、中国电子学会核电子学与探测技术分会委员等职。一生从事核电子研究，曾参与我国第一颗原子弹的研究。著有《中国原子能科学研究院核物理与同位素仪表研究的新进展》等论文。

一、艰难的求学之路

1937年10月，潘大金出生在贵州省黄平县旧州镇红梅乡龙昌村。他的父亲读过私塾，年轻时一边种地，一边做生意。

6岁的时候，潘大金上学，先后在红梅乡波洞小学、红梅乡中心小学就读。对于学习，他从不怠慢，学习成绩总是名列前茅。10岁时，父亲不幸去世，家里没有劳动力，母亲要他回家种地维持家计。幸好小舅舅来家帮工，他才又得以继续读书。

1949年小学毕业后，1950年，潘大金被学校保送进入旧州中学读书。上中学要离家住校，多了一笔开销，所以母亲不大同意。好在姑妈离中学不远，答应吃住都在姑妈家，潘大金才进了中学。不久，学校给困难学生提供助学金，加上自己勤工俭学，学习生活的困难才得到解决。中学期间，潘大金一直勤奋刻苦，学习成绩突出，初二时还曾获优秀学生奖章。

1952年，潘大金提前半年初中毕业，考入镇远中学高中部。高中时，潘大金每学期回家一次，每次回家母亲带他走访亲戚，得到一些资助，学校的书费靠的就是这点钱。因为每学期的学习成绩总是名列前茅，潘大金的学杂费得到了减免，也给了他进取的信心。他还当上了学生会干部，从而认识了一位低一年级的女同学，后来他们走到了一起。

1955年夏天，潘大金高中毕业，到贵阳参加了大学入学考试。当时，他希望未来成为科学家，也想学文史振兴自己的民族。后来，班主任认为他高中时喜欢物理，不如就学物理。这样，他考取了云南大学物理系。

在云南大学上学期间，困难学生有助学金，除吃饭外，每月还有2元的零花钱，所以生活上没有困难。大学四年里，潘大金寒暑假没有路费回家，就都待在学校里。上课时，潘大金认真听课、做笔记。由于学习非常用功，不久眼睛就近视了。没钱配眼镜，只好求助家里，而哥哥为给他攒钱配眼镜，上山砍"牛弯腰"，从悬崖上跌到深沟里，差点丢了性命。对于此事，潘大金一直铭记于心。

二、参与我国第一颗原子弹研制

1959年大学毕业后，潘大金被分配到中国科学院原子能研究所。这个所属中国科学院和国家第二机械工业部双重领导，地处北京西南离城35公里的地方。当时原子能研究在我国处于绝密阶段，工作区有重兵把守，上班要经过两道警卫岗，出入要将工作证打开，查对照片无误才能进去；一些重点实验室，还要用特别通行证。那里云集了许多我国的知名科学家、名牌大学毕业生以及苏联专家。

潘大金意识到这是国家的重点部门，在进行崭新而神圣的事业，一种强烈的事业心支配着自己。第二天，接受保密教育后，他被分配到第13室，从事核电子学研究。他参加工作的第一个课题是"百道毫微秒时间分析器的研制"，用它来测量快中子飞行时间。潘大金承担其中的200兆周分布式放大器研制，花了4个月时间完成了任务，课题负责人很满意。这项工作成果的论文发表在1963年《原子能科学技术》杂志上。

1960年，潘大金又参加了"用于核测量的脉冲幅度分析仪"研制，历时2年多。当时，由于中苏关系恶化，苏联专家撤走，国家决定靠自己的力

我国第一颗原子弹爆炸

量进行研制。1960年元旦，二机部在人民大会堂举行全部人员誓师大会。这是令人难忘的一次盛会，这次盛会激起了全体从事原子能事业的专家自

力更生、奋发图强的精神。

1964年，我国第一颗原子弹爆炸成功，举国上下一片欢腾。很多年以后，潘大金才知道自己的工作是研制中国第一颗原子弹。这一举世闻名的伟大成功，也有苗族科学家的贡献，潘大金为此深感骄傲。

此后，潘大金还进行了几项研究，如：1964年，推导"脉冲电路中基线漂移与统计涨落"的计算公式；1965～1967年，承担"百万道三维数据立体显示系统"的研制。

"文化大革命"期间，虽然工作受到冲击，但潘大金和同事们还在自行坚持工作，并完成了512道分析器的研制与定型生产，建立了生产基地；还做了一些前沿课题的理论研究，写了数篇学术论文。

三、新时期迈上新台阶

1978年，祖国迎来了科学的春天。全国科学大会之后，各方面的科研逐步正规化，中科院原子能研究所扩建为中国原子能科学研究院，潘大金也进入了自己的科研收获高峰期。

1978年，潘大金参加研究的"核测量用多道幅度分析器"，在全国科学大会上获"科技成果奖"。此后，他又承担了"百万道三维数据立体显示系统研究"，并首先推导出三维空间广义旋转方程，找出了最佳设计方案，简化系统的设计，加快了工作进度，为该项目的最后成功奠定了基础。

潘大金（中）与学者合影留念

此后的10多年里，潘大金进入科研收获高峰，硕果累累、频频获奖。

1983年研制出"基于8位机的多功能数据获取与处理系统"，研究成果获国防科工委科技进步三等奖。

1985年，提出了改善逐次逼近法ADC微分非线性的"双向滑尺原理"，并被立项开展研究。1987年，研制成功基于这一原理的4096道逐次逼近法谱仪ADC，获部级科技进步三等奖。提出的新原理彻底解决了ADC的微分非线性问题，研究论文被推荐发表在国际学术期刊上，并在全国核电子学专业学术会议上评为优秀论文，获中国电子学会优秀论文奖。同期提出"测试多道最大有效脉冲率"的新方法，并发明"时间幅度二维随机脉冲幅度谱产生器"，取得国家发明专利。论文在国际学术期刊发表后，被中国核仪器仪表标准化委员会采纳，用作核工业标准；还被国际电工委员会采纳，用在有关标准文件中。

1995～1997年，"含放射性的工业下水总排放口计算机监控系统""通用高纯锗 χγ 谱仪系统的研制""高性能高吞吐率微机多道分析器系列的研制"等成果，三次连获中国核工业总公司部级科技进步奖，论文《具有稳谱功能的一体化便携式 χγ 谱仪》获中国电子学会1996年全国学术会议优秀论文奖，论文《中国原子能科学研究院核物理与同位素仪表研究的新进展》系统总结了潘大金为主任的研究室取得的最新重大成果，1999年获 IEEC 国际经济评价（香港）中心主办的世界华人重大学术成果奖。

1987年改革开放以来，潘大金升任研究室副主任，并开始招收硕士生。

1995年，潘大金又被任命为核技术应用所科学技术委员会副主任，中国原子能科学研究院科学技术委员会常务委员，中国核学会中国电子学会核电子学与探测技术分会委员。20世纪90年代，是潘大金科学生涯中的黄金时期，数项成果获得部级科技进步奖。

潘大金40年如一日，每天工作10多个小时，把毕生的精力都献给了科学事业，取得了丰硕的成果，发表高质量的科学论文50余篇，完成高质量科研项目25项，发明专利3项，制定核工业标准1项，为原子能科学事业作出了重要贡献。

2006年4月，潘大金在北京去世。

巴德年
——中国的"巴甫洛夫"

巴德年（1938～），现代医学家，免疫学专家。吉林省四平市人，满族。1962年毕业于哈尔滨医科大学，1967年获北京医学院硕士学位，1982年获日本北海道大学博士学位。曾任中国医学科学院院长、中国协和医科大学校长、浙江大学医学院院长、中华医学会副会长、中国生物医学工程学会名誉理事长等。1994年当选中国工程院院士。长期致力于肿瘤免疫研究和高等医学教育改革，主编有《当代免疫学技术与应用》《当代医学新理论与新技术丛书》等专著。

一、"像照相机一样的大脑"

1938年10月27日，巴德年出生在吉林省四平市一户普通的满族家庭。父亲从小就教育巴德年："人活着能干大事干大事，不能干大事就安心干小事；人免不了干错事，但千万不要干坏事。"在父亲的谆谆教导下，巴德年从小就十分懂事，是个品学兼优的好孩子。

新中国成立后，11岁的巴德年直接插班二年级，开始读小学。小学毕业时，全班只有两人考上初中，他便是其中之一。

巴德年

初中毕业后，巴德年被保送进重点高中。天资聪颖又勤奋刻苦的他，只用了一年就学完了高中三年的所有课程，并在1957年顺利考入哈尔滨医科大学。

当时，大学的外语课程是俄语，巴德年此前从未接触过这门语言，因此被分到了慢班。3个月后，他凭借自己的努力调到了快班，成绩数一数二。后来，在卫生部全国医学院俄语统考中，他名列全国第二。

看到巴德年的成绩，同学们十分惊讶。晚上回到宿舍，大家开始翻着俄语课本轮番提问巴德年。结果直到把课本翻完也没难住他，哪段话在第几页、第几行、第几课，他都一清二楚。舍友不禁惊呼："天啊，你的脑子怎么像个照相机一样，把课文全都照到脑袋里去啦！"

除了俄语，大学5年里还有40多门考试，巴德年只有一门差1分，其余全是满分。课余时间里，他还喜欢运动，是篮球赛的"关键先生"。同学们常常开玩笑说："哈医大校长最大的希望是能培养出中国的'巴甫洛夫'，而我们虽然还没有'巴甫洛夫'，但是有个聪明的巴德年呢！"

大学毕业时，巴德年被大家评为优秀毕业生，并考取了北京医学院生化专业的研究生，师从赫赫有名的刘思职教授。

入学后，语言问题又一次摆在了巴德年面前。读研需要学英语，这对英语零基础的他来说又是一个考验。这一次，巴德年依旧只用了3个月，就把英语水平提高到能够独立阅读专业书的水平。

研究生毕业前，巴德年赶上了"文化大革命"。1968年，他几经辗转，又回到了哈尔滨，来到母校主持省肿瘤研究所的创办工作。

1978年秋，学校决定让已经40岁的巴德年留学日本。当时，离国家留学预备生的考试只有不到20天，可他连一句日语也不会说。情急之下，巴德年用短短18天的时间硬是自学了一本日语书，把书中整整52篇课文背了下来，顺利通过了笔试和口试。

1980年，巴德年东渡日本，进入北海道大学医学部主攻免疫学。他非常珍惜来之不易的求学机会，把所有精力都投入到了学习中，并先后用中、英、日三国文字在国内外权威杂志上发表了17篇论文。

两年后，巴德年提前完成了四年的学业，在博士外语考试中名列第一，

巴德年担任主编的《中华医学杂志》

答辩时赢得了老师们的一片掌声。他不仅如愿得到北海道大学的医学博士学位，成为学校第一位获此学位的留学生，更荣获"日本高桑荣松医学业绩优秀奖"。这一奖项每年只评选3人，而他是该校唯一一名获此殊荣的外国学生。为此，中国驻日本大使馆特意为巴德年举办了庆功宴。

回顾自己这三段求学生涯，巴德年颇为感慨："在学习上不能忽略任何细节。在考试时失去一分没关系，在科研上失去一分就可能前功尽弃。"

二、有领导风范的科学家

获得医学博士学位后,巴德年一刻也没有耽搁,马上回到了祖国。他回到母校担任教授,之后升任副校长,并担任黑龙江省肿瘤研究所所长。

此前,在日本留学期间,巴德年就已经在肿瘤免疫研究中有所斩获。当时,他发现了一种新的抗体——抗胸腺自家抗体,并由此提出"高血压病发病免疫假说"。他的论文《高血压大鼠的免疫功能回复和血压下降》,还曾在美国免疫学家协会机关杂志上发表。有了之前打下的基础,巴德年在哈医大继续埋头研究,在这一领域取得了不菲的成绩。

1983年,国家科学技术委员会为"六五"科研项目招标。经过激烈竞争,巴德年关于《癌转移机理及防治途径》的研究课题中标,这也是哈尔滨医科大学第一次承担国家重点攻关项目。这项研究还在1986年全国重大科技成果展览会上列展,受到国家"三委一部"表彰,并荣获黑龙江省科技进步一等奖,1987年又获得国家科学技术进步三等奖。

1992年9月,巴德年被国务院任命为中国医学科学院院长、中国协和医科大学校长,兼管免疫教研室的工作,担任博士生导师。就任后,巴德年马不停蹄地主持开展了肿瘤免疫科研课题,并与国内外多方进行合作。

1994年,巴德年当选中国工程院院士。此时的他已经开始把目光投向更广范围的全国医疗体制,致力于中国医疗体制改革方案的探讨与研究,并先后在国内外发表论文百余篇。

巴德年举办讲座

巴德年是一名优秀的科学家,同时也是一位具备战略眼光的领导者。他放眼未来,在未来医学探索方面有了新的思路。巴德年认为:"21世纪初医学研究的重点将由防病、治病过渡到提高生命质量,医学服务的对象也将不仅仅局限于患者。当人类基因组工作完成后,医生将根据基因图谱进行基因治疗和生活指导。医生的工作范围也将由'从出生到死亡'扩展到'从生前到死后'——包括胚胎时期的疾病治疗和脑死亡到循环停顿之间的器官移植供体资源保护。"此外,他还认为:"第二次卫生革命正处于攻坚阶段,人均寿命突破100岁已不是梦。应在医学立法上把制定脑死亡法和安乐死法提到日程上来,从而有效利用宝贵的卫生资源,实现医学伦理学革命。"他的文章思路引起了国内外未来医学领域研究专家的重视。

2000年,巴德年就任《中华医学杂志》主编。任职期间,他每年都会通过"总编寄语""编者的话"撰写评论。此外,巴德年还参加了 Immunology of Cancer(《肿瘤免疫学》,国外出版)一书的编写,并主编《当代免疫学技术与应用》(北京医科大学、中国协和医科大学联合出版社,1998)以及《当代医学新理论与新技术丛书》(黑龙江科学技术出版社,2000)等。其中,《当代医学新理论与新技术丛书》被列入2014年"十二五"国家重点图书、音像、电子出版物出版规划增补项目。

巴德年获得的荣誉见证了他为医学事业作出的贡献。1997年,他荣获"北美华人生命科学成就奖"。1998年,获美国中华医学基金会"医学杰出贡献奖"。1999年,他被美国科学院评选为外籍医学院士。2006年,获中国工程院"光华科技工程奖"。2007年,获香港"中国杰出学人奖"。2008年,被卫生部列为"健康中国2020"战略规划首席专家。2009年,获"竺可桢奖"。

三、"将中国的好苗子培育成一流的人才"

工作期间,尽管身兼要职,常常奔走于国内外重要场合,巴德年仍活跃在教学第一线,不断发掘和培养青年人才。

巴德年对学生坚持启发式教学,同时注重培养他们的基本功。他不仅要求学生熟练掌握基本技能,还要通晓外语。1986年,巴德年率先在哈尔滨医科大学组织英语学术报告会,让免疫研究室的每一名成员都发言,充分推动了学生的外语学习。对此,日本国立癌中心化疗部主任兼京都大学教授千原吴郎来访时,给予了很高的评价:"你们的研究室是一流的人才、一流的工作。我来中国访问,还没有哪个研究室人人都用英语讲话。"

1992年调任中国医学科学院院长、中国协和医科大学校长后,巴德年意识到应提高复合型医学科学研究人才储备,创造全新的人才培养模式,以实现我国高层次医学教育与世界接轨。他说:"中国富强了,医疗卫生事业需要高端人才,我们要为20~30年以后的中国培养医学科学家!"因此,巴德年开始致力于发展我国"医学理学双博士"培养项目。

1995年,中国"医学理学双博士"教育培养项目正式启动。项目开展以来培养了许多优秀的双博士,他们的临床技能、科研能力和个人素质受到了社会各界的肯定。

2003年，巴德年出任浙江大学医学院院长。在研究肿瘤免疫及机制研究、医疗体制改革方案探讨、医学教育管理等工作的同时，他仍不忘记教书育人。每年的新生入学典礼第一课和毕业典礼最后一课，学生们总能见到巴德年高大的身影。

在浙大医学院，巴德年为本科生开设了"生命科学与现代生物技术"导论课，每到上课时间，几百人的大教室常常被挤得水泄不通。他上课一般没有讲义、没有教材，只有英文幻灯片，讲的都是最基本、最新、最有前景的理念、知识、技术和动态，常常海阔天空、旁征博引。许多上过巴德年课的同学都评价其"诙谐幽默，讲课形式很开放"。

2004年，巴德年被评为浙江大学"育人标兵"。第二年，浙江大学创办了"巴德年医学班"。

多年来，巴德年还一直着眼于医学教育改革。他认为："未来的医生应该是综合型人才，不仅要具备丰富的专业知识和技能，对基础医学、预防医学和临床医学三方面知识有全面的整合，还要有广泛的知识涉猎。因此，在开始系统医学教育之前，应当有四年的基础教育学习，让医生接受自然科学、社会学、社会医学等相关知识教育，这样培养出来的医生才是可以承担医疗、教学和科研三方面任务的全面人才。"

谈到自己几十年来的工作经历，巴德年说道："我这一辈子，在专业学术上对国家有所贡献，但非常有限。可我当年培养、重用、推举的一批年轻人成为国家的栋梁之材，成为能够为国家的医学事业、医学教育事业撑起一片天的人，这才是我最欣慰的地方。"

四、廉洁奉公、心系百姓

作为一名管理者，巴德年虽身居高位，却从未以权谋私。他常常对大家说："在工作中，我们对大的决策，要力求正确、减少失误；在作风上要确保正派，必须廉洁自律。前者是水平问题，后者是是非问题。"

在财务方面，巴德年享有"处处想到别人，唯独没有自己"的美誉。因工作需要，巴德年出国的次数很多，每次回国后，他都会把在国外讲课的酬金交公。在人民大会堂颁发"葛克全奖金"时，他把自己的名字划掉换了别人。在每年发放美国中华医学基金会劳务津贴时，他也把自己的名字划掉。卫生部规定，部级先进个人由单位自筹资金奖励，他批示："除我之外，其他先进个人按部里规定，由院长基金支付。"

巴德年刚满60岁时，为了让后辈施展身手，他向卫生部领导提出了辞呈。随后，国内外送来了各种聘书，并送上私人别墅和高级轿车。对此，巴德年从未动心，他声明："第一，不会去国外工作；第二，不会去企业工作。"在他眼中，一个人的价值是不能用金钱来衡量的，"无论什么时候，我们都是属于中国的，干的都是中国人的事业"。

对待平民百姓，巴德年总是尽心尽力。2004年，在人民大会堂举行的"中国科学家人文论坛"上，巴德年在题为《中国公共卫生系统面临的挑战》报告中，呼吁为农村医疗发行彩票募集资金。论坛上，他表达了自己的担忧："过去，一个农民也许卖一头猪就可以到医院做个手术了；而现在到医院做个手术，卖10头猪、20头猪恐怕都不行。现在农民要治大病，不是卖猪了，而是要卖房子。"

巴德年参加政协会议

在2006年的两会上，作为政协委员的巴德年在医卫界小组讨论中再一次提出："中国的医疗卫生保障问题关键是农民看病的问题，足球都能发彩票，怎么就不能为农民医保发彩票呢？"

不管在哪一个公开场合，巴德年都不曾忘记替百姓谋福利，总是用最直接的方式关注民生。他多次呼吁："保障国民享有最基本的卫生保健权利，是政府的重要职责。"

官春云
——"让油菜花飘香千万里"

官春云（1938～），油菜遗传育种和栽培专家。湖北荆州人，蒙古族。1959年毕业于湖南农业大学。现任湖南农业大学教授，国家油料改良中心湖南分中心主任，国际油菜咨询委员会委员，农业部油料作物专家指导组副组长，中国作物学会常务理事，湖南省科协副主席。2001年当选中国工程院院士。在油菜高产优质高效栽培、育种理论和应用研究方面有突出贡献。发表论文130余篇，出版《油菜品质改良与分析方法》等专著9部。

一、从"红锅菜"吃出来的农业情

1938年2月21日，官春云出生在湖北荆州的一个蒙古族家庭。他的祖籍是内蒙古镶黄旗，曾祖父于清末定居在荆州，到了祖父那一辈家境已很贫困，靠教私塾为生。官春云的父亲很早就辍学外出打工，最后靠自学当上了一名医生，母亲11岁时成了童工，之后在毛巾厂当工人，两个人含辛茹苦地养育着五个孩子。

官春云小时候，正逢日本侵略中国。父亲带着一家人四处逃难，过着流浪生活。虽然颠沛流离，但父母仍坚持让五兄妹读书，他就在这样艰苦的环境中断断续续地念完了小学。童年时期饥寒交迫的日子，养成了官春云吃苦耐劳的坚强性格，也坚定了他发奋读书的信念。

官春云

1949年新中国成立后，官春云一家开始了新的生活。虽然家里依旧并不宽裕，但五兄妹的学业还在继续。那时，他刚读完小学四年级，而哥哥已经小学毕业。父母为了让官春云和哥哥做伴读书，便把他和哥哥一起送入沙市中学住宿学习。

因为跳级的缘故，官春云刚入中学就遇到了麻烦，几乎每科都跟不上。他曾向父母请求读完小学再来，可父母拒绝了，他只能硬着头皮继续读书。好在官春云天资聪颖又刻苦努力，在哥哥的辅导下，没过多久，他就赶上了进度。高中毕业时，成绩已经名列前茅。

1955 年，官春云高中毕业。起初，他本想报考工科大学主修化工专业，可惜因视力不达标只能放弃。最后，官春云选择了农学专业，被湖南农学院（今湖南农业大学）录取。

刚进大学时，想着自己这辈子只能和"种田"打交道，官春云对农学专业不免有些排斥。随着学习的深入，官春云惊喜地发现，农学专业里的科学知识并不比化工专业少，其中也蕴含着无数奥秘，许多领域都有待探索。这次思想上的转变，让他对农学产生了浓厚兴趣。

大三时，学校提出让全体师生下放农村，官春云便来到了湖南郴州的农村。这是他第一次真正接触农村，他和农民"同吃、同住、同劳动"，过了 8 个月的农家生活。那时粮食常常不够，吃油更是一件极为奢侈的事。没有油吃，人们做饭时就把锅烧红，在菜里放些水，吃"红锅菜"。那时候，官春云心里就想，什么时候老百姓的油够吃了，生活就变好了。

在农村生活的 8 个月，让官春云受益匪浅。在目睹了农民的艰辛生活，亲口品尝了没有一点油水的"红锅菜"后，他决定从粮食和油料两方面着手，搞好农业科研事业。

二、让油菜"冬发"

1959 年，官春云大学毕业并留校任教，被分配到作物教研室从事油料作物栽培的教学和科研工作。当时，正赶上我国国民经济最困难的时期，农业高校强调"教育要为农业生产服务，教育要与生产劳动相结合"。于是，官春云来到了湖南油菜主产区溆浦县进行生产劳动。

油菜在我国已经有几千年的栽培历史，但我国油菜的生产能力还非常低，作为油菜生产大省的湖南也不例外。那时，我国甘蓝型冬油菜生产还在沿用种植白菜型油菜的"春发"理论，农业主管部门也在推行针对春后油菜的栽培措施和常规技术。然而，在生产实际中，有些农民却并非完全按此耕种，而是凭经验播种、施肥。和大家一起劳动时，一个现象引起了官春云的关注：农民播种较早的、入冬前管理好的、施肥多的油菜，在收获时产量相对更高，而这和当时实行的"春发"理论并不相符。

受到启发后，官春云开始思索："真正影响油菜籽产量和品质的到底是什么？什么时候才是施肥管理的最佳时期？"他通过对油菜器官建成和生理生态特性等进行全面系统的研究后，发现了油菜的一些重要生长发育规律：冬前是油菜器官分化和养分积累的重要时期，春后是器官建成的时期；油菜绝对干物质质量虽然是冬前少而春后多，但若冬前积累多，春后就会产量高。

官春云在田间研究油菜

渐渐地，"冬发"设想在官春云脑海中慢慢形成。他认为："搞农学不仅要了解基本规律，还要增产。搞农业就是要搞产量、搞品质。所以，从农业的角度要求，必须抓'冬发'。"怀着对"冬发"的设想，官春云开始辛苦地奔波。他利用4年时间，走遍了长江中游4个省区的种植区，获得了大量资料和理论依据。

1964年，年仅25岁的官春云提出了"促进'冬发'是长江中游地区油菜高产的重要途径"这一观点，并在《油料作物》杂志上发表了他的第一篇论文《试论油菜冬发在油菜增产上的重要作用》，引起了不小震动。由此，他成功建立了油菜冬发栽培理论技术体系，提出冬发油菜不同时期的形态生理指标和技术措施。

光提出理论是远远不够的，还需要用实践来检验。于是，官春云扎根农村，在样板田中辛勤耕耘，最终研究出了相应的配套栽培技术。

1978年，官春云在《中国农业科学》杂志上发表了《论油菜"冬发"》一文，提出了油菜"冬发"必须具备的产量结构、不同生育期长势以及栽培技术措施。同年，农业部在湖南举办了"长江中游4省油菜干部培训班"，让官春云的油菜"冬发"理论技术在长江中游地区得到了大面积推广，使亩产由原先的50公斤左右提高到了100公斤以上。仅在湖南，1978年至1995年期间，就让农民增收20多亿元。据统计，20世纪90年代湖南油菜种植达到了"三个超一"：亩产超过100公斤，种植面积超过1000万亩，总产量超过100万吨。

1985年，湖南省教委对官春云油菜"冬发"的科研成果组织了鉴定，全国著名的油菜专家刘后利教授在鉴定会上指出："官春云论油菜'冬发'的系统理论，在理论和实践的结合上都具有广泛的应用价值，是对油菜传统种植理论的重大突破。"这一年，他的专著《油菜品质改良与分析方法》

由湖南科学技术出版社出版。

能取得这样的成绩,官春云感到十分欣慰,他终于靠自己的研究让百姓摆脱了没有油水的"红锅菜"。然而,官春云并没有对此感到满足,新的问题又在他脑海中产生:油菜既要高产,也要优质,怎样才能提高油菜的质量?之后,他将视线转移到了油菜育种研究的领域。

三、培育"双低"油菜

1974年,加拿大培育出了世界第一个"双低"(低芥酸、低硫苷)油菜新品种,不仅有利于消化吸收,而且营养价值也很高。当时有人提出,将加拿大的新品种引进到长江流域。可官春云认为,加拿大的自然条件和我国不同,那里的品种在我国不但不会早熟,而且不抗病,会对生产造成很大影响。于是,官春云开始培育我国自己的优质油菜新品种。

研究育种的过程很不容易,由于油菜是雌雄同株同花,杂交制种时必须去掉雄蕊。而在没有找到雄性不育系之前,普遍采用的方法就是人工去雄。所以,官春云首先要研究的就是化学杀雄剂。这项研究不仅需要多方面的知识,还需要扎实的化学基础,难度可想而知。于是,官春云在图书馆刻苦学习知识,在实验室进行反复筛选、改良、增删和实验。终于,1979年,官春云筛选出了第一个油菜高效无毒杀雄剂。此后三年,他和同事们一起从长沙到云南,再到黑龙江,培育油菜新品种。

然而,育种的道路并不是一帆风顺的。官春云反复进行杂交试验,连续几年对上万株油菜、3000多份样品进行筛选、分析,用国外的油菜与我国油菜杂交,结果却不甚理想。一次,他无意间发现了一篇关于水稻生态学的文章,大受启发,终于在1987年培育出了我国首个国家级审定的"双低"油菜新品种"湘油11号"。"湘油11号"创造了湖

官春云在实验室培育油菜新品种

南省油菜单产268公斤的最高纪录,被评为湖南省十大科技成果之一,同时被列为国家"八五"重点推广品种。之后,官春云又培育出了6个"双低"品种,并在多省大面积推广。在1987年第7届国际油菜会议上,官春

云的这一技术被确认为国际领先水平。

如今,官春云共主持育成油菜新品种 19 个,在多省推广 2.1 亿多亩,大大推动了我国油菜"双低"进程。

除了培育"双低"油菜品种,官春云还在油菜的理论发现上不断提出新的观点。1986 年,官春云首次提出将油菜光温生态特性划分为 4 种类型,并确定了其地理分布。1987 年,官春云与同事共同主持国家自然科学基金项目"新疆、云南油菜野生资源的考察和研究",发现了一个此前我国未报道和记载的十字花科物种。6 年后,官春云和同事根据研究结果确认这个种是分布在中国的一个野生种,是一个新的种质资源,它抗病性强,有不育胞质,在育种上有重要价值。

1995 年,官春云出任湖南农业大学校长,并于第二年兼任长沙市科学技术协会副主席。在担任校长的 6 年里,他主持制定了湖南农业大学近期和远期规划,提出了建设现代化的社会主义农业大学的远景目标,学校各方面建设都蒸蒸日上。

为表彰官春云在油菜事业上的成就,1989 年,他被评为全国优秀教师、教育系统劳动模范。1990 年评为中青年有突出贡献专家,1991 年获国务院政府特殊津贴,1995 年获科技兴农奖,1998 年获袁隆平农业科技奖。

四、走向油菜现代化之路

随着新世纪的到来,广大农民从繁重的劳动中解放出来的愿望也日益迫切,大家都希望利用现代化机械提高生产效率。于是,官春云便开始推动油菜种植向机械智能化方向发展。

2000 年,官春云带领他的油菜科研团队推出了油菜免耕直播联合播种机,这种播种机不仅省时省力,而且实现了规范管理。第二年,他开发出国内第一个油菜专家系统,推动了油菜生产向智能化方向发展。

2001 年,官春云被评为全国模范教师,同年 12 月当选中国工程院院士。2002 年,官春云被评为湖南省优秀专家。

2003 年,官春云开始了油菜早熟品种选育和机械栽培研究。提出了油菜"机播机

官春云主编的著作书影

收,适度管理"的栽培模式。提高了种植效益,缓解了我国食用植物油紧缺的状况。

2006年,官春云承担了国家973课题"油菜脂肪酸改变的分子机理"研究。他发现60Co电离辐射可获得稳定的高油酸油菜材料,并首次获得了与油菜籽脂肪酸组分直接相关的3个新调控基因,为油菜品质改良和提高油菜产值奠定了坚实基础。那年,他被评选为全国杰出专业技术人才。

此后,官春云和同事们又开始向新的高峰攀登。在实验田里,他们育成了几种转基因油菜新品系,不但能够对付虫害,还可以提高产量。同时,他们还致力于研究菜油变生物燃料的技术。

哈米提·哈凯莫夫
——"孺子牛"与"巴什拜羊"

哈米提·哈凯莫夫（1938～），遗传育种学家。新疆哈密人，塔塔尔族。新疆八一农学院畜牧系毕业。历任新疆八一农学院讲师、新疆农业大学教授，新疆遗传学会理事长、新疆科协副主席。长期从事动物遗传学的教学和研究，主持巴什拜羊提纯复壮，培育出我国第一个羔羊肉生产型新品种。著有《动物遗传学》（维文）、《家畜育种学》、《畜牧微生物》等。

一、商人之家走出的畜牧专家

1938年10月10日，哈米提·哈凯莫夫出生于新疆哈密县（今哈密市）一个小商人家庭。哈密是古"丝绸之路"重镇，地处东西方文化、西域与中原文化交汇之地，既有鲜明的中原文化脉络，又有少数民族古老传统的风情。由于地处交通要冲，商旅来往频繁，商业比较繁荣；又地近天山，畜牧业也比较发达。这种地域经济文化特点，或许就决定了哈米提·哈凯莫夫的未来事业。

1952年，哈米提·哈凯莫夫考入新疆学院，攻读畜牧专业。新疆学院的前身是创办于1924年的新疆俄文法政专门学校，1935年1月改建为新疆学院；1960年10月，正式成立新疆大学。1956年哈米提毕业时，学校还叫新疆学院；因学习成绩突出，他毕业后留校任教。

1957年，为了以新理论、高科技促进新疆畜牧业的研究和发展，学院选送哈米提·哈凯莫夫到北京农学院（现中国农业大学）进修动物遗传专业。动物遗传是20世纪的前沿学科，而哈米提又是畜牧专业出身，两者结合，就奠定了哈米提一生学术研究和教育事业的基础。1959年，哈米提从北京农学院进修顺利结业，回到了新疆。

1960年新疆大学成立时，新疆学院的畜牧专业合并到了新疆八一农学院（现新疆农业大学），哈米提·哈凯莫夫也成了新疆八一农学院的一员。新疆八一农学院成立于1952年8月1日，是在毛主席和周总理的亲切关怀下，由王震将军在原中国人民解放军第二步兵学校的基础上创建。1995 年 4 月 21 日经原国家教委批准，更名为新疆农业大学。

哈米提·哈凯莫夫在新疆农牧业的最高学府工作了一辈子，在这里教书、搞科研，直到 2004 年退休。当然，即便退休，他仍然站在科研一线。

二、教学注重实验，辛勤编写教材

哈米提·哈凯莫夫在讲坛上耕耘近 50 年，从起初的普通畜牧学，到后来的动物遗传学，涉及动物遗传、家畜育种、生物统计、养羊等多个领域。他不仅给少数民族班学生授课，从 1960 年开始，还给汉族班学生授课。他的课既生动有趣又科学严谨，使学生们不但学到了知识，而且在一般能力和具体技能上也有很大提高。他教过的学生有 3000 多名，这些学生走向社会后，在国家的畜牧事业上正发挥着重要作用。

哈米提·哈凯莫夫工作一生的新疆农业大学

在新疆八一农学院时，哈米提·哈凯莫夫起初的具体工作单位是生物基础部。尽管如此，他不仅注重理论教学，而且还狠抓实验室建设。从 20 世纪 70 年代末开始到 1982 年，他所着手建设的细胞遗传学实验室，配有无菌操作箱、恒温箱、离心机等设备，可以进行动物遗传学等多门课程的实验，在整个西北地区位居第一，在全国也是比较先进的。在向学生传授实验室操作技能时，哈米提更多的是让学生自己动手操作，自己体验，在实际操作中获得体会。

遗传学实验要求极为严格，实验一旦开始，操作人员在整个过程的 72

小时内不能与外界接触，否则会造成实验失败。为了培养学生严谨的科学态度，有时哈米提还有意识地让学生在操作过程中出现问题、导致失败，进而有理有据地指出造成失败的原因，并指明正确的操作方法，不仅使学生详尽了解实验步骤，而且树立科学实验必须按科学规律办事的理念以及实事求是的科学精神。

在早些年，少数民族语言的教材还比较少，尤其是比较前沿的学科，比如遗传工程学，那就更少了。为了解决教学、科研的迫切需要，哈米提·哈凯莫夫先后翻译了一百几十万字的大学和中专教材，解了燃眉之急。

翻译之外，哈米提·哈凯莫夫还亲自编写了大量各种文本的大学教材。学校里汉语的《动物遗传学》，他是副主编；维语的《动物遗传学》，他是主编。《育种学》《生物统计学》《家畜育种学》《畜牧微生物》《家畜育种原理》等教材的编写，他也都付出了大量的心血。在他的带领下，同事们向农行借贷5万元资金，用滚雪球的办法，以书养书，收到了很好的效果。在退休前，哈米提共编写出版了30种维文教材，为培养少数民族畜牧科技人才发挥了很大作用。

三、科研成果填补空白

在教学的同时，哈米提·哈凯莫夫把更多的精力投入到了畜牧科研，取得了突出的成果。他先后参加并主持了多项科研课题和科学考察工作，其中有些课题的研究成果填补了新疆相关方面的空白。

1956～1957年，刚走上工作岗位不久，哈米提·哈凯莫夫就参与了全疆范围内的绵羊综合考察。起初不具备独立科研条件的时候，他每年也都有课题研究，在老先生的指导下完成课题。从20世纪80年代起，他开始自己主持课题研究。

哈米提·哈凯莫夫第一次主持的课题，是阿勒泰大尾羊与麦盖提多浪羊杂交，课题目标是让这种杂交羊的羊毛变细。在他的努力下，研究取得了预期的成果，在布尔津毛纺厂得到了很好的评价。五年后，这一成果通过了鉴定，但遗憾的是没有推广。后来，哈米提又专注于新疆羊的染色体研究，从和田羊到阿勒泰羊，他进行了大量的认真观察和辨别，寻找肉型羊，最后确定了阿勒泰羊。为研究这种羊的染色体，他专门组成核心研究小组，研究取得重大突破，填补了全疆的空白，得到了高度评价。

1982年，哈米提·哈凯莫夫到塔额盆地进行考察时惊喜地发现，那里不但有一个200多万亩的天然大草场——南湖草场，而且在裕民县境内有一种叫"巴什拜羊"的优质肉型羊，这种羊成长快，尾巴小，产肉多。哈米提预测到了这种羊的广阔前景，并向塔城地区建议大量繁殖。1983年再去塔城时，他又一次提到了这件事。1987年，在哈米提·哈凯莫夫的指导下，塔城地区还起草了巴什拜羊的地方鉴定标准。

巴什拜羊

1988年，哈米提·哈凯莫夫的建议和标准得到了自治区有关部门的认可。随之，在各级政府支持下，巴什拜羊繁殖工作在塔城地区全面展开。在哈米提的指导下，他们充分利用本地天然大牧场的优势，迈开两条腿大步前进：一方面在裕民县发展，一方面在塔额盆地里的其他县（市）推进。在哈米提的主持下，科技人员首先在裕民县境内搜集到2000只巴什拜羊作为种羊进行培育繁殖，发展优质品种。经过团队的不懈努力，到1995年，巴什拜羊已发展到6万多只；到1996年，迅猛发展到了40万只。

1996年秋天，自治区组织专家组对巴什拜羊项目进行验收，在生长四个半月的巴什拜羊群中随机抽取130只进行屠宰，结果是：（1）屠杀率56%，全国第一；（2）同体重胴体肉19公斤，全国第一；（3）出肉率47%，全国第一。鉴定结果为：全国先进水平。由于巴什拜羊的大量繁殖，塔额盆地的牧羊生产方向发生转变，由过去的面面俱到变成为以羊肉生产为主。到2007年，塔额盆地的巴什拜羊已经发展到了100多万只，而且其发展规模还在不断扩大。

1997年，巴什拜羊繁殖推广课题的自治区科技专家组荣获全国科技成果三等奖。

1999年，哈米提·哈凯莫夫荣获全国"五一"劳动奖章。他还获得了对中国畜牧兽医作出重大贡献奖和香港"孺子牛"全球奖等。

2003年，哈米提·哈凯莫夫又在塔额盆地的额敏县发现了另外一种肉型羊——白羊，胴体肉为16公斤。他从老乡手中买了30只白羊，又开始对这一品种进行繁育研究。

哈米提·哈凯莫夫的科研精神，也传递到了他的学生身上。如今，他的一个弟子成功进行了盘羊（野羊）与巴什拜羊的杂交，已经繁育到第四代。

哈米提·哈凯莫夫与同事一起发起成立了新疆遗传学会，并从1984年起一直担任学会的理事长。他还曾当选自治区的人大代表、政协常委，是自治区第四届专家团顾问。

四、老骥伏枥，志在千里

2004年从一线岗位退休后，哈米提·哈凯莫夫仍在继续从事科研工作，关注着新疆畜牧业的发展。

2013年1月，哈米提·哈凯莫夫把自己的近千册珍贵书刊捐赠给了新疆农业大学图书馆。其中有畜牧学、草业科学、动物科学等领域的专业著作和精品期刊，均为哈米提多年收藏的珍贵资料，目前在市场上已经很难获得。他希望这些书籍资料有助于丰富学校图书馆馆藏资源，对培养新疆畜牧业人才有所贡献。

新疆农业大学图书馆

2014年是农历马年，马的话题热了起来。早在20世纪50年代后半叶，哈米提·哈凯莫夫就对伊犁马进行过科学考察。1974年，哈米提和科研人员通过18年研究，培育出了伊犁挽马，一匹公马可拉4吨货，通过了国家鉴定。但这次鉴定会竟成了伊犁挽马的"追悼会"。因为那个时候，手扶拖拉机开始在新疆农村广泛使用，挽马没了用武之地。种马场把伊犁挽马转变成肉马，但当时又没什么人吃马肉，肉马养了几年就没有了声息。

哈米提·哈凯莫夫说，20世纪80年代初期，新疆有马180万～200

万匹，占全疆牲畜总头数的 6%。到 2000 年，新疆马的数量下降到了 102.7 万匹，仅占全疆牲畜总头数的 2.2%。难怪人们发出了"新疆马会消失吗"的疑问。

马在人类历史上是起过重大作用的牲畜，而新疆牧区生活着的哈萨克族、柯尔克孜族、塔吉克族牧民被称为"马背民族"。哈米提·哈凯莫夫说："马是人类的好朋友，也是生态圈中的一个重要成员，它应该有自己的生存空间。我们不能看到马像它的祖先——野马一样消失了之后，我们又花钱从国外购买回来放养。"

"老骥伏枥，志在千里。"哈米提·哈凯莫夫以他火一样的热情，仍旧关注着新疆的畜牧业以及生态环境发展。

"有的干部离退休之后掉到了群众的怀里，而有的干部离退休之后却掉到了群众的鞋里。"哈米提·哈凯莫夫这句满含哲理的话，堪称格言，发人深省。

康朗香
——傣家人民的好"摩雅"

康朗香（1939～），民族医药专家。云南景洪人，傣族。历任傣医医士、傣医主治医师、中医杂志编委会委员、中华全国中医学会理事、云南省中医学会理事、西双版纳州傣医学学会顾问等。在西双版纳州民族医药研究所（州傣医医院）从事傣医临床、科研及教学工作40余年，为傣医药事业作出了贡献。

一、傣医世家，自小学医

1939年4月4日，康朗香出生在云南西双版纳景洪市嘎洒乡一个叫曼景罕的傣族寨子里。他家世代从医，他的祖父、父亲都是当地有名的傣医。他的父亲行医50余年，具有丰富的临床经验，德高望重，很受人尊敬。

康朗香孩童时代就开始接触傣族医药，9岁左右跟随父亲采药和给人治病。平时，父亲教他认识一些常见的傣药。天长日久，康朗香从父亲那里学到了许多采药治病的方法。

1949年2月，按照傣族传统习俗，他出家到当地曼湾村的佛寺当了小和尚。在西双版纳等傣族地区，男孩七八岁便要进佛寺当和尚，还俗后当地人称为"康朗"，不少有名的傣医都是康朗出身。"康朗"的意思是"从寺庙走出的医生"，汉语写作"岩"，云南傣医界知名的傣医专家康朗香、康朗腊、康朗仑、岩拉等，都是"康朗"出身。

在佛寺里，不仅要诵读经书，还要学习傣族文字和文化知识。傣医与佛教的渊源极为深厚，傣族佛经是贝叶经，贝叶经中包括多种医学著作，记载了许多治病的方法和药方。因此，出家的傣族少年，通过诵读和阅读经书，不仅学习了佛教，同时也学到了各种医学知识。

1959年5月，康朗香到嘎洒镇曼景罕佛寺当佛爷。

1964年，康朗香还俗，在村里当村医。其后，他一边行医，一边在父亲的传授下通读傣医经典著作《嘎牙山哈雅》《嘎比迪沙迪巴尼》《档哈雅囡》《档哈雅龙》等。

在早年行医过程中，康朗香曾经拜过三位民间老傣医为师，即景洪市龙漫镇砍湾村的帕雅亮，勐龙镇曼栋的扎罕亮，勐腊县曼么粉的波溜湾。三年间，他穿梭于三地之间，博采众长，获得了丰富的傣族医药知识和技能。

1969年1月，康朗香被安排到嘎洒镇曼景罕合作医疗工作队，担任乡村医生。无论是在村里还是在乡里工作，康朗香始终坚持"以人为本、以病人为中心"的理念，认真、细致、耐心地对待每一位患者，深受患者欢迎，乡亲们常来找他看病。与此同时，他也积累了丰富的诊疗经验，进一步增长了医学知识。

1979年，西双版纳傣族自治州民族医药研究所（今西双版纳州傣医医院）正式成立。1984年3月，由于在基层的出色工作和突出业绩，康朗香被调入州民族医药研究所工作。西双版纳州傣医医院是全国唯一专门从事傣医临床、科研、教学的医疗机构，在这里，康朗香与老傣医康朗腊、岩顿、岩拉、波温等互相交流学习、总结经验，不仅自己医术有了很大提高，还共同促进了傣医药的发展。

1988年3月，康朗香获得了傣医医士资格；1996年11月，他又获得了傣医主治医师资格。

傣医著作《档哈雅龙》书影

1991年，康朗香被评为全省卫生系统模范工作者；1996年被评为全省中医药工作先进个人。1996～2001年，康朗香担任全省中医药学会第五届理事会理事。他还担任过州第八届政协委员。

2000年2月，因对西双版纳州科技工作30年的贡献，康朗香荣获西双版纳"科教兴州"贡献鼓励奖。

二、傣医傣药，民族瑰宝

我国"四大民族医药"（藏、蒙古、维吾尔、傣）之一的傣医傣药，具有2000多年的悠久历史。傣族人民在与疾病斗争的过程中，总结积累了丰富的防病治病的经验方药，逐渐形成了以"四塔""五蕴"为理论核心的傣医学，沿用至今，是我国传统医药的重要组成部分。

新中国成立后，党和政府高度重视傣医傣药。1983年，国家确定傣医药为中国四大民族医药之一，要求加以发掘、继承、整理和提高。此后，相继成立了民族医药研究所、傣医院、民族医院，吸收一批批民间傣医药人员到国家医疗科研单位工作；西双版纳卫校还举办傣医班，陆续培养了一批批傣医药人才。此外，在傣族地区还将傣医药纳入县级初级卫生保健方案，并为名老傣医配备了徒弟，使他们的医药经验得以整理、发掘、继承和提高，同时抓紧进行傣医药文献的抢救整理工作。

康朗香使用的傣药

1990年11月，在西双版纳州首府景洪召开"云南省傣医学发展战略研讨会"，总结新中国成立后傣医药的发展情况、经验和存在的问题，讨论了傣医药发展的对策和措施。就在这一年，云南省卫生厅、人事厅、教育厅批准确定了首批省级傣医药指导老师，为每一位老师配备两名徒弟。康朗仑等成为第一批指导老师。2008年，第二批省级傣医药指导老师确定，康朗香榜上有名。

在傣族以及其他兄弟民族专家学者的努力下，在广泛收集、认真研究的基础上，傣族医药学调查和研究成果不断涌现，编辑出版了《傣药志》（四集）、《傣医传统方药志》《傣医验方译释》《傣医中专班教材》《中国傣医》《傣肌松专辑》《傣医诊病特点》《德宏傣族医药及其验方》《傣族医药验方集》等傣医药书籍，促进了傣医药理论的丰富和完善。

三、傣家人民的好"摩雅"

康朗香是政府确定的名老傣医之一，在40多年的临床、科研及教学工作中，他将自己所学的傣、中、西医药知识有机结合，应用于临床，通过反复实践，总结积累了许多临床经验、方药。

康朗香能够熟练应用所学医药知识诊治临床常见病、多发病，此外，他对一些疑难杂症也有较深造诣。康朗香擅长治疗风湿病、类风湿病、高血压病、中风偏瘫、结石病、带状疱疹、脾胃病、急慢性肾炎、尿道炎、胆汁病（甲、乙肝病），以及内科、妇科、儿科、乳腺病和皮肤科、骨伤科等疾病。治疗方法不拘一格，治风湿在内服基础上配合熏蒸、包药、擦药、洗药、泡药等，受到广大患者的好评和信赖。

康朗香从小随父兄在民间行医，到山间、田野采药、识药。他继承和发扬祖传医药秘术，依据收集到的经验单方、秘方，能够自制傣药。他参与了单位很多傣药的研究开发，诸如雅朋勒、雅叫哈顿、雅叫帕中补等。

在完成临床工作的同时，康朗香还积极协助申报科研项目，参与完成《傣医中专班教材》《傣族医药学基础论》《风病条辨译注》《中国傣医药彩色图谱》《云南省中药材·傣族药》及傣医经书《嘎比迪沙巴尼译注》等翻译、整理、编撰的顾问工作。他还指导完成了54个傣药材标准的制定和43个医院制剂的研究工作。

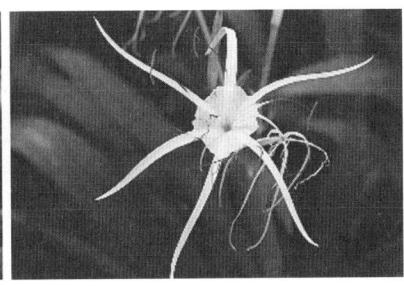

傣药白花丹（左）和文珠兰（右）

康朗香从医近50年来，在吸取前人经验的基础上，不断向其他民间傣医学习，他共识各种傣药2000余味，收集单方、秘方2000多个。他把自己的经验方药与所收集的方药整理编撰成《康朗香档哈雅》（"档哈雅"意为医药书），共收载传统经方120个、单验秘方100个。

康朗香医德高尚，工作踏实，为人温和可亲，深受同事、晚辈及患者的尊敬，被称作"傣家人民的好'摩雅'（医生）"。他认真做好传帮带工作，为培养傣医人才作出了贡献。

退休以后，康朗香接受返聘，在医院门诊部坐诊，每天都有20～30人找他看病。如今，老"摩雅"唯一的遗憾是三个儿子未能继承他的医术，欣慰的是三个孙女都是学医的，其中年长的玉应香已经从州卫校傣医班毕业，留在爷爷身边学习传统傣医药。

2002年，康朗香到北京参加了全国第一届少数民族民间医药学习交流。这是他第一次来到祖国的首都，来到万里长城；在3个月的学习期间，他3次去瞻仰毛主席的遗容——这些，都是他心中最难忘的记忆。

荣远明
——以"三慢"驰名的健康守望者

荣远明（1939～），中医专家。广西融安人，侗族。1963年毕业于广西中医学院并留校工作，历任中医内科教研室副主任、附属医院大内科副主任等，全国内科学学会、中医风湿病学会、中医热病专业委员会委员，广西中医药学会和中医内科学学会学术顾问。2002年被卫生部评为全国名医。现为《广西医师》杂志学术顾问，广西中医学院中医内科学和肿瘤内科学学术带头人。参与编写、编审的中医药著作有《中医多选题库》《全国名老中医临床治验及妙方集锦》等。

一、出身医家，钟情中医

1939年7月，荣远明出生在广西融安的一个中医世家。他的祖上是湖南人，祖父行医习武，在当地小有名气。荣明远的父亲荣尧堦，13岁时从湖南来到广西融安长安镇，先在裁缝店当学徒，后来又在融江码头扛活。

荣尧堦在码头上结识了三江县的一个侗族姑娘，很是喜欢，就用自己赚到的钱，把姑娘娶回了家。接着，夫妻俩开了一间居家小店，他纳鞋底、卖鞋底，妻子帮人家挑水。当时，融安有不少湖南人，还有湖南会馆。荣尧堦在湖南会馆结识了一位行医的老乡，就跟这位老乡学起了医，几年以后便能独当一面。随后，他关了鞋底店，开始挂牌行医，不几年就声名鹊起。

荣远明

荣远明长到上学的年龄，就进了当地的小学读书，平时放学后就看父亲治病，自然少不了耳濡目染。12岁时，他上了初中，学习成绩一直不错，父亲还督促他读文史哲一类的课外书。在中学期间，荣远明就给同学治过病，有的是跌打伤，有的是蛇咬伤。据回忆，他最早给人治病是

12 岁。

1959 年中学毕业后，荣远明顺理成章地选择了学中医，考入广西中医学校（今广西中医学院）。在学校，荣远明系统学习了中医典籍，同时，他还遍访名医，到名老中医那里"偷师"，在跟从老中医诊疗过程中学习实践经验。

在广西中医学校上学期间的 1960 年，荣远明回家探亲，因为上山砍竹子做二胡，曾经被蛇咬过。拉二胡是荣远明的一个业余爱好，他还参加过学校的书法比赛，乒乓球打得更是全校无敌手。他打乒乓球，是为了锻炼思维和身体灵活性。但后来，拉二胡的爱好被他放弃了，原因是拉二胡手指会起茧子，这样就会影响诊脉的准确度。

二、"棺材救人"，得誉"神医"

1963 年，荣远明从中医学校毕业留校，分配在中医内科教研室从事科研和教学，同时兼做临床工作。

留校不久，荣远明就参加了"广西壮族自治区生产救灾工作队"，下乡服务。他在工作队工作了 3 个月，受到了表彰。而之所以受到表彰，则是因为一件传奇的事情。

那时，正值三年"困难时期"的末尾，食物匮乏，即便是野菜、树皮也不一定能吃得上，好多人忍饥挨饿。一次，工作队到来宾县的迁江公社，见到一户人家主妇去世，死者丈夫正在号啕大哭。这户人家，荣远明他们昨天刚刚来过，女主人还招待过他们喝水。她 40 来岁，身形消瘦，面有饥色，但在荣远明的眼里，没有发现她有濒死的迹象。

荣远明获得"医术精湛 医德高尚"的赞誉

出于职业操守，荣远明详细询问了死者去世的缘由。原来，她一早上山砍柴，却没有按时回来，人们去找，却发现已经死在了山上。抬回来，摇不醒、喊不应，就以为真的死了，装进了棺材。听了这番话，荣远明断定，这位妇女是饿昏死过去了，并建议开棺看看。尽管开棺有诸多忌讳，但男主人还是愿意试试。开棺之后，荣远明见妇女的容貌没有很大变化，鼻息和脉息也还有，于是立即取出银针，按人中、百会、内关等穴位扎下去，很快，"死者"就坐了起来。

这件事在当地引起轰动，纷纷传扬荣远明是"神医"。第二天，许多老乡赶来请荣远明看病。由于担心影响工作，工作队只好将荣远明与工作队邻近区域的队员作了调换。尽管荣远明自己对事情守口如瓶，但消息还是传开来了，来看病的人越来越多。好在整个工作队接到通知前往另一个县，事情才消停下来。

三、不为良相，便为良医

20世纪70年代初，广西中医学校与南宁高等医科学校合并成为广西中医学院，设立两所附属医院。由于第二附属医院内科缺少业务骨干，荣远明就被调到了二院（瑞康医院）内科。

70年代末，荣远明经历了家庭的磨难，一手带着一双儿女，一面忙着医院的工作。由于医术精湛，他的门诊量比别人都大，排队的人有时能排到大门外面。因此，荣远明上班，一般是上午上到一点钟，匆匆吃过午饭，稍事休息就接着上班，八点钟吃晚饭，然后继续忙下去，直到深夜一两点钟。

荣远明信奉"不为良相，便为良医"的古训，对待工作十分认真。荣远明看病有"三慢"，即开方慢、说话慢、动作慢，这在广西是出了名的。也正是因为慢，他给了病人足够的交流时间，也给了自己充分的思考时间。而这样，荣远明每次上班均需延长6个多小时。只要出诊，他的晚饭就在诊室里吃。在患者的陪伴下吃晚饭，对于他来说早就习以为常。多少年来形成的这种与病患之间的默契，使他成为患者信任的健康守护者。

荣远明的医德医术声名远扬，有许多疑难杂症患者前来就诊。他还多次受到国外医学界的邀请，救治了不少疑难杂症患者。

在科研方面，主持国家自然科学基金、国家"十二五"重大项目、名老中医经验传承等国家级项目8项，省部级科研课题9项，厅局级4项；获得省部级成果奖8项、地市级成果奖2项、发明专利3项。如1980～1985年主持"泻痢Ⅰ号～Ⅳ号的临床观察及实验研究"，其成果获区、市科协二等奖；1981年协同主持"田七酒的临床与实验研究"，其成果通过审批并量产；1987年以来，应邀参加国家中医药管理局组织的全国高热急症协作攻关，牵头本省协作攻关工作，取得较好成绩，1988年获国家中医药管理局高热急症组协作攻关"成绩优异奖"，1992获国家中医药管理局颁发的"中医急症先进集体"。多年来,荣远明还主持本区、市的学术活动,1990年获区、市科协颁发的"学术活动积极分子奖"。

荣远明从20世纪70年代末开始著述。1977年,广西中医学院与中华医学会广西分会创办《广西中医药》杂志,荣远明负责审稿。1984年开始参与编写《中医多选题库》(山西科教出版社,1986)及《中医内科学多选题评述》(上海科学技术出版社,1988),后者获北方十省市科技优秀图书一等奖。1986年9月,编审《全国名老中医临床治验及妙方集锦》(广西医学科学情报研究所,1986),该书获广西科委颁发的"科技成果奖"。此外,荣远明还在国内外核心期刊发表论文250多篇。

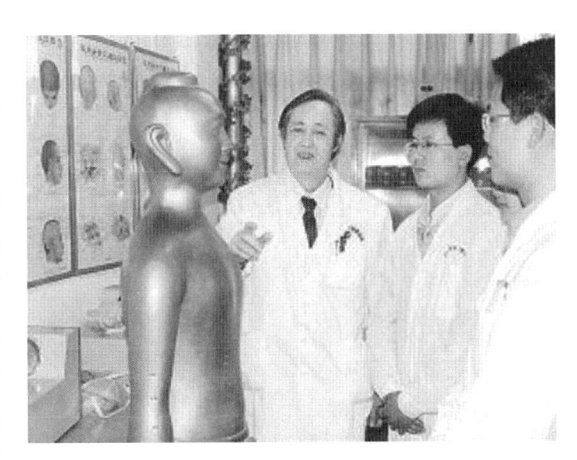

荣远明在指导青年医生

在临床上,荣远明对热病、风湿病、肿瘤、甲亢、糖尿病、咳喘、乙肝、胃、肠、肾病的诊疗,均取得了较好成效。

有关荣远明的事迹和医学造诣,中央电视台"中华医药"栏目曾进行采访和报道。广西作家谭小萍撰写的传记《荣远明》,全面介绍了他的生平事迹、医德医术。

栾恩杰
——让"嫦娥奔月"成为现实

栾恩杰（1940～），导弹控制技术和航天工程管理专家。辽宁沈阳人，满族。1965年毕业于哈尔滨工业大学，1968年于清华大学研究生毕业。曾任国家航天局局长、国防科工局科技委主任、中国科协副主席。2003年当选国际宇航科学院院士，2009年当选中国工程院院士。在航天型号和工程研制工作中取得了一系列开拓性和创新性成果，为我国武器装备和航天事业发展作出了重大贡献。主编有《国防科技名词大典》，著有《航天系统工程运行》以及《村子情怀——栾恩杰诗词集》等。

一、与航天航空结缘

1940年10月25日，栾恩杰出生于吉林省白城市一户工人家庭，在5个兄弟中排行老大。他的父亲是1945年参加革命的老干部，舅舅是留学苏联的航天人。母亲虽没上过学，却能看报、读信，常常教育儿子要向舅舅学习。

栾恩杰6岁时，日本战败，一家人搬到黑龙江齐齐哈尔。从小受到家人的熏陶，栾恩杰希望自己长大后也能像舅舅一样学习科技、探索星空："上中学时，我订了一份杂志叫《知识就是力量》，其中就有动物、植物、天文的知识，尤其是里面介绍了太阳系，介绍了水星、金星、火星、土星等等。应该说这本杂志对我有科学启蒙的作用。"

栾恩杰

高中时，一个关于火星上有人造"运河"的故事深深地吸引了栾恩杰。"当时我就和同学们开始了热烈的讨论：有运河当然就有开挖运河的人，那么就有火星人，也就是说火星上也有智慧生物，有火星上的文明。于是就想象，我们是不是可以和火星人进行沟通？"带着对宇宙奥秘的向往,在家人和老师的鼓励下,1960年,栾恩杰考上了哈尔滨工业大学电机系。

到学校后,正好赶上了专业调整,于是栾恩杰从电机系转到控制系,改学陀螺原理、仪表及惯性制导专业。这个专业是1958年9月邓小平到哈工大视察,提出"哈工大要搞尖端"后创建的,对外保密,一切都要用代号来沟通,课本下课后必须上交,就连门口也有军人把守。能够学习国家高度重视的保密专业,栾恩杰感到十分荣幸,学习自然也十分刻苦。

当时国家正处于困难时期,学校的生活条件非常困难,14个人住一间宿舍,地上铺着大通铺,连桌子也没有。没有桌子,栾恩杰就找来一块三合板架在腿上学习。眼镜腿掉了,他就用一根绳子系好,挂在耳朵上继续学习。

刚入大学时偶然的专业调整,奠定了栾恩杰一生的事业方向。在回顾自己5年的大学生活时,栾恩杰说:"我要感谢哈工大。哈工大的校风一直是扎扎实实搞学问,踏踏实实搞研究,认认真真搞学习。哈工大的校训是'规格严格、功夫到家'。它的实质、它的核心就是要求每个学生在学习时踏踏实实地学懂每一个基本概念,这使我受益终身。一个人成长的时候,知道有规格就有约束;知道严格就不马虎;知道要学功夫、本事,一定要到家。功夫到家了,你一定会取得成果,一定会成功。"

1965年大学毕业后,栾恩杰考入清华大学攻读研究生,主修精密仪器与自动控制专业,攻读电悬浮陀螺等当时国内的尖端学科,从此和我国航天航空事业结下了不解之缘。

二、扎根国防,倾情奉献

1968年,栾恩杰从清华大学毕业。"研究生毕业时,我决心要搞国防尖端。我向学校表示,只要是国防建设需要,即使是到新疆、西藏这样艰苦的地方工作我都愿意去。"就这样,当年9月,栾恩杰奔赴内蒙古,来到第七机械工业部第四研究所,进入了刚组建的国家固体火箭发动机研究院。

那时,固体火箭发动机是国防和航天需求的关键技术,国外对该技术进行了严密封锁。为了进行导弹武器型号控制系统的研究设计和技术管理,栾恩杰与同事们不厌其烦地反复试验、缜密研究,最终圆满完成任务,填补了我国在该领域的空白,为发展航天事业奠定了基础。

1979年,栾恩杰负责巨浪一号潜地导弹瞄准系统的总体设计,并在我国首次实现了从地面弹道计算机到弹上导航平台方位的全自动瞄准。这一瞄准系统当年获七机部科技进步二等奖，栾恩杰是第一完成人。同年，他还获得了国家国防科技成果二等奖。

在内蒙古七机部四所，栾恩杰一待就是近20年。他一路从一名普通的技术员，到工程组长，到17所研究室主任、副所长，直到所长，完成了由技术人员向管理者的转变。

1984年10月，栾恩杰任航天工业部第二研究院副院长。1988年11月，他担任航空航天部总工程师，成为第一个"一弹两用"的总指挥。到部工作后，栾恩杰主管重点战略武器型号的科研生产管理和大型试验，组织协调和解决工作中的重大问题。

1989年，航空航天部党组提出了"抓应用卫星与卫星应用，抓技术改造，突破载人航天"的"两抓一突破"思路，为后来我国的载人航天事业提出了规划。

嫦娥一号卫星

1990年4月，栾恩杰组织"亚洲一号"通信卫星发射，圆满完成了我国第一颗卫星发射任务。回忆这次发射，栾恩杰说："1990年参与第一颗亚星发射，运载能力可以承揽国际服务，用长征三号火箭进行商业发射，并且实现首次直播，发射工作由保密到公开。大家非常振奋，我作为试验大队的大队长感到很有成就感。"

至此，栾恩杰已经在中国导弹控制技术、型号研制管理和国防科技工业管理方面作出了重大贡献。

三、开启探月之旅

1992年，栾恩杰被航空航天部评为有突出贡献的专家。第二年，他出任国家航天局副局长。1998年，栾恩杰升任局长，兼任国防科工委副主任，主管工程质量和科学技术发展等工作。1999年，他荣获国家科技进步一等奖。

2003年，神舟五号载人飞船成功发射。神舟五号的成功发射，表明我国已掌握载人航天技术，成为中国载人航天事业发展史上的又一个里程碑。作为第一次载人航天工程的副总指挥，栾恩杰的心情十分激动："当航天员杨利伟从返回舱走出时，我感到中华民族真伟大，感到这一辈子值了！下辈子我还干航天。"

2004年1月，我国探月工程正式启动。早在1998年栾恩杰刚担任局长时，我国就进行了探月工程的规划论证。那一年，栾恩杰第一次提出了月球探测工程的"三大步"和"三小步"规划："三大步"即探、登、驻，"三小步"即绕、落、回。

如今，经过了2000多个日夜的前期数据和实验准备工作后，这一工程终于启动了。从此，64岁的栾恩杰又多了一个头衔：探月工程总指挥。

探月工程又被命名为"嫦娥工程"，是我国第一个深空探测工程。自1958年以来，美国、欧洲、日本等进行的月球探测活动共计120余次，成功率只有48%。用栾恩杰的话来说，"航天始终是最具风险性的领域之一，成功与失败就像一枚硬币的两面，差距只有毫厘"。

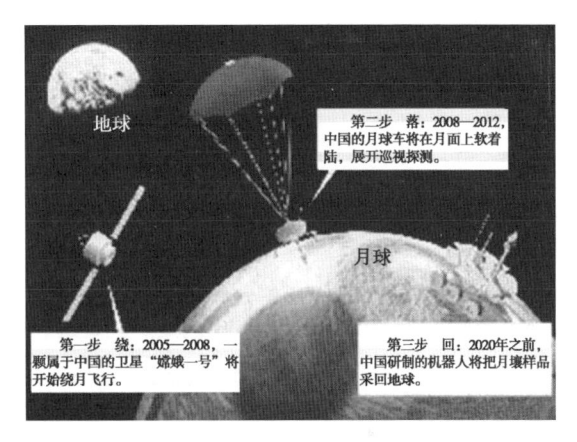

中国探月"三步走"

从2004年"嫦娥工程"的启动，到2007年"嫦娥一号"的成功发射，这中间经过了三年的坎坷历程。2004年是开局年，2005年是攻坚年，2006年是建造年。"在航天史上，仅仅用三年，从立项到批准，从批准到拿出卫星，再到把卫星送入月球轨道，确确实实不容易，其中充满了酸甜苦辣，一言难尽。"谈及三年来的艰辛准备，栾恩杰说。

2007年10月24日18时05分，"嫦娥一号"成功发射升空，被誉为中华民族的"争气星"。在200万公里的奔月之旅中，"嫦娥一号"的所有动作均按照设定圆满完成，84项紧急处置预案毫发未动。不但实现了发射时的零窗口、高精度入轨，还使原定的3次修正减少到1次，并传回清晰图片。真正体现了"高标准、高质量、高效率"的工程总要求，使我国初次探月就一步跨越了别人几步的路程。

为了表彰栾恩杰在航天事业上作出的巨大贡献，2003年，栾恩杰当选国际宇航科学院院士。2003年和2004年，他连续两年荣获国家科技进步特等奖，2006年当选"中国十大系列英才"。

在国家航天局工作时，除了管理工程质量和科学技术发展，栾恩杰还做了许多事情。他倡导并组织完成了我国首部航天白皮书；作为总主编，他组织了几千名各个领域的专家，用两年时间撰写出版了《国防科技名词大典》（航空工业出版社，2001），该书成为我国第一部集国防科技工业各领域专业名词术语于一体的大型专业工具书。在深空探测科学研究方面，栾恩杰提出并指导了小行星附着等前瞻性课题的研究，为探月工程立项及中国以探月为起点的深空探测奠定了坚实的基础。

2006年，栾恩杰卸任中国航天局局长。回顾自己在航天局8年的时光，栾恩杰说："在我当航天局局长的时候，赶上中国航天创造的很多第一。我感到，没有哪一项事业能像航天这样，表现高科技的实力和综合科技的发展；没有哪一项事业，它的成功能如此凝聚全民族的力量，振奋全民族的精神。"

四、"耕天诗人"的"村子情怀"

几十年来，栾恩杰把自己大部分时间都用在了发展我国航天事业上。然而，他还有另一个爱好，那就是写诗。无论是发射成功，还是看到了一篇好文章，他都喜欢用诗歌来表达自己的情感。对此，四弟栾新智对哥哥有一个评价，称哥哥是一个耕天的诗人。

当神舟五号载人飞船发射成功后，栾恩杰写了一首《献给航天战友的歌》："风雨征程展旗鼓，披甲恋战演英雄。敢使刀叉斗熊猸，更有浩气助豪情。十载谋筹点星座，五年艰辛抖威风。中华傲有忠臣在，何愁春秋无后生。场场幕幕都是彩，上上下下皆掌声。汇聚精英三十万，神舟摆渡太空行。"

在得知探月工程被批复正式启动的消息后，栾恩杰难掩心中喜悦之情，提笔写下了"地球耕耘六万载，嫦娥思乡五千年。残壁遗训催思奋，虚度花甲无滋味"。

2005年12月，栾恩杰出版了诗集《村子情怀——栾恩杰诗词集》（中国宇航出版社，2005），字里行间饱含着真挚情感。在"后记"中，他写道："诗为言声，且有声外之意。一首好词，其韵合词，读起来有似铁珠落地，铿锵之响，给人以清脆、振奋之感；有似涓涓细语，潺潺之声，让人心醉。"

闲暇时，栾恩杰还热爱读书。他读的书范围很广，既包括工作上的书，比如关于世界上最新升空理论的书，也有大科学家的著作。他说："我也没有什么别的业余爱好，就是爱读书。在家里，桌子上有书，床上有书，厕所里也有书，一有时间就读。"

2009年，栾恩杰当选中国工程院院士。2010年，他出版了自己的学术专著《航天系统工程运行》（中国宇航出版社，2010）。

2012年11月，栾恩杰荣获我国"航天航空月桂奖"的"终身奉献奖"。

栾恩杰诗集《村子情怀》书影

评价自己的航天生涯，栾恩杰称："我一开始搞技术工作、设计工作。随着职务的提升，从工程组长、研究室主任、研究所所长、研究院院长，到航天局长，一个台阶一个台阶走，但我有一条，绝不丢掉脚踏实地的作风，绝不能随着职务的提升就脚不沾地。这个地就是工作的质量、技术的发展、型号任务完成的进程，每次实验的过程，就是要接触实际。"

栾恩杰还用4个"10年"概括了自己的人生道路："第一个10年搞潜地导弹，第二个10年搞机动导弹，第三个10年搞远程导弹，第四个10年搞深空探测。"这也正是我国在国防科技领域中坚持奋斗、努力求索的过程。

韦 钰
——从科学家到教育家

韦钰（1940～），电子学家、教育家。广西桂林人，壮族。1965年毕业于南京工学院，1981年获德国亚琛大学博士学位。历任南京工学院院长、东南大学校长，教育部副部长、全国妇联副主席、中国科协副主席，中国电子学会副理事长等；现任中国少数民族教育学会会长、中国女科技工作者协会会长。1994年当选中国工程院院士。从事电子学和生物电子学研究，成果突出；推进科学教育、远程教育以及少年儿童发展，成就卓著。发表《CT图像重组理论基础》等学术论文近300篇；著有《中国妇女教育》（主编）、《探究式科学教育教学指导》（合著）等。

一、人生与第一结缘

1940年2月，韦钰出生在广西桂林一个壮族家庭。这是一个军人家庭，严父慈母，父亲对孩子们要求很严，母亲则更多关心慈爱。幼年时期，韦钰全家搬到南京定居。

韦钰是和新中国一起成长的，这使她的人生从一开始就与"第一"结了缘。她曾说："我们是新中国第一批少先队员，第一批射击队员，第一批航模队员……"

少年时代结束后，韦钰进入南京师范大学附中读书。在学校，韦钰刻苦学习，品学兼优，德智体全面发展，曾是国家一级体操运动员。

1956年，也就是高中毕业的前一年，韦钰到南京工学院听讲座，两位刚从美国归来的教授做报告，其中提到了电子学既有理又有工，特别具有挑战性，也很有前途。就这样，第二年，韦钰就报考了南京工学院（今东南大学），在无线电工程系读书。

1961年，韦钰大学毕业，留校任教。第二年，受益于当时的一项政策，韦钰被推荐攻读本院本系的微波电子学硕士研究生，师从陆中祚教授。1965年，韦钰研究生毕业，成为新中国第一批大规模招收培养的硕士。因为成绩非常优秀，韦钰的毕业成果参加了第一届高教成果展。这一年，韦钰25岁。

二、苦闷之后逢转机

这之后，紧接着就是"文革"，韦钰经历了人生中最苦闷的日子。

1978年，中国进入新的历史时期，韦钰也获得了人生新的转机。那一年，国家首次在全国范围内选拔出国留学人员，名额为100人，50名去美国，50名去德国。韦钰有幸成为去德国留学的50名留学生之一。

当时，由于种种原因，打算去美国的人数远远多于去德国的，竞争也就相对激烈。韦钰决定放弃英语，改学德语。暑假的时候，韦钰把孩子放在上海的老人家里，自己到上海外国语学院，找到一本德语讲义，硬是用了一个月时间，把讲义"啃"了下来；只是学成的是"哑巴"德语，一个单词都不会读。神奇的是，就这样，她的德语在江苏省考了第一名。这一年，江苏一共考取两个人，韦钰是其中之一。

韦钰在进行科学研究

出国之前，留学人员在北京集中，韦钰看了一个有关周总理生活和工作的展览。总理东渡日本求学，怀抱为"振兴中华"而读书的理想，给韦钰留下了深刻印象。这个展览对她留学和留学归来后的生活，都产生了重要影响。在德国期间，邓颖超还特别给韦钰寄了总理的文集。

1979年，韦钰作为新中国第一批赴德留学人员，远赴联邦德国亚琛工业大学学习。这一年，韦钰39岁，已经是两个孩子的妈妈。

1981年，经过3年的艰苦学习，韦钰获得了亚琛工业大学的工学博士学位。这一年，她41岁。而这位"妈妈博士"，在德国学习期间，由于学业优秀，还获得了"博歇尔"奖章。她是获得"博歇尔"奖章的第一位中国人。

三、开拓学科新领域

1981年,韦钰结束留学,回到了南京工学院。

关于为什么回国,韦钰坦言:"很简单,没想过不回来。"她说,"我们那批出去的都回来了,没有不回来的,这是很自然的事情,那时我们所受到的教育就是这样。""那一批送出去的人,除了回国没有想到过有第二条路。"

不仅如此,韦钰还把留学中省吃俭用攒下的奖学金捐给了国家。她的这种做法,曾令外国好友非常不解。

从1981年起,韦钰先后担任南京工学院讲师、副教授、教授,系主任、副院长、院长;1986年学校更名东南大学后,又担任校长。

回国之后,韦钰很快将她在国外学到的新知识、新技术投入教学与科研。此时,她的研究方向由电子学转向了国内还没有人做的生物分子电子学。回国不久,她就在学校做了一个报告,在报告中提出一些学科需要改变,应该发展生物电子学等。报告经报纸报道后,韦钰成为全国知名人士,并得到邓颖超的接见。很快,韦钰就拿到了一笔科研基金,作为生物分子电子学基础研究的费用。

韦钰回国以后的科研工作,开辟了一个全新的领域、全新的学科。起初,课题组只有三四个人,在一间废弃的厕所工作。1985年,韦钰在南京工学院创建了生物医学工程系,并担任系主任。后来,她又在国内建立了第一个分子与生物电子学实验室,创建了国内第一个"生物电子学"博士点。现在的东南大学生物工程系,2007年被评为全国该学科中最好的重点科系。韦钰奋力倡导的学科,如今已经成为最热门的学科。

韦钰参与学校科技活动

韦钰从微波电子学研究到生物电子学和分子电子学理论和应用研究,先后主持承担十多项国家级重大、重点科研任务,在国内外有关权威学术刊物上发表学术论文近300篇，在生物医学成像理论、金属无损检测理论技术，特别是超声成像方面取得了显著成果。这些科研成果，分别获得国家科技攻关优秀个人奖、项目攻关奖，四次获得国家教委科技进步二等奖、五次获得国家教委科技进步三等奖。

1994年6月，韦钰当选为中国工程院院士。此外，韦钰是国际分子电子学与生物计算系统学会首批12名常务理事之一，担任一些国际学术刊物的常务编委或编委。

四、从科学家到教育家

1985年，韦钰就兼任了南京工学院的副院长，主管科研。1987年，韦钰升任院长，那一年，她刚47岁，是当时我国第二个重点大学的女校长。1988年，南京工学院更名东南大学，韦钰担任校长，直到1993年11月。

韦钰走马上任后，大刀阔斧地进行了教学和教育体制改革，取得了显著成效。很多人都认为，韦钰担任校长的时期是东南大学最好的时期之一。这一点，从学生给韦钰博客的留言就能够看出来。

1993～2002年，韦钰调任国家教育委员会副主任（后为教育部副部长）。这样，接续前面几年的大学校长职务，韦钰的角色重心开始了从科学家到教育家的转换。

1994年，韦钰到世界银行开会时，听说了"信息高速公路"这个新事物。研究电子出身的韦钰，敏锐地感到这是未来教育的一个重要载体。不久，教育部和国家计委就形成了建设"中国教育科研网"的建议报告，开始着手打造"中国教育和科研计算机网（CERNET）"。经过十几年的发展，"中国教育科研网"已经形成完善的体系。对我国教育网络的建设和远程教育的发展，韦钰起了重要的推动作用。

在教育部任职期间，韦钰还发起了"天女教师培训"计划，旨在利用远程教育惠及边远地区。为了改变偏远山区的教育，韦钰辗转筹

韦钰教育著作书影

措资金，得到李嘉诚基金会的支持，首期挑选30名广西农村女教师到北京接受为期20天的远程教育培训。培训结束后，这些原本连打字都不会的女教师不仅学会了打字和接收卫星传播的课程信号，现代化的技术还让她们

变得自信而大方。投资方追加资助 1 万名教师的名额,同时国家也在地方增设了农村教师培训计划。这项工作在国际上影响很大,韦钰因此获得了"联合国特殊贡献奖",并入选"联合国教科文组织 60 年作出贡献的 60 位女性"。

关于教育,尤其是科学教育,韦钰有着独到的见解。她说,一个创新型的国家必然由具有创新精神和创新能力的国民组成,但在我国目前的基础教育状况下,很多人的创新能力和创新热情在儿童时期已经被消磨殆尽。到大学阶段,许多学生已经失去了学习和研究的热情,这是很可怕的。"只有能力特别强的、'压不垮'的极少数人可以脱颖而出,这样下去,创新型国家如何建成?"

韦钰建议,国家要设立专项研究基金,支持对教育的科学研究,建立科学的教育科研管理机制,提高教育科学研究队伍的质量和水平;加强对教师的培训和科学教育教师队伍的建设,把普及科学知识纳入教师继续教育系列;修订国家科学教育标准,从幼儿园开始设立探究式科学教育活动,把科学课列为小学的核心课程。

2001 年,就在要卸任教育部副部长前,韦钰推动教育部和科协发起了科学教育改革——"做中学"科学教育实验项目,即在幼儿园和小学中进行基于动手做的探究式学习和教育。韦钰还是教育部和科协共同推动的"明天小小科学家"项目的发起人之一。鉴于韦钰对青少年辅导员和青少年工作作出的积极贡献,2006 年 10 月,法国科学院把第二届国际儿童科普教育奖"PURKWA"奖颁给了韦钰。

2002 年卸任教育部副部长后,韦钰在东南大学建立了东南大学学习科学研究中心,并出任第一届主任;2005 年,她又创办了江苏汉博教育培训中心。这些机构的工作,在不长的时间里就做得有声有色,不仅获得国际儿童科学教育奖,而且承接了来自中国工程院及其他机构的课题,发表学术文章,参与国际上的学术会议。

此外,韦钰还主持了中国儿童情绪库的建立,致力于研究中国儿童气质、性格分类和教养的关系。

除了早年的学术论文,韦钰晚年的著作,主要涉及科学教育,如《探究式科学教育教学指导》(合著,教育科学出版社,2006)、《十年"做中学"为了说明什么——以科学研究为基础的教学改革之路》(中国科学技术出版社,2012)。韦钰还翻译了英国学者哈伦所著《科学教育的原则和大概念》(科学普及出版社,2011),可见她对少年儿童科技教育投入了诸多精力。

五、"中国博客部长第一人"

1988年9月,韦钰担任全国妇联副主席。1993年9月,她再次当选七届全国妇联副主席。1998年,韦钰当选全国政协委员,并担任过全国政协科教文委副主任。在这些岗位上,作为女科学家的韦钰,更多地为女性争取权益而呼吁。

这些年,韦钰坚持做的一件事,就是抵制关于妇女的阶段就业制,争取在公务员退休制度中男女平等。这固然缘于她自己的女性身份,也缘于她自身的经历和对中国国情的深刻认识。她认为中国离真正的男女平权还有很远的路。

韦钰说:"女性从事科研是很苦的,她们要付出很多很多。你去问问她们每一个人,非常圆满的的确很少。但是如果没有一些女性冲出来,女性就更加没有地位。"

2007年10月,中国科协恢复成立中国女科学工作者协会(前身为中国女科技工作者联谊会,成立于1993年7月),韦钰在缺席会议的情形下,被推选为主席。

韦钰还曾担任中国电子学会副理事长、中国科协副主席。2006年中国少数民族教育学会成立,韦钰当选会长。她还是第六、第七届人大代表。

韦钰还有一个称号,就是网民送她的"中国博客部长第一人"。在担任教育部部长时,她就开了博客,儿童成长、青年发展、"海归"未来、教育不公等都是她的"博客"的主题。她说:"我的年龄已不适合我再进行什么科学研究,但我很高兴找到'博客'这种形式,把自己的知识回馈社会,这是一种快乐。"

旭日干
——世界"试管羊之父"

旭日干（1940～），家畜繁殖生物学与生物技术专家。内蒙古人，蒙古族。1965年毕业于内蒙古大学，1984年获日本兽医畜产大学博士学位。历任内蒙古大学校长、中国工程院副院长、中国科协副主席、中国畜牧兽医学会副理事长等。1995年当选中国工程院院士。长期从事以家畜繁殖生物学为中心的现代畜牧业高新技术研究，为家畜改良和育种开创了新的技术途径。主编有《内蒙古动物志》等。

一、坎坷中成长起来的坚强少年

1940年8月24日，旭日干出生于内蒙古科尔沁右翼前旗的一户蒙古族家庭。旭日干原本姓包，而"旭日干"则是他的名字，在蒙语中意为"狂风"。因为蒙古族不习惯称姓，所以大家都以为旭日干姓"旭"，久而久之，"旭"便成了他的姓。

旭日干年幼时，家境非常清贫。家中兄弟姐妹众多，父亲靠租种地主的土地或给人放牧，才得以勉强维持生计。纵然常常衣不蔽体、食不果腹，但科尔沁草原上"风吹草低见牛羊"的美丽景色，带给了旭日干一个十分快乐的童年。

旭日干

1947年，内蒙古自治区成立，旭日干的家乡办起了小学。第二年，他成为这所学校的第二批学生，开始了自己的求学生涯。

旭日干上五年级时，父亲突然病倒，后因无法得到有效治疗，最终不幸去世，年仅38岁。这一变故使一家人陷入了困境，全家大小事情全凭已经成年的姐姐帮助母亲共同操持。在日后的求学道路上，多亏姐姐的支持和鼓励，他才有机会继续完成学业。

小学毕业后，旭日干凭借优异的成绩考入乌兰浩特第二中学。在课堂上，他常常"打破砂锅璺到底"，充满了求知的欲望。后来，旭日干拿到了学校每月七八元的助学金。这笔助学金为家里减轻了不少负担，也帮助他顺利读完了中学。

自从父亲因病去世，旭日干便立志要学医，希望报考医科大学。但中学毕业前，班主任找到旭日干，对他说道："你学习态度严谨，善于刨根问底，爱动脑，勤于思考，我看将来搞生物学更合适，还是放弃学医吧！"

老师的话犹如一粒沉甸甸的石子，在旭日干心中激起了层层波浪。他一遍遍回想着老师的建议，继而回忆起了自己从小在自然环境中长大、十分热爱动植物，对家乡的畜牧业有着与生俱来的深厚情感。再三斟酌后，他决定听从老师的意见，改学生物。

1961年，旭日干顺利考上内蒙古大学生物系，从此开启了自己的科学探索生涯。然而，大二时他却再次面临辍学的窘境。当时，他和弟弟都在读书，可家里却只能供得起一个孩子，于是身为哥哥的旭日干毅然决定退学，可谁曾想弟弟却先于自己退学。后来，在家人自始至终的坚定支持以及国家助学金的帮助下，旭日干得以顺利毕业。

二、潜心科研，留学日本

1965年毕业后，旭日干被分配到内蒙古农业科学院从事研究工作。这时，他正处于人生的黄金时代，希望通过夜以继日的研究，早日为家乡的畜牧业带去佳音。然而，接二连三的运动，让7年的大好时光随之流逝。

1972年，高校复课，旭日干回到了内蒙古大学生物系任教，教授动物生殖学和胚胎学。两年后，他同生物系的老教师们一起，承担了内蒙古自治区和国家对家畜胚胎移植的研究课题。

为了研究这一课题，旭日干和同事们经常背着显微镜，骑马或赶牛车来到数十里外的试验场对家畜进行药物处理。虽然科研条件艰苦，可旭日干热情十分高涨，他往返于学校和试验场进行研究，一干就是8年。其间，他掌握了大量数据，最终把胚胎移植技术练得炉火纯青。

尽管已经在胚胎移植领域有所成就，但旭日干却并未感到满足，反而意识到了一个极具挑战性的问题，那就是如何将胚胎技术和体外受精结合起来，并进行开发应用。对于当时国内的条件来说，这简直就是一项根本不可能完成的任务，于是，旭日干打起了出国留学的念头。

1982年4月，旭日干作为内蒙古自治区政府首批选派的留学进修人员，东渡扶桑，开始专攻家畜繁殖生物学。

刚到日本，日方特意为进修人员安排了一次7日游。短暂的7日之行让旭日干看到了祖国和日本的差距。这种差距让旭日干感受到了压力，同时也化作了他潜心钻研的动力："看到这个差距，恨不得一下子把差距改变过来，并且希望自己能在这个过程中做点事情。它让我感觉到我们责任很重，我们要改变这种落后状态，赶上发达国家。"

旭日干全身心投入科研工作

旅行结束后，旭日干首先来到日本兽医畜产大学，随后又去了距东京60公里的筑波。筑波是日本著名的科学城，汇集了几十所世界一流的科研机构，日本农林省畜产试验场就是其中的一个。在畜产试验场，导师山内亮将旭日干推荐给了花田章教授。

起初，花田章教授对内蒙古地区还停留在落后、贫穷的印象上，可没过多久，旭日干的科研能力让花田章刮目相看：旭日干不仅能完成实验，而且还相当出色，在有些环节上比他们自己的人员还要熟练。于是，花田章破例把家畜体外受精这一难题交给了旭日干，希望他能在这一问题上取得一些阶段性的成果。

其实，留学进修的人员本没有课题研究任务，可旭日干却不假思索地接受了教授给他的任务。先前在国内，旭日干总希望能有更好的科研条件，如今，看到国外如此舒适的实验环境和先进的实验设施，他十分珍惜，决心攻克家畜体外受精的难题，早日为祖国畜牧业贡献力量。

三、试管山羊的诞生

家畜体外受精是指让家畜的精子和卵子在体外人工控制的环境中完成受精过程后，再把得到的胚胎移植到母体内的技术，在当时属于世界性的重大难题。此前，虽然"试管兔"和"试管婴儿"都已培育成功，但在畜牧业中占重要地位的家畜绵羊、山羊的体外受精实验却始终没有得到实质性突破。这是因为，用于其他哺乳动物的受精配方在羊的身上完全不适用，在体外受精的条件下，羊的精子始终缺乏足够动力进入卵子。

先前，日本已经对这一课题研究了几十年，但仍无重大进展。按计划，就算能拿下这个课题，至少也需要 5 年的时间。可旭日干并不这么认为，他想："假如我每天工作 12 小时以上，节假日也全部用来做实验，那么，用两年的时间就可以完成日本人四五年的工作目标。"于是，旭日干投入了自己的全部精力，在实验室度过了一个个不眠之夜。

起初，旭日干总结了所有牛羊体外受精的实验方法，并在分析每一种方法的缺点后逐一筛选。之后，他根据得出的经验提出了数百种方案，涉及药物兑制、精子浓度对比等方面。为了和时间赛跑，旭日干把一天当作两天，从未在夜里两点之前睡过觉，有时甚至近一个月都在实验室中度过。他最常吃的是面包、咖喱饭和方便面，为的是节省时间。

研究的第二年，实验进入了攻坚阶段。1983 年 10 月，在经历了上百次失败后，一个万籁俱寂的夜晚，旭日干在显微镜下惊喜地发现：在药物的诱导下，山羊卵子的体外受精终于成功了！至此，既有效、又无毒的绵羊、山羊精子药物诱导获能技术终于诞生。7 天后，囊胚胚胎逐渐形成，旭日干小心翼翼地将其植入山羊母体，开始了忐忑不安的等待。

导师山内亮在旭日干身上看到了希望和曙光，认为这个年轻人在实验上极有可能取得重大突破，决定破格让他攻读博士学位，但要求他必须在 3 个月内上交博士论文并通过答辩。

为了写论文，旭日干每天晚上 12 点多回到宿舍后继续挑灯夜读，查阅大量日语文献资料。几个月后，论文《山羊绵羊体外受精》以全票满分的成绩通过了专家审查，旭日干顺利获得了日本兽医畜产大学授予的博士学位，成为新中国第一位蒙古族博士学位获得者。

与此同时，试管山羊的培育工作也在继续。转眼间，5 个月的妊娠期过去了，1984 年 3 月 9 日清晨，孕育着体外受精卵的山羊母体乳头乳汁明显变浓，产期在即。当天 18 时 10 分，世界上首例试管山羊终于诞生，轰动了国际学术界。为了庆贺中日双方合作成功，旭日干和花田章给这

旭日干与试管山羊

个小家伙取名为"日中"，旭日干也因此被誉为"试管山羊之父"。

实验成功后，日方想留旭日干再多留学一年，帮助他们把实验运用到生产当中。然而，旭日干的心却早已飞回了自己的祖国，他回绝了老师的

盛情挽留，回到了内蒙古大学。

四、为祖国畜牧业贡献力量

刚回国时，内蒙古大学的实验室条件还停留在20世纪50～60年代的水平，旭日干决心自己建立一个像样的实验室。

得知旭日干建立实验室的想法，自治区有关方面批给他几十万的经费表示支持。有了这笔经费，旭日干便马不停蹄地开始筹建内蒙古大学实验动物研究中心。

1986年，在旭日干不辞辛苦的奔波下，建筑面积达2400多平方米的内蒙古大学实验动物研究中心终于竣工，标准达到国际先进水平。在组建了一支精干的团队后，旭日干带领大家在国内率先展开了以牛、羊体外受精技术为重点的家畜繁殖生物学及生物技术的研究工作。

1987年年底，旭日干培育"试管牛"的项目成功列入"863计划"，成为国家重大研究项目。有了国家的支持，旭日干的干劲儿更足了，他每天工作十几个小时，比在日本留学时还忙。

内蒙古大学动物实验中心基地

1988年秋季，正值胚胎移植的黄金季节，旭日干也变得越发忙碌起来。他早上从家里出门，带着装有午餐和晚餐的饭盒，骑着自己20多年前买的自行车直奔实验室，还经常吃住在那里。了解旭日干的人都知道，那时，饭盒和自行车是旭日干离不开的两件宝。

后来，在旭日干的指导下，研究人员将61枚试管胚分别移植给20只母羊，其中有10只成功受胎。与之前在日本研究成功不同，这次，旭日干在祖国母亲的怀抱中取得了成绩，他心中洋溢着的激动和喜悦之情，是之前任何时候都不可比拟的。

1989年3月10日凌晨1点59分，我国第一只"试管绵羊"在内蒙古大学实验动物研究中心降生。这只头部黑白相间的可爱羔羊在出生半个小时后，就可以站立吃奶。同年8月，我国首例"试管牛"诞生。"试管绵羊"和"试管牛"的诞生，标志着我国在该研究领域已跻身世界领先行列，这一成果被国家评为当年十大科技成果之一。

一年后，旭日干把在-196℃液态低温下冷冻保存的绵羊胚胎解冻后移植，产下了世界首胎冷冻-解冻后的胚胎移植试管绵羊，又一次轰动了全世界。

五、"爱校胜家"的大学校长

1993年，为了提高高等教育水平，教育部提出建设"211"工程，拿出一部分资金重点建设100所大学和一部分重点学科。对内蒙古大学来说，这是一个前所未有的机遇，自治区教育厅多次到学校了解情况，一些领导和老师提出："只有旭日干当校长，这件事才有可能。"

1993年8月，旭日干正式就任内蒙古大学校长，开始了长达4年的改革。其间，他改善了学校的管理制度，提出"一校三层三制"的构想，并在职称评定、干部任用等问题上大胆突破，任用了一批中青年骨干，为学校注入了新鲜血液。一系列举措让校园焕然一新，使100名优秀科研人员成为跨世纪的学科带头人。

1995年，旭日干当选中国工程院院士。1996年9月，内蒙古大学顺利通过"211"工程预审，第二年秋季，经国家计委批准正式立项，内蒙古大学"211"工程终于开工建设。

为了进一步提升学校的教学和管理水平，旭日干提出了"团结、务实、创新、廉洁"的团队精神，并以身作则，勤勤恳恳地在工作岗位上辛勤耕耘着。为了支持丈夫工作，旭日干的妻子不得不辞去工作，专门在家负责照看母亲和孩子，很多教职员工都说旭日干"爱校胜家"。

1998年，学校各方面步入正轨后，旭日干又着手推进"试管牛"产业，由学校出资组建了内蒙古旭日生物高技术股份有限公司。公司成立后，旭日干派技术人员到澳大利亚和加拿大建立了实验室，利用那里的种牛资源生产了大量胚胎。几年后，公司与大连雪龙产业集团合作，成功培育了数万头优质肉牛。

在校任职期间，为奖励在科研上有突出贡献和发表较高水平论文的学者，旭日干成立了"旭日干院士学术奖励基金"。在荣获"内蒙古科教兴区特别奖"后，他把80万元奖金全部用于奖励基金："这个基金可以为年轻学者提供科研启动经费，支持年轻学者进行科研活动和购买实验仪器。"

旭日干与获得"旭日干院士学术奖励基金"者在一起

2006年，66岁的旭日干结束了长达14年的校长任期，调任中国工程院副院长。

六、一生奉献，硕果累累

就任中国工程院副院长后，旭日干主持开展了"我国养殖业可持续发展战略研究"重大咨询研究项目，提出了保障我国养殖业可持续发展的多项重大措施建议。项目研究取得了许多新的认识和重要研究成果，受到国务院和有关部委的高度重视。

此外，旭日干还参与了"中国工程院院士队伍建设研究""我国工程科技中长期发展战略研究""新时期我国生物安全战略研究""国家工程科技思想库建设研究""中国食品安全现状、问题及对策战略研究"和"我国草地的生态保障与食物安全"等重大咨询项目研究工作。

在科研的道路上，旭日干一走就是几十年。其间，他风雨无阻，一直从事以家畜繁殖生物学为中心的现代畜牧业高技术研究，系统地观察并记录了牛、羊卵细胞的体外成熟、体外受精和体外发育的全过程，为解开哺乳类动物受精与发育的奥秘提供了大量科学依据。他还创造性地提出了利用IVF技术工厂化生产试管牛、羊胚胎的一整套技术，建立了开发基地，为"试管家畜"生物技术做出了突出贡献。

旭日干不仅注重实验水平，也十分重视理论成果。共发表论文130余篇，主编了《内蒙古动物志》（内蒙古大学出版社，2001），并译有《生物史》第一部分"生命的起源"（内蒙古人民出版社，1979）。

由于在科研领域所作出的杰出贡献，多年来，旭日干先后荣获内蒙古自治区科技进步三等奖、一等奖、特等奖，国家科技进步二等奖，乌兰夫奖金奖，台湾光华科技基金奖，香港何梁何利基金科学与技术进步奖，美国杜邦科技创新奖，国家"863"高科技计划突出贡献奖。

此外，他还获得了"国家有突出贡献的中青年专家"（两次）、"有突出贡献的留学回国人员""全国先进工作者""全国优秀科技工作者""自治区优秀共产党员""自治区优秀校长""呼和浩特市十佳市民"等荣誉称号，以及全国"五一"劳动奖章。2002年，旭日干被中共中央组织部、宣传部、人事部、科学技术部授予"杰出专业技术人才"荣誉称号，同年当选中国共产党第16次代表大会代表。

《内蒙古动物志》书影

如今，这位老人依旧在自己的工作岗位上发光发热，为祖国的科研事业贡献着自己的力量。

叶尔道来提·斯拉别克
——巴音布鲁克的"草原雄鹰"

叶尔道来提·斯拉别克（1940～　），草原科学家。新疆乌鲁木齐人，哈萨克族。历任中国科学院新疆生态与地理所巴音布鲁克草原试验站站长、研究员，长期坚守巴音布鲁克草原，探索出亚高山草原改良和建设的途径，被当地各族牧民誉为"草原雄鹰"。用哈萨克文、蒙古文编写出版了多部科普图书，如《草原常识》《人类与绿色的天池》等。

一、情系巴音布鲁克

1940年，叶尔道来提·斯拉别克出生在新疆迪化（今乌鲁木齐）一个哈萨克族家庭。出生在城市的叶尔道来提，后来却在巴音布鲁克草原度过了他的科学研究生涯。

巴音布鲁克草原由大、小尤尔都斯（亦称"珠勒图斯"）两个山间盆地和山区丘陵草场组成，草原东西长270公里，南北宽136公里，总面积23835平方公里，可利用草场面积20519平方公里，平均海拔在1500～2500米。

巴音布鲁克草原以辽阔、肥美著称，它是我国仅次于内蒙古鄂尔多斯的第二大草原，是天山中段最肥美的夏牧场。2013年，曾有记者这样描绘这片草原："夏秋之交的巴音布鲁克草原天低云厚，雪峰环抱，河流如带，充沛的水源滋养了优质的'酥油草'，鲜花盛开，牛羊成群，地势起伏辽阔。"

然而，在20世纪70年代初，这里枯草连片，整个巴音布鲁克草原面临退化的严峻局面。1971年，叶尔道来提被派到了这里，帮助牧民进行草种改良研究。他在这里建了几间干打垒土房，建起了草原生态试验站，开始了漫长的草原科学研究，一干就是30多个年头。为了获得牧草越冬的第一手资料，他连续七八个冬天没有下山，生活在渺无人烟的雪封山中。

在接下来的日子里，叶尔道来提奔波在两万多平方公里的巴音布鲁克草原上，调查、访问、采集、观测、试验，先后在草原上建立起了 30 多个永久观测样地，又建起了高产人工割草示范草场。

巴音布鲁克草原

经过一段时间的努力，叶尔道来提与同事们进行的 4000 亩草场改良试验，将草原生产力提高了 3～5 倍；建成的 3000 亩人工草地，提高产草量多达 14 倍。如今，巴音布鲁克草原从记者报道的"没有一根草"，转变为牧草覆盖率已经达到了 30%。

巴音布鲁克草原生态试验（研究）站，隶属中国科学院新疆生态与地理所。建站之初，只有几个人，常驻草原的只有叶尔道来提一个人。如今，它已经具有相当规模，科研队伍壮大不少，不仅有像叶尔道来提一样同是哈萨克族的阿德力·梅地，还有胡玉昆等汉族同志。他们情系巴音布鲁克草原，在这里长期工作，克服种种困难，为广大牧民服务，作出了重大贡献。

进入新时期以来，试验站的软硬件设备也大为改观。2003 年 9 月 11 日中秋节那天，这里实现接电入户，结束了 30 多年没有电的历史。2014 年，这里的房屋修缮与基础设施改造项目通过了验收，建筑面积达到 240 平方米，包含生活、工作用房，以及库房、农机房等。目前，这个站是新疆唯一的高寒草原野外科学研究站和试验示范基地。

试验站在草地生态、草地改良与建设、草地资源评价及合理利用、草地生产力动态变化与载畜量控制、高产人工草地建设等方面取得了显著的研究进展和突破。研究成果直接为当地生产服务，受到当地政府和牧民的高度赞誉，产生了良好的经济效益和社会效益。

二、牧民心中的"草原之鹰"

巴音布鲁克草原试验站（今称草原生态系统研究站）位于新疆巴音郭楞蒙古族自治州和静县巴音郭楞乡，地处天山中段大尤尔都斯盆地西部，海拔高度2470米，距离新疆首府乌鲁木齐市700多公里。这里属于高寒草原，半年都是积雪期，年平均气温－4.8℃，天气异常多变，就是在夏天，早晚气温一般也在－7℃～－6℃，晚上睡觉也需要穿毛衣毛裤才能入眠。

就是在如此艰苦的生活环境下，叶尔道来提一干就是30多年，栉风沐雨，为草原牧民贡献了自己的智慧，被当地的蒙古族牧民誉为"草原雄鹰"。

刚到巴音布鲁克草原时，条件艰苦之外，交通、通信也极为不畅，基本靠骑马或步行。从巴音布鲁克草原试验站下山，往往需一天时间，因此叶尔道来提经常一上山就是一整年。那时，妻子陪伴在他身边，除了给他做饭，还要协助他搞试验观测。1984年，叶尔道来提的母亲患癌症去世，由于试验站和外界几乎没有任何联系，得知母亲去世的消息已经是一个月以后了。后来，叶尔道来提在新疆八一钢铁公司上班的儿子被钢水烧伤，生命垂危，还是中国科学院新疆分院派车才把他和妻子接到了乌鲁木齐。

巴音郭楞地区的牧民以蒙古族为主，为了搞好科研，也为了日后科研成果向蒙古族聚居的巴音布鲁克草原推广，叶尔道来提还下功夫学习了蒙古语、蒙古文。他和当地牧民谈心交朋友，为牧民理发、看病，解决牲畜越冬饲料，手把手教牧民种草，开着拖拉机帮牧民耕地浇水。不仅如此，为了普及牧业科技知识，叶尔道来提还组织当地蒙古族牧民，给他们上课，把自己从科研试验中获得的知识和经验，及时传授给牧民。

常年据守巴音郭勒草原试验站的叶尔道来提，早已经和当地牧民打成了一片。从外表上看来，他的衣着打扮俨然一位哈萨克族牧民，刻满皱纹的脸被太阳晒得通红，而他身边最常见的东西，除了草还是草。但当地的牧民知道，他是一位地地道道的出色科学家，巴音布鲁克草原上家喻户晓的"草原之鹰"。

三、中国科学院的"新疆三杰"

叶尔道来提在30多年的草原科学研究中，获得了丰富的实践经验和科学成果，同时在人才培养和生态宣传等方面也作出了贡献。

叶尔道来提（左二）向人们讲述高寒草原的历史变化

经过30年的研究，叶尔道来提设计了多种统计表格，撰写了8篇高质量的学术论文，对巴音布鲁克高寒草原的类型特点、草场退化及其合理改良利用，做出了科学的回答。经他长期研究培育出的高产优良牧草的推广和利用，给牧民带来不菲的收入，巴音布鲁克草原牧民的收入十多年来不断增长，其中优良牧草是提高他们收入的有力支撑。他完成的新疆亚高山草原改良和建立人工草场的科研成果，将草原生产能力提高了三至五倍。

对于人才的培养，早期多是传统的传帮带方式，就是在工作中传授实践经验和工作技能。后来，叶尔道来提也带了研究生。不过，过去因为工作条件极为艰苦，研究生来这里不太安心；现在工作条件大为改善，研究生来到这里，吃住都比较方便了。

叶尔道来提深知，他的研究为的是造福巴音布鲁克草原的牧民，而把自己的研究成果和其他草原科学知识转化为牧民的行动指南，才是问题的关键。因此，在学会蒙古语、蒙古文之后，他经常利用一切机会，为当地牧民上科技课。为此，他不辞辛苦，有时要长途跋涉上百公里。工作站条件允许之后，他还经常通过无线电给全州牧民授课。他的著作，也多是科普性质的，其中除了他的母语哈斯萨克文，还有蒙古文的。

几十年的科学研究，使叶尔道来提成了新疆乃至全国知名的草原学杰出学者。他曾获得省部委以上科研成果奖6项，并出版了6部专业科技书籍。其中，论文如《巴音布鲁克草地畜牧业持续发展的探讨》（合著，《草食家畜》2000年S1期）等，著作如《人类与绿色的天池》（哈萨克文，新疆青少年出版社，2002）等。他的《草原常识》，1979年获得了新疆科技成果三等奖。

叶尔道来提为新疆草地畜牧业的发展作出了巨大贡献，因为他的科学研究成果，他被称为中国科学院的"新疆三杰"。他曾获中科院竺可桢野外科学工作奖，被评为中国科学院野外先进工作者、国家有突出贡献专家，享受政府特殊津贴。1997年，他被评为自治区优秀专家和优秀科技工作者。2000年，他与来自科技界80位专家学者被评为全国劳动模范。2004年，他还获得了首届"全国科技工作者"称号。

叶尔道来提的科研工作，与生态环境的关系极为紧密，他的研究成果，许多就是这方面的。近些年来，在中科院新疆生态与地理研究所和新疆植物学会大自然培训部联合举办的"大手拉小手——生态科普行"活动中，他在试验站接待了来自乌鲁木齐的优秀中学生，为同学们讲解了人工草地实验区的第一课，同时介绍了大量的本地植物分布类型及地质地貌特征知识。

见到过、听到过叶尔道来提事迹的人们，总是用一个词来形容叶尔道来提的工作——栉风沐雨。是的，栉风沐雨的草原之鹰，一直守护着美丽的巴音布鲁克草原。

郑志鹏
——物理世家走出的高能物理学家

郑志鹏（1940～），高能物理学家、探测器专家、教育家。广西宁明人，壮族。1963年毕业于中国科技大学近代物理系。曾任中国科学院高能物理研究所所长，广西大学校长，中国物理学会副理事长，亚洲未来加速器委员会主席。参与北京正负电子对撞机工程北京谱仪的设计、制造、测试，做出巨大成绩。著有《北京谱仪：正负电子物理》（主编之一）、《北京谱仪Ⅱ：正负电子物理》等。

一、物理世家的物理高才生

1940年6月，郑志鹏出生在广西桂林一个壮族知识分子家庭。

郑志鹏说："我家算是物理世家，父亲学物理，我学物理，现在我儿子学的还是物理……"郑志鹏的父亲郑建宣是我国知名的金属物理学家、合金相图研究的奠基人之一，同时也是广西大学重建时期的常务副校长。

从记事的时候起，父亲在郑志鹏的心目中就是典型的"严父"：在外面对同事、学生经常是笑脸相待，回到家中里对孩子却是不苟言笑，批评起来更是严厉。因为忙，父亲很少过问孩子的事，几个孩子的生活、学习由母亲全包。不过，父亲对孩子的学习却绝不放任自流，每到学期结束，孩子们都要拿着成绩单——"过关"。"成绩好，父亲没有多一句话；成绩差，他一定要问个水落石出，让你感受到压力，非下决心学好不可……"

郑志鹏

1951年，父亲郑建宣奉调到东北人民大学（后改为吉林大学）任教，郑志鹏一家也就迁到了吉林。

初中毕业时，郑志鹏获得长春市优秀学生奖章，他满心欢喜地告诉父亲，但父亲一句表扬的话也没有。"他就认为这是我应该做到的……"

初中时代，郑志鹏经常到父亲的实验室观摩，对于实验物理兴趣日增。高中时就读吉林省实验中学，当时的物理老师也深深影响了他。耳濡目染的环境影响，使郑志鹏下决心将来攻读物理专业。

1958年，中国科学技术大学成立。郑志鹏在报纸上得知这一消息，带着对物理浓厚的兴趣投考了中科大近代物理系，并以优异成绩被录取。当时，很多中科院的学者在中科大任教，钱学森任力学系主任，华罗庚任数学系主任，都给学生上大课。这些名师不仅传授知识，也教导大家如何做好学问，养成良好的科学道德和孜孜以求的科学精神。华罗庚曾经在课上说过："一个人要大量阅读，但书要越读越薄，将所读消化而成自己的东西。"

大学期间，物理学系有赵忠尧、张文裕等著名科学家亲自授课。他每天穿梭在教室、图书馆和实验室之间，喜欢读书的习惯得到了强化，而且是带着问题去读书。除了物理专业的书，他还阅读小说、散文、诗歌等文学书籍，培养自己的文学爱好。为了学好俄语，郑志鹏还买了一些俄语版的物理参考书，一边学习俄语，一边研究物理，一举两得。

二、"北京谱仪"谱写辉煌

1963年，郑志鹏从中科大毕业后，被分配到中国科学院高能物理研究所，从事高能物理研究。

要进行高能物理研究，正负电子对撞机是一个关键。而在改革开放前，我国的高能物理研究十分滞后。1976年，诺贝尔物理学奖获得者丁肇中来国内讲学，邓小平问他能否带点中国学生，丁肇中欣然应允。之后，中科院经过严格选拔，挑选出10人，郑志鹏就是其中一员。

1978年，郑志鹏等进入丁肇中领导的德国汉堡同步加速器实验室工作，参加MARKJ探测器的建造和数据获取工作。两年后，他学成归国。

1982年，国家批准北京正负电子对撞机工程，著名物理学家谢家麟担任总设计师，与叶铭汉（时任高能所所长）及郑志鹏共同负责北京电子对撞机的研究。整个项目投资金额达2.4亿元，在当时算得上"天文数字"，而项目本身又具有极大的风险，可见国家的决心之大。

1984年，北京正负电子对撞机工程在北京西郊的一片桃园中奠基，邓小平亲自为工程挥锹培土。

正负电子对撞机运行时，加速的正负电子对撞，进而产生各种各样的粒子。如果捕捉不到相关信号，那就意味着整个对撞不成功。而郑志鹏负责的就是捕捉信号的探测器——北京谱仪的设计、制造和测试。在负责设计、研制北京谱仪飞行时间计数器时，郑志鹏建议增加端盖，获得成功并达到国际先进水平。他首次提出的描述大面积闪烁计数器时间分辨率与其各组成部分的性能和结构之间关系的公式，与实验符合。

1988年，北京正负电子对撞机及北京谱仪建造成功，并完成首次对撞测试。测试期间，郑志鹏整整在实验室里熬了3天，最后终于测到了J粒子的信号。这个信号，意味着无数科技界人士为之奋斗4年的北京正负电子对撞机获得成功，而北京谱仪也被公认为国际上该能区最先进的探测器之一。

1988年10月19日，新华社向全世界发布北京正负电子对撞机对撞成功的消息。北京正负电子对撞机的对撞成功，成为我国继原子弹和氢弹爆炸成功、卫星上天之后，在高科技领域的又一项具有突破性意义的重大成就。

1989年，北京谱仪获得中科院科技进步特等奖。1990年，"北京正负电子对撞机和北京谱仪"获国家科技进步特等奖，郑志鹏是主要得奖人之一，同时他还获得了中科院杰出科学成就奖等多项荣誉。同年，他被吸收为国际纯粹与应用物理联合会成员。

1992年，郑志鹏被任命为中国科学院高能物理研究所所长，成为中国高能物理的领军人物。

郑志鹏在中科大讲解"北京谱仪"

北京正负电子对撞机对撞成功后，郑志鹏又在对撞机的质量测量方面取得了新的突破，并因此成为美国纽约科学院院士。

1994年，郑志鹏在1991～1992年主持的在北京谱仪上进行的τ轻子质量精密测量，获得中科院自然科学一等奖。

1995年，郑志鹏参与强子反应截面的精确测量，获得2003年度中国科学院科技成就奖。

1988年北京谱仪安装、调试成功后，1989～1996年，运行了2万多小时，获取了许多高质量的数据和一批重要的物理成果。郑志鹏将十余年研究成果汇集成《北京谱仪：正负电子物理》一书（主编之一，广西科学技术出版社，1998）。

20世纪90年代中后期，郑志鹏与同事们在原有基础上，将北京谱仪升级为北京谱仪Ⅱ，《北京谱仪Ⅱ：正负电子物理》就是记录该科研成果的著作。作为主编，郑志鹏亲自选择编者、内容，统一书稿格式，2008年将书稿交付中国科学技术大学出版社"校友文库"，2009年正式出版。2010年，该书获得了第二届中国出版政府奖。

三、心系家乡高等教育

1994年，郑志鹏到南宁出差，自治区领导希望他能兼任广西大学校长，以促进"211工程"申报工作。当时郑志鹏很犹豫，因为高能物理研究所所长的工作任务已经很重，又正赶上北京正负电子对撞机能否出世界一流水平成果的关键时刻，未敢贸然答应。后来，在当时的中科院院长周光召支持下，郑志鹏终于"临危授命"。

郑志鹏的父亲郑建宣1923年毕业于国立武昌师范大学，回广西后在成立不久的广西大学任教。1933年，作为广西大学首批公派留学生之一赴英留学，师从诺贝尔奖得主小布拉德，学习X射线金属物理学。3年后，放弃继续攻读博士的机会，回到广西大学任教。1951年，郑建宣奉调到东北人民大学任教。

广西大学校园风景

1953年，广西大学停办，各院系陆续并入全国其他院校。1958年，中央决定重建广西大学，广西区党委特请郑建宣重返家乡筹建广西大学。55岁的郑建宣返回家乡，投入到紧张繁忙的筹建工作中。半年后，广西大学在南宁新址建成，郑建宣被任命为常务副校长。从广西大学重建到1987年去世，郑建宣在广西大学辛勤耕耘了29个春秋。

郑志鹏上任后，肩负起父亲"将广西大学办成全国重点大学"的遗志，不辞辛劳，往返京桂两地，积极与当时的校领导马继汇、吴恒等一道，为广西大学早日能进入"211工程"而奔波。1996年10月，广西大学申请"211工程"获得评审通过。

1997年以后，郑志鹏逐渐从行政职务上退了下来，专心研究工作。尽管工作繁忙，依然关心家乡教育。此次回广西，他先到桂林，随后来柳州，最后到南宁，活动集中在三地的高校。

广西工学院是设在柳州的广西工科高校。20世纪90年代，时任工学院院长邀请郑志鹏针对学校的学科布局、专业发展提出建议。2000年下半年，离任后的郑志鹏来到广西工学院，根据学院本身特点，结合柳州工业的区域优势，提出了材料科学的研究方向。2002年，工学院纳米科技应用研究所成立，郑志鹏担任名誉所长，负责科研课题的具体指导工作。此后，他每年都要来工学院两次，除了解科研进展，就是向师生介绍当今物理界最前沿的学术课题。

四、关注国家科技教育

2003年，郑志鹏担任《中国物理C》（原《高能物理与核物理》）的主编，每个月要审阅20多篇稿件。为了让中国高能物理研究成果顺利走向世界，他和同事们下决心将杂志改成全英文版。为保证文章中不出现"CHINGLISH"，郑志鹏请国外科普作家、国内英文优秀的物理专业人士、英国物理学会IOP共同把关修改稿件。目前，《中国物理C》已进入英国物理学会IOP杂志名录。

退休之后，郑志鹏依然保持着工作的兴趣和活力。他和团队继续进行高纯锗探测器的研制，对于对撞机的思考也没有停止，目前国际上一直在讨论的超光速问题，郑志鹏也在进行自己的思考。

工作之余，郑志鹏生活中还保持着游泳、打乒乓球、远足的习惯。他还经常和学生们聊天、发电子邮件，一起谈论学术、生活。他说："和年轻人在一起，我觉得自己也年轻了。"而北京谱仪第三代研制成功及其成果总结，正是由年轻人来完成的。

对于中国教育与科研的现状，郑志鹏有着清醒的认识。他指出，很多科学发现都是建立在兴趣、爱好基础之上的，而当前中国的教育很大程度上还是"以分为准"。很多中学都把考上北大、清华的学生人数作为一种荣耀甚至指标，在这样的状况下，不可能允许偏科存在。经过中学阶段学习这道"生产线"后，许多学生的个性被抹杀，很多人才也遭到了埋没。

被问及中国离诺贝尔奖还有多远时，郑志鹏先讲了一个故事：一个年

郑志鹏在办公室

轻人向一位老人打听去某处还要走多久,老人一声不吭,年轻人只得继续赶路。此时老人突然说:"照你这样走,还有一个小时就可以到。"年轻人不解,问:"刚才你为什么不说?"老人答:"你不走,我怎么知道你到底有多快?""中国离诺贝尔奖还有多远,要看中国自己的努力有多大。照当前的趋势发展,踏踏实实多做工作,少搞些虚的东西,可能一二十年就会实现零的突破。"

李相荣
——甘当默默无闻的"毛驴"

李相荣（1941～），火箭工程专家、载人航天工程专家。黑龙江五常人，朝鲜族。1964年毕业于北京工业学院。历任长征四号甲运载火箭副总设计师，长征二号丁运载火箭副总设计师，长征四号乙运载火箭总指挥、总设计师，神舟飞船副总设计师，上海市宇航学会理事长、上海市科协常委；现任上海航天技术研究院科技委副主任、长征四号乙运载火箭总设计师。他参与我国火箭和载人飞船设计等工作，为国家航天事业作出了杰出贡献。

一、火箭专家的成长历程

1941年9月19日，李相荣出生在韩国庆尚北道。1942年，随父亲回到祖籍——中国黑龙江省五常县（今五常市）。

1959年，李相荣考入北京工业学院，攻读火箭专业。1964年后，先后在原国防部五院一分院、七机部二院、上海新中华机器厂、805所、上海航天技术研究院等单位工作。历任设计员、工程组长、所长助理、副所长，长征四号A运载火箭副总设计师，长征二号丁运载火箭副总设计师，神舟飞船副总设计师，长征四号B运载火箭总指挥、总设计师，上海市宇航

李相荣

学会理事长、名誉理事长，上海市科学技术协会常委；现担任上海航天技术研究院科技委副主任、长征四号B运载火箭总设计师。

40多年来，李相荣为我国航天事业的发展作出了重大贡献。

20世纪70年代初，李相荣参加"风暴"一号火箭的总体设计，承担总体性能设计计算、发动机任务书编制和大系统协调等多专业总体设计工作，为运载火箭的研制和试验积累了有益经验。1974年火箭发射飞

行试验结束后，通过利用遥测数据建模分析，为故障的定位和解决做了有效的工作。这些，都为1975年我国首颗1吨以上卫星发射成功提供了保障。

20世纪80年代初，在长征三号火箭的研制中，李相荣参加火箭重大关键技术——抑制纵向耦合振动的攻关。作为攻关总体组副组长，针对攻关过程中试验与计算数据不符的问题，他采用阻抗法频率计算物理模型，较好地解释了试验与计算的差异。长征三号纵向耦合振动问题的解决，标志着我国在大型火箭结构及液路系统的动态特性研究方面取得重要突破。1984年，我国首颗地球同步轨道试验通信卫星发射成功。

李相荣参与组织长征四号A型火箭的研制，先后担任总体主任设计师、副总设计师，参加了总体方案论证，并参与组织总体方案设计。1988年和1990年，火箭两次发射风云一号卫星均获圆满成功，火箭的运载能力达到和超过国外同类火箭，证明火箭总体方案设计合理、技术先进，同时也使我国成为能发射太阳同步轨道卫星的少数国家之一。

在长征二号丁火箭的研制中，李相荣担任副总设计师。在时间紧、经费少的困难情况下，他利用长征四号已有的基础，组织研制出运载能力大、入轨精度高和可靠性高、经济性好的二级火箭。1992年、1994年和1996年，三次发射返回式卫星获得圆满成功。

在我国载人飞船项目中，李相荣参加组织载人飞船研制和空间实验室大系统方案论证，为我国载人飞船的立项、方案论证做了大量工作。担任神舟飞船副总设计师后，他负责上海航天技术研究院载人飞船的论证并承担部分研制工作，完成全部论证报告的审稿、定稿工作，为初样转为正样起了重大作用。

在长征四号乙火箭研制中，李相荣前期任副总设计师，1995年起任总设计师，1998年兼任总指挥。为满足风云一号（02批）、中巴合作资源一号、中国资源二号、实践六号、中国遥感一号等卫星在运载能力、入轨精度和适应性等方面的不同要求，他运用扎实的理论基础和丰富的工程经验，对火箭采用的多项新技术参与了决策。新技术的成功运用，使火箭运载能力得到明显提高，入轨精度达到国际先进水平，满足了多种卫星的技术要求；同时，多次实施一箭双星方案，提高了航天发射效益。1999～2006年，连续10次发射成功，将10种16颗太阳同步轨道卫星准确送入了预定轨道。

二、国家形象是成功动力

长征四号乙火箭研制和发射，李相荣在后期担任总设计师兼任总指挥，全面负责。对于一个国家来说，火箭的每一次发射，几乎都有着特殊的意义。因此，李相荣说，每一次发射都将自己逼入"只能成功，不能失败，没有退路"的境地，责任和压力巨大。也正是这责任和压力，转化成动力，顺利完成了一次次的研制和发射。

长征四号乙火箭发射升空

1999 年 5 月 8 日，我国驻南斯拉夫大使馆遭到了以美国为首的北约组织的悍然轰炸，造成人员伤亡和大使馆建筑物破坏。这一公然违反国际法的行为，激起了举国上下的愤怒。在其后的 5 月 10 日，长征四号乙火箭成功发射风云一号气象卫星，全国人民为之欢欣鼓舞。虽然这只是一次时间上的巧合，但李相荣真正感受到了火箭成功发射的重大意义。

2002 年，按计划，我国要在党的十六大召开前 7 天发射一颗卫星。当时，上级领导为减轻李相荣的压力，告诉他，如果没有成功的把握，就推迟发射时间。李相荣胸有成竹，决定按时发射。10 月 27 日中午，又一枚长征四号乙火箭发射成功。从不掉眼泪的李相荣，抱着同事哭了。

这次成功发射的象征意义，人们都非常清楚。一是党的十六大即将召开，成功发射是一份含金量很高的献礼；二是国家主席江泽民正在美国访问，并赴墨西哥出席 APEC 会议，成功发射有助于彰显大国风范；三是此前俄罗斯联盟 U 型火箭发射失利，而这是联盟火箭的第 400 次发射。发射成功与否，国际上自然会作比较评价。

2006年4月27日，长征四号乙火箭第10次发射。发射当天，在点火准备阶段，意想不到的高空风超过允许值的16%。面对复杂情况，李相荣沉着冷静，他通过对各种数据进行科学判断，同时结合自己丰富的实践经验，认为随着发射前日光照射，大气层会逐步升温，高空风的空域也会渐渐向更高或更低的空域扩散，切变风也会逐步变小，对发射的影响会越来越小。如果加注后的火箭延迟时间发射，风险则会更大。李相荣在准确判断后果断决策，火箭准点发射成功，而且卫星入轨精度很高，入轨姿态偏差和姿态角速度几乎为零。

李相荣说："虽然我从事火箭研发工作已有几十年时间，而且我们的发射纪录是'首发成功，发发成功'，但在每次发射前，我的心脏还是免不了每分钟要跳100多下。有时候必须吃药控制，还出过洋相。一次发射前我一下把几十粒救心丸吃下去，发射成功后在庆功宴上，我什么味觉也没了，啤酒也是水味，酱油也是水味。医生问，吃过什么药吗？我什么也想不起来，直摇头。直到洗衣服时，看到了装药的瓶子，才想起我曾吃过什么。"

三、严苛才能出高质量

航天产品的质量事关重大，而一枚火箭的零部件有10万个以上，千头万绪，稍有不慎，就会功亏一篑，给国家造成重大损失，甚至危及科技人员的生命安全。因此，李相荣以"严"著称，严苛得六亲不认。

几十年来，从设计、生产、测试到总装、发射等各个步骤，严格按程序办事，"严慎细实"抓质量，已经成为李相荣一贯的工作作风和准则。在李相荣那里，一切只有更严、更慎、更细、更实。

产品设计是航天事业的龙头，抓质量首先要牢牢抓住设计质量。如果设计质量不高，就一步走错、步步皆错。长征四号乙火箭是长征四号甲火箭的改进型，仅设计方面改进就有159项之多，其中不少是国内首次采用的新技术。为确保产品质量，李相荣和团队成员广泛开展了质量复查和"双想"（想故障、想措施）活动，查变化的合理性，查数据的对比，查正负号，查小数点，查公式角标等，特别是对边边角角、容易遗忘的地方更是严加复查，不让一丝隐患"漏网"。

在各分系统处于试样生产和试验阶段时，李相荣要求严格实行批次管理，严格全过程的质量跟踪管理，对不合格品和超差回用品按管理制度严格履行手续。每一个产品，每一份表格，他都严把关口。

长征火箭总装

控制系统的电子程配，是运载火箭的关键部位。为了确保电子程配在升空后 20 分钟的时间里能够安全可靠地工作，李相荣要求在地面必须做满两万小时的通电考核，确认无故障后才发放"通行证"。

到了总装阶段，李相荣仍旧毫不手软，关键工序的双岗制、多余物的严格控制以及清晰的原始质量记录，使全箭做到无错装、无漏装、无多余物，多次实现发射场产品开箱合格率和测试合格率均达百分之百。

控制系统是火箭的"大脑"，而电缆又是其"血管"，稍有闪失，就有可能造成箭毁星亡的惨剧。在装配时，李相荣要求用放大镜对每根电缆全方位地检查。有一次，一个惯性平台出现线路误接，李相荣闻讯后严究责任。当查清事故原因是装配工人交接发生差错时，李相荣不仅狠狠批评，还责令这个班组停产整顿。有些女工想不通，忍不住流下了泪水。而李相荣却严肃地告诫她们：质量不相信眼泪，"长四乙"不相信眼泪。同时，他还引导大家从管理上找原因，进而建立健全了操作制度、交接手续及有关细则。电装组的女工们经过整改后，又恢复到了原来良好的状态，以后再也没有出现过质量问题。

火箭的焊接质量事关重大，细细密密的焊缝只要有一点沙眼，就将是致命的。火箭各级贮箱共有 461 条焊缝，要求拍片 3102 张，一次补焊后要补拍片 351 张，两次补焊后要再补拍片 11 张，直到焊缝质量完全符合要求。

在产品设备恢复和系统测试时，哪里重要，哪里就有李相荣，盯在一线现场，决不放过任何一个疑点。装配人员进入火箭舱内，他又一一叮嘱手电筒必须有带子拴在手上，决不能跌落砸坏东西。火箭从技术阵地转到发射阵地，向发射塔吊装时，他始终在现场。火箭临发射前，他更加细心。他在发射塔下发现了一个操作差错，尽管及时纠正没有留下不良后果，但他总是辗转不眠，直到举一反三，各岗位上的人员都真正重视了，他才放心。有人说，长征四号乙火箭技术上已经很成熟，发射成功肯定没问题。但是再成熟的技术，还必须靠细心操作去保证。李相荣经常把这句话挂在口头："任何松懈和倒退都是危险的。"

四、甘当默默无闻的"毛驴"

航天科技领域的火箭专家和职工，常常把自己的工作比喻为"毛驴"。这话出自老一代火箭专家孙家栋的口中。据说，孙家栋在德国不来梅看到一座标志性雕塑：毛驴在底下站着，背上驮着一条狗，狗驮着猫，最上面是一只报晓的公鸡。这尊源自寓言故事的雕塑，用来比喻火箭、卫星和气象预报的关系，颇有几分神似。李相荣认为，这底下的毛驴很重要，四条腿要站得稳，承受得起压力，要甘当无名英雄，能够默默无闻地奉献。

在工作中，李相荣对别人要求严格，自己也时时刻刻做出表率，共同为祖国的航天事业默默奉献。

火箭转场是个大动作，看似单纯，有时却也会遇到"不测风云"。有一次，长征四号甲火箭发射风云一号气象卫星，火箭转场行进在山路上时，忽然下起了暴雨。大家拿出事先准备好的雨布，把火箭严严实实地遮盖起来。火箭箭体上有许多电器插座，这些插座一旦漏进雨水，绝缘性能就会大大下降，影响火箭的质量。为了不让狂风吹起雨布，李相荣和大家一起站在狂风暴雨中，拼命拽着雨布。有的同志索性爬到火箭顶端，趴在上面，用身体死死压住雨布。在这场特殊的战斗中，李相荣身为副总师，始终和普通科技人员、技术工人一样，屹立在风雨之中。

又有一次，火箭发射刚刚进入30分钟倒计时，指挥部忽然发出紧急警报，说是火箭上发现了异常情况。李相荣得知后二话没说，一口气冲上发射架，快步登上近10层楼高的箭体故障部位，凭着强烈的责任感和娴熟的操作技术，迅速排除了故障。

在李相荣身上，这样的事情还可以举出很多很多。

五、荣誉源自奉献

李相荣为我国航天事业作出了重要贡献，因此先后获得国家科技进步特等奖 1 项，国家科技进步二等奖 2 项，获市、部科技进步一等奖 3 项、二等奖 2 项，被记入国家科技进步特等奖光荣册 1 次。他还荣立过两次部级一等功，荣获全国劳动模范、全国"五一"劳动奖章、全国侨界"十杰"，以及"国家级中青年有突出贡献专家""全国优秀科技工作者"等荣誉称号。

李相荣的荣誉，是他自己的，也可以说是他人生另一半的。在他的人生道路上，妻子孙光玉付出了许多。

孙光玉出身于书香门第，上高中时就是"双优"生。在吉林工业大学上大学时，她不仅是女同学中的佼佼者，也是男同学学习上的竞争对手。大学毕业后，她被分配到天津工作，而李相荣的工作单位却在上海。为了支持丈夫的工作，她挑起了所有

李相荣获得"五一"劳动奖章和劳动模范称号

的家务重担，而且培养出了一双有出息的儿女。当有人问她做航天媳妇苦不苦时，她回答说："苦，但是值！"

"苦，但是值"，这恐怕是我国许许多多航天人的人生感受，也是李相荣的心声。在 20 世纪 80 年代，彩色胶卷还算是个稀罕玩意，因此在火箭发射基地拍照，一般只能几十人挤在一块合影；能够单个人照相的，必须是小有名气的骨干，而李相荣就有一张这样的所谓"特权照"，并为他所珍藏。

刘嘉麒
——与火山极地"结缘"的地质学家

刘嘉麒(1941~),火山地质与第四纪地质学家。辽宁北宁人,满族。1965年毕业于长春地质学院,1986年获中国科技大学暨中科院地质所地层古生物专业博士学位。历任长春地质学院助教,中科院地质所室主任、所长,以及中国火山学会副理事长、中国地质学会副秘书长,亚洲湖泊钻探科学指导委员会副主席,国际第四纪研究联合会地层学专业委员会副主席等。2003年当选中国科学院院士。在火山地质与第四纪环境地质等方面作出了突出贡献,使我国的新生代火山活动规律研究达到了国际水平。著有《中国火山》和《中国第四纪地质与环境》等。

一、近30年的求学历程

1941年5月29日,刘嘉麒出生于辽宁丹东一个满族家庭。家里以务农为生,经济状况并不宽裕。刘嘉麒8岁那年,父亲不幸去世,母亲带着他们年幼的姐弟四人,生活更为窘迫。

刘嘉麒适龄入学,但由于父亲去世,多亏亲友和学校帮助,他才得以完成了学业。从小学到高中,他一直十分用功,学习成绩名列前茅。

刘嘉麒以优异成绩高中毕业,但家里的条件无法为他提供读大学的费用。然而刘嘉麒并

刘嘉麒

不想放弃读大学的机会,母亲也希望儿子能遂心愿,告诉他,看什么学校不花钱或者花钱少,就去考什么学校。

刘嘉麒是家里的老大,他深知,本来自己已经到了挣钱养家的年龄;要上学,最起码也不能为家里再添负担。于是,1960年,他报考了长春地质学院地球化学专业。选择地质专业,正如刘嘉麒自己所说,是因为"当

时的地质类院校实行学费、伙食费、书费等五包政策，基本就不花钱了"。不过，这个当时颇有些无奈的选择，后来却成了他一生挚爱的专业。

农家孩子对大学的专业所知甚少。学校开学之后，刘嘉麒才知道地球化学这个专业不仅要在课堂学习，还要跋山涉水，野外作业。那个年代，野外科考本来已经够艰苦，又赶上"三年困难时期"，师生们经常是整天要跑上百里路，却难以吃上饱饭。刘嘉麒从小就能吃苦，饿肚子对他来说并不是稀罕事，所以挺一挺也就过去了。他把更多的心思花在了学习上，很快就成为同学中的佼佼者。

1965年大学毕业，刘嘉麒考取了本校的研究生，攻读地质系岩石专业。1967年毕业后，他留校担任助教。不过，读研期间爆发的"文革"影响到了他的学业。1968年，刘嘉麒遵照组织安排，到营口地质大队担任技术员。1973年，又被调入吉林冶金地质勘探研究所，很快因工作出色而成为单位里的骨干，被任命为同位素地质研究室的主任。

1978年，中断10多年的全国研究生招生恢复后，刘嘉麒决定继续读书深造，于是报考了中国科技大学研究生院（现为中国科学院研究生院）的研究生。此时的刘嘉麒已经37岁，成家立业，而且工作上也小有成绩。继续上学读书，不为人所理解。刘嘉麒有自己的想法："'文革'期间，我的学业有个断层。科学在迅猛发展，十年都没有很好地从事科学研究，没有学习，我知道很多东西都落后了。……要想拼搏，就得到最前沿、最有冲击力的地方去。"

就这样，1978年，刘嘉麒进入中国科技大学研究生院攻读地质年代学专业，1981年获硕士学位；1982年在中国科学院地质研究所攻读地层古生物专业，1986年获博士学位。

拿到博士学位那年，刘嘉麒已经44岁。

二、"要有拼搏创新的锋芒"

在1978年第二次上研究生之前，刘嘉麒就已经开始从事科学研究并取得了一定成绩。因此，再一次深造时，他给自己订立了更高的标尺，尤其是博士学业。一般来说，学位论文选取比较稳妥的题目，是大多数人的选择。刘嘉麒却反其道而行之，不喜欢作"平淡"的题目，用他自己的话来说，就是："我都工作十几年了，再跟那些小师弟、师妹比，就太没水平了吧?"这虽是一句玩笑话，却体现了刘嘉麒独特的追求。他深知，自己正处在学术研究出成果的时间段，"这段时间要是不拼搏，不创新，那年纪大了就更难有创新的锋芒"。

长白山火山群

刘嘉麒选择的论文题目，是用同位素年代学和地球化学的方法，对长白山乃至整个东北地区的新生代火山活动进行研究。而要对非常年轻的岩石进行同位素年龄测定，当时在国内还没有先例。这个题目，也让一些老师不大放心，问刘嘉麒到底有没有把握。刘嘉麒不是不了解这个题目的风险和难度，但根据自己查阅的资料和拥有的科研条件，他觉得"心里还有些底"，因此坚持一试。

1981年，刘嘉麒的硕士论文《长白山地区新生代火山活动的研究》通过答辩，获得硕士学位。在随后的博士阶段，他继续深入研究这一课题。其间，他考察了我国14个省的新生代火山分布的地质地貌特征，在青藏高原和大兴安岭等地新发现了火山20余个（处），并且查证了1951年西昆仑阿什火山的喷发及在东北、内蒙古、海南等地存在的活火山，改变了国外一些学者认为中国近代没有火山活动的观念。他率先测定了这些年轻火山岩的年龄，在大量野外考察与详尽室内系统的岩石地球化学工作的基础上，把中国东北部新生代火山活动分为4个主要活动期与10个火山幕，纠正了过去火山划分上的一些错误，恢复了地质体的本来面目。

1986年，刘嘉麒不仅顺利通过了论文答辩，获得博士学位，并且因"在中国东北地区新生代火山岩年代学研究中作出卓越成就"而被中国矿物岩石地球化学学会授予首届侯德封（地球化学）奖。

1990年，刘嘉麒又被国家教委和国务院学位委员会评为"作出突出贡献的中国博士学位获得者"。他在硕士和博士论文中得到的数据以及结论，成为此后同行进行相关研究时的基础性文献，国际上至今还在引用。

三、与火山结缘并"亲密接触"

从攻读硕士学位研究长白山火山活动开始,刘嘉麒把自己的学术视野引到了火山地质学领域,从此与火山结下了不解之缘。

搞火山研究,获得一手资料,就必须与火山"亲密接触",面对的危险人尽皆知。火山喷发出的硫化氢、二氧化碳等气体,会对人造成很大危害,其他不可预测的风险也随时都有可能出现。在人迹罕至的火山考察,防护措施和设备未必总是能够周全和到位。刘嘉麒有时会在没有防毒面具的情况下,用湿毛巾捂住嘴,坚持在火山喷发现场观测。而这样的情形,不止一次。

刘嘉麒说:"差不多全国80%的火山区和全球的一些主要火山,我都考察过。"除国内之外,刘嘉麒还曾访问考察过日本、美国、墨西哥、智利、南极、新西兰、英国、德国等37个国家和地区。1993年,刘嘉麒参加了中国第十次南极科考队,不仅作为第一位中国学者考察研究了南极欺骗岛的火山,还在南极湖泊沉积物和冰芯中发现了多层火山灰,探讨了南极火山活动和气候变化的关系。

1999年,刘嘉麒的学术专著《中国火山》由科学出版社出版。这部著作全面论述了中国火山的时空分布和地质特征,火山资源与灾害,指出了中国火山潜在的危险和加强火山监测的必要性。

在对火山进行基础研究的同时,刘嘉麒非常重视应用研究,用他自己的话来说就是"做有用的科学"。他的《中国火山》,全书8章,在第八章专门写到了"火山资源与灾害",其中不仅谈及火山资源的保护开发,也讨论了中国火山潜在的危险和火山活动的监测与预报,以及对火山灾害的预防。在他和同事们的推动下,我国相继建立了火山监测站和黑龙江五大连池、广东湖光岩、福建漳

刘嘉麒《中国火山》书影

州、山东山旺等一批与火山有关的国家地质公园,为保护生态环境、发展地方经济、预防自然灾害作出了巨大贡献。

随着气候变化问题引起全球关注，而火山活动对气候环境有着重大影响，刘嘉麒把视线投向了玛珥湖。玛珥湖是一种独特的火山口湖，其沉积物是记录高分辨率古气候的信息载体。刘嘉麒是中国最早在雷琼、东北、内蒙古等地确定和发现玛珥湖并从事研究的科研人员，如中国南方亚热带玛珥湖记录的全新世气候变化呈高频振荡，这和极地冰芯记录的平缓变化明显不同，在古全球变化研究中具有重要的意义。为此，中国玛珥湖被纳入欧亚湖泊钻探计划，国际古全球变化（PEGES）科学指导委员会把它作为研究亮点予以报道。鉴于刘嘉麒在玛珥湖研究领域的新成就，在德国、日本、瑞典等国召开的此领域的国际学术会议上，他是唯一受邀的中国学者，并在中国成功主办了第四届亚洲湖泊钻探（ALDP）国际研讨会，被选为 ALDP 科学指导委员会副主席。

刘嘉麒围绕着火山，开展了一系列开创性的"有用"的工作。

过去，寻找石油、天然气时都会避开火山岩，认为那是"禁区"。如今刘嘉麒与石油部门合作，承担国家"973"项目，研究"火山岩油气藏的成藏机理和分布规律"，开拓寻找油气藏的新领域。

利用玄武岩（火山岩的一种）拉纤维，也是刘嘉麒的重要科研项目。在刘嘉麒的办公室里，摆放着一些看似普普通通的石头，而桌上的一本样品册中，则是用这些石头"拉制"而成的纤维丝、布块、棒材……而这些"神奇"的无机硅酸盐纤维具有耐热、阻燃、绝缘、吸音、抗拉、耐腐蚀等高性能，在军事、消防、建筑、交通等领域有广阔的应用前景。

此外，刘嘉麒还首先在中国科学院研究生院开设了"火山学"课，亲自为研究生讲课 10 余年。

四、从黄土高坡到南极冰原

在研究火山的同时，刘嘉麒在第四纪环境及极地研究方面也成就显著，科考的足迹屡次踏上黄土高原与南极。

刘嘉麒的第四纪地质研究，与火山研究接榫。他在渭南黄土剖面中建立了 15 万年高分辨率的时间标尺，为陆相沉积物提供了一个可对比的独立时标，并首次发现黄土中游离的温室气体异常。他努力探索第四纪沉积物定年中遇到的问题，和同事一起主持建成新疆地理所第一个 C_{14} 实验室，尝试湖泊沉积物中 U–Th 的法定年。国际古全球变化科学指导委员会将这些成就视为古气候研究的闪光点。他参与的"我国干旱半干旱区 15 万年来环境演变的动态过程和发展趋势"重大项目，获得了国家自然科学二等奖和中科院自然科学一等奖。

极地考察研究是刘嘉麒后期科研的一项重要内容。极地环境比较特殊，研究人员不可能长期驻地生活，加上我国离南极、北极非常远，不可能常去。因此，刘嘉麒每次到了那里，都是玩命工作，把需要了解的样品和资料采集到。

对于极地科考的意义，刘嘉麒说："现在总共200多个国家，在南极建站有25个国家，在北极的有13个国家，能同时建站的仅十几个，我们就是其中之一。人家很早就建站了。我们是改革开放以后经济上去了，国家强大了，才有能力去南极北极。要是饭都吃不饱，谁还去那里？所以只有国家强大了以后，才有精力去搞极地研究事业。这是国家强大的一个象征。"他还谈到了自己在南极的感受："老实讲，在国外，尤其是冰天雪地，看到五星红旗在那儿飘扬，作为中国人有什么感觉，到国外见到有五星红旗的地方感觉都不一样。"

刘嘉麒在南极长城站

刘嘉麒发表学术论文210余篇（部），学术专著除《中国火山》外，还有《中国第四纪地质与环境》（主编之一，海洋出版社，1997）等。

五、追求生命的质量

地质考察不存在地域极限，越是人迹稀少的地方，往往越具有考察研究价值。40多年来，刘嘉麒几乎跑遍了全国各地，艰苦的地方去过不少，其中青藏高原和南极最为突出。

1987年，刘嘉麒博士毕业后去了一次西藏，上了海拔6000米的高原，那时条件异常艰苦。因为气压低，方便面煮不熟，每天都吃榨菜和午餐肉，因此后来看到就腻。在4000米以上的高原，缺氧是常事，连呼吸都会很困难，可刘嘉麒和他的同事还要爬山和工作。

南极科考，海上航程就是一大考验。去南极考察的时候，刘嘉麒在海上待了18天，也吐了18天。"一坐船，船刚在水上一漂就吐，尤其是在遇到风浪的时候。"

早些年野外考察，主要是靠走路，经常一天要跑个百八十里路。现在都有车了，只有到了车上不去的地方才用腿跑。刘嘉麒说，时代不同了，现在不能让学生再去跑那么多路、吃那么多苦，"但是吃苦的精神不能丢。再好的工作条件，如果你没有毅力和吃苦耐劳的精神，肯定不行"。

直到 65 岁的时候，刘嘉麒还长年累月在野外奔走。有一次，山比较陡，当地人和学生都劝他别上了，因为照当地人的经验，上去要花 3～4 个小时，回来还要 3 个多小时，总共 7～8 个小时，恐怕天都黑了。刘嘉麒二话不说，要当地护林人领路，结果用 1 个小时 40 分钟就爬了上去。刘嘉麒觉得，这是地质科学工作者必备的能力，他也这样要求自己的学生，常对人说："我要上去了他们不上去，他们怎么交代?!"

年过古稀以后，尽管参与的野外科考少了一些，但刘嘉麒仍然在不停奔波，一年中差不多有一半时间不在北京的家里。有人问刘嘉麒：这样跑下去，想跑到什么时候？他回答：能动就想跑。"如果非要说一个岁数的话，我想跑到 80 岁。""我的导师刘东生先生 89 岁了还跑野外，那是我们的榜样。"

不过，刘嘉麒追求较长的生命时间，目的是做事情。他有自己的"生命哲学"："我追求生活的质量，而不是生命的时间。年龄再长，要是没有什么作为，恐怕也没有太大意义，甚至还可能会成为一种负担。"他希望手头的几项研究工作，都能出些成果来；争取再写两本学术专著，对几十年的研究做个总结；作为中国科普作家协会的理事长，还想再做些实质性的科普工作。

吾守尔·斯拉木
——让民族登上信息化快车

吾守尔·斯拉木（1942～），计算机信息技术专家。新疆伊犁人，维吾尔族。1964年毕业于新疆大学。历任新疆大学教授、电子系副主任、计算机系主任，现任新疆多语种信息处理重点实验室主任，新疆电子学会、新疆计算机学会副理事长。2011年当选中国工程院院士。长期从事信息处理、计算机应用及网络技术研究与开发应用，为少数民族文字信息处理事业作出了突出贡献。

一、不惑之年开启人生新途

1942年，吾守尔·斯拉木出生在新疆伊犁地区的一个维吾尔族家庭。伊犁地区地处边陲，生活着哈萨克、维吾尔等少数民族，汉族在人口中的比例也较大。那里既有丰美的草场，也有肥沃的土地，因此既有牧业，也有农业，吾守尔·斯拉木家就是从事农耕的。

在家乡，吾守尔·斯拉木接受了较好的教育，后来考上了大学。那是1960年，那时候能上大学，必定要出类拔萃，何况又是全疆最好的大学——新疆大学。这也说明，吾守尔·斯拉木在小学、中学读书时是多么刻苦勤奋。

吾守尔·斯拉木

上大学的时候，吾守尔·斯拉木读的是物理，那是当时最热门的专业。1964年6月，吾守尔·斯拉木从新疆大学物理系毕业，获得学士学位。随即，他被分配到喀什师范学院任教。

1981年7月，吾守尔·斯拉木调到了新疆大学，那一年，他已经40岁。40岁，在中国古人看来是"不惑之年"，人生历程将近过半，人生轨迹已经定向。然而，对吾守尔·斯拉木来说，并非如此，人生、事业的转折与辉煌正等待着他。

20世纪80年代初，随着时代发展的需要，我国高校开始开设计算机课程。为此，1982年、1984年，新疆大学先后两次送吾守尔·斯拉木到北京、上海进修计算机相关专业。进修的学校是北京工业大学、上海交通大学，它们都是我国非常优秀的工科院校。

吾守尔·斯拉木说，正是这两次进修，为自己的人生开启了一扇新的大门，使他有机会进入计算机领域进行科学研究。也正是在进修的过程中，他萌发了一个想法。

二、用自己语言的操作系统使用电脑

20世纪80年代，计算机对于大多数人来说还很神秘。吾守尔·斯拉木还记得，1984年，他在上海交通大学进修，"当时，计算机才刚刚实现操作系统从英文到中文的转化，我当时就想，能不能用少数民族语言实现计算机信息处理、控制和应用呢？"

新疆有超过1000万的少数民族用维吾尔文、哈萨克文、柯尔克孜文等本民族的语言文字进行交流和写作，实现少数民族语言的信息化，与其他民族同步进入信息化时代，意义格外重大。强烈的使命感，促使吾守尔立即行动起来。在上海交大时，他一边学习，一边查找这方面的资料，一边做这方面的实验，天天思考、研究这个问题。

吾守尔·斯拉木及其科研团队

回到新疆大学后，吾守尔·斯拉木的设想得到了学校的支持。学校花3万多元为他配备了一台PC8000B型计算机。当时，那可是全校唯一的一台微型计算机。就是利用这样一台计算机，吾守尔·斯拉木和同事吴宗尧一起开始了艰辛的研究过程。

那个时候，电子计算机的操作系统还是 DOS 的一统天下，吾守尔·斯拉木和吴宗尧等同事一起从它着手，开始了攻坚战。在分析 DOS 系统输入输出及数百个功能调用模块的基础上，他们提出了修改内核的方法，在 DOS2.0～6.1 系列操作系统及应用软件基础上创立了基于规则的不等宽字符选形/选宽、不同方向多文种的混合兼容处理、双向显示影射模型等独特技术和机制，使只能处理英文、汉文的计算机获得了处理维、哈、柯文信息的功能。

1986 年 4 月，在新疆维吾尔自治区两会上，吾守尔团队的第一个重大成果正式亮相。这是一个多语种的会议管理系统，输入与会人员的姓名，电脑就能搜索出其证件编号、入住房间等信息，还能将代表资料打印出来。计算机屏幕上第一次出现了少数民族语言文字，新疆少数民族可以用自己语言的操作系统使用电脑了！

这一成果引起了当地政府和新疆大学的高度重视。当年 9 月，自治区科技厅拨款 11 万元设立专项基金，供吾守尔团队进行研究开发。吾守尔·斯拉木和同事用这笔资金购买了 3 台"稍微高档一点"的 IBM PC/XT 计算机，提升科研硬件设备。随后，吾守尔和他的团队用一年半的时间，成功开发了多语种信息处理研究软件系统，与汉文、英文系统完全兼容。同时，信息处理的第一个地方标准，特别是代码标准、键盘标准也确定并公布。

1986 年，吾守尔·斯拉木及其团队的这一科研成果获得了自治区科技进步二等奖。

三、让电子科技成果惠及边疆人民

第一个成果引起轰动之后，在新疆大学的关心和支持下，吾守尔·斯拉木和他的团队在研发之路上走得更远了，取得了一个又一个成绩。

针对维、哈、柯文独有的字符连笔、不等宽、右向输入、单一字符在词中不同位置不同形状等文字特点，吾守尔团队创造了维、哈、柯文与阿拉伯文变宽字符选形插入连接、连笔字左右字符智能判断、智能组合连笔字复合字、光标不等宽管理等特殊技术和机制，使方块字处理技术发展成变宽连笔字处理技术，进行升级优化，并在全疆及部分中亚国家推广应用，其技术属国内首创，达到了国际先进水平。1993 年，这一成果获国家科技进步三等奖。此后，吾守尔·斯拉木的科研成果又先后获 2001 年国家科技进步二等奖、2010 年自治区科技进步一等奖等。

吾守尔·斯拉木（右）获得新疆科技进步奖特等奖

这些年来，吾守尔·斯拉木还主持完成了国家"863"计划智能机专题7项，培养出了20多名科研骨干、100多名研究生。在他的带领下，新疆大学形成了一支60多人规模的多民族信息技术研发团队。

在长达30年的时间里，吾守尔·斯拉木和他的科研团队从民族语言理论和特色出发，与现代信息技术结合，先后开发出30多种具有自主知识产权的DOS、Windows、Linux以及安卓操作系统的维、哈、柯、阿多语种版本及排版印刷、办公自动化、信息通信等应用软件，并广泛应用于科技文化教育、信息通信、新闻出版、广播电视、电子政务和商务、农业数字化等领域。这一系列成果在全疆普遍推广，如今，新疆少数民族都能用母语在计算机上顺畅地处理文档、编辑书报刊、浏览网站……

吾守尔·斯拉木还带领团队研发了基于网络及通信设备的信息智能监控及舆情分析平台、大词汇连续语音识别与合成、文字识别、智能校对、智能搜索引擎等系统，为新疆乃至中西亚地区社会维稳、反恐防恐提供了智能技术支撑。2007年，吾守尔·斯拉木的这一成果获得自治区科技进步特等奖。

尤其值得一提的是，吾守尔团队还成功开发了民族语言的远程教育平台和一批多媒体课件。吾守尔说，现在新疆边远地区的信息化硬件设施日趋完善，有了数字化的课程，就能让更多"马背上的孩子"方便有效地利用优质的教育资源进行学习。

对于吾守尔·斯拉木团队科研成果的价值与贡献，也许自治区科技厅原副厅长吐尔逊·沙迪尔的体会最能说明问题，他说："吾守尔·斯拉木开发了30多种具有自主知识产权的多语种信息处理软件，广泛应用于科技教育、信息通讯、新闻出版、广播电视、电子政务和电子商务、农业数字化等领域，使我区维吾尔、哈萨克、柯尔克孜等少数民族的工作、学习和生活方式发生了革命性的变化，与全国人民同步进入信息化社会。吾守尔·斯拉木还致力于这些应用软件开发的标准化、产业化和软件服务外包等工作，与相关企业合作，实现了产学研的结合，并创造了 1.25 亿元的经济效益，为新疆的经济发展、社会进步作出了重要贡献。"

四、为国为民，只求奉献，不图回报

2011 年 8 月 8 日，首届"新疆十大优秀科技人物"奖揭晓，吾守尔·斯拉木荣获首届"新疆十大优秀科技人物"称号。

几个月后的 12 月 8 日，中国工程院在北京公布 2011 年院士增选结果，新疆大学信息科学与工程学院教授吾守尔·斯拉木当选中国工程院院士，成为新疆高校中的首位院士。

吾守尔·斯拉木接受采访

古稀之年吾守尔·斯拉木依然活跃在科研一线。他带着 20 多位研究生，承担着 12 项国家、省部级专项研究。仅 2014 年，他主持的重大项目就有：获得国家自然科学基金重点项目资助的"多语言大数据环境下的复杂网络行为分析、预测和干预"，国家"973 项目"子课题——"面向公共安全与社会管理的互联网中文信息处理验证系统"等等。

最近几年，吾守尔团队正在努力攻关多媒体民文信息处理，这是更高层次、更具人工智能色彩的技术。他们开发的文字识别、语音识别与合成系统，能让计算机识别维语文字、听"懂"维语等民族语言，也能让电脑根据文字自动读出文章。作为国家重点项目"维哈文信息资源开发与共享工程"的专家组副组长，他的下一个梦想，是用信息化方法对新疆文化资源进行梳理，让古今书籍、著作、歌舞、民间故事数字化，为新疆的信息化增添深厚的历史和文化韵味。

新疆处于亚洲腹地,是面向中亚、西亚地区的门户;新疆自古就是一个多民族聚居地区,各民族文化的融合、交流十分频繁。中亚地区一些国家,由于历史文化的渊源,虽然文字用的是斯拉夫字母,但语言与使用阿拉伯字母的维、哈、柯文有相近的规律。为这些国家开发母语版的信息化系统,只需在维、哈、柯版软件上进行有限的二次开发。而面向阿拉伯世界,维、哈、柯文软件在处理阿拉伯字母方面也拥有对欧美发达国家的比较优势。目前,在国家重大专项的支持下,吾守尔团队开发的阿文版、哈文版等 Linux 服务器、桌面和手机系统,已销售到哈萨克斯坦、土耳其、埃及等国家。

吾守尔·斯拉木还 10 多次代表中国参加国际标准化组织的会议,主持制定了 7 项国际、国家标准,另有 9 项国际、国家民文信息技术标准在制定中。其中,"公元 5～9 世纪古代突厥文、察合台文、维哈柯新文字(拉丁字符)的国际编码标准",已由 ISO 组织发布执行,在保护古文字、新文字,研究古代文化等方面,在国内外产生了重大影响。中国标准最终得到世界认可,在国际上树立了在该领域的权威性和话语权,在法律文本上为祖国争取到了地位。

吾守尔·斯拉木的科研获得了巨大成就,如今又承担着资金充裕的众多项目,但他和老伴仍然居住在一套十多年前学校分配的教师公寓里,没有电梯,楼道的墙壁斑斑驳驳,家里的装修、家具陈设都很简单,而且有些陈旧。吾守尔说,自己从来都没有把赚钱当成目标。他只是个学者,深知自己的短处和长处。为了技术的辐射面,他和国内许多优秀企业合作,由对方进行产品推广,而自己却从不要求高回报。

是的,学者的使命,就是站在科学技术的前沿,以最突出的智慧成就奉献社会,造福人民。吾守尔·斯拉木说:"当下信息技术发展很快,我们要紧跟时代的步伐,要不断地学习和掌握最新的信息技术,并将其本土化,应用到各个领域,造福人民。"质朴的话语,展现了一个少数民族知识分子的高尚情怀。

万选蓉
——"漂亮妈妈"的大爱人生

万选蓉（1943～），聋儿康复专家。云南昆明人，彝族。1964年毕业于中央戏剧学院。曾任四川凉山彝族自治州话剧团演员、江苏徐州市少年宫文艺部主任，中国聋儿康复研究中心语训部主任，创办有北京万馨聋儿康复中心。致力于聋儿康复事业的发展，是其中语言训练方面的开拓者和奠基人。主持拟定《中国聋儿语言训练教学大纲》，编写有《聋儿听力语言训练康复教材》和《聋儿家长培训教材》等。

一、生活美满，突遇变故

1943年2月25日，万选蓉出生在云南省昆明市的一户彝族家庭。小时候，她在父母的百般呵护下茁壮成长，度过了十分快乐的童年。

万选蓉的家乡——素有"春城"美誉的昆明，一年四季风景如画，多民族的文化氛围十分浓厚。生活在这样的环境下，在学习之余，万选蓉总是喜欢沐浴在大自然的怀抱中，寄情山水、陶冶性情。

同样，万选蓉也很爱读书，尤其是童话。其中，她最喜欢安徒生的《老爹总是对的》，主人公"老爹"遇到窘境后乐观的心态令她很是敬佩，也让她明白了："不管一个人身处怎样的境遇，总是应该向前看，心态乐观，生活才会有乐趣。"回忆起自己阅读童话的经历，她说："童话丰富了我的幼年生活，让我从小就接触到世界上最天真、最美好、最善良的一面，童话的快乐、温馨、美妙、离奇、浪漫，是我最难忘的幼年梦想。"

万选蓉

中学毕业后，万选蓉考入北京钢铁学院（今北京科技大学）。上大一时，她偶然碰到了中央戏剧学院的教授，教授看到了这个年轻姑娘身上的潜力,建议她转学。就这样,万选蓉来到中央戏剧学院攻读表演系。

1964年7月,万选蓉顺利毕业。当时,满怀革命理想的她决心到祖国最需要的地方,为祖国的发展贡献自己的力量。于是,她前往四川凉山,在当地的话剧团工作了9年,把自己最美好的青春时光奉献给了祖国艰苦地区的文艺事业。后来,万选蓉随丈夫调到江苏工作,在徐州市少年宫担任文艺部主任。

1976年年底,万选蓉的小儿子梁小昆出生了,一家人十分开心,对他呵护备至。6个月后,由于抵抗力弱,小昆经常生病,最严重的一次甚至因感冒发烧引发了肺炎。医生不得不给他注射链霉素和庆大霉素,这才慢慢退了烧。

忙碌了大半年,小昆终于在家人的悉心关怀下康复。然而,新的问题又接踵而至——当时,他已经1岁多,却还是不会开口叫"妈妈"。万选蓉和丈夫一边焦急地期盼,一边忍不住担心起来,开始怀疑儿子的耳朵出了问题。可医生诊断说,小昆的鼓膜完整,中耳也没有任何问题。无奈之下,两人只能忐忑地等待着奇迹出现。

时光飞逝,一转眼,小昆已经4岁了,却还是没能开口说话。夫妇二人再也坐不住了,带着儿子来到了北京协和医院。在医院,专家对小昆进行了全方位检查,诊断结果显示:他的左耳听力损伤98分贝,右耳听力损伤95分贝,被确诊为"链霉素中毒导致双耳重度失聪"。专家对万选蓉说道:"医学界对此毫无对策,配助听器,教他说话吧。"听了专家的话,万选蓉犹如五雷轰顶,眼前的世界轰然倒塌。

二、煞费苦心,终得收获

小昆确诊后,万选蓉一度伤心欲绝,无法自拔。她不停地责问自己:"为什么要给儿子打针?"这时,一位医生向她推荐了一本书——海伦·凯勒的《我生活的故事》。书中,海伦的老师安妮·沙利文说了这样一句话:"教育这个孩子是我的终生职责。"这句话给了万选蓉很大触动,她觉得自己也应该像安妮·沙利文一样去教育自己的儿子。于是她鼓起勇气,决心帮助小昆战胜病魔,并把这句话贴在家里时常能看得到的地方作为激励。

当时,我国聋儿康复事业中的语言训练领域还是一片空白,没有任何经验可以借鉴,许多人都说:"要教会聋儿说话,就如同要铁树开花。"然而,天生不服输的万选蓉仍坚持选择向命运挑战,她说:"只要有一分的希望,就要付出百分的努力,一定要让小昆回到有声世界。"从此,万选蓉开始了对小昆漫长的康复训练。

起初，她一遍遍教儿子说"妈妈"，可儿子却毫无反应，依然沉浸在寂静的世界里。"我每天都教得头昏脑涨，多日的付出都见不到一点成效，感觉自己简直快支撑不下去了。"万选蓉回忆说，"很多时候，我急得一个人在家里埋头哭泣。每天走在喧闹的大街上，我能够听见风从耳边吹过的声音，可儿子却听不见母亲的大声呼唤。"许多人都劝万选蓉不要再枉费精力，反正小昆也可以上聋哑学校，可她却并不甘心，买来书籍研读，一次次根据书中的介绍转变自己的教学方法。

万选蓉与儿子小昆

三个月后，奇迹出现了。"那是春天的一个美丽的早晨，小昆用手指着饼干筒，声音含糊地叫'妈妈'。那时，我简直不敢相信自己的耳朵，当觉得脸颊上有一丝凉意的时候，才发现自己早已流下了眼泪。就在那个美好的时刻，小昆给我带来了温暖，我激动地抱着他亲了一遍又一遍。"那一刻，万选蓉觉得自己是天底下最幸福的母亲。

之后，为使小昆发音清晰，万选蓉自创舌操、唇操，还巧妙应用心理学中的"变式规律"，根据儿童的心理特点设计了一词多解、一词多变、一词多思等方法，从而培养小昆思维的发散性。在万选蓉的耐心教导下，小昆用语言表达的欲望被成功激发，慢慢喜欢上了与人沟通。每逢有人来家中做客，总是主动与客人聊天。

在万选蓉的悉心培育下，小昆和健全的孩子一样上了普通小学。三年级时，他还获得了北京市中小学生朗诵比赛一等奖。之后，小昆以优异的成绩考入中央民族大学经济系，后来又获得了北京电影学院摄影研究专业的博士学位。

三、为聋儿康复事业尽心尽力

1983 年，我国组建了中国聋儿康复研究中心。由于缺乏经验，研究中心的建设举步维艰。得知小昆康复的消息后，有关部门负责人找到万选蓉，希望她能加入到聋儿的康复事业中来。

从文艺事业转到聋儿康复事业，无疑是一个极其艰难的跨越。1985

年，经过深思熟虑，万选蓉放弃了钟爱的文艺事业，来到研究中心担任语训部主任。

在语训部，万选蓉日夜钻研，刻苦研究语言学、心理学和哲学，甚至还学习了一些医学方面的知识。经过不断摸索，她总结出了一整套适合我国国情的聋儿康复理论和训练方法，在全国各省、市推广应用。她培训的2000多名教师也遍及全国各地，成为各省市语训教师的骨干。此外，她还先后培训了2000多名聋儿家长，教会了他们对聋儿的特殊教养和康复方法，使数百名聋儿进入普通小学就读。

中国聋儿康复中心的孩子们在上课

后来，万选蓉主持拟定了《中国聋儿语言训练教学大纲》，编写了我国第一部《聋儿听力语言训练康复教材》和《聋儿家长培训教材》，获1988年中国康复科研成果奖。她编写的全国聋儿康复教材《学说话》第一册，荣获1992年度全国文明进步图书奖和全国优生优育优教银奖。一次，在参加 RI（90）康复国际大会时，万选蓉宣读了论文《一个母亲和聋孩子走过的路》，赢得了1000余名与会代表的热烈赞誉，《人民日报》《中国日报》和日本《朝日新闻》均刊载报道，美国《纽约时报》更是全文刊载。

1990年，万选蓉创办了全国第一家不以营利为目的的民办康复研究机构——北京万馨聋儿康复中心，成功帮助许多聋儿摆脱困境，战胜自我。她苦口婆心地对家长说："再好的助听器也比不上妈妈，家长是特殊教养和康复的关键。若使聋儿冲出逆境，达到康复理想，家人需要百分百投入，甚至终生陪伴。"之后，万选蓉又继续参与创办了"北京阳光儿童早期教育实验中心"，为儿童早期教育贡献力量。

为了让更多人知道聋儿康复的艰辛，万选蓉利用多年的文艺工作经验，参与编导和主持了多部反映聋儿康复的电视专题片，在国内外引起强烈反响。其中，《走向太阳》第 2 集获联合国卫生组织红十字奖，《中国母亲》第 16 集获电视系列片二等奖，电视教学片《为他们回归主流社会》获科教片银河奖。

1991 年，为表彰万选蓉在聋儿康复事业中做出的贡献，她的业绩被收入《中国人物年鉴》。此后，她先后被授予"全国巾帼建功标兵""全国三八红旗手""全国先进女职工"等称号，并获国家民委颁发的第三届"首都民族团结进步奖"、中国残联颁发的"全国残疾人三项康复工作先进奖"，以及全国妇联评选的"第二届中国十大女杰提名奖"。

万选蓉获内藤国际育儿奖

四、为民生发展建言献策

1998 年春，万选蓉当选第九届全国政协委员。欣喜之余，她深感责任重大，开始为参政议政而努力学习宪法。另外，她还学习了《残疾人保障法》和《妇女儿童权益保障法》。

在随后召开的政协九届一次会议上，针对我国耳聋发病率高、数量多、危害大、预防工作薄弱、科普宣传缺乏深度广度、群众爱耳护耳意识淡漠的现状，万选蓉提交了一份名为《关于建议确立"爱耳日"宣传活动》的提案。她说："中国目前有 80 万 7 岁以下的聋儿，其中 80% 的孩子生活在农村或城市贫困家庭，他们没有机会得到助听器，更得不到专业的训练，我们应该争分夺秒地把这些孩子拉回到有声世界，和时间抢回他们的幸福人生。"

经过讨论，万选蓉的提案赢得了不少全国政协委员的签名支持。1999 年 11 月 30 日，经卫生部、教育部、民政部等 10 个部门共同商定，签署了《关于确定"爱耳日"的通知》，规定每年的 3 月 3 日为全国"爱耳日"，自 2000 年起开始施行，每年确定一个主题。此后，全国每年都会有大规模的爱耳护耳宣传活动，我国也因此每年减少了近万名新生聋儿。时至今日，每当提起"爱耳日"，万选蓉依然心潮澎湃。

在自己的第一份提案成功落实后，万选蓉深感自豪。此后，她又提交了《关于农村低保的提案》《关于人身损害赔偿城乡"同命同价"的提案》等多份提案。谈起自己当政协委员后的工作,万选蓉说:"我觉得政协委员就像一棵大树,身后应该是一片森林。因为政协委员代表着一个群体,而不是个人。"

2000年,电影《漂亮妈妈》上映,引起了社会各界广泛关注。这部电影以万选蓉为原型,向大家讲述了一个单亲家庭的母亲想把听力弱的儿子送进学校的感人故事。同年,为了表彰万选蓉对培育人类下一代事业坚韧的精神和杰出的贡献,她被授予"第二届内藤国际育儿奖"。

如今,万选蓉已经从工作岗位上退休多年,却仍心系民生,致力于聋儿康复事业,参与多年的幼儿早教工作更成为她的主要阵地。她将自己的一生总结为"一个称职的母亲,一个优秀的聋儿康复工作者,一个尽责的社会工作者"。正如万选蓉的儿子梁小昆所说:"母亲是大爱的诠释者——以同样的爱心关注和我一样的孩子,关注所有的儿童,关注所有贫困的母亲……"

万选蓉在政协建言献策

叶尔夏提·马力克
——帮牧民在绒山羊身上找到黄金

叶尔夏提·马力克（1944～），畜牧专家。新疆乌鲁木齐人，乌孜别克族。1968年毕业于新疆农业大学畜牧系，现任乌鲁木齐市绒山羊研究所所长，新疆农业大学、新疆大学兼职和客座教授。长期从事绒山羊育种等研究，主持育成集高产、绒细、绒长为一体的绒山羊新品种——博格达绒山羊，成功解决了产绒量提高绒变粗的难题。著有《野山羊与家山羊杂交研究报告》《绒山羊新品种育种》《新疆绒山羊生产及育种展望》等论文。

一、选择"做更有价值的事"

1944年8月，叶尔夏提·马力克出生在新疆迪化（乌鲁木齐）市。他的祖先世代居住在乌兹别克斯坦，后举族东迁新疆。叶尔夏提的家庭是一个教育世家，爷爷奶奶和父母都是教师。家里一直都很清贫，叶尔夏提从中学开始就不得不在假期打工挣钱，积攒学费，补贴家用。

有一副好体魄的叶尔夏提·马力克，原本是想学体育的，但父亲给了他另外的建议。他回忆说："我本来是想搞体育的，可我爸爸说，你跑得再快，也跑不过火车，还是做更有价值的事吧！"叶尔夏提·马力克承认，正是这句话，让他有了更远大的抱负。

叶尔夏提·马力克

1964年，叶尔夏提·马力克考入新疆八一农学院（现新疆农业大学），在畜牧系读书。1968年大学毕业时，叶尔夏提到乌鲁木齐县牧区的白杨沟，一待就是3年多。在村里，他当过畜牧技术员，做过文书，白天辛勤工作，晚上在煤油灯下刻苦读书，遇到弄不懂的问题就随手记下来，回乌鲁木齐时向老师请教。这些为他后来从事科研工作打下了坚实的基础。

1972～1978年，叶尔夏提·马力克回到乌鲁木齐，在市农牧局担任助理畜牧师、畜牧技术干部，从事畜牧业管理及畜牧科研工作。

1980～1988年，叶尔夏提在乌鲁木齐市农牧局担任畜牧师、畜牧处处长，从事绒山羊和黑白花奶牛育种科研工作。

1988～1998年，叶尔夏提在乌鲁木齐市科委担任高级畜牧师、研究员，从事绒山羊新品种培育。

1999年之后，叶尔夏提担任乌鲁木齐市绒山羊研究所所长、研究员，同时兼任新疆农业大学、新疆大学教授，主要从事绒山羊新品种育成、中试以及扩群与推广等。

叶尔夏提·马力克从1968年参加工作以来，把自己的主要精力都倾注在了畜牧业科研、育种、技术推广、成果转化及培训工作上。早些年间，叶尔夏提以合作者身份参与科研项目，他参加的"新疆山羊杂交改良途径的探讨"课题，1984年获得了乌鲁木齐市级科技进步二等奖；参加完成的"乌鲁木齐地区五万只绒山羊开发利用"星火项目，1991年获得全国"七五"星火项目博览会银奖，1992年获得全国星火项目专利技术展览会金奖。

20世纪80年代中期，叶尔夏提作为主要参加者，参与了中国黑白花奶牛品种育种与推广项目。这个项目，1987年获农业部科技进步一等奖，1988年获国家科技进步一等奖。而为新疆畜牧业作出杰出贡献，也让叶尔夏提蜚声中外的，是他主持的博格达绒山羊选育与推广项目。

二、"博格达绒山羊之父"

还在乌鲁木齐县白杨沟村接受"再教育"时，叶尔夏提就深切感受到了当地牧民超乎想象的贫困，决心为改变这种面貌做些什么。他还注意到，白杨沟干旱少雨，地貌为荒漠、戈壁，而哈萨克族牧民们养的却是适于条件优越的草原放牧的细毛羊。在漫长的冬季里，牧民眼看着自己的羊一只只死去，心痛不已却又无可奈何。

叶尔夏提问老乡：为什么不养山羊呢？众所周知，山羊的适应性远强于绵羊，可以抗击大自然的贫瘠和严寒。牧民却回答说：养山羊不合算。山羊绒值钱，但产量低得可怜。如果有产绒量高的山羊品种，谁会不愿意养呢？

山羊绒具有"软黄金"之誉，它是毛纺工业的高级原料，全世界山羊绒年产量仅两万余吨。山羊绒的优劣主要体现在细度上，绒越细价格越贵。但是，国内外文献记载，山羊绒产量提高，羊绒直径必然变大，这个正比例关系是铁的遗传规律，多少年来，畜牧界对此都无可奈何。

叶尔夏提牵挂着白杨沟那些勤劳善良的哈萨克族牧民，决心培育出高产的细绒山羊品种，造福牧民、造福新疆。从那时起，他就开始专注于山羊绒的研究，跑遍了白杨沟的沟沟坎坎，考察那里的羊群；回到乌鲁木齐后，每年大概有200天，他都在牧场里。

1978年，国家迎来了科学技术的春天。就在这一年，叶尔夏提·马力克在白杨沟村建立起试验点，开始培育新品种绒山羊的试验工作。叶尔夏提开始用新疆外贸局引进的一批辽宁羊绒山羊，与新疆山羊搞杂交，培育出了一、二代新种绒山羊，使绒产量提高了两到三倍。然而，随着绒产量的提高，羊绒的直径变粗了。

1982年春季的一天，叶尔夏提·马力克投宿白杨沟村牧民家，第二天一早起床，无意间摸到了床上铺的山羊皮褥子。他敏锐地感到这张山羊皮非同寻常，抽出来到太阳底下一看，只见山羊绒是那么的细密。问老乡，才知道这是野山羊皮。叶尔夏提把野山羊皮带回乌鲁木齐化验，结果显示这只野公山羊的羊绒细度是11.2微米，手感极好。于是，他决定用新疆野山羊进行再次杂交。

野山羊（北山羊）出没于深山老林，攀岩登壁如履平地，叶尔夏提和牧民抓了一个多月也没能抓到。后来，叶尔夏提和乌鲁木齐动物园商量，就用动物园的羊圈里的一只公野山羊与白杨沟的母山羊杂交。5个月后，山羊顺利产羔，且多有双羔。然而，还没有等叶尔夏提高兴起来，小羊羔就纷纷死去，半个月后，23只小羊羔只剩下了3只；最后，只剩下了1只。成活的这只小羊羔是只公羊，长得异常健壮。后来，它作为种羊，开始了新品种绒山羊的繁殖。

新疆博格达绒山羊

这以后，叶尔夏提·马力克每年都有三四个月住在白杨沟试验点，以野山羊、辽宁绒山羊为父本杂交育种，进行新品种绒山羊的培育工作。那些日子，他一个人住在破旧的房子里，吃不到蔬菜，晚上也没有电；而当时只有4岁的小女儿也受到他的感染，每次见到他的第一句话就是："我们的羊呢?"

就这样,世界上第一个集高产、绒细、绒长为一体的绒山羊新品种——"博格达绒山羊"终于育成了。达到国际先进水平,1998年获自治区科技进步一等奖,1999年获国家科技进步二等奖,2000年获自治区科教兴区特等奖、全国发明博览会金奖。

三、在绒山羊身上帮牧民找到黄金

1996年春天,在乌鲁木齐县白杨沟举行的自治区赛羊大会上,主持人宣布了这样一条消息:新品种"博格达(白)绒山羊"最高抓绒1390克,核心群平均抓绒560克,平均绒细13.84微米(比国际标准细5个微米)!这组数据,在外行人看来也许毫无意义,但在场的农牧业专家听了都兴奋不已,这意味着困扰国内外畜牧业多年的山羊绒产、质矛盾难题得以解决,改写了绒山羊培育的历史。

然而,叶尔夏提·马力克没有为成功的喜悦所陶醉。他深知,育成新品种只是走出了第一步,更重要工作是加快成果转化与推广。与此同时,叶尔夏提继续开展绒山羊科研基础研究,在新品种育成后又承担并主持了国家、自治区、乌鲁木齐市的科研课题,建立了优秀种公羊基因库,大大促进了绒山羊育种的进程。

1998～2006年,叶尔夏提主持完成了"博格达绒山羊品种内选育提高与扩群""博格达绒山羊冷冻精液的研制与开发"、国家成果转化项目"育成新品种博格达绒山羊、南疆绒山羊良种繁育体系建立与中试"及自治区农业成果转化项目"博格达绒山羊推广"等四项科研与成果转化项目,同时开展了有关绒山羊营养、山羊绒生长机制,博格达绒山羊主要经济性状遗传参数研究等七项专题研究。使达标品种羊由新品种育成初期的3.02万只增加到2005年的7.1万只,群体平均产绒量由404克提高到448克,特一级比例由原来的53%提高到61%,成年公羊最高产绒量达到1570克,周岁公羊1150克,绒纤维直径在15.5微米以下,绒长7～11厘米,均为国际先进水平。

到2011年,叶尔夏提·马力克和他的团队,共为乌鲁木齐白杨沟、天

叶尔夏提在研究山羊绒

山牧场、高崖子牧场、阿克苏乡牧场、乌拉泊牧场等地，推广这种优质绒山羊9.7万只。乌鲁木齐市也在全区率先实现了绒山羊良种化，建起了博格达绒山羊种羊场和良种繁育体系，并向全区31个（县）市推广种公羊4580只，累计杂交改良新班山羊69万只。截至2009年，推广区累计增加产绒量327吨，新增经济效益2.66亿元，仅绒一项农牧民每年就增加收入7585元。

四、"当选院士并不是最重要的……"

自1968年参加工作以来，叶尔夏提承担的科研项目先后有6项，8次获得国家、部级、自治区级及市级科技进步奖。他自己也多次被评为先进工作者、优秀科技工作者，连续三次获得"乌鲁木齐突出贡献的专业科技技术人才"称号；1993年被评为国家突出贡献的优秀专家，获得政府一等特殊津贴；1995年被评为自治区劳动模范、优秀专家（2000年、2008年又分别获评），并担任自治区专家顾问团顾问；1999年荣获全国归侨侨眷先进个人称号；2000年获"全国先进工作者"称号；2002年获全国侨界先进个人，获国家星火项目先进个人称号；2003年被评为全国科技星火项目先进个人；2004年12月获国家西部开发突出贡献奖；2006年获自治区科技进步突出贡献奖；2008年获全国侨联"十杰"称号；2010年获农业部全国农牧渔业丰收奖——农业技术成果推广二等奖。

在考察、试验等实践性科研工作的基础上，20多年来，叶尔夏提还撰写了16篇论文，其中在国外发表7篇，并多次参加国际学术研讨和交流，参加了5次国际山羊研讨会。1987年，他的《野山羊与家山羊杂交研究报告》在全国养羊研究会上获优秀论文奖；1992年，他在印度新德里召开的第五届国际山羊研讨会上宣读论文《野山羊在绒山羊育种中的应用》，被评为优秀论文，载入大会论文集；1993年，他撰写的《绒山羊新品种育种》编入美国出版的《世界山羊现状》一书；1995年，他应哈萨克斯坦共和国畜牧学院邀请，赴哈开展讲学与学术交流，在学术研讨会上发表题为《利用野山羊资源培育高产绒细绒山羊新品种研究》的论文，该文被编入哈萨克斯坦畜牧学术讨论会论文集；同年，应吉尔吉斯斯坦邀请，在吉畜牧业学术研讨会上宣读论文《新疆绒山羊生产及育种展望》，并被编入吉尔吉斯斯坦畜牧学术研讨会论文集。2004年，在南非召开的第八届国际山羊大会上，他的论文《育成新品种——博格达绒山羊》，引起各国专家的重视，并被编入《世界山羊优良品种》一书。

在主持绒山羊育种项目的 20 年间，叶尔夏提为新品种三次放弃升职机会，主动找组织部请求不提拔，同时要求辞掉农委畜牧处处长职位，专心研究工作。据白杨沟的牧民回忆，叶尔夏提每天在试验基地的山上要工作 10～12 个小时。有一次下大雪，路不好走，有位牧民见到叶尔夏提独自扫雪上山，就是为了到山上看看山羊。

叶尔夏提进行山羊骨骼比较研究

多年来，许多国外的研究所邀请叶尔夏提出国定居，并承诺给予丰厚待遇，但他都放弃了。叶尔夏提说，他也曾犹豫过、动摇过，但一看到自己的"博格达绒山羊"，他就会全身心投入研究，别的都置之度外了。

2011 年，叶尔夏提被推选为中国工程院院士增选有效候选人。这在新疆维吾尔自治区首府乌鲁木齐市是第一次。叶尔夏提·马力克说："当选院士并不是最重要的，研究成果能受到关注和肯定，对我来说就足够了。我将继续在博格达绒山羊身上，帮牧民找到黄金。"

卢克焕
——"世界试管双犊之父"

卢克焕（1945～），动物繁殖专家。广西南宁人，壮族。1969年毕业于广西农学院，1981年获广西农学院硕士学位，1990年获爱尔兰都柏林大学博士学位。历任广西大学动物繁殖研究所所长、副校长。主要从事牛的体外受精、胚胎性别控制和活体采卵等方面的研究工作，推动了我国动物繁殖领域的发展。

一、"精益求精，争做第一"

1945年4月，广西南宁郊区那龙村的一个壮族家庭诞下了一名男婴，在兄弟姐妹8人中排行第七。父亲卢呈南给他取名为"克焕"，意即克服困难后就能拥有光明的前途。小时候，卢克焕经常帮家里放牛，久而久之，牛便成为他儿时最好的玩伴。

上小学时，卢克焕的成绩一直很好，这离不开父亲对他的教导。他的父亲新中国成立前曾当过老师，因此对他的要求十分严格，从5岁起就要他背书，还告诉他做事、做人要精益求精，凡事"争做第一"。在这样的家庭教育下，卢克焕深知学习的重要性，他非常刻苦，许多文章不但能正着背，还倒背如流，功课更是门门第一。

卢克焕

五年级时，卢克焕偶然考了一次第二名。父亲干完农活回来后非常生气，但又舍不得打他，竟把农村家家户户视为宝贝的犁耙一下子杵到地上，弄断了犁尖。奶奶看到后着急地说："第二名也可以了，第二名也可以了。"直到今天，卢克焕仍对这件事记忆犹新。

小学毕业时，卢克焕参加了从农村小学考到全日制中学的考试。当时一共有600多名考生，但只招收250人。揭榜那天，父亲一早起来就急着去看榜，可找了半天也没找到儿子，回家后气得暴跳如雷。事实上，卢克焕以第一名的成绩考入了南宁市第九中学，他的名字就写在第一个。事后，邻居见了卢克焕的父亲都笑说："你怎么看的呀？可能根本就没往前看吧？"

1957年，满载父亲的希望，卢克焕步入了中学的校门。令人惋惜的是，在他上初二时父亲就去世了。父亲没来得及看到儿子日后取得的成绩就早早离开，这也成为卢克焕一生中最遗憾的事。

经过中学6年的刻苦学习，带着父亲的殷切希望，1963年，卢克焕考上了广西农学院（1997年并入广西大学）畜牧专业，从此与这一领域结下了不解之缘。

上大学后，卢克焕读书更加用功，还担任了学生会的秘书长，全方位锻炼了自己的能力。没想到的是，两年后，"文化大革命"开始了。一时间，学校停课，学生们也开始出去搞运动。可卢克焕却丝毫不受影响，学校不上课的日子里，他成天待在化学楼里看书，远离外界的纷扰。

大学毕业后，卢克焕来到部队农场接受再教育，在部队接受了两年的磨炼。

二、初出茅庐，刻苦钻研

1971年，卢克焕被分配到位于广西十万大山之中的上思县昌敦国营农场，与他同去的还有另外两名同学，只有他被分到最落后的第三队。那里的条件十分艰苦，缺衣少粮不说，还荒无人烟，可卢克焕没有丝毫怨言，反而在困境中不断成长。

在第三队，卢克焕当上了一名畜牧技术人员，主要负责猪场的饲养及疾病防治工作。刚来不久，细心的他就发现，猪场里的猪经常死于某种流行性疾病，可没有人确切地知道到底是哪一种病。于是，卢克焕开始仔细观察猪的病情，并结合所学逐步分析，最后诊断出这是喘气病，主要通过空气传染。得知病因后，卢克焕带着同事把猪挪到其他地方，对健康猪和病猪进行了隔离，还把猪场从里到外全部翻新消毒，彻底解决了猪患喘气病的问题。

一年后，队里重新建了一个更大规模的猪场，卢克焕的工作也变得更加繁忙。除了防治猪的流行病，他还和大家一起培育良种，推广快速育肥。没过几年，队里的猪就从100多头变成了1000多头，翻了整整十倍。到了1975年，这个曾经是农场中最落后的猪场，摇身一变成了广西出口生猪的重要基地。

辛辛苦苦把猪场搞好后，卢克焕又开始思索养牛的问题。那时，猪、牛的精液冷冻、人工授精都存在问题，只能依靠自然交配，导致农户养的牛繁殖力低下，不是难以配种就是难以怀孕，好不容易生下来的牛犊，成活率又极低，而这些问题已经不是大学毕业的他所能解决的了。于是，1978年，在我国恢复研究生招考后，32岁的卢克焕马上报考了母校的动物繁殖专业，师从动物繁殖专家王丕建教授。

在攻读硕士学位的三年里，卢克焕争分夺秒、刻苦钻研，他选择了"兔的精液冷冻和人工授精"为毕业论文研究课题，在其中倾注了大量心血。这一课题的研究需要长时间在兔场工作，因此卢克焕经常在玉林、博白等地的兔场间奔走。他用西德长毛兔的精液为大批母兔授精，提高了长毛兔的生产能力，从而获得可靠的实验数据。最终，卢克焕的毕业论文《公兔精液冷冻保存研究》获得了自治区科技进步奖，他还被推荐参加了全国动物繁殖学术交流会。

卢克焕留学的爱尔兰都柏林大学

1981年，卢克焕以优异的成绩毕业并留校任教。三年后，他作为学校优秀青年教师被选拔出国进修。于是，卢克焕远赴爱尔兰，在都柏林大学国际著名动物繁殖学家戈顿教授的指导下进行研究，并攻读博士学位。

三、"做世界一流的动物繁殖专家"

在攻读博士学位期间，卢克焕的研究课题是"牛卵母细胞体外受精和胚胎移植"。实行牛卵母细胞体外受精不仅可以提高牛的产量，还可以大量减少生产成本，可谓"一箭双雕"，而当时国际上对这一领域的研究还未见成果。在都柏林大学的实验室，卢克焕一头扎进科研中，开始废寝忘食地研究，戈顿教授还亲自为他设计了实验方案。

然而，卢克焕却并没有按照教授的方案做，而是另辟蹊径，自行设计了方案。一天，戈顿教授召集大家汇报研究进展情况，卢克焕坦诚告知教授自己已重新设计方案，并说目前还未取得进展，这令本来对卢克焕报以极大希望的戈顿教授心中不悦，他当着所有人的面毫不留情地说道："你的脑袋很难理解。"

即便如此,卢克焕还是没有放弃自己设计的方案,他在给国内一位研究生写的信上表达了自己的态度:"我的研究,要么是一堆废纸,要么是光辉灿烂。"

在都柏林大学的实验室,卢克焕早出晚归,经常几片面包或一两包方便面就解决了早餐,中、晚餐都合在一起吃。实验室工作紧张的时候,他干脆卷起铺盖住进实验室。那时,每位工作人员都有一把实验室的钥匙,可其他人的都用不上。

卢克焕操作实验设备

一次在使用培养箱时,卢克焕发现箱子里的二氧化碳只进不出,仔细检查后才发现是箱子漏气。培养箱漏气会使培养液的 pH 值升高,从而影响细胞的培养,因此他对箱子进行了改装,让这一环节的实验有了保证。

以往,国外科研人员研究牛卵母细胞体外成熟培养时,都会把犊牛血清加在培养液里培养,还要加激素。可卢克焕想:"犊牛血清价格昂贵又难取得,我们国家穷,用这种办法即便成功也难以使用。"针对我国国情,他开始尝试新的研究方法。运用科学分析,卢克焕认为,卵母细胞是在母牛发情时发育的,因此只要模拟它发育的环境和条件,即用母牛发情时的血清加到培养液里,兴许会取得不错的效果。结果,实验证实了卢克焕这一大胆的设想,同时也证明了使用这种血清后不用再加激素。

在摸索出新的方法后,卢克焕热情高涨,快马加鞭地继续着自己的研究。1987 年 10 月,卢克焕获得了当时世界上最大的试管牛犊群。同时,他还将共同培养技术应用于受精卵的体外培养,代替用绵羊输卵管进行的受精卵体内培养。直到这时,卢克焕的研究才开始获得了成果。

1988 年 1 月 3 日,卢克焕成功研究出了世界首例完全体外化的试管双犊,为牛胚胎的工厂化生产作出了重要贡献。这一成果引起了国际轰动,有谁会想到,当初名不见经传的他,短短 3 年的时间就攻克了"牛卵母细胞体外受精"这一世界难题。戈顿教授也激动地说:"卢克焕是我带过的几十个博士研究生中最好的一个。"为此,爱尔兰科技部门给卢克焕登记了专利,并赠送给他一辆小轿车。

四、为祖国的繁殖业奋斗

在卢克焕成为"世界试管双犊之父"后,爱尔兰应用这一成果成立了世界第一家胚胎公司——Ovamass,并聘请卢克焕为研究开发部主任。为了留住他,爱尔兰承诺:不管他提出什么要求,都会无条件答应。卢克焕没给自己要一分钱,而是为母校争取到了一系列优惠措施。

在和爱尔兰"约法三章"时,卢克焕提出:一、每年接收广西农学院派去的6名博士研究生参加该研究室的工作,费用由外方负责;二、该研究室所取得的科技成果可以带回中国使用,不受外方专利限制;三、卢克焕每年回国两次,每次用一个月指导广西农学院的研究工作,来往机票等费用外方支付。其中,光是第一项就为国家节省开支几十万美元。

利用每年两次的回国时间,卢克焕兢兢业业,为我国动物繁殖领域作出了不可磨灭的贡献。为此,广西教育厅职称评定委员会破格将他由讲师直接晋升为教授。1988年,国家让卢克焕主持科技部"863高新技术工程"中的有关科研项目,广西政府也拨款给他重点建设农学院动物繁殖研究室。此外,他还获得了全国"五一"劳动奖章,成为广西首批荣获全国"有突出贡献的中青年专家"称号。1989年,教育部授予卢克焕"全国优秀教师"光荣称号,1990年国家授予他全国农业劳动模范光荣称号。1997年获广西科技进步一等奖,2001年获国家科技进步二等奖。

后来,随着牛卵母细胞体外受精和胚胎移植以及牛的XY精子分离技术和性别控制技术的转让,卢克焕经常辗转于爱尔兰、英国、新西兰、美国之间,在这一领域享有盛名。许多人都在悄悄议论:"卢克焕已经在国外发展了17年,妻子儿女也已经在英国定居,他肯定不会回来了。"可出人意料的是,2001年底,卢克焕只身回到了祖国。

五、与"牛"结缘的精彩人生

回国后,卢克焕担任广西大学副校长一职,把大量时间都花在了申报科研项目上,并分管了科研和校办企业,还带了许多研究生。

其间,卢克焕利用闲暇时间继续从事牛的"性别控制"研究,并大力推广了"奶牛胚胎移植技术"。当时,广西有近400万头黄牛,可奶牛只有1万多头,奶牛价格昂贵,每头良种奶牛年产奶收入可达1.5万元。卢克焕利用胚胎技术将黄牛改良为奶牛，使广西一年新增200万头奶牛，带来了可观的经济效益。

2005年3月，卢克焕期满卸任校长一职，重新回到了朝思暮想的实验室。次年2月13日，世界首例"分离XY精子性别控制试管水牛"诞生，卢克焕给它们起名为"可可""欢欢"。在接受记者的采访时，卢克焕欣喜地说道："我可能这辈子真的和'双犊'有缘，十几年前，我做乳牛人工授精，就是一胎双胞；这次做母牛的性别控制研究，我们共往母牛体内移植了3枚雌性胚胎。移植到里面后，有一胎没有发育，其中两胎存活，都是母的；而且又是一个双胞胎'姐妹花'。"

卢克焕与雌性水牛"双犊"

2008年8月，两岁半的"可可"产下了"壮壮"。次年6月，我国首批性控仔猪研究成功。至2010年9月，广西通过性控技术成功繁育水牛189头，成为世界首批分离精子性控水牛群。这一切都离不开卢克焕这位幕后设计者。

在科研上独树一帜的卢克焕，在教学上也很有一套。在他眼里，教书重要，育人更为重要，他经常学生们说："要先学做人，后学做事。自觉培养自己成为正直、善良、智慧、健康的人，成人比成才更重要。"

俗话说："正人先正己。"无论在工作上还是生活中，卢克焕都为学生们树立了很好的榜样。"老师非常敬业，平时没事，你总能在实验办公室里找到他，随时可以向他请教实验中遇到的各种问题。有一次，他的腿扭伤了，脚上缠着白纱布，但他每天依然坚持一瘸一拐地到实验室，指导大家做实验，为学生修改论文。""他声誉那么高，年纪又比较大了，但还是经常加班加点工作，和大家一起吃盒饭，从来没有搞特殊。""老师很少给我们讲大道理，但他身上那种深沉的爱国情怀、追求真理的科研精神、严谨的治学态度、朴素的生活作风对我们影响很大。他是我们的精神标杆，我们总是尽量向他看齐。"学生们对老师极高的评价，也印证了卢克焕在大家心目中崇高的地位。

长期紧张地工作，卢克焕浓密的黑发变得日益稀疏，他的右肩胛周围也因常做实验、操作频繁而常常发炎疼痛。即便如此，在2007年从岗位上退下来后，卢克焕还是主动要求参与教学工作，成为广西大学有史以来年纪最大、资历最深的班主任。

如今，已经步入古稀之年、早已过了退休年龄的卢克焕，仍然坚持奋斗在科研一线。他的一生，和"牛"有着千丝万缕的密切关系，他不仅像牛一样憨厚，性格也像牛一样直爽。只要一和他谈起"牛"的话题，他便会兴致勃勃地与人攀谈起来。这位受人尊敬的老人，把自己的一生都奉献给了科研，为我国的动物繁殖业谱写出一个个辉煌篇章。

多 吉
——发现秘密的动力创造找矿奇迹

多吉（1953～），地质学家，中国工程院目前唯一的藏族院士。毕业于成都地质学院，曾赴意大利和美国研修访学。历任西藏自治区地矿局总工程师、局长及国土资源厅党组书记副局长。长期主持西藏的地质矿产勘查和地学研究工作，在西藏地热资源勘查与开发、矿山地质等领域取得卓著成就。著有《西藏自治区当雄县羊八井地热田北区深部资源开发性勘探报告》《西藏自治区当雄县羊八井北区深部开发性勘探 ZK4001 勘探报告》等。

一、民族团结培养他成才

1953 年 12 月，多吉出生在西藏山南地区加查县一个偏僻的山村。之后，他在当地接受了小学和中学教育。

1972 年中学毕业后，多吉在县里的电影放映队任放映员。

1974 年 9 月，多吉考入成都地质学院（今成都理工大学），在找矿系区域地质调查及矿产普查专业读书。四年大学期间，多吉刻苦学习，出色地完成了学业。

1978 年，多吉以优异的成绩毕业，分配到自治区地质矿产厅地热地质大队任技术员，从事地质勘查和科研工作。地热地质大队是一个杰出的科研团队，曾被国务院命名为"一不怕苦、二不怕死的高原英雄钻井队"。1983 年 1 月～1984 年 1 月，为培养少数民族科技人才，多吉曾被选送到成都地质学院基础地质理论专业学习。

多 吉

1985 年，多吉任地热地质大队羊应乡工区技术负责人、助理工程师。其间的 1985 年 5～12 月和 1986 年 1 月～1987 年 2 月，分别在成都地质学院和北京第二外国语学院英语培训班学习，为出国深造作准备。

1987年10月～1988年8月，多吉在意大利比萨国际地热学院学习，做研修生，主修地热勘查技术。1998年1～6月，他在美国加州大学伯克利国家实验室做访问学者，主修地热资源评价及热储模型。

多吉两次出国研修访学，都是国家委派的。在意大利、美国的深造，为他从事地热勘查奠定了深厚的理论基础。在美国期间，美方专家提出优越的工作条件和丰厚的待遇，多次挽留，但多吉一一谢绝，毅然回国。

后来多吉回忆自己的学习生活时说："从小学到大学，全靠政府的资助，我才顺利完成学业。"他总是忘不了读大学的时候，学校无论在专业知识还是生活上，都为西藏的学生开"小灶"，教矿物学的老师经常放弃节假日为他们补课；来自西藏的学生与内地的同学团结互助，亲如兄弟。当选中国工程院院士后，他深情地说："我从大学生到工程院院士，离不开汉族老师、战友和同事手把手的培养。"

多吉（左一）在意大利地热田考察

多吉还说："放眼全球，我国的民族政策是最有效、最好的。党中央制定的'共同团结奋斗，共同繁荣进步'的民族政策，使西藏从农奴制跨越到社会主义制度，各族人民过上了民主、幸福、和谐的生活，我们每个人都应该像爱护眼睛一样爱护民族团结。"

二、地质勘查和科研成就卓著

1978年9月大学毕业起，多吉一直在西藏地矿局地热地质大队工作，先后担任技术员、作业组长、项目技术负责人、总工办主任、总工程师等职，获工程师、高级工程师、教授级高级工程师等职称。2003年8月，多吉调任西藏地质矿产勘察局，担任总工程师，全面主持西藏的地质矿产勘查和地学研究工作。2006年8月，他又担任了地质矿产勘查开发局局长。

多吉长期从事地质勘查和地学科研工作，先后参与或主持了西藏羊八井、羊易、那曲等地热田的地质勘探工作，提出了羊八井热田陆—陆碰撞非火山型高温热田的成因模式；主持西藏马攸木大型金矿的勘查和研究工作，在雅江缝合带西段提出了热泉型金矿的成矿模型和找矿模式；主持青

多吉在野外科考

藏铁路沿线（西藏境内）矿泉水勘查工作，发现了曲玛多超大型优质矿泉水。他与同事们一起，艰苦努力，在西藏地热资源勘探与开发、固体矿产勘查、地学研究等领域成就卓著，取得了多项重大找矿突破和科研成果。

20世纪80年代，西藏当雄县羊八井地热田的研究勘探仅限于浅层资源，中外专家普遍认为，羊八井地区根本不存在深部高温地热流体。多吉认真研究了这一地区20多年的地质资料后，提出羊八井具有高温地热资源，应实施深度钻井的建议，最终得到了批准。

20世纪90年代以来，羊八井地热田深部高温地热资源勘查取得巨大突破，多吉的观点不断得到验证。1996年，他受命担任羊八井ZK4001高温深井的设计、勘探重任。他认真研究羊八井盆地跨度达20年的地热地质资料，提取尘封多年的样品，分析过去工作的得失，探索热田成因机制，明确主攻方向，提出了变质杂岩体中年青融熔型岩浆上侵形成高温地热的研究结论。他运用在国外学到的地热勘查理论和工作经验，结合具体地质前提，进行了现场技巧教导和特征分析，与英雄钻井队的全体干部职工一道攻克了施工中特大井喷、深层热储温度高、地层极为破碎、深部特大井漏等技术难题，工程取得重大突破。ZK4001深井获得了单井发电潜力超出万千瓦级的高产地热流体，单井汽水流量达302立方米/小时，孔内最高温度达250℃。这是我国目前温度最高、流量最大的地热井，可与世界上仅有的少数高温深井媲美。

随后，多吉负责完成了羊八井高温地热形成机理研究的项目，建立了西藏羊八井高温地热系统模型，提出了变质核杂岩系中高温地热系统形成及热流体运移的新理论，确定了大陆非火山型高温热田新类型。经专家审定，该成果填补了我国高温地热形成研究的空白，达到了国际领先水平。

在藏西地质找矿过程中，多吉引用水热成矿理论，结合工作区内的地热活动形迹特征，在黄金地质找矿工作中获得重大突破，发现并成功勘探了西藏普兰县马攸木大型砂金、岩金矿床。以马攸木金矿为典型矿床，对雅江缝合带西段地热显示区进行研究，提出了雅江缝合带西段热泉型金矿（浅层低温热液金矿）成矿模型并对资源远景进行了评价。

在青藏铁路沿线地质勘查中，多吉主持完成了青藏铁路沿线（西藏境内）矿泉水勘查工作，根据地热形成机制理论指导找矿，发现了曲玛多超大型优质矿泉水，该矿泉水锂、锶、偏硅酸三项指标达标，为全球少见的优质矿泉水。

自2003年担任西藏地勘局总工程师以来，多吉带领和组织西藏地质勘查队伍在地质找矿工作方面取得了丰硕成果，实现了找矿重大突破，发现和评价了多个大型、超大型矿床。西藏驱龙、多龙、朱诺等矿区探求铜资源量近2000万吨、铅锌资源量超过1000万吨，铬铁矿、盐湖锂、钾、硼等矿种的地质勘查工作取得了效果。

在主持西藏地勘局地质勘查工作以来，大力推进并主持承担地学科研工作。在西藏马攸木金矿床成因研究过程中，发现了41亿年的碎屑锆石，是目前我国乃至亚洲最老的碎屑锆石，为西藏基础地质演化研究提供了重要资料。通过承担科技支撑项目典型矿床研究工作，进一步细化了冈底斯成矿带的成矿期次和构造时空演化，为该带的地质勘查工作的部署提供了更加充足的依据。

三、带着感恩的心踏实前进

多吉长期奔波在雪域高原野外一线，经历各种困境和危险，忍受着无人区的孤寂，雪原上的雪盲痛苦，高山上滑滚的伤痛，山体塌方的惊恐，他心怀"每天出门，心底都会涌起发现秘密的动力，再苦再累，也觉得希望还在"的理念，不怕苦、不怕累，克服重重困难，创造了一个个地质找矿奇迹。

20世纪90年代末，随着我国地勘行业的转型和西藏经济发展的需求，西藏地质工作主要目标也逐渐向固体矿产的找矿方向转移。为了早日实现找矿大突破，多吉常常是雨天一身泥、晴天一身汗，与技术人员一道跋山涉水。1998年，为核实阿里马攸木金矿勘查成果，在寒冷的冬季，多吉带领两名技术员，闯入高原冰天雪地。经过十几天的艰苦努力，他们克服种种困难，勘查成果取得了新的突破，发现了西藏最大的金矿床。

多吉与有关专家合著的论文《西藏重点含

多吉在分析地下水

铯硅华区成矿地质条件及提取试验研究》在第 30 届国际地质大会上交流，并以中、英文两个版本在国内外公开发表，其研究成果获地质矿产部科技成果二等奖，获国家科技进步二等奖；他主编的《西藏自治区当雄县羊八井地热田北区深部资源开发性勘探报告》获国土资源部储量报告二等奖，《西藏自治区当雄县羊八井北区深部开发性勘探 ZK4001 勘探报告》获地质矿产部找矿二等奖。

2001 年，多吉当选为中国工程院院士，他是中国工程院第一位藏族院士。

2003 年，多吉当选为十届全国人大代表。2007 年 10 月，当选中共十七届中央候补委员。他还先后获得"全国地矿系统优秀科技工作者""西藏自治区先进工作者""全国劳动模范""全国杰出专业技术人才"等称号和全国"五一"

多吉在考察工作

劳动奖章。2009 年，他荣获全国 60 位最具影响的全国劳动模范和全国民族团结模范的荣誉称号。

2010 年，在第 12 届中国科协年会上，多吉荣获周光召基金会第三届科技奖励基金"地质科学奖"。面对荣誉，多吉没有丝毫的骄傲之情，他时刻感念党和国家的培育之恩，时刻感到重任在肩。在发表获奖感言时，他说："我是伴随着新中国前进的步伐长大的，能成为一名光荣的地质科技工作者，与党和国家的培养，前辈们的关心和热心指教，同事们团结协助密不可分。获奖并不意味着达到我们的目的而可以停滞不前。不能因为过去取得一点成绩而骄傲，人生如逆水行舟，不进则退，只有不骄不躁，以一颗平常心才能取得更优异的成绩，才能创造更美好的未来。我要把这次获奖化为努力的动力，踏实勤奋，持之以恒，不断从知识的海洋中吸取新的营养，带着感恩的心，踏踏实实迎接新的挑战。"

自 2009 年走上西藏自治区国土资源厅党组书记、副厅长的新岗位后，面对资源开发和环境保护双重挑战，多吉有了新的思考："西部生态环境脆弱，如果西藏的各种新能源能够得到充分和综合利用，既可以让我们像保护眼睛一样保护好西藏的蓝天碧水，也能让更多的人用上便捷且清洁的能源。"

2011 年 1 月，多吉走上新的岗位，担任了西藏自治区第九届人大常委会副主任。

白春礼
——中国纳米技术的开拓者

白春礼（1953～），纳米科技研究专家。辽宁省丹东市人，满族。1978年毕业于北京大学。1981年、1985年先后获中国科学院研究生院硕士学位、博士学位。现任中国科学院院长，国家纳米中心主任，中国化学会理事长。1997年当选中国科学院院士，同年当选第三世界科学院院士。先后从事高分子催化剂的结构与物性等研究，在纳米结构、分子纳米技术方面进行了较系统的工作。著有《纳米科学与技术》《纳米科技：现在与未来》。

一、从兵团战士到大学生

1953年9月，在辽宁省丹东市的一户满族人家，一名男婴呱呱坠地，父亲给他起名叫白春礼。白春礼的家庭很普通，父亲是个知识分子，正直而又儒雅，新中国成立前曾在公立小学当过教员。

小时候，白春礼喜欢和父亲一起读诗。父亲总是拿着一本本泛黄的诗集，绘声绘色地为儿子讲解诗歌的意蕴，介绍诗人的经历和思想。在父亲的启蒙下，白春礼爱上了诗歌，他开始崇拜诗人、迷恋文学，希望自己长大后也可以成为一名作家。

白春礼

五六岁时，一次偶然的机会，白春礼发现了一只压在碎酒瓶底下的蚂蚁。与普通蚂蚁不同，这只碎酒瓶下的蚂蚁个头要大得多。白春礼好奇地拿开了酒瓶，想要一探究竟。奇怪的是，没有了酒瓶，蚂蚁又恢复了正常大小。反复了几次后，他便拿着碎酒瓶跑去问大人，得到的答案是蚂蚁在碎酒瓶下被"放大了"。可是"放大"的原理又是什么呢？这个问题让白春礼开始对科学产生了浓厚的兴趣。

1966年，白春礼上了中学，之后，"文革"开始了。眼看上大学遥遥无期，进工厂也毫无指望。

1970年，白春礼加入了上山下乡的大潮中，来到了离家千里的戈壁滩，在内蒙古生产建设兵团二师十八团机运连当上了一名兵团战士。

在连里，白春礼既当卡车司机，又当文书。司机管出车，文书负责接电话，因此，他常常半夜被电话叫醒，在得知有病人或者急事后，立刻开车就走。因工作努力、表现突出，白春礼多次受到了连队的嘉奖，并成为一名光荣的中共党员。

虽然工作非常繁忙，白春礼还是会抽空读书。他悄悄捡起哥哥留给自己的旧课本，伴着昏黄的灯光开始自学。在回忆兵团生活时，白春礼说："内蒙古对我来说是个遥远的地方，我以前对那里的印象都是从电影里看到的。到那儿之后，给我印象特别深的就是黄沙，北京沙尘暴和那里的比起来根本不算什么。然而，艰苦的生活对一个人来说也是一笔财富，因为艰苦能磨炼人的意志。"

1974年，经过全连战士3轮不记名投票评选和参加文化考试，白春礼以一名"有实践经验的工农兵学员"身份，进入了北京大学化学系，实现了自己梦寐以求的读书梦想。

二、在"科学的春天"里求学报国

1978年1月，白春礼大学毕业，分配到中国科学院长春应用化学所工作。

"那时的中科院虽然正处于'文革'后的低谷时期，但是中国科学院和这些尚处于受压抑状态的科学家们，在我心中依然占据着崇高的地位。这里是中国科研领域令人仰止的高峰。"能来到中国科学院工作，白春礼心中感到无比自豪。

当年，我国开始恢复研究生招生，白春礼顺利考取了中国科学院化学所的研究生。3年后，他又考取了化学所的博士生。在撰写博士论文期间，白春礼共发表了17篇科研论文，其中有3篇发表于《中国科学》杂志。1985年3月，白春礼以优秀的成绩顺利通过了博士学位论文答辩。

虽然已经拿到了博士学位，可白春礼并未满足。1985年9月，他来到美国加州理工学院做博士后和访问学者，继续着自己的求学之路。

很快，白春礼凭借自己的勤奋和过人的天赋，受到了曾任美国总统科技办公室副主任的白尔德·斯楚维勒教授的赏识。经教授力荐，白春礼进

白春礼手迹

入了美国喷气推进实验室，这是由美国航空局与加州理工学院共管的著名实验室。他成为继钱学森之后，第二个进入这个实验室的中国人。

起先，白春礼从事的研究课题是扩展 X 射线精细结构谱。不久，他发现白尔德·斯楚维勒教授正在从事一项叫作 STM（Scanning Tunneling Microscope，扫描隧道显微镜）的研究工作。这项研究是表面科学领域革命性的技术，当时，我国对此项目的研究尚属空白。心系祖国的科研事业，白春礼立即向教授表达了想要参加 STM 研究的愿望。经过评估，白春礼的申请获得批准，成为第一个进入这一领域的中国人。

1987 年，第二届 STM 国际大会召开，白春礼编制的 STM 软件被美国海军实验室采用。对白春礼做出的成就，白尔德·斯楚维勒教授评价道："白博士在我的实验室从事研究的两年时间发展了这种新技术，不仅对实验仪器制造有贡献，而且对仪器的运行和数据分析所需的软件设计也有很突出的贡献。我们相信，白博士是青年科学家中的佼佼者！"

在大会上，白春礼与美国同仁合作的论文被列为大会报告，但报告代表的只是美国的科研单位，与自己的祖国无关，这不免让白春礼感到深深的遗憾。虽然身在异国他乡，可他报效祖国的信念却未曾改变："当时，中国科学院已经同意延长我在美国的工作期限。但是早日回国，将所学的知识和技能服务于自己的国家和人民的愿望，突然变得那么强烈。"

把挣来的美元全部换成了 STM 的研制资料和关键元器件后，1987 年 10 月 30 日，心怀对祖国的热血忠诚，白春礼带着这些宝贝毅然启程回国。妻子也放弃了自己的硕士学业，陪白春礼一起回到了祖国。

三、研制属于祖国的 STM

回国后，白春礼回到了中国科学院化学研究所。不久，化学所举行了研究员评审。通过答辩，化学所破格提升只有 34 岁的白春礼为副研究员。

之后，白春礼准备组建课题组。化学所在负债几百万的情况下，依旧借来12万元支持白春礼的工作，令白春礼十分感动。

拿着这杯水车薪的12万，白春礼开始精打细算地筹建自己的实验室。所里给了他一间空荡荡的地下室，一切都需要他自己操办。白春礼曾经肩扛锹镐，蹬着三轮车捡破烂，从螺丝钉、电线、水管，到废弃的实验台和桌椅，见到什么捡什么。他还跑到几十里外的京郊买实验用的机箱，硬是搬着箱子挤公交车回到了城里。

就在实验室刚有点模样时，添置实验设备又成了一大难题。当时的国内不像国外，要什么设备只需打电话报一遍型号，便可以送货上门。就连买一个小小的电阻，白春礼都需要亲自前往购买。虽然当时中关村已被称为"电子一条街"，却并非一应俱全，好多东西都需要几番周折才能在别的地方买到。

在购置好相应设备后，白春礼开始了对STM紧锣密鼓地研究。STM的研究需要在安静的环境下进行，因夜晚的噪音相对较小，数据性噪比也更高。白春礼经常忙到深夜，直至传达室的人来敲门提醒才肯离开实验室。有时忙到半夜12点后大门被锁，白春礼就翻栅栏跳出来。

一次，白春礼参加了时任中国科学院院长周光召组织的科研体制改革座谈会。会上，他汇报了STM研究已进入关键阶段，并坦言缺乏科研经费。周光召听后，让白春礼马上递交一份报告。报告交上去不到一个月，30万元院长特别基金拨到了白春礼的课题组，解了白春礼的燃眉之急，STM研究也在短时间内取得了很好的研究成果。

白春礼与周光召

"回国创业的历程是艰难的，但是我能时刻感受到党组织对我的关怀和爱护，从自己的工作中总能深深体会到党对科技工作的重视。"回忆起刚回国时艰辛的创业之路，白春礼由衷地感叹道。

1988年初，白春礼提出的"扫描隧道显微镜学及材料表面结构研究"被列为中国科学院的重大项目。4月12日，中国第一台计算机控制的STM研制成功，《人民日报》发表新闻称："一台由微机控制的高分辨率扫描隧道显微镜在中国科学院化学所研制成功。这台由副研究员白春礼带领的研究组研制成的显微镜，主要技术指标达到目前国际上实验室研制仪器的最好水平。"

之后，原子力显微镜（AFM）、激光检测 AFM、低温 STM、超高真空 STM 等相继研制成功，弹道电子发射显微镜（BEEM）的研制通过国家鉴定，达到国际先进水平。

至此，这一初具规模的实验室已经达到国际水准。白春礼和他的课题小组还获得了国家发明专利 6 项，获国家级、院部级二等奖以上奖项 11 项，并在国内外发表论文 400 多篇，出版中、外文专著十余部。

1993 年，白春礼成为 STM 国际顾问委员会委员，成为这一组织及其他相关国际学术组织里唯一的中国代表。1995 年 8 月，第七届 STM 国际会议第一次在北京隆重召开，吸引了 400 多位 STM 专家。1996 年 4 月，白春礼被正式任命为中国科学院副院长；第二年，他当选为中国科学院院士、第三世界科学院院士。

STM 的研究凝结了白春礼多年的心血，赢得了社会的认可：他先后获得了全国首届青年化学奖、中科院青年科学家奖、中国科协青年科技奖、中国青年科学家奖，并被评为国家有突出贡献的中青年专家、全国先进工作者、中国十大杰出青年。

四、情系纳米，甘为人梯

有了自己研制的 STM，白春礼和同事们开始进行对纳米的研究工作。他们在世界上首次观察到 DNA 三链特殊结构，并研究了 DNA 三螺旋结构，还多次应邀在国际会议上做报告。

当时，STM 被业界誉为纳米科技研究的"手"和"眼"，推动纳米科技成为全新的前沿领域。白春礼用自己研制的 STM，在表面纳米结构和分子纳米技术方面取得了显著进展。

1995 年，白春礼出版了自己第一部关于纳米的专著——《纳米科学与技术》（云南科技出版社，1995），成为中国纳米技术第一人。2000 年 12 月 14 日，白春礼在国务院科技知识讲座上做了题为"纳米科技及其发展前景"的报告。2001 年 7 月，白春礼又出版了另一部专著《纳米科技：现在与未来》（四川教育出版社，2001）；同年，他以国家纳米科技指导协调委员会首席专家的身份参与制订了《国家纳米科技发展纲要》。

2001 年 10 月 4 日，国际化学工业协会授予白春礼 2001 年度"国际奖

白春礼会见中科院外籍院士

章",以表彰他在纳米科学领域的杰出贡献,和为国际科学技术交流与合作所发挥的领袖作用。白春礼成为第二位获此殊荣的中国科学家。

2007年12月12日,"英国皇家化学学会授予白春礼荣誉会士(Honorary Fellow)仪式暨首届英国《化学通讯》国际学术研讨会"在北京隆重举行。在全球仅87位获此殊荣的杰出人士中,白春礼是唯一的中国人。此前,白春礼曾获得英国皇家化学学会会士称号。

2010年,国务院批准中国科学院实施"创新2020"工作,确立未来10年发展大计。谈及创新,白春礼说道:"科学创新需要学术自由,坚持在真理面前人人平等,要有勇气和自信心。中国科学院必须培养和凝聚一批非常具有创新能力的人才,才能产出更优秀的研究成果和先进的思想。为此,我们专门设立'青年创新促进会',给予35岁以下优秀科技人员连续支持,使其有更好的发展空间和生长环境。我们提出'规划森林,让树木自由生长,给科学家更大的发展空间和舞台'。"

2011年2月28日,白春礼正式就任中国科学院院长、党组书记。他提出:"要把顶尖人才引进作为头等大事来抓,要仔细梳理国内外各领域的华裔顶尖人才,积极与他们联系、沟通,优先吸引他们到中科院工作。"

白春礼曾经是沙特国王科技大学的校长顾问。有一次,在去沙特国王科技大学访问时,他见到了国际著名的植物生物学家、美国普渡大学的朱健康教授。朱健康是美国科学院院士,也是最年轻的华裔院士,是世界上最好的育种专家。白春礼求贤若渴,他几度找到朱健康,恳切地希望他能够回到国内,在中科院开展研究工作。

当时,沙特国王科技大学给朱健康的年薪是70万美元,外加在美国实验室的运行经费每年200万美元。白春礼诚实地告诉他:"我们肯定给不了70万美元的年薪,在收入上要低好多。"但是,被白春礼打动的朱健康还是毅然决定回国工作。回国后,中科院为其量身打造了中科院上海植物逆境生物学研究中心。

此外,白春礼还积极推动引进了另两位顶级科学家:欧洲科学院院士王中林和美国人文与科学学院院士袁筠英。

2012年，中国科学院通过国家"千人计划"，引进海外高层次人才49人、海外优秀青年人才111人、外籍高层次人才12人；"百人计划"引进海外杰出人才158人及其他各类优秀人才123人。

如今，白春礼在自己的工作岗位上继续辛勤耕耘着。从身处科研前线，到为广大科研人员服务，白春礼始终勤勤恳恳、任劳任怨。

"我的工作就是创造适宜科研人员成长的软环境，让人才自由成长。"当好"后勤部长"是白春礼现在最大的心愿。

陈保善
——"广西最有技术含量的农民"

陈保善（1959～），分子生物学家、真菌病毒学家。广西武宣人，壮族。曾任广西大学分子遗传研究所所长、微生物及植物遗传工程教育部重点实验室主任，国家自然科学基金委员会学科评议组成员，中国植物病理学会理事、广西植物病理学会副理事长等。主要从事低毒病毒的分子生物学、植物病原真菌致病分子机理以及植物病害生物防治等领域的研究，并作出了杰出贡献。有论文先后发表在《科学》《欧洲分子生物学学报》《美国科学院院报》等知名刊物。

一、负笈海外，成果突出

1959年11月，陈保善出生在广西武宣县一个普通的壮族家庭。小时候，陈保善的最大愿望，"就是如何让种地的农民不要再那么辛苦"。

1978年参加高考，陈保善选择了与农民最密切的学校和专业——广西农学院（后并入广西大学）植物保护专业。1982年，陈保善以优异成绩毕业，考入华南农业大学植病系读研究生。1985年获硕士学位后，他放弃了沿海开放地区优越的工作和生活条件，回到母校广西农学院，在植保系担任助教。

陈保善

由于教学和科研工作出色，1987年，陈保善被选派到澳大利亚留学。在澳大利亚阿德雷德大学攻读博士学位期间，他学习刻苦，很快在科研方面小有成就。20世纪80年代末，他就已经在研究当时具有国际先进水平的昆虫媒介传播病毒的专化性识别的机制问题。他出色的科研能力，博得了同行的认可和赞誉。获得博士学位后，陈保善本来打算回国，但在与国外同行的交流和工作中，他发现自己的知识层次还应该再上一个台阶，于是决定再赴美国，进一步深造。

1991年，陈保善来到美国，在Roche分子生物学研究所做博士后研究工作。1994年晋升为该所研究员。1995年，转入美国马里兰大学生物技术研究所，任高级研究员。在美国，陈保善在低毒病毒的分子生物学、植物病原真菌致病分子机理以及植物病害生物防治等研究领域作出重大贡献，成为国际上有影响的真菌病毒学专家。比如，他在世界上首次建立了真菌病毒的传染系统，为真菌分子病毒学的发展奠定了重要基础。《科学》杂志上发表该论文时，审稿人这样写道："他的结果对使用低毒病毒来控制植物病原真菌具有重要而深远的启迪作用，是一项开创性的工作。"该成果还在1997年获得了美国发明专利。

在美国的最后几年，陈保善开始对当今世界病毒学研究领域的前沿课题——病毒宿主因子进行研究。病毒宿主因子是宿主（包括人类、动植物和微生物）产生并帮助病毒复制增殖的一类物质。阐明病毒宿主因子的性质和作用机制，将为人类控制因病毒引起的各种疾病提供理论依据和应用手段。陈保善初步建立了一个全新的研究病毒宿主因子的系统，而此类研究在全世界仅有几个高水平的实验室能够开展。该课题一旦研究成功，真菌病毒、植物病毒以及肝炎、禽流感等一直困扰人类的病毒性顽疾将可望有效预防和治愈。随着研究的不断深入，研究系统日趋完善。此时，陈保善一直放在心里的念头越来越频繁地闪现出来：应该回祖国去，让自己的研究在祖国开花结果。

二、勤奋科研，报效祖国

1998年12月，时任广西大学校长唐纪良到美国做学术访问路经华盛顿，准备前去拜访陈保善。等不及老同学登门来访，陈保善就驱车两个小时，直奔华盛顿。两位老同学聊了很多，关于祖国，关于家乡，关于母校。唐纪良说："目前，国家正准备实施西部大开发，最缺的就是尖端人才。母校广西大学已进入国家'211'工程建设计划，面临前所未有的发展机遇……""目前，条件还很差，但一切都会好起来的……"陈保善萦绕心间的念头更加清晰：国家和家乡更需要我，该回去了。

1999年2月，借回国探亲之机，陈保善到广西大学进行考察访问，商谈回母校工作的具体事宜。除了请学校协助申报国家有关科研项目外，陈保善没有提出任何个人要求。

1999年冬，陈保善放弃美国优越的工作和生活条件，举家归国，回到了故乡广西，受聘于广西大学。

由于学校当时条件所限，回国之初，陈保善住在一套70多平方米的旧房子里，实验室是用腾出来的会议室改装的，办公室是原来的化学药品室，3个月后实验室才添置了第一台冰箱，买一份试剂还要辗转几个月才能从国外进口。谈及刚回国时的一些情况，陈保善说，正因条件有限、科研落后，我才觉得更有必要回来，国家的发展、广西的发展太需要人才了，回来做点事情，心里很充实。

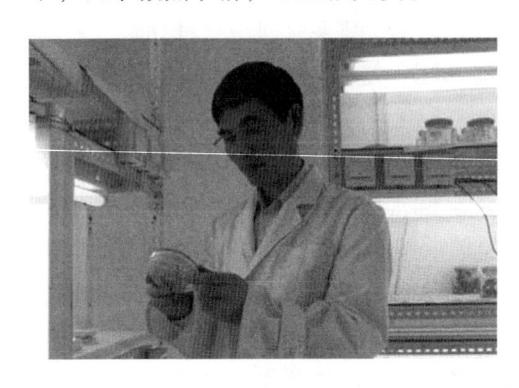

陈保善带领3名学生，开始了他在国内的科学研究。经费有限，就请装修工人按图纸做实验台；没有光照培养箱，自己做个小架子，装上几支灯管，再加一台风扇吹风散热。在辛勤努力下，陈保善及其团队成功地建立了一个可用于克隆病毒宿主因子基因的崭新的模型系统——低毒病毒/板栗疫病菌系统。该系统可以用简单、方便、快速和可靠的分子遗传学手段，直接克隆和鉴定出一系列的宿主因子基因。由此，陈保善领导的实验室定位和鉴定了一批与病毒复制有关的新的宿主因子基因，其科研成果在该领域处于世界先进水平。

陈保善在实验室进行病毒研究

因为陈保善卓越的科研成就，2000年3月教育部破例允许广西大学在没有"长江学者奖励计划"特聘教授岗位（分子生物学）的情况下，同时报送学科岗位申请和特聘教授候选人。2000年9月，陈保善被聘为"长江学者奖励计划"第三批特聘教授。

在陈保善的带领下，2000年，广西大学拿到了微生物学博士授予权，随后又建成了广西第一个教育部重点实验室。数年来，陈保善所在实验室累计承担国家级项目25项，省部级项目18项，在植物病原微生物功能基因组学、病毒与宿主相互作用、新型抗逆农作物种质创建和动物克隆等领域的研究，均已达到国际先进水平。

三、关注农民，造福乡梓

陈保善十分注意与国民经济息息相关的科研工作，从2001年开始，他领导的研究小组承担了国家转基因植物研究与产业化专项，率先在国内开展了农作物抗病新策略的专题研究。

广西天等县的指天椒是广西的"名牌"农产品，是天等县主要经济作物之一，年种植面积20余万亩，涉及千家万户农民的利益。但是每到开花结果季节，指天椒病毒病发病率接近100%。由于尚无有效抗病毒农药，农民们只能眼睁睁地看着辣椒一株株发病。2004年夏，陈保善到天等县仔细考察了辣椒病害情况。随后，他要了半斤"天等1号"辣椒种子，带回实验室着手研究，依据控制宿主因子基因的先进思路，从辣椒中克隆了相关的宿主因子基因，并运用基因工程方法获得了抑制这种基因表达的转基因植株。目前，第二代转基因植株正在进行严格测试。

罗汉果是广西特产，随着栽培地域由半山腰向山脚和平原转移，生态环境的改变导致罗汉果病毒病越来越严重。2004年秋，陈保善考察融安县罗汉果栽培区的病毒病状况时，了解到过去每亩可以挂果1.5万～2万个，但在严重发病的果园，每亩挂果还不到100个。全县种植罗汉果的农户中，大约1/3赔钱。从融安回来后，陈保善立刻加强了对罗汉果病毒病研究的力量，很快查清了罗汉果病毒的类型，并启动了基于宿主因子基因和病毒基因的抗病毒罗汉果育种工程。

陈保善在田间指导工作

2009年夏天，陈保善带领研究组到广西桑蚕主产区调研桑青枯病和病毒病。在象州县，他观察到一个有着30多年历史的大型桑园出现桑树连片枯死现象，在宜州和宾阳也发现了相似的病毒。经过实验室分离鉴定，确认这是一种新病害。陈保善及时向政府部门提出防控研究建议，得到区科技厅的采纳。

从甘蔗、罗汉果、指天椒，到桑树、烤烟和水稻，只要广西的某种作物出现了问题，陈保善就会及时投入研究，解决问题，造福乡梓。他总是这样教导自己的学生："一棵作物的背后是一个产业，一个产业又牵连着千万户农民家庭的命运。植物保护就是给农业产业当保健医生，为农业生产保驾护航。"

陈保善说："农业科学最需要贴近生产进行实地研究，研究人员要尽量多下田间地头去才行。"因为悉心关注农业、记挂农民,有人将他称为"广西最有技术含量的农民"。陈保善认为,这对他来说是一种真正的褒奖。

四、教书育人,勇往直前

尽管科研任务很繁忙,陈保善仍然一直工作在教学的第一线。他每学年给研究生和本科生讲授分子生物学、分子病毒学、微生物学前沿进展以及专业英语等5门基础和专业课程,并总是细心备课、认真讲授。有一次,他参加自治区一个项目评审会,会议结束时已经下午6点半了。由于晚上还有现代病毒学研究进展课程,他谢绝了会议组织的晚餐,急忙往学校赶,时值下班高峰,车子走得很慢,他在车上用手机不断向组织讲课的老师报告行进位置。赶到学校时,离上课还差10分钟,他立即从办公室拿上事先准备好的讲义,一路小跑奔向教学楼,到教室时,汗水早已经浸湿了衣服。

作为国家重点建设学科"生物技术和亚热带资源"的学科带头人,陈保善积极促进青年教师和科研人员的成长,在学术思想形成、技术路线和研究方法等方面,都给了年轻同事毫无保留的建议。

陈保善教育学生,注重通过言传身教对学生人生观和科学观进行潜移默化的熏陶。在实验室,小到仪器的维护、清洁,大到药品试剂的采购和整个实验室的管理,陈保善都让学生参与。他要求学生首先要学会做人,做一名学术道德正派、严谨治学的人,然后才是做学问。为了培养学生吃苦耐劳、脚踏实地的品格,他每天都在实验室工作十多个小时,周末和节假日也很少休息。

由于出色的工作和成就,陈保善获得了众多荣誉和奖励:2000年,被授予"广西壮族自治区有突出贡献科技人员"称号;2001年,被教育部授予"全国优秀教师"称号;2002年,被广西壮族自治区总工会授予"广西五一劳动奖章",被中组部、中宣部、人事部和科技部授予"杰出专业技术人才"称号;2004年,被评为全国师德先进个人;2005年,被评为全国先进工作者以及广西大学"我心目中的好老师"(2008年再度获评);2006年,被评为全国师德标兵,以及广西高校优秀共产党员、广西留学回国人员先进个人、广西优秀专家;2007年,被评为广西大学"三育人"先进个人和"师德标兵"、广西高校优秀共产党员、广西壮族自治区优秀共产党员,并出席了中国共产党第十七次全国代表大会;2008年被评为广西大学优秀共产党员,当选广西高校"八桂先锋行"先进个人;2009年,获"全国侨界'十杰'提名奖",被授予"广西首届杰出科技人才"称号;2010年,获得"中国侨界(创新人才)贡献奖",并当选"广西高等学校教学名师";2011年当选"新中国成立以来广西最具影响力的劳动模范"。

陈保善在指导学生

陈保善说:"三十年过去了,我从一名普通的壮乡学子,成长为一名肩担重任的科技工作者和光荣的人民教师,我会加倍努力,在病毒学领域勇往直前。"

哈木拉提·吾甫尔
——维吾尔医药学领域的带头人

哈木拉提·吾甫尔（1960～），哮喘病专家。新疆乌鲁木齐人，维吾尔族。1982年毕业于上海中医学院，1988年获新疆医学院硕士学位，1993年获俄罗斯圣彼得堡医科大学博士学位。现任新疆医科大学校长，中国科协常委。长期从事维吾尔医药学研究，开创了中、维、西医结合的研究领域。参编维、汉文专著《支气管哮喘的中维西医诠释》《中西医结合·内科学》等10余部。

一、为家乡争光

1960年3月，哈木拉提·吾甫尔出生在乌鲁木齐一个维吾尔族知识分子家庭，在四兄妹中排行第三。

哈木拉提的父亲是一名大学教师。每天讲完课回家，父亲做的第一件事就是抱起小哈木拉提，陪他一起玩耍。然而，这样的快乐日子并没有持续多久。哈木拉提6岁那年，"文化大革命"爆发，他的家庭也经历了一些变故。

回想起那段日子，哈木拉提心中倍感沉重："那时，大姐二姐两个人，一人留在家中照顾母亲和小弟弟，另一人就领着我，拿着篮子去郊区地里捡包包菜的菜根。菜根埋在土里，要用手去抠。而新疆的冬天异常寒冷，把手指伸到冻成冰坨子的土中，冻疮自然是毫不留情地长满整个小手。"为了挣几毛钱，他还和姐姐去给人砸石头，一不留神，锤子便会无情地砸在手上。直到今天，哈木拉提拇指、食指的指甲依然能看出明显的变形。

哈木拉提·吾甫尔

1968年，学校开始复课，哈木拉提这才步入学堂。小学毕业时，他以功课全优的成绩被乌鲁木齐市第十四中学录取。

1977年，17岁的哈木拉提参加了"文革"后的首届高考。怀着学医为母亲早日解除病痛的信念，这个还在读高二的小伙子以优异的成绩考上了上海中医学院（现上海中医大学）。如今已经是名医的哈木拉提，在刚走上学医道路时却遇到了不小的麻烦。

当时，学校十分重视"文革"后的第一批学生，全部安排老教授讲课。中医学院的教授们普通话不流利，再加上课本又全都是古汉语，哈木拉提一下子傻了眼。听不懂又看不懂，第一次考试结束，哈木拉提的成绩一塌糊涂。望着成绩单，他打起了退堂鼓，写信给父母，让他们寄来转学的路费。

拿到路费，哈木拉提动身前往火车站买票，不料钱却被偷了个精光。没办法，他只能沮丧地回到学校。到宿舍后，早已等待多时的辅导员语重心长地对哈木拉提说："你转学回去可以，但你必须明白一点，现在你不是代表个人在这里读书，你代表着整个新疆，代表着整个维吾尔族……"辅导员的一席话，令哈木拉提豁然开朗，抱着给家乡争光的信念，第二天，他又重返课堂。

一进教室，哈木拉提就发现自己的抽屉里多了一个鼓鼓的信封。打开一看，里面装满了零钱，加起来总共有200多元——这是全班118名同学捐助给他的。"有这么好的老师、同学，这么好的学习条件，不好好读书怎么行呢？"从此以后，哈木拉提没有再退缩，他整天泡在图书馆里，还用方言和同学们聊天，努力学习上海话。没过多久，他就成了学校里最出色的学生。

二、"来自中国的神医"

1982年，哈木拉提顺利毕业回到家乡，在乌鲁木齐市中医院当上了内科医生。他非常热情，又踏实肯干，患者都喜欢找他看病。工作日子久了，哈木拉提治愈的病人越来越多，但仍然有很多病人无法摆脱疾患，离开了人世，医院的走廊上每天都会传来撕心裂肺的哭声。渐渐地，哈木拉提心里萌生出继续求学的想法，他觉得，只有继续钻研医术，才能挽救更多患者的生命。

这一次，哈木拉提选择攻读西医，他希望把中西医知识融会贯通，救助更多病人。此后3年，他潜心苦读，1985年考上了新疆医学院，如愿以偿地成为一名西医研究生。

1988年，刚读完研究生的哈木拉提选择了出国深造。他远赴俄罗斯圣彼得堡医科大学，攻读博士学位。初到俄罗斯，语言问题再一次摆在了他面前。操着一口笨拙的俄语，他无法和导师进行沟通，只能在实验室洗瓶子、扫地，受尽冷落。可他并没有放弃，刻苦自学俄语，最后不单能流利对话，还用俄文撰写出版了5本医学方面的著作。

进入第二学年，在一次专业考试中，哈木拉提以《支气管哮喘的非药物治疗》为题，在文中阐述了世界各国科学家寻求治疗哮喘的新思路，受到当时俄罗斯功勋科学家、科学院院士费达斯耶夫教授的赏识。于是，哈木拉提被任命为中西医结合6人科技攻关组组长，并接诊42位重病患者。

起初，组里的成员基尼斯·杜布罗文并不赞同哈木拉提"扶正祛邪、以清为补"的治疗主张，还贬低说："这是巫术，是无稽之谈。"面对组员的冷嘲热讽，哈木拉提并不在意，继续将自己独创的理论在临床上大胆验证。

哈木拉提慰问乡村儿童

此前，医疗界一直把支气管哮喘单纯当作一种过敏疾病，哈木拉提并不这么认为。他学中医出身，又懂一些维吾尔族医药学方面的知识，知道支气管哮喘其实是全身性的疾病。他与同事做了1000人的调查，证实了许多支气管哮喘患者发病前都有免疫功能失调、皮质功能减退及精神心理方面的缺陷。于是，哈木拉提就此提出了一个新的理论——支气管哮喘的生物缺陷论，主张"急则治其标，缓则治其本"。其中，"治标"就是缓解炎症，"治本"则是在炎症有所缓解的前提下，从心理咨询着手，进行非药物治疗。

在实践过程中，哈木拉提对42位重病患者进行了饥饿疗法、洞穴疗法、加压雾化疗法，以及从一些常见植物（如麦芽）中提取有效成分，并采取外敷、外贴的疗法来提高免疫功能。几个月后，奇迹出现了，这42位重病患者只采用上述几种简单可行的非药物疗法，病情就得到了好转。

这一结果在医学界引起了巨大轰动，俄罗斯科学院呼吸病专家丘佳林称赞哈木拉提"填补了支气管哮喘治疗的空白，取得重大突破"。哈木拉提还被当地报纸誉为"来自中国的神医"，《圣彼得堡医科大学学报》更是用两个版面刊登了题为《来自中国的哈木拉提》的长篇报道。之前对哈木拉提不屑一顾的基尼斯感到十分惭愧,正钻研古汉语的他对博大精深的中医产生了浓厚的兴趣。后来,他还选择了哈木拉提作为攻读博士学位的导师。

1993年2月16日,哈木拉提进行了以"生物缺陷是产生炎症的启动"为主题的博士论文答辩。21位答辩委员会委员被他的理论深深吸引,原先两小时的答辩被拉长到三个半小时。答辩结束后,全场响起了热烈的掌声,哈木拉提成功获得了俄罗斯国家医学科学博士这一最高学位。要取得如此高的学位,最快也要用10年,可哈木拉提却把时间缩短了一半,成为圣彼得堡医科大学历史上最年轻的国家医学科学博士。

三、发展维医药的坎坷之路

获得博士学位后,圣彼得堡医科大学聘哈木拉提为教授,主持西医与传统医学结合的工作。后来,他又到英国、德国的医药公司工作。然而,高额的薪水并没有让他驻足,他深深思念着自己的祖国。哈木拉提始终都记得当年在圣彼得堡医科大学求学时,费达斯耶夫教授告诉他的一句话:"你取得这么大的成就,是因为身上有中国人的智慧,更因为背后有伟大的祖国。"

1993年6月,哈木拉提回到新疆,先是在中医学院任教,后来又创办了新疆维吾尔医研究所。

维吾尔医药学是经过2500多年的积累沉淀而创造出来的民族医学。它在吸收东西方医药学精华的基础上,形成了独具特色的理论体系,如四大物质论、气质论、体液论等,均阐释了人与外界的辩证关系。然而,维吾尔医药学虽然有着深厚的底蕴,却也面临着现代化的挑战。

对此,哈木拉提认为:"在知识倍增的现代社会,任何一门学科如果不能与当代的科学发展保持一致,那么都会有'成为历史'的可能。"因此,他带领研究所的科研人员,以维医独特的体液论为切入点,基于现代理论技术,应用多门学科,深入研究复杂性疾病维医病证及其方药的科学内涵。他们还本着"病证结合、方证相应"的原则,系统研究了体液论中异常黑胆质病证发生的生物学基础,对维吾尔医学异常黑胆质体液致病机制及其异常黑胆质成熟剂、清除剂作用机理进行了较为全面的理论阐述,并探讨了维医异常黑胆质与中医肾虚痰瘀的相关性。

此外,哈木拉提和同事还通过对支气管哮喘的外周血氧化——抗氧化水平的研究,寻找哮喘中、维、西医结合研究和诊治的交互点。提出"维医'乃孜来致喘论'、中医'无痰不哮论'、西医'哮喘气道慢性炎症论'三者共同的物质基础可能是自由基对气道的破坏"的新论点。之后，他们通过对外周血淋巴细胞、中性粒细胞活性氧变化的检查，对碱性异常黏液质型银屑病、黏液质型白癜风的发病机理进行了探索，冲破了"内科不治喘，外科不治癣"的传统观念。

有了科研成果，哈木拉提开始迫不及待地进行临床应用。他和同事分析取得了部分维药的全新有效成分，研制出适用于肺系疾病的新制剂。其中，"哈博口洁液"已投放市场，"喘消雾化液"已应用于临床。

在研究所工作期间，哈木拉提还经常出国参加学术交流和国际会诊。1994年，哈木拉提应邀在德国兹文堡讲学会诊。1995年，他以特邀代表身份出席了在德国举行的国际哮喘病研讨会，发表了题为《维吾尔医成熟清除疗法在哮喘慢性炎症治疗上的应用》的报告，受到大会主席苏丽伟教授的高度赞扬，并在会后应邀为当地医生举办讲座。

1996年5月，研究所的支气管哮喘治疗专科正式开诊，患者络绎不绝，还吸引了不少国外患者慕名而来。每周两次的哮喘专家门诊，病人都挤满整个屋子。哈木拉提亲自给病人倒水，看病十分细心，经常下午4点才能吃上午饭。

1996年7月，哈木拉提参与的俄罗斯导师费达斯耶夫教授主编的《支气管哮喘》一书在俄出版。同年11月，哈木拉提荣获"中国十大杰出青年"称号。1997年2～10月，哈木拉提和他的博士、硕士研究生撰写的4篇论文，分别在德国兹文堡国际学术会议、国际抗氧化会议上宣读，并多次刊登在国际学术会议的刊物中。

在哈木拉提的引领下，维吾尔医药学蒸蒸日上，成功实现与现代医药科技接轨。然而，维医人才匮乏的情况日益凸显。长期以来，维医人才来源十分单一，连本科教育都无法达到。再加上许多老维吾尔医药专家先后辞世，后继乏人的现象非常突出。

1998年，经国家教育部批准，由新疆医学院与新疆中医学院合并成立新疆医科大学，哈木拉提任副校长。2008年，哈木拉提升任新疆医科大学校长。针对人才缺乏的情况，他在维医药高层次人才的培养方面下了不少功夫。学校先后申报成功临床医学、药学博士后流动站，药理学博士点，基础医学一级学科硕士点、中西医结合学硕士点，以及教育部省部共建重点实验室，2010年又成立了新的临床医学院。近年来，共培养主攻维医学、医药学、中维西医结合学的硕士40人、博士32人、博士后12人。

在创办新疆维医药研究所、维医药本科专业后，哈木拉提又组建了奇

新疆医科大学

康哈博维药有限公司，实现了维医药科研、临床、教学、生产、营销一体化。

四、心系维医，不辱使命

"祖国时常会选择那些选择了祖国的人，只要你选择了祖国，时时刻刻与祖国在一起，把个人的追求、事业的追求和祖国、人民的利益联系在一起，在某种意义上说，没有战胜不了的困难。"带着这样的信念，如今，哈木拉提在医学的道路上已走了近20年。

20年中，哈木拉提主持了国家自然科学基金、国家攻关项目等26项科研课题，获得国家发明专利15项。在国内外知名学术期刊发表论文200余篇，参与编著维文、汉文著作《支气管哮喘的中维西医诠释》（新疆人民出版社，2009）、《中西医结合·内科学》（科学出版社，2013）等10余部，是《中华人民共和国卫生部维吾尔药标准》主要编写者。

哈木拉提还研发了8种国家新药，获国家批准并转化的有6种。其中，祖卡木胶囊成为《2004年国家基本药物目录》收录的两个维药品种之一。

此外，哈木拉提还联合多家科研机构，对生长在新疆阿克苏柯坪县的恰玛古进行研究开发，在恰玛古民间秘方的基础上使用现代技术萃取、浓缩，配制出"恰玛古碱性营养食品"。随后，他把这一科研成果无偿赠送给了柯坪县，解决了300余名青年的就业问题，使柯坪县的百姓靠种植恰玛古走上了致富之路。

哈木拉提在这一领域不断开拓创新，也收获了不少奖项。他是新疆第

哈木拉提著作书影

一位"国家杰出青年基金"获得者,是我国第一位荣获"何梁何利科学与技术创新奖"的少数民族学者,是新疆"全国留学回国人员成就奖"唯一获得者,是2006年度"新疆科技进步突出贡献奖"5位获奖者之一,是2008年度国际"阿维森纳金质奖"两位获奖者之一。2010年,他更是凭借"复杂性疾病维医病证及其方药的一体化研究"获得国家科技进步二等奖。此外,哈木拉提还曾荣获全国优秀科技工作者、全国"五一"劳动奖章、全国高校自然科学奖、中华医学科技奖、国家中医药科技进步奖、国家中医药基础研究科学奖及自治区科技进步奖等。

如今,维吾尔医药学得到了充分发展,中、维、西医的结合也有着广阔的前景,这一切都离不开哈木拉提的辛勤灌溉。"致力于中、维、西医结合,让维吾尔医学带着特色与现代科学实现双接轨,这是我的责任和使命"。正是身上肩负的这种使命感,才让哈木拉提始终在医学的道路上不断前行。

尼玛扎西

——藏文信息研究技术的奠基人

尼玛扎西（1964～），信息技术专家。西藏拉萨人，藏族。1988年毕业于华东师范大学。现任西藏大学计算机专业教授。致力于西藏的信息化建设，主要研究文字信息处理、计算机网络等，是藏文编码标准制定的拓荒者、藏文通信技术研究的领头人。主持开发TCE藏、汉、英信息处理系统软件，主持制定《信息交换用藏文编码字符集》。

一、走上探索计算机科学之路

1964年，尼玛扎西出生在西藏拉萨的一户藏族家庭，父亲在当地工商管理局工作，母亲是人民医院的医生。在藏语中，"尼玛"是"太阳"的意思，"扎西"则为"吉祥"之意，"尼玛扎西"的意思就是"吉祥的太阳"。父母给儿子取名尼玛扎西，象征着对儿子人生的美好憧憬。

小时候，父母在尼玛扎西身上倾注了大量心血。在他们的悉心培养下，尼玛扎西从小就接受藏、汉双语教育，看汉文版书籍，为日后的学习和工作打下了良好基础。

尼玛扎西

上学后，尼玛扎西喜欢上了《科学画报》等科普杂志，还喜欢阅读各类科幻小说，这些杂志和书籍带他走进了科学技术的殿堂，让他领略到了其中的奥秘。一次看杂志时，尼玛扎西翻阅到了有关计算机的介绍，当时，人类社会虽已进入计算机时代，但距离它的普及还有很长一段时间，因此，计算机对大多数人来说仍是遥不可及。怀着对计算机的无限向往，尼玛扎西开始搜集各种相关知识，希望有朝一日能亲自去探索这个神奇的机器。

高中毕业后，尼玛扎西如愿以偿，以优异的成绩考入华东师范大学计算机科学系。开学不久，学校组织同学们参观计算机房，尼玛扎西终于接触到了多年来盼望一见的计算机。回想当时的情形，他说："参观机房的那一天，别提心里多紧张了，想象中的事物就要出现在眼前时，我手心里汗津津的。计算机高深莫测的构造给我留下了很深的印象，心里一半是畏惧，一半被了解它的渴望所充满。大部分同学在中学时学过计算机，而我却连它的模样都不曾见过。"

参观后，尼玛扎西心潮澎湃，久久不能平静。在见识到计算机的真面目后，他越发刻苦学习，强烈的好奇心和求知欲，驱使他从此走上了探索计算机科学的道路。

1988年大学毕业后，尼玛扎西回到家乡，被分配到西藏大学工作。那时，学校里已经有了计算机，可装备较差，熟悉计算机知识的人才也非常紧缺。于是，尼玛扎西决定利用自己所学来改善这一状况。此后，他每天废寝忘食地研究，甚至加班到深夜。碰上节假日，他干脆提上一壶开水，带些干粮，直接泡在机房里。

功夫不负有心人，最终，尼玛扎西成功制作出了西藏大学第一套计算机人事管理系统。研究成功的那一刻，他觉得自己的生命已经和西藏计算机事业紧紧联系在了一起。

二、辛勤研究，迎难而上

1989年，西藏市场对计算机软件的需求量日益增加。当时，西藏大学还没有自主开发的软件，而社会上虽然有一些相关企业，却因为开发的软件适用程度达不到要求而难以普及。看到这种情况，尼玛扎西开始了对软件开发的研究工作。

此前，尼玛扎西在大学里并没有学过软件开发的相关课程，西藏有关这方面的资料也很缺乏，面对重重困难，他感觉有些力不从心、手足无措。一次到内地出差时，他偶然在书摊上发现了一本关于汉字处理的书，虽然书中大部分都是源程序，说明很少，却可以拿来借鉴。这本书的出现，让尼玛扎西看到了希望的曙光，他开始如饥似渴地研读起来。

当时，尼玛扎西和妻子央珍住在四处漏风的平房里，到了冬天，风一阵阵往屋里灌，晚上还要戴口罩。即便如此，尼玛扎西不顾生活的艰辛，将大部分精力都花在了读这本书上。慢慢地，翻烂的书边打卷起毛，以至于拿在手里抖一抖就会散开。一年后，尼玛扎西终于吃透了书中全部内容，在掌握了技术核心以后，他的软件开发工作顺利展开。

1992年10月，尼玛扎西开发的TCE藏、汉、英信息处理系统软件正式通过审定投入市场，为西藏自治区现代办公自动化及藏文信息处理技术的发展作出了贡献。同年，这项成果还应邀参加在北京举办的"中文、多文种信息处理与办公自动化国际展览会"，引起了国内外专家关注。后来，西藏大学用这套系统印制了物理、化学、生物等教材，并将其应用于史诗《格萨尔王传》的整理工作。

1993年，尼玛扎西主持了《信息交换用藏文编码字符集》国际标准和《信息技术－信息交换用藏文编码字符集基本集》国家标准两个课题。第二年，西藏大学正式设立计算机专科，当时，加上尼玛扎西本人在内，全校教计算机的老师只有4人。在人手极度短缺的情况下，既要研究课题，又要教学，尼玛扎西几乎快要撑不下去。每当疲惫的感觉席卷全身，几度想要放弃时，母亲生前常对尼玛扎西念叨的话就会浮上他的心头："你一直是很努力的，我们都知道，只要你尽力了，结果怎样没关系。"在

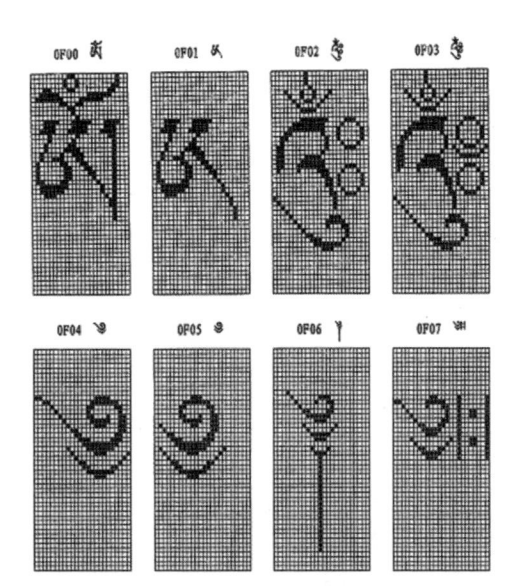

藏文编码字符示例

无数漆黑的夜晚，母亲的话给尼玛扎西带来了无限动力，让他不畏艰难险阻，始终尽心尽力研究。

在那段最为艰苦的日子里，尼玛扎西咬着牙，带领大家通过学习实践完成了网络建设中一系列纷繁复杂的任务，并提交了两份具有很强科学性的编码提案。1997年7月，《信息交换用藏文编码字符集》国际标准通过国际标准化组织（ISO）审查，正式成为国际标准，使藏文成为我国第一个制定完成信息交换用编码国际标准的少数民族文字，确定了我国在国际藏文编码标准制定领域的主导地位。1998年1月1日，《信息技术－信息交换用藏文编码字符集基本集》在全国正式实行。这两个课题的完成，在一定程度上推动了西藏政治、经济、文化和科学领域的发展，在社会上产生了深远影响。

三、"跟上世界的脚步"

1997年，尼玛扎西破格晋升，成为西藏大学最年轻的副教授。同年，教育部与中国教育和科研计算机网（CERNET）决定在西藏建立主节点，由尼玛扎西全权负责。

1997年6月，在尼玛扎西的领导下，西藏CERNET主节点顺利建成，成为西藏自治区第一个与世界联网的中心，自治区的互联网建设也由此展开。

随后，尼玛扎西又开始着手建设西藏大学校园网。在经历了基础设施建设、人才培养、应用开通等一系列工作后，西藏大学校园网初具规模。2008年接受记者采访时，谈起西藏大学校园网，尼玛扎西心中依旧感慨："西藏大学校园网从无到有、从小到大、从局部服务到全面服务，每一步都充满挑战性。现在，西藏大学校园网覆盖了4个校区，接入的校内信息点有1万多个，各种网上应用系统都已经上线并在不断丰富。网络改变了西藏传统的教育模式，也改变着高原人民传统的生活方式，同时为西藏发展信息产业提供了契机。"

尼玛扎西及其团队成员时刻不忘科研

在研究建设的同时，尼玛扎西还不遗余力地培养人才，对西藏计算机产业来说，"人才是宝贵的'探路石'和'试金石'"。2000年，在尼玛扎西的建议下，西藏大学与思科公司合作成立了西藏思科网络技术学院。学院成立以来，致力于培养同学们从设计、建设到维护计算机网络的实践能力，为西藏培养了大批高级网络管理人才。

2004年，为了充分获取更多的先进资源和知识，西藏大学与上海交通大学开展了"跨校选课，互认学分"工作，让数千名学生通过网络学习到了上海交大的精品课程。2008年3月，学校又开展了"西藏大学本科生跨校修读上海交通大学第二学科学士学位"的工作，在人才培养方面迈出了新的一步。

之后，在现代远程教育领域中，尼玛扎西和同事们一起积极探索了西藏教育信息化的新途径。他主持的研究项目《面向西藏农牧区的现代远程教育示范工程》在2006年2月获微软RFP项目奖励资助，成为全球17个获得此项奖励资助的项目之一，也是我国唯一获此资助的项目。

作为藏文通信技术研究的领头雁，尼玛扎西还研发出了国内外第一款基于主流智能移动电话操作系统的藏文软件包，解决了藏文移动电话无法实现多操作系统、多机型覆盖的技术难题，并首创移动电话藏文键盘布局，研发成功国内外第一个藏汉双语短信服务平台。

2008年，尼玛扎西开始了藏汉机器翻译关键技术、藏文拼写文法形式语言描述等藏文信息技术领域的研究，为用现代信息科技传播古老藏族文化奠定了理论基础。

几十年来，尼玛扎西始终在西藏自治区的信息化建设事业上辛勤耕耘，不仅让西藏享受到了世界各地丰富的资源，也向世界分享了藏医药、藏学、高原地理气候等独特的资源。

谈及自己多年来的工作，尼玛扎西说："在信息化时代，如果只有公路、铁路，而没有信息网络，西藏将变成世界的角落。信息网络使千沟万壑不足以成为制约西藏发展的天然屏障。因此，西藏的网络建设应当更加快速，才能跟得上世界的脚步。"

姬秋梅
——"高原之舟"的守护者

姬秋梅（1965～），畜牧兽医专家。西藏拉萨人，藏族。1988年毕业于西南民族学院（今西南民族大学），2002年获中科院地理科学与资源研究所博士学位。现任西藏农牧科学院畜牧兽医研究所副所长，西藏牦牛研究与发展中心主任。主要从事西藏牦牛的资源调查、品种选育、转基因文库构建及胚胎移植工作，并应用草原遥感和地理信息系统，建立起牦牛生产系统管理、动态监测与舍饲技术，成果显著。

一、与牦牛结缘

1965年7月，姬秋梅出生在西藏拉萨的当雄县。她的父亲姬纯礼曾在1954年参加青藏公路的攻坚战，之后与她的母亲——一位土生土长的藏族女子组建了家庭。

在美丽的当雄县，姬秋梅度过了无忧无虑的童年时光。"当雄"在藏语中意为"挑选的草场"，那里平均海拔4200米，景色优美、牧草丰盛、草原风光独特，是牦牛的天然牧场。西藏第一大湖纳木错湖，有45%在当雄县境内。小时候，姬秋梅常常和牦牛形影不离，白天看着它们吃草，晚上带着它们回家。久而久之，牦牛便成为她最亲密的伙伴。

姬秋梅

10岁那年，姬秋梅开始了自己的求学之路。回忆起求学最初的日子，姬秋梅说："我小时候放过牧，10岁才上小学。那时我还不会汉语，上学后一要追赶课程，二要补学汉语，也许是年龄偏大的原因，我上学时已经比较懂事。而且我并没有从一年级开始学起，我是直接上的二年级，小学6年的课程我读了4年就升入初中，并且是班级里成绩比较好的学生。"

姬秋梅上高一时，父亲离开了人世，留下她、妹妹还有母亲三人相依为命，原本就不富裕的家庭变得更加困窘。从那时起，姬秋梅便下定决心，用所学知识帮助家人摆脱贫困。

1984年，姬秋梅考入了西南民族学院（今西南民族大学）。在学校，她没有辜负家人的殷切期望，刻苦学习、博览群书，同学们都以她为榜样。

1988年7月，姬秋梅以优异成绩毕业，回到西藏工作。有人问及毕业后回西藏的原因，她不假思索地说："我是藏族女儿，从小对藏族人民有一种特殊的感情，回藏就是回家。我大学毕业时第一个愿望就是回到养育我的西藏，为藏族的牧民工作。我深知牧民的生活比较艰苦，我要把自己学到的知识变成智慧成果，为藏族人民造福。"

带着造福藏族人民的愿望，姬秋梅来到了自治区农牧科学院畜牧兽医研究所，从事牦牛的研究工作。

在西藏，牦牛享有"高原之舟"的美誉，是当地人民赖以生存的物质基础。从小就与牦牛为伴的姬秋梅，深知牦牛对西藏人民的重要性。于是，她主动要求到羊八井切玛乡畜牧草原综合实验点，担任农科院在该乡实施的"草场、畜医综合服务项目"的执行人。从此，姬秋梅成为实验点唯一的女性。

在实验点的两年中，为了解第一手资料，姬秋梅经常骑着自行车走村串户，和牧民一起实地考察畜牧饲料的枯荣以及牦牛的生长过程。在考察过程中，她发现：由于当地牧民无法科学饲养牲畜，导致牲畜产奶率和怀胎率都很低；当牦牛生病时，"求神不求医"的观点也让牧民延误了给牦牛治病的最佳时机。于是，姬秋梅手把手地教牧民如何科学饲养牲畜，并帮助大家转变了传统观念。

其间，姬秋梅写下几十万字的笔记，并撰写了多篇学术论文，为日后继续在这一领域深入研究打下了坚实基础。同时，她还得到了中国农业大学生物技术国家重点实验室主任陈永福教授的赏识。

二、深入研究，"解读"牦牛

1990年，陈永福教授资助姬秋梅到中国农业大学进修一年，学习转基因技术。当时，在中国农业大学任教的老师中，有许多学成归国的研究者，他们超前的思想和理念给姬秋梅带来了深刻的影响。

进修期间，姬秋梅结合自己的研究撰写了《转基因牦牛基因文库的构建及生长激素基因的分离》一文。文中系统讲述了用生物技术对牦牛进行转基因研究的过程，以及研究所取得的成果。后来，在1994年兰州举办的第一届国际牦牛学术研讨会上，这篇论文广受好评，被收入研讨会的论文集。同年，这篇论文还荣获西藏首届青年学术研讨会优秀论文一等奖。

进修结束后，姬秋梅回到西藏自治区农牧科学院畜牧兽医研究所，与其他科研人员一起翻山越岭，对全西藏的牦牛进行了系统普查。他们基本摸清了西藏牦牛的总数量、分布情况及各地牦牛的基本性能，还深入羌塘草原无人区，实地考察世界珍稀动物野牦牛的活动规律、生活习性。渐渐地，姬秋梅成了所里的青年骨干，开始承担重要的科研课题。

1993年，姬秋梅主持了自治区重点研究项目"SOD粗品研制"。SOD是"超氧化物歧化酶"的简称，是一种源于生命体的活性物质。人们可以通过从动物红细胞中分离得到SOD，并将其制成具有抗衰老、免疫调节、调节血脂、抗辐射、美容功能的新型酶制剂。通过努力，姬秋梅研究出了西藏不同家畜中SOD的含量和SOD粗品生产技术，为家畜血资源的利用开辟了新途径。

姬秋梅与西藏牦牛

1996年，姬秋梅主持"林周县牦牛本品种选育研究"的总结工作，在林周县育肥牦牛2000多头，产生了显著的经济、社会和生态效益。

1997～1998年，姬秋梅主持了题为《西藏牦牛资源现状及生产性能退化分析》的研究课题。研究中，她和同事们从1万多头牦牛中选出200多头进行认真细致的研究，分析了西藏牦牛生产性能退化幅度及退化原因，并提出相应的防止退化措施，为持续发展牦牛业及草地畜牧业提供了依据。

同时，姬秋梅带领同事通过对西藏嘉黎、帕里、斯布三个优良类群的牦牛进行研究，分析出了各类群牦牛的产肉性能和不同部位肌肉的营养成分、氨基酸及微量元素含量，以及它们的产毛、产乳特点。据此，他们先后撰写了《西藏三大优良类群牦牛的产肉性能及肉品质分析》《西藏三大优良牦牛类群产乳性能及乳品质分析》《帕里牦牛生产性能的研究》《西藏三大优良类群牦牛产毛性能及毛绒主要物理性能研究》等学术论文。

后来，在 2000 年拉萨召开的第三届国际牦牛学术研讨会上，姬秋梅对这一课题的研究情况做了详尽介绍，并为大会提供了 7 篇论文，博得与会专家、学者的高度赞誉。课题的研究成果还被世界上第一部英文版的牦牛专著 The Yak（《牦牛》，联合国粮农组织出版）载用，并荣获自治区科技进步三等奖。

三、学成回藏，造福牧民

1998 年 9 月，姬秋梅考入中科院地理科学与资源研究所，攻读硕士学位。回忆当时的情形，她说："我们班里有许多人是清华、北大毕业生，他们基础扎实、知识面广。可我呢，一切都得从头开始。"

意识到了和其他同学的差距，姬秋梅开始奋起直追。读研的第一年，她每天晚上只睡 5 个小时，其他时间全用于学习和研究。一年后，姬秋梅以出色的成绩被获准硕博连读。

2000 年，姬秋梅得到了出国学习的机会。起初，她并不是很愿意去国外学习。当时，她的母亲已经 60 多岁，儿子才刚刚 4 岁，光靠丈夫一人照顾很是吃力。了解了姬秋梅的难处，领导出面将她的妹妹调到了自治区农科院。有了领导的支持和家人的鼓励，姬秋梅这才踏上了出国之路。

怀抱小牦牛的姬秋梅和同事在一起

当年 5～8 月，姬秋梅来到尼泊尔国际山地中心学习山地农业发展理论，并进行英语综合能力的培训。同年 10 月，她得到秘鲁马铃薯研究中心的资助，在那里进行了博士学位论文的研究工作。她的论文《用系统方法对基于牦牛的西藏畜牧业生产系统的研究》得到广泛好评，研究成果荣获了 2002 年西藏自治区农科院科技进步一等奖。

2002 年 7 月，姬秋梅获得了中科院地理科学与资源研究所的博士学位。她没有留在中科院,而是回到了朝思暮想的西藏。提起这件事,她说:"人心都是肉长的,我不能辜负领导的期望,更不能让藏族的牧民失望。我选择回来,就是因为我了解藏族人民的期盼。我自己就是藏族人民的一分子,我要把自己学到的知识转化成牧民提高生活质量的有利条件。"

2003年,姬秋梅被任命为西藏自治区农牧科学院畜牧兽医研究所副所长。同年,她荣获中科院第四届青藏高原青年科技奖、"现代科技理论成果优秀论文"一等奖、畜牧兽医学会优秀论文奖。

2004年,国家加大了对牦牛研究的投入。4月8日,"西藏牦牛研究与发展中心"正式成立,姬秋梅任中心主任。从此,她的事业又攀上了一个新的高峰。

"西藏牦牛研究与发展中心"是全国唯一的牦牛机构,旨在针对牦牛科研和生产中的难点、热点问题组织科研攻关,以便在营养、繁殖、育种、产品加工等重点领域有所突破。

牦牛的研究起步较晚,缺少参考依据,而且研究周期长,出成果慢。面对这些难题,姬秋梅没有畏惧,带领大家迎难而上。她先后承担了"牦牛生产性能的技术研究""牦牛半饲舍养殖项目""牦牛遗传多样性研究""西藏牦牛选育、高效养殖及产品加工研究""西藏牦牛繁育综合应用技术研究与示范"等国家重点科研项目,大力推动了牦牛的科研工作。

姬秋梅专心致志地进行科研

其中,通过"产乳高峰期对牦牛补饲以提高牦牛产乳量研究",姬秋梅和同事试配并筛选出了最佳饲粮配方,使牦牛个体乳产量提高了40%。通过"藏绵羊干死毛含量调查研究",他们首次提出了西藏草地型绵羊羊毛中干死毛含量,对该品种选育和毛纺业提供了科学理论依据。

在众多科研成果的背后,离不开姬秋梅的奉献。工作繁忙时,她熬夜研究、超负荷工作,始终以极大的热情在岗位上辛勤耕耘。2004年,她获得西藏自治区科技进步三等奖,2005年获"中国青年女科学家奖"提名奖,2006年获"全国三八红旗手"称号。

四、为西藏畜牧业贡献力量

多年来，姬秋梅在我国牦牛研究的领域中屡获佳绩，可她却从未满足。在多个项目取得成果后，她又担任了牦牛胚胎移植研究项目的负责人。

负责项目后，姬秋梅带领大家夜以继日，在原有基础上继续进行研究。功夫不负有心人，2006年6月12日，通过胚胎移植的3头牦牛终于在当雄县顺利产崽。这标志已经在西藏开展了数十年的胚胎移植研究终于取得突破，并达到了国际先进水平。

胚胎移植技术解决了西藏农牧民一直担忧的牦牛品种退化问题，对西藏在改良牦牛品质、有效解决饲养牦牛的退化、提高牦牛生产性能、缩短牦牛生产周期以及增加农牧民收入等方面起到了积极作用。

2008年，姬秋梅负责的"西藏牦牛繁育综合应用技术研究与示范"项目获自治区科技进步一等奖。研究成果在拉萨、那曲地区的多个县进行示范推广，效益显著。2008～2009年，仅牦牛育肥一项就增加产值1200多万元，为西藏牧业生产作出了积极贡献。

由于牦牛大多生长在海拔4000米以上的高寒地区，20多年来，姬秋梅经常深入高海拔牧区。长期暴露在高山缺氧的环境下，致使她的心脏严重受损，迫不得已接受了两次手术。每次手术后医生千叮万嘱，要她静卧休息，可她却立刻回到了工作当中。

2011年1月11日，姬秋梅获得了"中国青年女科学家奖"。评审委员会给予她的评语是："姬秋梅研究员在西藏20年，进行了牦牛的资源调查、品种选育、转基因文库构建及胚胎移植工作，并应用草原遥感和地理信息系统，建立起牦牛生产系统管理、动态监测与舍饲技术，成果显著。"

在颁奖典礼上，姬秋梅深情地说："牦牛既是青藏高原的象征，又是藏族牧业的象征，同时也是西藏传统生活方式的象征。牦牛藏语称'诺尔'，意为'财富'或'宝贝'。藏族之所以称牦牛为'宝贝'，是由于牦牛为传统的藏族社会提供了人们生存的基本保障。任何地方都没有像西藏这样对牦牛那么重视，只有牦牛能够把海拔4500米以上的光、热、水转化成畜产品提供给人类。在西藏，没有牦牛就没有西藏特色的畜牧业。"

2011年5月，姬秋梅的病情加重，又一次住进了医院。在病床上，她仍不忘总结反思、展望未来。当问及研究工作是否枯燥乏味时，姬秋梅斩钉截铁地说："如果认为我们的研究工作是枯燥乏味的，那是因为不了解。

姬秋梅获得"中国青年女科学家奖"

只有重复才会觉得枯燥。我的工作每天都在不断创新中获得知识。因为科学有生命,所以就不会枯燥。"

如今,姬秋梅依然在牦牛研究领域燃烧着热情,为雪域高原无私地奉献。对她来说,牦牛就是生命的寄托,她为自己的工作勾勒出了这样一幅画面:"蓝天白云下的秋日高原,已收割的青稞泛着清香,星星点点的牦牛黑色的剪影在草原上缓缓移动……"

参考文献

[1] 强巴赤烈.藏医历算大师钦绕罗布传略[J].中华医史杂志,1990(2).

[2] 崔月犁,韦功浩.中国当代医学家荟萃:第1卷[M].长春:吉林科学技术出版社,1987.

[3] 谈家桢.中国现代生物学家传:第1卷[M].长沙:湖南科学技术出版社,1985.

[4] 王家楫.悼念秉志先生[J].科学通报,1965(5).

[5] 伍献文.秉志教授传略[J].中国科技史料:第7辑,1986(1).

[6] 李四光研究会筹备组,地质学会地质力学专业委员会.李四光纪念文集[M].北京:地质出版社,1981.

[7] 卢嘉锡.中国现代科学家传记:第1~5集[M].北京:科学出版社,1991~1994.

[8] 杨光伟.杨石先传[M].天津:南开大学出版社,1991.

[9] 南开大学办公室.杨石先纪念文集[M].天津:南开大学出版社,1999.

[10] 黄汲清,何绍勋.中国现代地质学家传:第1卷[M].长沙:湖南科学技术出版社,1990.

[11] 赵恩道.人品·医德·医术——追忆先父赵炳南[N].中国中医药报,2009-10-22.

[12] 韩世荣,马科党.一代宗师——忆回族医家赵炳南先生[C]//中华中医药学会皮肤科分会第六次学术年会、赵炳南学术思想研讨会、全国皮肤科中医外治高级研修班论文集.北京: [出版者不详],2009.

[13] 方拥.建筑师童寯[J].华中建筑,1987(2).

[14] 吴良镛.忆童寯[N].北京晚报,2012-09-15.

[15] 童明,杨永生.关于童寯——纪念童寯百年诞辰[M].北京:知识产权出版社,中国水利水电出版社,2002.

[16] 吴英恺.医务生活六十年(1927~1987)——吴英恺回忆录[M].上海:上海科学技术出版社,1990.

[17] 吴英恺.学医行医传医七十年(1927~1997)[M].北京:中国科学技术出版社,1997.

[18] 王燊,黄锡文,等.深切怀念龙咸灵教授[J].武汉大学学报:自然

科学版，1993（4）.

[19] 本书编纂委员会.黔东南苗族侗族自治州志·人物志［M］.贵阳：贵州人民出版社，1990.

[20] 岳琴，杨燕群.关君蔚：生命是一条快乐的小溪［J］.传记文学，2006（7）.

[21] 彭思勋口述，樊洪业主编.从土家族走出的药物化学家——彭司勋口述自传［M］.长沙：湖南教育出版社，2013.

[22] 牛亚华.精业济群：彭司勋传［M］.上海：上海交通大学出版社，2013.

[23] 杨敬东，张学军.药之旅——记中国工程院院士彭司勋［J］.湘潮，2003（5）.

[24] 朱晴.王希季院士传记［M］.北京：中国宇航出版社，2014.

[25] 李大耀.王希季［M］.贵阳：贵州人民出版社，2005.

[26] 白瑜，王芳.为了庄严的承诺——杨凤教授［J］.神州学人，2001（10）.

[27] 李健彪.踏遍青山人未老——访中科院院士、著名昆虫学家张广学［J］.回族文学，2006（4）.

[28] 梁宾宾."试管婴儿之母"——记中国著名妇产科医学专家张丽珠教授［J］.国际人才交流，2009（8）.

[29] 柏万良.科苑比翼鸟——夫妻院士李林、邹承鲁［J］.科学中国人，2001（9）.

[30] 编委会.凉山大特写［M］.成都：四川民族出版社，1992.

[31] 黄泽，等.中国各民族英杰：第2～5卷［M］.西安：陕西人民教育出版社，1999.

[32] 上海市民委研究室.爱的奉献——记中科院回族院士蒋锡夔［J］.民族团结，1995（7）.

[33] 马龄国.蒋锡夔——中科院院士［J］.世纪，2004（2）.

[34] 特约记者.蒋锡夔：寂寞长跑［J］.百年潮，2008（9）.

[35] 叶娟."产、学、研三条道路，我都走过"——中国科学院院士刘广均口述实录［J］.中国核工业，2013（6）.

[36] 宁苑.不断出成果的老大学生——赵仲修［J］.种子世界，1983（9）.

[37] 张杰伟，舒德骑.鹰击长空——歼10总设计师宋文骢的传奇人生［M］.北京：航空工业出版社，2010.

[38] 陈华文，李素矿.踏遍青山人未老——记中国科学院院士赵鹏大的地

质人生之路［J］.科学中国人，2011（12）.
［39］胡又.中国科学院院士窦国仁［J］.水利水电科技进展，1997（4）.
［40］刘国纬.著名泥沙专家窦国仁［J］.水科学进展，2002（4）.
［41］王兆军.容汉诠的绿色强国梦［J］.中华儿女：海外版，1997（6）.
［42］本刊记者.勤奋出成果　丹心育人才——记宁夏农学院讲师容汉诠［J］.高教战线，1984（2）.
［43］天粒.在宁夏的40年和100个提案——高山族农林学家容汉诠侧记［J］.民族团结，1998（12）.
［44］白剑峰，胥金章，姚春雨.院士大夫王士雯："我最爱的是病人"［N］.新华每日电讯，2004-7-22.
［45］王继荣，罗国金，王佳斌.王士雯：这一生，我最爱的是病人［J］.中国卫生人才，2012（7）.
［46］赵绍华.古稀院士，为国人长寿而奋斗——记中国工程院院士王士雯［N］.健康时报，2003-10-30.
［47］雷霁霖.我的"人鱼之恋"［J］.时代三明，2010（4）.
［48］王刚.雷霁霖：水产养殖转型工业化［J］.海洋与渔业：水产前沿，2011（11）.
［49］范兴川.昔日逆境写春秋　今朝遥感立新功——记著名微波遥感及航天应用工程专家中国工程院院士姜景山［J］.科学中国人，2006（4）.
［50］王辉.踏遍青山　兴趣盎然——记银杏多样性研究与保护的开拓者向应海［J］.科学中国人，2006（5）.
［51］郭凯，陈方宝.破译飞机寿命之谜的人［J］.航空知识，2000（10）.
［52］《世纪之约》栏目组.战鹰的守护神——飞机定寿、延寿专家张福泽院士［J］.中国青年科技，2005（1）.
［53］卢嘉锡.院士思维［M］.合肥：安徽教育出版社，2003.
［54］朱慧群，东旻.走出大山：百年中国苗族优秀人物选［M］.北京：中国文史出版社，2006.
［55］张文鸣.巴德年院士［J］.中华医学信息导报，2000（23）.
［56］张文鸣，唐涛.巴德年：平民院士［J］.中国卫生产业，2006（7）.
［57］乔政.以勤致学　以德立教　以心为民——记医学大家巴德年［J］.中国继续医学教育，2009（4）.
［58］刘静，高小惠.双博士"剑指"医学科学家　访中国医学理学双博士设计师巴德年院士［J］.中国卫生人才，2011（3）.

[59] 包金山. 官春云: 中国油菜之父 [J]. 中国民族, 2007 (9).

[60] 谭立刚, 段爱珍, 叶蕾. 油菜花开满田间——记 2011 年度湖南省科学技术杰出贡献奖获得者官春云 [J]. 中国科技奖励, 2012 (3).

[61] 张文娟, 谭太龙. 他为祖国献"食油"——记中国工程院院士、油菜遗传育种和栽培专家官春云 [J]. 中国农村科技, 2013 (2).

[62] 岩罕金, 罕华珍. 名傣医康朗香传 [J]. 中国民族医药杂志, 2008 (10).

[63] 黄勇, 罕华珍. 傣医康朗香生平及学术经验 [J]. 中国民族医药杂志, 2010 (8).

[64] 罕华珍, 黄勇, 肖丽香. 康朗香老傣医的学术思想、临床经验和技术专长 [J]. 中国民族医药杂志, 2011 (11).

[65] 谭小萍. 桂派名老中医·传记卷——荣远明 [M]. 北京: 中国中医药出版社, 2011.

[66] 金雯. 金显宅家族的京津旧生活 [J]. 新周刊, 2011 (23).

[67] 周光召. 中国科学技术专家传略·临床医学卷 [M]. 北京: 人民卫生出版社, 2000~2008.

[68] 齐殿斌. 圆我中华"飞天梦"——记栾恩杰 [J]. 哈工大报, 2007 (4).

[69] 王建柱. 栾恩杰: 敢挑"嫦娥奔月"重担 [J]. 中国人才, 2007 (12).

[70] 张洪生. "耕天诗人"的强国梦——记著名导弹控制技术和航天工程专家、中国工程院院士栾恩杰 [N]. 中国电子报, 2010-2-26.

[71] 周峰. "试管羔羊之父" [J]. 中国人才, 2005 (11).

[72] 特约记者. 试管山羊之父旭日干 [J]. 百年潮, 2008 (11).

[73] 陈曦. 旭日干: 书写中国畜牧业的旖旎篇章 [J]. 留学生, 2009 (5).

[74] 段风华. "试管羊之父"旭日干 [J]. 国际人才交流, 2010 (3).

[75] 王玲. 旭日干: 草原之子爱国情 [J]. 科学新闻, 2012 (6).

[76] 凉月. 实验高能物理的带头人——郑志鹏 [J]. 中国民族, 1993 (5).

[77] 本刊记者. 著名壮族科学家郑志鹏: 科技骄子的故乡情 [J]. 金色年华, 2012 (7).

[78] 游本凤. 人生辉煌在瞬间——记长征四号乙火箭总设计师李相荣 [J]. 国防科技工业, 2002 (12).

[79] 高妍, 丁玉路. 吾守尔·斯拉木——新疆少数民族信息处理开创者 [J]. 创新人物, 2011 (11).

[80] 乐龙九，张圣华.生命因爱而精彩——访全国政协委员、中国著名聋儿康复专家万选蓉 [J].中国人才，2010（7）.

[81] 王树生.他和绒山羊——记新疆科技进步突出贡献奖获得者叶尔夏提·马力克 [J].今日新疆，2007（1）.

[82] 蔡俊.首府科学家首次候选工程院院士 [N].乌鲁木齐晚报，2012-07-26.

[83] 盘喜丰.卢克焕的科学方法与科学精神 [D].南宁：广西大学公共管理学院，2007.

[84] 黄健.中国纳米科技第一人——访中国科学院副院长、中国科学院院士白春礼 [J].沿海企业与科技，2002（6）.

[85] 孙聚成.白春礼 那段用奋斗串起的青春音符 [J].中华儿女，2009（6）.

[86] 傅祎男.白春礼 人格与智慧的交响 [J].中华儿女，2012（8）.

[87] 王文乐，白瑜，等.再访白春礼 [J].神州学人，2013（9）.

[88] 黄露艳，鲁汉.心许科技图报国——访"长江学者奖励计划"特聘教授、广西大学副校长陈保善博士 [J].金色年华，2013（1）.

[89] 王兆军.新疆的一匹黑马——记维吾尔医研究所所长哈木拉提·吾甫尔教授 [J].神州学人，1998（9）.

[90] 胡恩燕.担负起发展现代维医药的历史使命——访新疆医科大学哈木拉提·吾甫尔教授 [J].中国科技奖励，2010（5）.

[91] 蔡萌.扛起维医药现代化的大旗——记维医专家、新疆医科大学校长哈木拉提·吾甫尔教授 [J].中国科技奖励，2011（1）.

[92] 王左利.拉近与世界的距离——访CERNET西南地区网络中心西藏主节点主任尼玛扎西 [J].中国教育网络，2008（1）.

[93] 张圣华.绽放在科技高峰的雪莲花——记西藏农牧科学院畜牧兽医研究所副所长、博士姬秋梅 [J].中国人才，2007（1）.

[94] 中宁.姬秋梅 勇在高原攀高峰 [J].创新科技，2011（1）.

[95] 孙聚成.姬秋梅 羌塘草原成长的女博士 [J].中华儿女，2011（10）.

后　　记

作为贵州民族出版社"共和国民族之魂丛书"的第三批,《共和国少数民族科学家传》《共和国少数民族艺术家传》,在选收标准、写作思路等方面,保持了与此前已出诸书的连续性;同时,写作中也不无新的发现和感触。

"科学家"和"艺术家"都是公众熟知的概念,它们的外延都比较广泛。这里的科学家,既包括基础研究领域的,也包括技术开发、工程应用领域的。艺术家则包括音乐、美术、舞蹈、戏剧、影视等诸多方面,但与丛书中的"文学家传"一样,专事艺术研究的学者没有收入,而是放到了"文化学者"里;同时,鉴于未来可能的"非遗传人传"的推出,具有"非物质文化遗产传承人"身份的个别艺术家,也拟留待将来。

众所周知,我国少数民族能歌善舞,歌舞艺术十分发达,有些民族还有自己成本大套的传统音乐作品和成熟的戏曲曲艺样式。正是民族民间艺术滋养了少数民族的艺术家,而众多出类拔萃的少数民族艺术人才,是我们写作的丰富资源。但同时,由于篇幅的限制和避免民族成分过度集中的考量,许多名家未能入收。不仅艺术家如此,科学家也存在这样的情形。遗珠之憾使我们也深切感受到,在这方面,我们还有很多的工作要做。

书稿的写作,参考、借鉴了许多专家学者的研究成果,包括传记、专著、论文、网上资料等,对于这些成果的作者,我们表示诚挚的感谢。鄢晓霞、张蓓等参与了部分书稿的写作,这也是需要说明和感谢的。

信息时代资讯发达,但有些方面也还是令人捉襟见肘。由于种种原因,有些人物的资料并不充分,甚至我们增加某一民族成员的努力不得不因此中止。这些,都使书中可能存在或此或彼的不足和错漏,敬请专家学者和广大读者批评指正。